管理沟通

策略与应用

MANAGERIAL COMMUNICATION 5E
Strategies and Applications

管理学精选教材译丛

〔美〕杰拉尔丁·E. 海因斯（Geraldine E. Hynes）著
许勉君 于光 译

第 5 版

北京大学出版社
PEKING UNIVERSITY PRESS

著作权合同登记号　图字:01-2012-6859

图书在版编目(CIP)数据

管理沟通：策略与应用/(美)海因斯(Hynes,G. E.)著；许勉君,于光译. —北京：北京大学出版社,2015.6

(管理学精选教材译丛)

ISBN 978-7-301-25840-8

Ⅰ. ①管… Ⅱ. ①海… ②许… ③于… Ⅲ. ①管理学—教材 Ⅳ. ①C93

中国版本图书馆CIP数据核字(2015)第102674号

Geraldine E. Hynes

MANAGERIAL COMMUNICATION: Strategies and Applications

ISBN:978-0-07-337775-9

Copyright © 2012 by McGraw-Hill Education.

All Rights reserved. No part of this publication may be reproduced or transmitted in any form or by any means, electronic or mechanical, including without limitation photocopying, recording, taping, or any database, information or retrieval system, without the prior written permission of the publisher.

Peking University Press is authorized to publish and distribute exclusively the Chinese (Simplified Characters) language edition. This edition is authorized for sale in the People's Republic of China only, excluding Hong Kong, Macao SARs and Taiwan.

Copyright © 2015 by The McGraw-Hill Education and Peking University Press.

版权所有。未经出版人事先书面许可,对本出版物的任何部分不得以任何方式或途径复制或传播,包括但不限于复印、录制、录音,或通过任何数据库、信息或可检索的系统。

本书中文简体翻译版由北京大学出版社独家出版。此版本经授权仅限在中华人民共和国境内(不包括香港特别行政区、澳门特别行政区和中国台湾地区)销售。

版权© 2015由麦格劳-希尔(亚洲)教育出版公司与北京大学出版社所有。

本书封面贴有McGraw-Hill Education公司防伪标签,无标签者不得销售。

书　　　名	管理沟通——策略与应用(第5版)
著作责任者	〔美〕杰拉尔丁·E. 海因斯 著　许勉君　于　光 译
责任编辑	赵学秀
标准书号	ISBN 978-7-301-25840-8
出版发行	北京大学出版社
地　　　址	北京市海淀区成府路205号　100871
网　　　址	http://www.pup.cn
电子信箱	em@pup.cn　　QQ:552063295
新浪微博	@北京大学出版社　@北京大学出版社经管图书
电　　　话	邮购部 62752015　发行部 62750672　编辑部 62752926
印　刷　者	河北滦县鑫华书刊印刷厂
经　销　者	新华书店
	787毫米×1092毫米　16开本　21.5印张　522千字
	2015年6月第1版　2022年10月第2次印刷
定　　　价	48.00元

未经许可,不得以任何方式复制或抄袭本书之部分或全部内容。

版权所有,侵权必究

举报电话：010-62752024　电子信箱：fd@pup.pku.edu.cn

图书如有印装质量问题,请与出版部联系,电话：010-62756370

出 版 者 序

作为一家致力于出版和传承经典、与国际接轨的大学出版社，北京大学出版社历来重视国际经典教材，尤其是经管类经典教材的引进和出版。自2003年起，我们与圣智、培生、麦格劳-希尔、约翰-威利等国际著名教育出版机构合作，精选并引进了一大批经济管理类的国际优秀教材。其中，很多图书已经改版多次，得到了广大读者的认可和好评，成为国内市面上的经典。例如，我们引进的世界上最流行的经济学教科书——曼昆的《经济学原理》，已经成为国内最受欢迎、使用面最广的经济学经典教材。

呈现在您面前的这套"引进版精选教材"，是主要面向国内经济管理类各专业本科生、研究生的教材系列。经过多年的沉淀和累积、吐故和纳新，本丛书在各方面正逐步趋于完善：在学科范围上，扩展为"经济学精选教材""金融学精选教材""国际商务精选教材""管理学精选教材""会计学精选教材""营销学精选教材""人力资源管理精选教材"七个子系列；在课程类型上，基本涵盖了经管类各专业的主修课程，并延伸到不少国内缺乏教材的前沿和分支领域；即便针对同一门课程，也有多本教材入选，或难易程度不同，或理论和实践各有侧重，从而为师生提供了更多的选择。同时，我们在出版形式上也进行了一些探索和创新。例如，为了满足国内双语教学的需要，我们改变了影印版图书之前的单纯影印形式，而是在此基础上，由资深授课教师根据该课程的重点，添加重要术语和重要结论的中文注释，使之成为双语注释版。此次，我们更新了丛书的封面和开本，将其以全新的面貌呈现给广大读者。希望这些内容和形式上的改进，能够为教师授课和学生学习提供便利。

在本丛书的出版过程中，我们得到了国际教育出版机构同行们在版权方面的协助和教辅材料方面的支持。国内诸多著名高校的专家学者、一线教师，更是在繁重的教学和科研任务之余，为我们承担了图书的推荐、评审和翻译工作；正是每一位推荐者和评审者的国际化视野和专业眼光，帮助我们书海拾慧，汇集了各学科的前沿和经典；正是每一位译者的全心投入和细致校译，保证了经典内容的准确传达和最佳呈现。此外，来自广大读者的反馈既是对我们莫大的肯定和鼓舞,也总能让我们找到提升的空间。本丛书凝聚了上述各方的心血和智慧,在此,谨对他们的热忱帮助和卓越贡献深表谢意!

"千淘万漉虽辛苦,吹尽狂沙始到金。"在图书市场竞争日趋激烈的今天,北京大学出版社始终秉承"教材优先,学术为本"的宗旨,把精品教材的建设作为一项长期的事业。尽管其中会有探索,有坚持,有舍弃,但我们深信,经典必将长远传承,并历久弥新。我们的事业也需要您的热情参与!在此,诚邀各位专家学者和一线教师为我们推荐优秀的经济管理图书(em@pup.cn),并期待来自广大读者的批评和建议。您的需要始终是我们为之努力的目标方向,您的支持是激励我们不断前行的动力源泉!让我们共同引进经典,传播智慧,为提升中国经济管理教育的国际化水平做出贡献!

北京大学出版社
经济与管理图书事业部

第五版前言

本教材可追溯到1984年,当时约翰·威利父子出版公司出版了拉里·斯梅尔策(Larry Smeltzer)和约翰·瓦特曼(John Waltman)的《管理沟通:一种战略方法》,他们以实用、结果为导向的方法审视管理沟通,在当时具有开创意义。在其前言中,他们声称该书的目标为:"通过理解并运用战略性理念、培养进行创造性沟通的管理者。"该目标至今依然有效。

1991年的第二版增加了唐·伦纳德(Don Leonard)作为第三作者。我采用了1994年版,作者是拉里·斯梅尔策和唐·伦纳德,书名为《管理沟通:策略与应用》。在那以前,我一直在寻找一本适合研究生水平的、为管理者和执行官而写的、以平衡的方法对待工作中沟通问题的书。

该版本吸引我的优点包括:
- 采用策略式方法;
- 具有坚实的研究基础;
- 对当代话题的广泛涉猎;
- 兼顾口头和书面两种沟通方式;
- 着重介绍管理层人员而非初级人员的沟通问题。

在2002年版中,继斯梅尔策和伦纳德之后我成为该书的第三作者,在2008年版中,我成了唯一作者。当我再次修订时,我的目标是第五版依然保留原书独一无二和成功的品质。真理就是真理,不会随着时代而改变。所以我的任务是将永恒的沟通原则运用到当代的工作场所中。为了满足当代忙碌的管理者/学生的需求,我更新了一些章节,描述了当今的商务惯例,总结了相关研究,并为策略性管理沟通提供了指导原则。

现实是,当代的有效管理者必须掌握一系列内容广泛的技能。管理者既要对公司执行委员会负责,又要对顾客负责,同时还必须激励有着不同背景的下属和跨职能团队,清楚阐释复杂的规则,培育过程改进,实现组织对自己有时并不明确的期望。此外,当今的管理者经常必须使用新技术来完成这些任务。由于这些高级技能并不一定来自原先的工作经验,因此沟通教育在管理能力开发中已经成为至关重要的组成部分。

编写本教材的第五版既充满乐趣又富于挑战,迫使我评估我所教的MBA项目管理沟通课程的内容,理清哪些是重要的,而哪些我的学生是否知道、是否能做已不再重要。我希望这些努力的结果也能满足其他学生的职业沟通需求。毕竟,我们确切知道,有效的沟通带来管理和组织的成功。本课程的价值毫无争议,关键在于保持课程内容的新鲜。

本版创新之处

很多使用《管理沟通:策略与应用》的人表示,他们特别喜欢每章结尾的案例、管理写作和口头沟通的均衡方法,以及补充材料。由于这些材料对教师和学生非常有用,所以第五版进行了修订和保留。第四版的评论员非常喜欢第1、2、7和8章,所以第五版更新了这些章节,以应对当代沟通管理情境。其他章节做了很多重要改变,从而使第五版成为管理沟通领域一个更伟大的资源:

第3章:技术辅助沟通。包括了商务专业人士使用的最新技术,如公司博客和推特,重点是运用于新兴技术和原有技术的原则和最佳做法。

第4章:当代管理写作。介绍了"简明语言运动",并提供了口语风格的商务和政府文件实例。

第5章:常规信息。提供了设计书信和备忘录的指导原则。

第6章:管理报告和提案。深入探讨包括提案和分析报告等的特殊商务报告。

第9章:跨文化管理沟通。探索了颜色、副语言和时间等在不同文化中的意义,同时举了来自当今全球市场的案例。

第10章:管理冲突。增加了权力对冲突的影响的新材料。

第11章:管理谈判。包括了描述关系网如何增加影响力的重要一节。

第12章:面谈。提供了关系网作为雇佣搜索工具的指导原则,同时还增加了一节新内容,解释绩效考核的法律问题。

第13章:管理会议和团队。扩充了团队成员角色和项目团队领导的部分。

第14章:发表正式演讲。探索了PowerPoint作为工作场所口头和书面沟通工具的争议,另外,新增了危机沟通和与媒体沟通的部分。

第五版的另一个创新点是附录。在附录中,你会发现10篇由作者指导的萨姆休斯顿州立大学商务研究生撰写的文章,这些文章总结了对新兴技术的最新研究,每篇文章描写了一种不同的技术以及在美国商务中的应用。作者们还展望未来,跟踪技术辅助的商务沟通的未来趋势,提出了与每种技术相关的最佳做法的指导原则,在每篇文章最后列出了参考书目和供课堂讨论的话题。

致　　谢

首先，我要感谢约翰·瓦特曼、拉里·斯梅尔策和唐·伦纳德，他们是这本教材的先锋，现在我才真正理解他们付出了多么巨大的努力。书中体现了他们高超的水平、优雅的文采及高度的敬业精神。我对他们深表敬意。

其次，我要感谢使第五版成为现实的所有人。我的 SHSU Bearkat 团队成员包括珍妮弗·艾勒米、达琳·维嘉、安托内特·哈维、哈瑞尼·维姆拉帕蒂、马修·奥儒克、史蒂芬·亨特、萨拉·威廉森。他们勤勤恳恳、兴致勃勃地完成了所有任务。我要感谢安娜·图里的非凡贡献。我要感谢本书评论员富有见地的反馈，他们是：韦伯州立大学的哈维·伦·亚当斯、拉马尔大学（博蒙特）的辛提娅·巴尼斯、萨姆休斯顿州立大学的凯西·希尔、北卡罗来纳大学教堂山分校的加里·卡哈特、特拉华州立大学的理查德·马希、富特海斯州立大学的琴·安娜·塞勒斯，以及乔治亚州立大学的卡罗尔·怀特。我要感谢麦格劳－希尔团队成员简·贝克、丽萨·布鲁夫络德和劳拉·斯佩尔，他们聪明机智、值得信赖、富有敬业精神，为本书的出版铺平了道路。我要特别感谢欧文/麦格劳－希尔的前销售主管戴夫·福斯诺夫，是他让我在1993年走上这条道路，我能有今天的成就，只因有他的鼓励。

再次，我要感谢亲爱的家人毫无保留的支持：吉姆、马琳、伊拉兹马斯、凯丽和鲍勃，还有酷炫的孙儿孙女们。

最后，我要向我的学生致敬，因为他们努力改善管理沟通技巧和策略，因为他们相信我可以帮助他们。这本书为你们而写。

杰拉尔丁·E. 海因斯

简 明 目 录

第1篇　当代组织管理

第1章　当代组织中的沟通角色 3
第2章　管理沟通过程 21
第3章　技术辅助沟通 38

第2篇　管理写作策略

第4章　当代管理写作 57
第5章　常规信息 87
第6章　管理报告和提案 109

第3篇　理解信息的策略

第7章　管理中的倾听 137
第8章　非言语沟通 155
第9章　跨文化管理沟通 172

第4篇　人际沟通策略

第10章　冲突管理 191
第11章　管理谈判 206
第12章　面谈 225

第5篇　小组沟通策略

第13章　管理会议和团队 253
第14章　发表正式演讲 271
附录　第3章的补充文章——技术辅助沟通 292

目录 contents

第1篇 当代组织管理

第1章 当代组织中的沟通角色 3
1.1 管理沟通的简要历史回顾 4
1.2 当代影响沟通的权变因素 11
1.3 转变 15

第2章 管理沟通过程 21
2.1 管理沟通的层面 21
2.2 策略方法 22
2.3 反馈与效果测定 30
2.4 沟通中的重要错误 30

第3章 技术辅助沟通 38
3.1 技术辅助沟通的使用框架 38
3.2 技术和信息的匹配 42
3.3 对未来的展望 45
3.4 管理挑战 48

第2篇 管理写作策略

第4章 当代管理写作 57
4.1 合作式写作 58
4.2 管理写作的独特作用 59
4.3 步骤一:计划 61
4.4 步骤二:写作(或草拟) 62
4.5 步骤三:修改 77

第5章 常规信息 85
5.1 受众适应性 86
5.2 策略 87
5.3 直接信息的几种特定类型 91
5.4 间接信息的几种特定类型 96
5.5 信件格式 100
5.6 内部通讯 102

第6章 管理报告和提案 109
6.1 报告写作过程 110
6.2 策略考虑 112
6.3 备忘录和信件报告 116
6.4 正式报告的组成部分 118
6.5 视觉辅助工具 123

第3篇 理解信息的策略

第7章 管理中的倾听 137
7.1 倾听的好处 137
7.2 倾听障碍 138
7.3 倾听的一般技巧 140
7.4 积极倾听的具体技巧 142
7.5 互动倾听的具体技巧 144
7.6 倾听非正式沟通 146
7.7 倾听整个环境 147
7.8 创造倾听氛围 148

第8章 非言语沟通 155
8.1 非言语沟通的重要性 156

8.2 非言语信号的功能 **157**
8.3 动作 **159**
8.4 空间信息 **161**
8.5 个人外表 **164**
8.6 声音 **165**
8.7 欺骗性非言语信号 **165**

第9章 跨文化管理沟通 **172**
9.1 基本原理 **172**
9.2 什么是文化 **174**
9.3 跨文化神话 **175**
9.4 我们彼此各异的某些方面 **176**
9.5 应该学习当地语言吗 **179**
9.6 对非言语信息的敏感性 **180**
9.7 良好的跨文化沟通者应具备什么条件 **182**
9.8 培养跨文化管理者 **183**

第4篇 人际沟通策略

第10章 冲突管理 **191**
10.1 冲突的益处 **192**
10.2 沟通与冲突的关系 **192**
10.3 冲突的来源 **194**
10.4 冲突解决策略 **195**
10.5 解决问题:双赢策略 **198**
10.6 冲突与成功的管理 **201**

第11章 管理谈判 **206**
11.1 谈判与关系网 **206**
11.2 谈判与冲突 **207**

11.3 谈判的策略模型 **208**
11.4 第一层:文化及氛围 **208**
11.5 第二层:信息发送者、接收者及目的 **209**
11.6 第三层:时间、环境、内容及渠道 **212**
11.7 第四层:核心策略 **218**

第12章 面谈 **225**
12.1 有效面谈的障碍 **225**
12.2 促成有效面谈的问题 **228**
12.3 招聘面试 **232**
12.4 绩效考核面谈 **236**
12.5 社交面谈 **243**

第5篇 小组沟通策略

第13章 管理会议和团队 **253**
13.1 团队工作的优缺点 **254**
13.2 会议的战略考虑 **256**

第14章 发表正式演讲 **271**
14.1 计划演讲 **271**
14.2 组织演讲 **273**
14.3 准备视觉辅助 **280**
14.4 发表演讲 **283**
14.5 有效使用电子媒体 **286**

附录 第3章的补充文章——技术辅助沟通 292

第1篇

当代组织管理

第1章　当代组织中的沟通角色
第2章　管理沟通过程
第3章　技术辅助沟通

第 1 章　当代组织中的沟通角色

> 极端主义者认为"沟通"是让别人赞同自己
> ——美国作家、政治家(生于波兰)利奥·罗斯滕(Leo Rosten)

20 世纪 20 年代管理沟通既有挑战性又令人振奋。富有挑战是因为组织越来越复杂,管理人员面临着更多的新生力量。竞争压力更大、产品周期更短、对产品质量及服务的要求更高、规则限制更多、对成本控制的关注更密切、环境保护的意识更高、人权保护的内容更新,这些压力使管理人员的工作变得越来越复杂。但是这些压力也使管理沟通变得更加令人振奋。与以往相比,当代管理人员能为组织的成功做出更大的贡献,更能提高员工的工作生活质量。然而,这需要有效的管理沟通技巧。这些技巧越来越复杂,越来越难以掌握。

与几十年前相比,如今的工作环境更加复杂多样,需要更成熟的管理沟通技巧。20 世纪初,重工业是西方国家的工业基础。产品年复一年几乎没有变化,劳动力以白种男性为主。而今天,产品及管理体系日新月异,员工必须迅速地自我调节。此外,工作团队多元化。以生产电脑芯片的英特尔公司为例,来自新加坡的设计工程师与来自爱尔兰的采购经理和来自加利福尼亚的会计共事并不罕见。这就意味着管理人员必须具有熟练的沟通技巧,以适应多元化的团队和快速变化的工作环境。

科技帮助人们迎接新时代的沟通,同时也对组织沟通提出新的要求。电信业的发展提高了我们的沟通能力,但是我们必须学会如何更好地使用这些能力。再者,沟通体系的发展意味着我们能够与更多的其他文化中的人们互动,也要求我们成为更优秀的跨文化沟通者。此外,由于产品不断升级,服务类型更加宽泛,我们必须能够传递更加复杂的概念。

有效沟通是财务状况的重要指示器。Watson Wyatt Worldwide 为全球 30 个国家提供人力资本和管理咨询服务,在研究了 267 家美国公司后发现有效沟通的公司比沟通效益差的公司的市场份额高出 19.4%。其他的重要发现有:

- 2000—2004 年,有效沟通的公司股东回报比沟通差的公司高出 57%。
- 有效沟通的公司雇员续约的人数是沟通差的公司的 4.5 倍。

- 有效沟通的公司人员流动率低于沟通差的公司的20%。
- 一般而言,金融和零售部门排在沟通最有效的行列。健康关爱、原材料、电信和其他服务行业是沟通较差的部门。[1]

组织工作中的沟通以及沟通的角色将不断变化。因此,我们必须考虑未来的沟通事宜。理解管理沟通的一个方法是了解管理沟通走过的不同阶段。当你阅读下面的章节并了解20世纪管理沟通的变化历程时,不妨猜一猜在你未来的事业中管理沟通将如何变化,因为了解过去可以帮助我们更好地面对未来。

1.1 管理沟通的简要历史回顾

今天的管理者与下属沟通的方式与过去有许多明显的不同之处。为了更好地理解这些变化,有必要回顾管理在不同时期的特征(见表1-1),然后讨论不同时期的管理沟通策略和技巧。

表1-1 管理沟通历史回顾

时期	特征	沟通方式
古代及中世纪时期	开始出现商业活动	书面记录
科学管理时期	明确工作职责、完成任务的时间要求、遵守规则	单向沟通、主要依赖书面的工作指令和规则
行政管理时期	强调权威和纪律	与科学管理时期相同、单向沟通
人际关系时期	认为管理者与工人的关系很重要	倾听、双向沟通
行为科学时期	认识到组织行为及沟通的复杂性	难以将理论付诸实践
授权时期	权力被分配给组织的每一个人	双向沟通、员工参与
权变理论时期	工作、组织及人员互相依赖	必须将沟通策略应用到实际情景中

1.1.1 古代的管理沟通

人们所知的最早期的管理沟通例子可能是约公元前5000年苏美尔传教士发明的簿记。早在公元前3200年阿拉伯湾北部的商业交易也被记录在案。值得注意的有趣的一点是,这些记录反映了跨文化的商业交易。埃及人认识到把各种要求用书面记录下来的重要性——大约在公元前1750年的《汉姆拉比法典》就有工作规则的书面记录。从公元前1000年到公元1年,古罗马人在与供货商的谈判中、在与消费者建立关系时、在商务活动中交换礼品时使用管理语言,他们是最早的管理者。大约在公元325年,亚历山大一世建立了第一个管理工作团队的委员会。(你觉得当时的管理者会像今天的管理者一样抱怨会开得没完没了吗?)

意大利的威尼斯是中世纪时期重要的商贸中心。商人们建造仓库,使用一种商品目录系统(Inventory System)向市政府机关做定期汇报。[2] 这些例子说明,自从有了商业活动就有了某种形式的管理沟通。

1.1.2 工业革命和科学管理

尽管管理沟通自古有之,但管理者作为沟通者的系统性变革却开始于工业革命时期。工业革命早期最为人所熟知的哲学思想是科学管理(Scientific Management)理论。这种哲学思想及提出的方法技巧强调对工作的科学研究及组织。在这一时期，人们认为可以通过制定极其精确且不容下属质疑的工作说明(Job Instructions)来获得最高的工作效率。因而，管理者的权威毋庸置疑。

了解科学管理哲学观产生的背景，可以更好地理解科学管理理论与沟通的关系。弗雷德里克·泰勒(Frederick Taylor)创立了科学管理理论。18世纪末，泰勒在费城米德韦尔钢铁公司担任主管时，对如何提高车床工作效率产生了兴趣。通过研究单个车床工人的工作情况，泰勒了解了他们工作过程的方方面面。他将每个工作的各个方面做了细分，并对各方面进行测量。他认为每件工作都是可以测度的，可以开发出一套最有效率、效果最佳的科学工作方法，而且可以在工作设计中用详尽的语言描述这种方法，并通过广泛的培训传授给广大员工。泰勒把每位员工看成是这种科学管理方法中的另一种要素。[3]

泰勒科学管理理论的几位追随者将这些概念进行了进一步的拓展。弗兰克·吉尔布雷斯将对动作的研究推到了极致。为了保证精确度，他还发明了一种带有摇摆秒针、能够记录每分钟1/200时间的瞬时计。吉尔布雷斯最著名的成就是对砌砖的研究。他仔细分析了砌砖工人的工作过程，将砌每块外墙砖的动作数量从每块砖18个减少到4个半，砌内墙砖的动作从每块砖18个减少到2个。

泰勒科学管理理论的另一位追随者是哈林顿·埃默森，他为铁路部门制定出12条效率准则。其中，常被人们提到的是训导(Discipline)，内容包括遵守规则、严格服从。换句话说，他认为管理就是建立一套具体的规则并确保员工们服从这些规则。[4]

科学管理理论试图通过减少个体差异，将工作环境制度化。由于排除了特殊情况，管理者和工人的工作都变得简单了。在这种理论中，不允许一切有悖于准则的行为。管理者只要将工作要求及相关工作准则传达给工人即可。

人们经常将科学管理理论与福特公司T型车的生产效率联系在一起。福特公司带来的高效率生产使每一个工薪阶层都能开上车。我们也看到，像麦当劳这样的公司今天依然十分依赖这种科学方法。雷克罗克*采用科学管理方法为快餐业带来了质量、服务、清洁及价值。在麦当劳，每位员工都有明确的岗位描述(Job Description)，每项任务都有明确的完成日期，而且员工必须严格遵守这些规定。这些程序使得员工可以在短时间内完成培训，减少管理者必须处理的特殊情况的发生次数。管理者只需有限的策略性管理沟通技巧即可。[5]各种规则及任务解释得清楚明了，员工只需照做即可。管理者不希望与员工谈判，也不愿看到冲突的发生。

1.1.3　行政管理方法

当科学管理理论引起广泛关注之时，早期管理思想的另一分支行政管理理论(Administrative Theory)也正在发展之中。尽管这种管理方法与科学管理理论产生于同一时期，但其关注点却截然不同。科学管理理论主要关注个体工人及公司运营层面的效率，而行政管理理论则关注所有管理者都面临的更广泛的问题。

促进行政管理理论发展的关键人物是亨利·法约尔，他提出了14条管理原则。[6]表1-2列出了其中有关管理沟通的6条原则。请注意，管理者及下属之间的双向沟通是有限的，强调更多的是管理者的权威。管理者的角色是发出指令、维持纪律，却很少注意倾听技巧。小组及参与式决策

---

* 麦当劳公司的创始人。——译者注

不是行政管理理论的必要组成部分。这一方法很像传统的军事管理,军官绝对专制——没人对军官的指令做出任何反馈,军官也很少倾听。行政管理理论还有类似集权政府的政治体制。

表1-2　泰勒的六项原则

1. 工作分工。工作效率要求把一项工作分成几个小部分,指定工人专门做。
2. 权威。管理人员有下指令的正式授权。然而,对于有工作效率的领导者而言,必须具有因为技术、经验和个性产生的个人权威。
3. 纪律。工人必须愿意服从组织的领导人的指示和组织章程。
4. 统一指令。下属只能接受一位上司的命令。
5. 个人利益服从组织利益。整体利益永远高于个人利益。
6. 等级链。组织内完整的权力链从企业的高层管理人员贯穿到组织中最低级的人员。命令和汇报应该按这条等级链传递。

六项原则中的最后一条"等级链"在管理沟通中有着特殊的重要性。法约尔认为传统的组织层级对建立指挥链非常重要,同时他也看到同一层级的员工需要沟通时,这种"等级链"体系便显露出弊端。图1-1 显示的是根据这种观点员工 B 与员工 J 的沟通方法。员工 B 必须先将信息传递

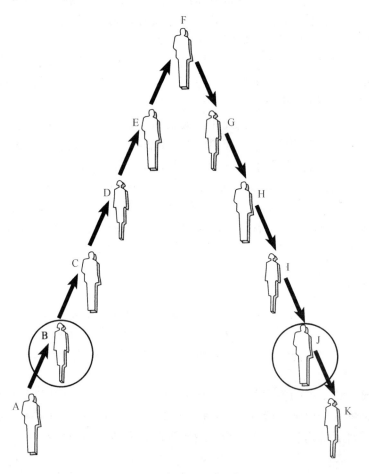

图1-1　按等级链沟通的模式

至指挥链的最高层,然后信息再沿着另一条指挥链往下传递。对当代管理者来说,这种做法在效率及效果两方面的弊端都是显而易见的。

为了避免这些问题,法约尔提出了著名的跳板理论(Gangplank Theory)。根据这一理论,如果员工 B 和员工 J 都得到直接上级的许可,并向直接上级汇报沟通情况,则可以直接平级沟通。图 1-2 描述的是非正式网络及水平沟通。跳板理论最先正式承认水平沟通及非正式沟通网络的重要性,这种重要性已为当代大多数组织所承认。但是,如今有些组织仍然实行严格的指挥链制度。在本书中,我们将讨论不同组织之间的差异以及在沟通中如何考虑这些差异性。

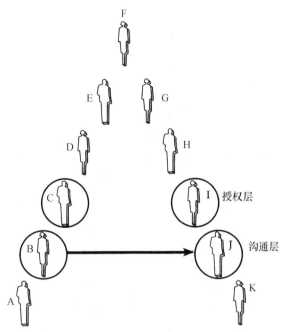

图 1-2　跳板理论

1.1.4　人际关系方法

20 世纪早期,管理的性质和管理者的工作成为关注焦点,而对管理者与员工关系的讨论却很少。但是到了 20 世纪二三十年代,随着人们开始注意组织成员间的关系,情况开始发生变化。

戴尔·卡内基

戴尔·卡内基是最早将沟通与管理成效相联系的作家之一。他从社会学和心理学的角度阐述了"怎样赢得朋友和影响他人"。[7]

卡内基认为,要使别人服从自己需要具有人际吸引力和影响力。他介绍了自己影响别人的方法,如倾听、对他人的问题表现出兴趣、让别人对自己有信心等。尽管他主要的著作读者不是管理人员,但是他向管理者传递的信息是清晰的,即获得员工对组织服从不能只靠经济激励手段或管理者的职权,还要靠人际沟通技巧。对那些认为管理者可以"买到"服从的人来说,这种观点无疑有根本性的转变。

在戴尔·卡内基1955年去世之前,已有近五百万人购买了他的书,成千上万名管理者蜂拥般地参加戴尔·卡内基的研讨会。[8]这种研讨会至今在全世界仍长盛不衰。

霍桑实验

大约在戴尔·卡内基举行研讨会的同一时期,哈佛大学的一些教授在埃尔顿·梅奥的领导下正在进行被称为"霍桑实验"的系列研究。[9]该项研究是在西方电气公司(Western Electric Company)位于伊利诺伊州的霍桑工厂中实施的。该厂电话机的生产遵循的是科学管理原则,管理者和员工之间几乎没有个人沟通,岗位说明及工作准则讲得清清楚楚,管理者的工作就是通过职权和纪律使这些条文付诸实践。

最初,实验是由几位工业工程师设计的,目的是证明工作环境中照明强度的增加对生产率的影响。他们想通过照明强度的实验找到最佳的工作条件,但实验结果却与预期不符。不管实验者如何操纵光线强度,生产率总是增加。光线增强时,生产率增长;光线强度不变时,生产率仍然上涨;甚至当光线减弱时,生产率依然上涨,直至工人看不清为止。

照明强度实验的研究结果令科学管理理论学派的工程师们大为吃惊。为了进一步搞清科学管理原则在实验中不适用的原因,研究人员将一组工人单独分开并对其进行研究。研究内容包括改变工人薪酬、休息时间、工作日程及工作方法。总体来说,不管工作条件如何变化,研究期间的生产率总是增长。研究人员最终得出结论,研究人员与工人之间的关系是造成这种结果的原因。实验中,在与工人们交谈以及通告工作条件变化时,研究人员对工人表现出极大的个人兴趣。研究人员和工人之间的关系与工厂中其他管理者和员工之间的关系是大相径庭的,因而会造成这种结果。

由于实验结果与预期不符,工业工程师们对工作条件继续进行研究。在这一阶段,研究人员访谈了几千名员工,了解了他们对工作条件、管理者以及工作总体情况的看法。这或许是最早的大范围的工厂访谈。传统上,科学管理学派倡导的方法是,当管理人员寻求工作的最佳方式时只需要静静地观察工人工作。而霍桑实验中的研究人员开始关注工人的情感,提问或访谈成为工作环境的组成部分。

实验中的访谈结果表明,在类似条件下员工对这些工作条件的体会有所不同,并给各自经历赋予了不同的意义。实验的结论是,员工态度取决于工作小组的社会结构以及员工在小组中的位置。埃尔顿·梅奥建议管理者应当与员工建立起友好的关系,倾听员工疾苦,让员工觉得可以参与决策,以满足其社会需求。[10]从许多方面来看,梅奥和卡内基的建议不无相似,并且与科学管理理论形成了鲜明对比。

梅奥和卡内基的观点真的与科学管理理论不同吗?这种人际关系方法是否真的与科学管理理论有差异?有人可能会说梅奥和卡内基鼓吹绝对控制,管理沟通策略的目的只是使工人们服从管理、增加工人对管理权威的认同。其实,人际关系方法的核心是关注工人的社会需要及让员工参与决策,以此来提高他们的士气。反过来,这种士气会使员工更加服从管理权威。在人际关系方法中,管理沟通被看成是控制组织过程的一种工具。

虽然这一时期管理的主要趋势具有控制性,但是人际关系方法指出了人际沟通的重要性。人际关系观认为小组管理、倾听、访谈都是管理沟通的内容。此外,行政管理方法强调了组织结构的重要性。没有行政管理理论及人际关系理论,管理沟通的唯一关注点将只能是记录、发指令和维持纪律。当然管理沟通远不止有这些功能。不同时期人们对沟通的看法虽然各异,但却可以帮助我们更好地理解当代组织中的沟通以及未来的沟通类型,比如,今天有些组织不能完全接受跳板概念。到2015年这一概念会被接受吗?未来与员工沟通的合适规则又将是什么?

1.1.5 行为方法

20世纪50年代,人们对管理沟通的看法又发生了变化,包括沟通在内的管理者行为受到了广泛关注。经济学、人类学、心理学及社会学都被应用在工作中对沟通问题的理解。人们总体趋向于将组织成员当成完整的人看待,而不只是完成工作的工具。彼得·德鲁克是最早宣称应该把工人看作财富而不是包袱的管理大师之一。他最先提出,作为人类群体的公司是建立在相信和尊重工人的基础上,而不能把工人看成是创造利润的机器。[11]

这一时期涌现出了许多理论,如麦戈雷格的X理论和Y理论、马斯洛的需求层次理论、李克特的管理四体系理论、布莱克和穆顿的管理方格理论以及赫茨伯格的激励模型。这些理论在许多管理教科书中都有介绍,为说明什么是有效的管理沟通提供了重要信息。但是,对管理行为理论的解释过于复杂,大多数管理者无法理解也无法应用。为了帮助管理者应用这些理论,人们开发出许多培训项目,然而收效甚微。

工作行为理论发展的同时,沟通理论研究也取得了进展。比如,J. L. 奥斯汀提出了话语行为理论(Speech Act Theory),指出为了保证沟通有效,必须遵循一定的沟通惯例。戴维·贝罗提出了强调双向沟通模型。[12]这一时期,人们更多地关注社会对沟通的影响上,却很少有人关注管理者的社会情境(Social Context)。[13]

除此之外,组织结构的性质也受到广泛关注。人们认为20世纪50年代及60年代的组织与20世纪90年代初的社会组织有所不同。卡尔·韦克提出了一种组织理论,帮助我们理解组织性质以及如何在组织中进行沟通。韦克等人明确提出,组织并不是稳定静止的实体,而是不断演变的,而且内部沟通网络和外部沟通网络都在不断演变,管理者在沟通时必须考虑到这一点。比如,谣言及非正式沟通的重要性都受到了关注。另外,管理者需要的信息种类也日新月异。法约尔较早地认识到沟通网络及组织结构的重要性,提出了跳板理论。现在人们又重新关注整个组织及其结构了。[14]

管理行为和员工行为的本质、沟通学习和组织性质分析等对管理者如何更好地沟通都具有重要意义。然而如前所述,这些研究也导致知识体系越发复杂,管理者难以应用。于是,行为理论派生出员工授权理论(Employee Empowerment)。

1.1.6 授权理论

20世纪90年代被称为授权的时代。授权即权力分享,将权力或权威分派给组织内的下属。[15]在传统组织中,决策权都集中在最高管理层。但是自从提出行为理论后,这种集权式管理模式发生了重大变化。授权鼓励员工全身心地参与组织活动,将权力分配给组织中的员工,他们就能更自由地完成工作。

随着全球竞争越演越烈、技术发展越来越快,许多高层管理者认为放弃集权可以提高产品开发速度、灵活性及质量。一项研究表明,有74%的被调查的首席执行官认为,自己更注重参与性、意见一致性,更依赖沟通而不是命令,他们还认为独裁、专制甚至皇权并非有效的管理手段。[16]

1990年通用电气首席执行官在年度报告写给股东的一封信中提到了授权理论的一个例子。他在信中写到,管理者必须学会授权、指导(帮助)、倾听、信任。他还谈到应当通过交流思想为通用电气这家巨型企业制定远景规划。

共享远景意味着共享信息。传统组织中通常只有高层管理者了解公司财务状况,但在授权型组织中,所有人共享信息。比如,在密苏里州春田市的春田再制造中心公司(Springfield Remanufacturing Center Corp. in Springfield, Missouri),一线工人对公司成本收益、部门生产率、优先战略等信息的掌握程度与总裁基本一样,而且管理者还教工人们如何读懂这些信息。[17]

授权运动还出现在工会和资方的关系中。由于资方提供了比较多的信息,工会成员也能更多地参与管理决策。实际上,信息共享常常是合同谈判的内容。[18]工作质量及生产率促使团队中不仅有管理层人员,还有工会成员。

然而,授权并不总是一帆风顺的。重型设备生产商卡特皮勒公司(Caterpillar Inc.)在20世纪80年代末采用了员工参与制,然而当行业遇到财务问题时,员工参与计划也不得不因为公司与汽车工人联合会之间的激烈冲突而终止。工会与资方的关系又恢复到原先的对立状态,单向沟通次数也比实行授权时更加频繁。

尽管员工授权可能会遇到困难,但还是有许多实施授权策略的尝试。像自治工作小组(Autonomous Work Groups)、自我领导(Self-leadership)、攻关小组(Work-out Groups)、质量圈(Quality Circles)等策略都在努力增加对员工的授权。但是,正如前面讨论行为理论时提到的,有些授权理论及行动计划过于复杂,难以应用,并非处处适用。因此,到21世纪初又出现了另一种管理哲学——权变方法(Contingency Approach,有时也译作情境方法)。[19]

1.1.7 权变方法

好的管理者善于发现工作各个方面、组织及沟通之间的相互依赖性。权变法的基本思想是没有唯一的最佳途径。正确的沟通策略因情境而异,最有效率且效果最佳的策略往往要依赖许多因素。因而,在某一时段某一场合效果很好的沟通方法在另一种场合中可能没什么作用。权变方法意识到不同情境匹配不同沟通策略的重要性,比如科学管理理论在某种情况下适合,但另一情况下采取员工授权的方法可能更为有效。

举个例子,在危机管理过程中,管理者或许可以向下属大喊大叫,直接明确地告诉他们该做什么,如果采取双向沟通则会浪费时间。但是在平和时期,管理者采取与下属讨论的方法可能更为适宜,因为时间允许这样做。每种沟通方式(直接专制式抑或是民主参与式)总是在不同的情境中才起作用。

现在由于组织的复杂性,权变法已是普遍使用的方法。特别是在多国或多文化组织内,管理者必须明白没有唯一的最佳沟通方法,有效的沟通方法是依情境而变的方法。这不是说,当代组织的管理是混乱的。相反,21世纪早期安然、艾德尔雯、世通等公司崩溃后,组织已经加强了问责和监督体系。《萨班斯—奥克斯利法案》(特别是404条款)强调对商业的控制和审计过程。因此,由于公司治理变得更加透明,信息流通更加自由,在沟通时好的管理者要适应各个情境的复杂性。

简言之，从科学管理理论、行政管理理论、人际关系理论、行为理论、授权理论中我们都可以找到沟通的好方法。然而为了使沟通策略适应不同情境的不同需求，我们要创造性地进行分析。

1.2 当代影响沟通的权变因素

我们将在第2章讨论沟通的本质及管理沟通模型。现在讨论制定管理沟通策略时应当考虑的三种权变因素。因为管理者遇到的情况各不相同，所以我们不可能论述所有的权变因素，只能讨论对管理者所处环境有影响的主要事件。下面这一小节将论述影响管理沟通权变的主要社会活动及商业活动，尤其是多样化、竞争与产品质量及伦理。

1.2.1 多样化

当今，每个人在工作中都面对着比几十年前更为多样化的人口结构。20世纪60年代初，美国把宽容和多样化作为战略使命。然而，在工作中减少文化偏见对管理者而言仍然是一种挑战。本书从头到尾都在讨论这种挑战，就是说明管理者不仅必须与更加多样化的受众沟通，而且还要帮助员工认识到多样化是企业的财富，而不是麻烦。当代管理者尤其应该注意四种重要的多样化因素：性别比例、文化背景、年龄结构及教育水平。

性别比例多样化

在过去30年间，关于男性沟通方式与女性沟通方式差异的论述很多。人们也在关注男性与女性之间如何沟通。这些问题包括：男性是否比女性更武断？女性对同事是否表现出更多社会支持及同情？男性及女性在反馈的方式上是否有所不同？男性和女性的领导方式是否不同？女性做出的同一手势是否传达不同的非语言信息？男性之间的空间距离与男女之间的空间距离是否不同？在劝说策略上男性与女性有无差异？

在许多情况中，上述问题及类似问题的答案并非显而易见，证据表明这些问题的答案随社会总体情况变化而变。性骚扰就是男女性别之间沟通演变的很好例证。研究女性工作环境问题的珍妮特·安德烈认为，性骚扰的定义自从20世纪80年代以来就一直不断变化。她说："有些人还没有意识到以前很平常的行为如今已经不为人接受了。"一位管理顾问说，男人谈到性骚扰时想到的是身体接触。而对女性来说，性骚扰可以是一种语气或其他的非语言信息，比如被男人盯住胸部等。[20]同样，性骚扰的法律定义也在不断演变，外延不断扩大，这些都是女性观点的体现。

由于沟通的本质不断变化，再加上男女性别间的关系本质也在变化，因此很难说清沟通中的性别差异到底是什么。尽管如此，已经有人提出了强有力的证据，表明男女在沟通中存在差别。德博拉·坦纳在她的畅销书中记载了男性与女性沟通方式差异的案例，还对男女间互相沟通之所以产生问题做了有趣的解释，这些理由包括男女天生特质及后天习得行为的差异。[21]

由于工作人口的性别比例越来越多样化，因此了解男女性别沟通风格的差异变得非常重要。如果不能有效地与异性沟通，不管是男性还是女性，要想成功都不容易。工业革命时期科学管理理论盛行之时，女性与男性从事不同类型的工作。女性的工作要么是日常低层次性的生产工作，要么是文员工作。如果想成为专业人士,女性只有两个选择:教师或护士。女性通常都是管家,而男性的工作选择面更广,如做管理者或工程师。男性多与男性共事,而女性工作中多与女性或儿童在一起。

现在女性有了更多的工作选择机会,可以进入大多数行业。1976年,女性占就业人口的40%,到2000年这一比例上升到47%。[22]女性还进入了管理层。1983年,管理层中仅有三分之一是女性,而根据美国人口普查局的统计,2002年已有46%的管理职位由女性担当。[23]《财富》500强的前十名公司中女性管理者的比例从1995年的8.7%上升到2005年的16.5%。如果这种趋势继续下去,到2014年这些公司的管理人员将有半数为女性。[24]

正如前面提到的,有一点可以肯定,即男性沟通风格与女性沟通风格有所不同,且异性间的沟通时有困难发生。好的管理者应该对性别差异具有一定的敏感度,并相应地调整自己的沟通方式。

文化背景多元化

管理者必须能与不同文化背景的人进行有效沟通。1993—2000年,美国新增加的劳动人口中少数族裔占30%多,其中27.5%是拉美人。[25]官方人口统计也表明拉美人是全美最大的少数族裔群体,2006年达到4 430万人(占总人口的14.8%),比2000年增加了近10%。非洲裔美国人大约为4 090万(占总人口的13.4%),亚洲裔美国人约为1 310万(占美国总人口的4.4%)。[26]

少数族裔聚集程度因地而异,比如,密西西比州、南加利福尼亚州、路易斯安那州的人口中黑人占30%以上;全美亚洲人中约32%居住在加利福尼亚州或得克萨斯州;新墨西哥州人口中35%是拉美人。[27]了解这些信息非常重要,因为文化不同,工作价值观及沟通方式也会不同。管理者必须学会与所有文化背景的其他管理者及员工沟通。预计到2010年,美国就业人口的33%将是有色人种;到2050年,美国将不存在某一种多数民族。

管理者必须能处理好组织内部及组织外部的多元文化问题。随着交通及电信的发展,管理者与来自其他文化的员工及管理人员的沟通将会越来越频繁。美国三大汽车公司的首席执行官与日本五大汽车公司首席执行官在1992年年初商谈他们的贸易关系,这一事件生动地反映了这一发展趋势。这些首席执行官们被指责为只是谈论国际贸易中存在的问题,而没有就问题进行沟通。[28]职位低于首席执行官的管理人员如采购经理,也因为国际业务的增加必须熟悉跨文化沟通。建立国际采购联盟的努力常常因为沟通不畅而失败。[29]我们把这种沟通叫作跨文化或跨国沟通(Cross-cultural or International Communication)。具体内容将在第9章中论述。

年龄结构多元化

美国人的寿命在增加,员工平均年龄也在增长。根据美国劳工统计局的数据,2006年75岁以上的人中有6.4%在工作,80岁以上的人中有3.4%还在工作。[30]

2010年,年龄为30岁的工人所经历的生活远不同于60岁的工人。1980年出生的30岁的工人没有经历过越南战争时的国家动荡,生活一直相对富足,经济保障也不是大问题,人际网对他们很重要。而60岁的人尚能记得越南战争,还经历过20世纪70年代末高达13%的通货膨胀,他们最为关注的是经济保障与国家的稳定。

这些年龄及经历的差异可能会比文化差异带来的沟通问题更大。比如,一位韩国女后裔及一位拉美女后裔,年龄都是30岁,都生长在达拉斯的郊区,在得克萨斯达拉斯大学上学,在达拉斯工作。这两位女性有更多的共同点,两人互相沟通可能比与领导她们的60岁拉美女性或亚洲女性沟通更为容易。

跨越年龄层次的沟通可以是一个很大的挑战,公司可能经受不住这种挑战。每代人都各不相同,自然存在着代沟。但是,30多岁到40岁出头的领导者和管理人员(X代)与20多岁的工人(Y代)之间的年龄紧张程度比较高。根据哈佛商学院的研究。X代开始工作时,公司发展缓慢,他们的职业道路坎坷不平。当时他们的实力不强,他们成功的代价是牺牲个人和家庭。今天的年轻雇员不愿意为工作牺牲他们的时间和家庭。他们希望用工作效率而不是工作时间来评价他们的价值,尤其是在技术手段使工作与工作地点关系不大的时代。他们的忠诚基于他们的社会网而不是他们的工作,他们不怕换工作。[31]很明显,当老板与雇员的价值发生冲突时,代际分化间的有效沟通就变得愈加重要。在处理员工留任、员工与管理方的和谐关系以及工作效率的问题时,管理人员必须考虑使用权变法。

教育多元化

劳动人口的教育水平也在不断变化。根据美国人口普查局2002年的调查,25岁及以上年龄的美国居民中84%是中学以上的学历。人口普查局还报告说几乎每个种族、民族群体及国家的受教育水平都达到了历史最高点。民用劳动人口中大约30%有大学文凭,比1970年增加了16%。[32]教育水平的提高意味着员工更容易质疑管理者。在弗雷德里克·泰勒的科学管理时代,管理者告诉有文化的雇员该做什么;而今天的管理者会发现让雇员帮忙不是那么容易。《财富》500强中约有一半的公司拥有多元化管理队伍。[33]管理者的职责各不相同。有些公司如高露洁和通用电气,为管理人员提供个性化帮助,并组织专业培训项目。面对越来越多的挑战,大多数管理者可能会寻求这种来自公司的帮助。

1.2.2　竞争及对质量的追求

20世纪60年代末,法国记者让-雅克·萨文-史莱坡伯因其《美国的挑战》(*The American Challenge*)一书而备受批判。[34]在书中,他警告欧洲人美国的工业已远远领先于其他工业化国家,还说美国的领导地位将不断加强。然而在1992年,《质量还是其他:世界商业革命》(*Quality or Else: the Revolution in World Business*)一书则强调指出,美国若要保持其竞争力,必须提高其产品质量。[35]如今美国及世界其他许多地区的管理者都接受了商业是全球竞争性的游戏,而质量是取胜的关键的观点。在当今的商业活动中,竞争优势及质量已经成了常用词。但是,这两个词到底意味着什么?

竞争意味着双方或更多方通过独立地提供最具吸引力的条款,从而获取第三方业务。竞争力意味着公司与竞争对手相比,能更快、更好地生产出产品或提供服务。而且,这种服务或产品还必须是在同等或更低的成本条件下具有更高的价值,不允许出现错误。次品率必须降到最低,不允许或几乎不允许出现返工,只能容许极少的产品维修,交货周期必须很短。在降低成本的同时,必须不断地努力寻找新方法,以改进产品或服务质量。

为了在当今市场上获得竞争优势,组织必须具有获得能源、增加价值、提高员工的技能基础、吸引投资、发展对其他市场具有吸引力的非价格特征、具有价格竞争力、高效率、利用技术和创新的能力或特点。

这组能力和特征要求中，有多少是直接依赖于管理者的沟通能力？今天的管理者必须能够收集信息及观点、分享数据、促进并说服他人，以确保业务持续进步。

这些对于管理沟通来说意味着什么？意味着管理者在变化万千、竞争激烈的环境中必须既快又好地沟通，他们用来放松及思考沟通策略的时间非常有限。比如，丰田公司是在美国的第一号汽车生产商。根据不断改进的策略，丰田依靠制造体系、统计过程控制和已经证明有效的方法生产消费者需要的高质量产品。所有的要素，包括管理层与经销商、供货商和雇员的沟通，有助于提高丰田的高质量声望。

为了提高竞争力，许多组织都采用跨职能工作小组（Cross-functional Work Teams），小组成员能学会几种任务技能并共同完成任务。这种方法几乎与科学管理观完全相反。采用跨职能工作小组时，管理者必须了解并协调各种活动，必须能从几种角度进行沟通。

在有些案例中，整个组织的文化必须从轻视质量的文化转变成"质量至上"的文化。福特汽车公司经常使用"质量至上"这句座右铭。许多公司也正在努力进行企业文化的变革。这意味着管理者必须表现出对质量的真正兴趣，必须愿意倾听员工关于改进质量的观点。2003年，当福特公司庆祝成立100周年时，董事长兼首席执行官比尔·福特说："我们的成功总是由我们的产品和员工促成的……我们将新颖的思维方式和创新的技术应用于每一件事，从基础业务流程到奠定公司地位产品等每一件事。"这种致力于改善质量的做法得到了回报。美国 J. D. Power 调查公司在2007年新车初期质量调查中对福特产品的好评多于任何一家汽车制造商。

还有一个组织质量文化的例子。福特公司的一位组装线工人认为，他有更好的方法安装车门镜。他与部门经理谈了几次之后，公司便开始实施他提出的更好的工作流程。[37]如果管理者不愿意倾听关于改进质量的意见，他们就无法在实施必要的公司文化变革中获得成功。

1.2.3 伦理

近几年，政界和商界都有不道德的行为。1998年对美国最受瞩目的总统比尔·克林顿的伦理指控导致了对总统的弹劾案。十年后，罗德·布拉戈耶维奇被指控滥用职权，企图售出巴拉克·奥巴马总统空出的参议员席位，成为历史上第一位被弹劾的伊利诺伊州州长。

21世纪初，艾德尔菲、安达信、安然、世界通信、玛莎—斯图尔特生动多媒体、南方保健等企业由于重大的伦理问题而受到指控，比如做假账、操纵股票销售、妨碍司法、虚报等情况。不少被指控的企业高级管理人员被判刑，有些企业甚至倒闭。这些例子使人们再次关注商业活动中的伦理标准。

不仅是被媒体关注的政治领导人和企业高级管理人员，所有阶层的管理者都面临着伦理的两难境地及诱惑。管理沟通中伦理问题的例子有：

- 一家旅行社的主管注意到代理人只要每月为某家汽车租赁公司带来100位或更多的客户就能得到丰厚的红利，而客户一般都希望按成本最低原则挑选租车公司。代理人是按佣金计酬的。这位主管应该"警告"其代理人还是应该相信其能够做出最佳判断？
- 一位零部件分销厂的高级管理人员要求员工在没有存货的情况下仍然告诉电话客户有存

货。补仓只需一两天，没有人会因为这一两天的延误而受到损害。公司向电话客户隐藏这一信息是否道德？

- 一个咨询项目的项目经理不知道是否应该将某些事实从报告中删除，因为如果保留这些事实，那么购买报告的市场总监将会难堪。这位项目经理的道德责任是什么？
- 一位在国外运营的北美生产商被要求给政府官员支付现金（一种贿赂），并被告知这样做虽然在北美是非法的，但却符合当地习惯。这位生产商应该支付这笔钱吗？

要回答这些问题并不容易。在今天这种愤世嫉俗、缺乏信任的环境中，不能出错。第2章将讨论沟通气候这一概念，并指出信任对于培育积极的沟通气候至关重要。可惜的是，有那么多明目张胆的信任缺失的例子，每位管理者又面临着不同的伦理要求，因此很难培育信任感。

世上没有具体成套的伦理规则，也没有规律可循。许多行为都未形成规则，管理者们必须敏锐地发现不断出现的准则及价值观。对沟通中的伦理细节保持敏感是维持员工信任的唯一途径。

由于不存在放之四海皆准的规律，一些人认为道德的事对另一些人而言可能是不道德的。受贿问题便是一个很好的例子。受贿在某一国家符合伦理要求，而在另一个国家可能是非法的。组织要帮助在沟通时有道德困惑问题的管理者，要给他们以指导，为他们开设伦理培训或研讨课程。2005年，各公司花在伦理培训上的费用大约是6000亿美元。企业的这些行为部分是由于2002年《萨班斯—奥克斯利法案》的颁布。该法案要求如果企业的高级管理人员不能证明已经为其雇员做了伦理培训，他们要为其雇员不合伦理的行为负责。

另一个为许多公司用以提高沟通伦理的策略是开发出一套正式的伦理规则。这些规则明确指出公司对员工行为的期望，并指明公司期望员工认识到公司行为及沟通的伦理要求。一套行为准则可能内容非常宽泛，也可能非常具体，大多数都提出了管理沟通的问题。比如，下面是从锦标国际公司（Champion International）的公司价值观声明中节选的内容。

> 锦标公司希望能因公开、诚信而为世人所知。我们承诺在与顾客、供应商、员工、社区及股东的关系中执行最高标准的商业行为规范。在所有追求的目标中，我们将明确支持当地法律，不容许出现合法性受到质疑的行为。

另一种可能实行的策略是建立一个伦理委员会或选出伦理监察官。这一方法要求指派一名高级管理人员或一个高级管理人员小组负责监督组织的伦理行为，并为其他管理者提供咨询。这样，管理者能够在遇到伦理问题时向某人或某一组人征求意见。在施乐公司伦理监察官直接向首席执行官汇报，显示了这一职位的重要性。

1.3 转变

本章是全书的引言，对管理沟通做了历史回顾，总结出权变理论是当前最适用的理论，并分析了影响偶然性的三种因素。但是组织的管理及相应的沟通始终处于不断的转变中。今天的管理者与一二十年前相比，沟通方式已有所不同。我们面临的挑战是理解管理沟通并开始为这些变化做准备。

1982年，约翰·奈斯比特写了一本名为《大趋势》（*Megatrends*）的畅销书。[39]他在书中提出了十条预测,其中有四条与管理沟通相关。首先,他说我们将从工业社会转变到信息社会。由于计算机技术及全球电信业的巨大影响,这一变化已经发生。

另外三种趋势与第一种趋势紧密相关:决策从集中到分散;参与治理取代代理治理;网络的重要性超越传统的等级。每一种趋势都意味着书面沟通和管理沟通会变得更频繁、更紧密。如今为管理者开设的沟通培训课程更多,更强调团队工作,包括股东在内的各级管理者对决策制定的影响力愈来愈大,这些都证明趋势已经出现。这些管理者的职位从董事会成员到项目经理,他们的共同特点是对信息技术的管理。

在过去的几年中,这些趋势似乎变得越来越重要。在《大趋势》一书出版八年后,奈斯比特和阿伯迪恩又写了第二本书,取名《大趋势2000》。[40]在书中,作者再次重复了第一本书中提到的几种趋势,此外还强调了跨文化沟通的趋势。2010年,管理沟通不仅将更为频繁、更为重要,而且其跨国及跨文化的重要性亦将更强。该书还讨论了有效管理沟通所要求的策略及应用。但如前所述,讨论不可能涉及每种可能出现的情况,管理者在许多独特而有挑战性的沟通情况下必须既要有创新又要讲策略。

本章小结

从古代及中世纪以来,管理沟通已经历许多变化。本章分别阐述了管理沟通的七个时期:古代及中世纪、科学管理时期、行政管理时期、人际关系时期、行为时期、授权时期以及权变理论时期。不同时期的模型给予管理沟通越来越多的关注。

为了更好地理解不同的管理情况,本章还介绍了当代影响沟通的几种因素,回顾了几种不同的多元化类型:性别多元化、文化多元化、年龄多元化、教育多元化。未来的劳动人口在这几个方面将变得更多样化。

通过提高产品及服务质量获得竞争优势的努力也会影响沟通。结果是每件事的处理周期都变短,又由于质量的要求,错误存在的空间也将更小。

伦理是当代另一个必须考虑的变化因素。尽管管理伦理可能会使沟通决策变得困难,但是组织还是要通过培训课程、制定行为准则等方法对员工提供帮助。除了这些影响当代沟通的变化因素外,各种趋势还表明,沟通随着其重要性的增加,将会变得更频繁、更强烈,涉及的文化种类也将更多。

小组讨论案例

案例1-1 有其"祖父"必有其"孙女"吗

20世纪初,克拉伦斯在蒙大拿州开了一家农产品商店。村里的邻居就是他的顾客,每个走进他商店的人都感觉非常舒服。实际上,这些顾客通常会坐一坐,喝杯咖啡,吃点花生,聊聊世界大事,然后才开始买东西。克拉伦斯知道许多农业知识,并以拥有这些知识为荣,他还免费为客户提供咨询,告诉他们最好用哪种牌子的去虱液为牛杀虱子,用哪种补药治马绞痛最有效。到克拉伦斯退休并由儿子塞思继承生意时,公司已经在三个镇上拥有三家商店,全职员工14名。

塞思年轻时曾在州立学院获得农业商务学位。他非常迫切地想将所学知识应用到家庭生意中。他坚信,成功的关键在于掌握技术而非个人关系。继承父业后,塞思努力将父亲所有的手写记录转换成电子文档。最终,他安装了一套用于追踪仓储、人事、财务信息的完全计算机化的系统。

有时他会自夸是个企业家,但克拉伦斯却对这个词不屑一顾。"只要做对顾客有益的事,其实就是在做对自己有益的事。"他常这样责怪儿子。

塞思退休后,他的女儿凯西接管了公司,此时公司在三个州拥有23家分店,共228名员工,还全权拥有18家加油站中的一家。

凯西制定的公司远景不仅包括供应农产品,还要提供范围更广的产品。她希望推销家庭农场的形象,商店里出售西部风格的服装、靴子、帽子、珠宝、家具,甚至乡村音乐及西部音乐CD。

凯西经常往返于总部办公室及不同商店之间。要管理好每件事没有时间可不行。在公司总部,凯西有12名专业人员辅佐,另外计算机网络、电子邮件、传真都极大地帮助了她。

问题

1. 20世纪初,克拉伦斯的沟通要求与21世纪初凯西的沟通要求有何不同?
2. 你认为克拉伦斯和凯西的管理行为有何不同?
3. 你认为克拉伦斯和凯西作为公司总裁有何相似之处?

尾注

1. Watson Wyatt, "Effective Communication: A Leading Indicator of Financial Performance-2005/2006 Communication ROI Study," www.watsonwyatt.com/research/ (retrieved January 11, 2006).

2. C. George, *The History of Management Thought* (Englewood Cliffs, NJ: Prentice Hall, 1972), chaps. 1 and 2.

3. Edwin A. Locke, "The Ideas of Frederick E. Taylor," *Academy of Management Journal*, January 1982, pp. 41–44.

4. William F. Muks, "Worker Participation in the Progressive Era: An Assessment by Harrington Emerson," *Academy of Management Review*, January 1982, p. 101.

5. "McRisky," *Business Week*, October 21, 1991, pp. 114–117.

6. Henri Fayol, *General and Industrial Management* (London: Sir Isaac Pitman and Sons Ltd., 1949), pp. 3–13.

7. M. Richetto, "Organizational Communication Theory and Research: An Overview," in *Communication Yearbook* 1, ed. B. D. Rubin (New Brunswick, NJ: Transaction Books, 1977).

8. Dale Carnegie, *How to Win Friends and Influence People* (New York: Simon & Schuster, 1936).

9. F. L. Roethlisberger and W. Dickson, *Management and the Workers* (New York: John Wiley & Sons, 1939).

10. E. Mayo, *The Human Problems of an Industrial Civilization* (Boston: Harvard Business School, 1947).

11. John A. Byrne, "The Man Who Invented Management: Why Peter Drucker's Ideas Still Matter," *Business Week*, November 28, 200, pp. 97–106.

12. J. L. Austen, *How to Do Things with Words* (Oxford: Oxford University Press, 1962); and David K. Berlo, "Human Communication: The Basic Proposition," in *Essay on Communication* (East Lansing, MI: Department of Communication, 1971).

13. Larry R. Smeltzer and Gail F. Thomas, "Managers as Writers: Research in Context," *Journal of Business and Technical Communication* 8, no. 2 (April 1994), p. 186.

14. K. Weick, *The Social Psychology of Organizing*, 2nd ed. (Reading, MA: Addison-Wesley, 1979).

15. Edwin P. Hollander and Lynn R. Offermann, "Power and Leadership in Organization," *American Psychologist* 45 (February 1990), pp. 179–189.

16. Thomas A. Stewart, "New Ways to Exercise Power," *Fortune*, November 6, 1989, pp. 52–64.

17. John Case, "The Open-Book Managers," *Inc.*, September 1990, pp. 104–105.

18. Stephenie Overman, "The Union Pitch Has Changed," *HR Magazine*, December 1991, pp. 44–46.

19. Robert L. Rose and Alex Kotlowitz, "Strife Between UAW and Caterpillar Blights Promising Labor Idea", *The Wall Street Journal*, November 23, 1992, p. 1.

20. Susan B. Garland and Troy Segal, "Thomas vs. Hill: The Lessons for Corporate America," *Business Week*, October 21, 1991, p. 32.

21. Deborah Tanner, *You Just Do't Understand* (New York: Ballantine Books, 1990).

22. Howard N. Fullerton, Jr., "New Labor Force Projections, Spanning 1988—2000," *Monthly Labor Reviwe*, November 1989, pp. 3–12.

23. "Women Lag in Highest Salary Levels," *Bryan-College Station Eagel*, March 25, 2003, p. 4B.

24. "Rate of Women's Advancement to Top Corporate Officer Positions Slow, New Catalyst Tenth Anniversary Census Reveals," *Catalyst. org*, July 26, 2006.

25. Fullerto, "New labor force Projections," p. 10.

26. B02001. RACE—Universe: TOTAL POPULATION. 2006 *American Community Survey*. United State Census Bureau. www.factfinder.cnsus.gov. (retired January 24, 2008)

27. William Dunn, "Minorities: A Large Part of the Population," *USA Today*, June 21, 1989, p. 1.

28. "Automakers Talking Past each Other," *Fortune*, February 10, 1992, p. 90.

29. Michiel R. Leenders, Harold E. Fearon, and Wilbur B. England, *Purchasing and Materials*

Management, 10th ed. (Burr Ridge, IL: Richard D. Irwin, 1993), p. 480.

30. John Christoffersen, "More Older Workers Deciding It's Not Time to Clock Out Just Yet," *Houston Chronicle*, August IS, 2007, p. A3.

31. Tammy Erickson, "Ten Reasons Gen Xers Are Unhappy at Work," *Harvard Business Online*, May IS, 2008, www. businessweek. com (retrieved August 20, 2008).

32. *Statistical Abstracts of the United States*, 180th ed. (Washington, DC: National Data Book, U. S. Department of Commerce, Bureau of the Census, 2002), Table 647.

33. Julie Amparano Lopez, "Firms Elevate Heads of Diversity Programs," *The Wall Street Journal*, August 8, 1992, p. Bl.

34. Jean-Jacques Servan-Schreiber, *The American Challenge* (New York: Atheneum Publishers, 1968).

35. Lloyd Dolyns and Clare Crawford-Mason, *Quality or Else: The Revolution in World Business* (New York: Houghton-Mifflin, 1992).

36. "Slow and Steady' Drives Toyota's Growth," *USA Today*, December 21, 2005, USAToday. Money. com (retrieved December 29, 2005).

37. *Netpiper Auto News*, July 6, 2003, www. autoemirates. com/netpiper/news/details. Asp? NID =997(January 16, 2006).

38. William Raspberry, "Straighten the Crooked and White-Collared? Good Luck," *Houston Chronicle*, November 21, 2005, p. B7.

39. John Naisbitt, *Megatrends* (New York: Warner Books, 1982).

40. John Naisbitt and Patricia Aburdene, *Megatrends 2000* (New York: William Morrow and Co., 1990).

第 2 章 管理沟通过程

> 今天,管理本身也成了问题。如今的社会第一次变成了过度沟通的社会。我们发出的信息一年比一年多,然而收到的信息却一年比一年少。
>
> ——特劳特和里斯广告公司主席 阿尔·里斯(Al Rise)

不管在医院、工厂还是服务型公司,经理人花在沟通上的时间已超过其总时间的75%。想一想,一名经理人一天需要处理的信息量有多么庞大时,这个比例就不会令人吃惊了。总经理们面对着两个最基本的挑战(有两项主要的工作):当他们把大量的信息分类时,估算要做什么;分组完成工作。[1] 有效沟通是计划、领导、组织、控制组织资源以实现这些工作目标的关键所在。

作为经理人计划、领导、组织、控制的重要过程,沟通并非易事。正确理解经理人员所传达的信息取决于信息接收者的理解及对信息的阐释。如果是与一群人沟通,这个过程将会更加复杂,因为人们会有各种不同的理解及阐释。

在沟通过程中,话语及手势这样的符号组成了信息,理解则取决于这些符号所指的共同意义或构架。发送信息时,经理人自己头脑中对这些符号可能已经非常清楚,但是,如果接收信息的人对这些符号赋予了不同的含义,那么信息就会被误解。符号的含义对不同人来说可能各异,而且随着经历的变化,相同的人在不同时期对这些符号的理解也会不同,因此沟通的过程变得更加复杂。

本章中,我们将研究与管理沟通有关的符号的形成及发展,讨论哪些人为因素会帮助或阻碍信息理解。此外,我们还将提出经理人在形成信息时可以使用的沟通策略模型。最后,我们将讨论经理人沟通效果方面必须避免的三个关键错误。

2.1 管理沟通的层面

管理沟通通常可被分成五个层面:自我沟通、人际沟通、小组沟通、组织沟通、跨文化沟通。[2] 不能说哪一个层次更加重要,因为沟通可以在所有五个层面中的任何几个层面上同时发生。

第一个层面是自我沟通。自我沟通主要研究人的内在行为，如观察、倾听、阅读。这些活动中大多数都涉及信息的索取，因此，这一层面的沟通对管理决策及解决问题尤为重要，因为有效的决策需要准确的信息。

第二个层面是人际沟通。在这一层面上是两个或两个以上的人交换想法。他们可能是分享信息、提出反馈，或者只是为了维系一定的社会关系。

第三个层面是小组沟通。最常见的小组沟通形式是会议，分为正式会议和非正式会议。正式会议的各种功能将在第 12 章中阐述。

第四个层面是组织沟通。组织沟通发生在连接公司内部员工的网络中或连接不同公司的网络中。组织沟通还研究一组任务的完成与整个工作的完成之间的关系。

第五个层面是跨文化沟通。跨文化沟通研究来自不同文化的人们如何互动。本章下一节会谈到，由于通信及交通的日益发达，跨文化沟通也越发频繁。[3]鉴于跨文化沟通的重要性，第 9 章将专门介绍这部分内容。

沟通是我们一生都要进行的活动，经常被看成是理所当然的事。一个人可能坐到管理职位，但从未仔细分析过自己的沟通方式，因为沟通已经太平常了。然而，做决策时缺乏策略会导致沟通出现问题。正如复杂的财务交易会引发许多不同的会计决策，不同的沟通情境应当采取不同策略性的沟通决策。会计不会凭直觉将一笔交易计为借或贷，他会做出一系列的分析决策以确保每笔交易都正确无误。然而，这名会计可能会在关键场合进行一种看似无误、实则没有经过策略分析的沟通。

2.2 策略方法

下面我们将从策略的角度分析沟通的各个独立因素。当然，这些因素变量并非独立发生，也不能在管理情境中独立分析，实际上这些因素相互依存而又相互影响。比如，信息发送者的权力、意向信息接收者、信息的目的、组织等因素都是交织在一起的。每个策略成分都是互相依赖的。尽管下面我们将分别分析这些策略成分，但请记住，每个变量都会受其他变量影响。

策略分析法可以比作一个洋葱，策略是洋葱的核心。但是要得到这个核心，必须将外面的皮一层层剥去。我们首先讨论洋葱的最外层，也就是沟通所处的文化情境。

2.2.1 第一层

第一层包括沟通氛围及文化。

沟通氛围

之前的沟通，比如员工与管理者是否互相信任、坦诚或封闭、有防御心理等，都会产生累积效应。[4]组织中互信、坦诚的氛围有利于沟通的顺利进行。沟通坦诚度与信任之间似乎存在某种正相关关系。比如，通常一家公司重组或计划合并时，管理人员会减少正常渠道的信息流量。信息"短缺"会造成雇员们的焦虑和对管理人员的不信任。在这种氛围中，雇员们会互相打探，靠小道消息获知即将发生的变化或裁员。这时的生产率下降也不足为奇。

此外，成功会带来更多的成功。有效的沟通会带来信任与坦诚，进而有助于提升业绩。[5]因为已经建立了信任，以后的沟通也会变得更加容易。然而，积极的环境也不是无所不能的。一两次重大的错误产生之后，积极的环境会立刻变得缺乏信任、沟通不畅，从而使将来的沟通更加困难。下面几章中要介绍的技巧与准则对避免沟通错误非常重要，管理层必须避免可能导致负面氛围的沟通错误。

文化

所有的沟通都产生于某种文化之中。文化这种社会力量通过共同的价值观、符号及社会理想，将各国、各组织紧紧联系在一起。一般来说，人们总是很自然地知道应如何感知、思考、体会，因此文化是下意识的，但文化又是无所不在的。

很大程度上，国家文化决定了我们的沟通方式。不同文化中的语言固然各异，但是管理者还需要留意交谈中许多更加细微的东西。比如，美国管理者可能认为其英国同事沉默，而意大利朋友则很外向。第9章将更多地讨论国家文化是如何影响商务沟通的。

组织文化也影响着经理人的沟通。在某些组织中，人们可能在提要求或建议时喜欢用电子邮件，而在另外的组织中人们会使用口头沟通。但是比起对某一沟通渠道的偏爱，组织文化的影响更大。空间结构也反映了组织文化，它能鼓励或阻止信息的流动。试想，如果办公环境是紧闭的房间、长而空荡的走廊、数架监控摄像机、稀疏的家具，会有多少员工愿意在这样的组织文化环境中工作、寒暄聊天呢？如果办公环境是宽敞的开放空间、安置不少座椅、播放着音乐、提供食品、有植物和瀑布，大家在工作时一目了然。很清楚，这样环境中的组织文化价值是自由沟通。对文化进行分析不能帮我们提供最终答案，但能使我们理解被人们广泛接受的价值观。沟通时必须考虑这些价值观。比如，如果人们崇尚独立，那么需要说服而不是命令；如果人们偏爱正式文档，那么一封正式的打印备忘录可能比一个电话更好；如果组织文化中看重大量的技术细节，那么所有的报告可能都需要有技术内容的解释。

因为文化及组织氛围提供了为员工广泛接受的沟通方式，因此我们把它看成是分析的最外层。或者用我们的比喻是洋葱的外层，如图2-1所示。这是我们在制定沟通策略时必须要分析的一层。

2.2.2 第二层

除了考虑沟通情景的氛围和文化因素外，管理者还应该考虑信息的发送者、信息的接收者以及沟通的目的。在图2-2中，这三个变量是洋葱的第二层。请注意，这三个变量之间的关系是交互的，每个变量同时影响着其他两个变量，三者之间没有先后可分。为了便于讨论，我们将管理者看成是信息编码人。

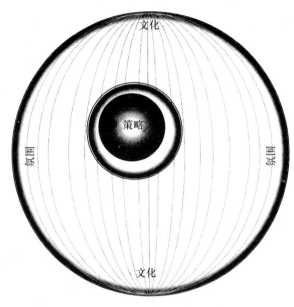

图 2-1 洋葱模式的第一层

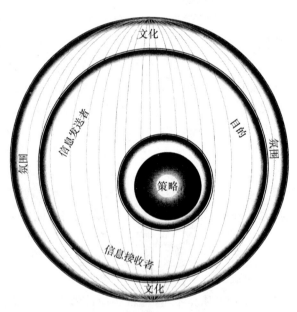

图 2-2 洋葱模式的第二层

信息发送者(编码者)

管理者根据自己的性格及经历将信息的含义进行编码。他们必须分析自己的参考框架及沟通偏好,以决定如何影响沟通结果。[6]因此,自我意识是有效沟通的关键。

比如,要说服一个工作小组接受某种新流程,应当采用什么策略呢? 若一位管理者意识到自己最喜欢与人单独交谈,交流时虽说语法不完全精确但措辞通常准确,能够耐心地倾听他人意见,而且在公司中的职位决定了自己不能对别人发号施令。因此,这位管理者最好和工作小组的员工单独面对面交谈,以说服其接受新流程。这样他就完成了沟通的策略分析,确定了他在沟通情境中的角色。

信息接收者(解码者)

现在我们来看第二层中的第二个要素:信息接收者,或者说解码者。为了保证有效的沟通,管理者必须针对不同的信息接收者不断地调整自己的沟通方式。

我们需要分析信息接收者的几方面特征:与信息发送者的个人关系、地位、对信息的兴趣、对信息的情结、对信息主题的了解以及自身的沟通技巧。这些特征共同作用可能会扭曲信息,有时被称为"内部噪音"。管理者可以针对信息接收者的这些特征进行分析以确定采用何种沟通策略。

人际关系。关系友好的人比关系一般或关系敌对的人更能互相容忍错误及最初的误解。[7]沟通时,关系友好的人比关系敌对的人所需要的时间及精力要少。比如,假设一位经理和同事讨论一份报告,同事认为报告中的某表格很难读懂,若两人关系友好,同事会比较包容,并愿意就看不懂的地方提问;而若两人关系敌对,同事则可能会批评这份报告,既不会提问也不会提出建设性批评意见。

地位区别。信息发送者及接收者的地位区别也应该引起我们的注意。地位不同可能需要注意沟通中特定的传统习俗。比如,管理者可能需要称呼某人阁下、先生、女士、博士或老总,以避免冒犯信息接收者。另外,与比自己地位高的人交谈时,管理者可能需要保持站立姿势,与同级或比自己地位低的人交谈时则可以坐着。不同地位的人对话语及手势或许会有不同的解读。[8]假设一位管理者说:"我能跟你聊几分钟吗?"这句话可能是请求,也可能是命令,具体视信息接收者的地位而定。显然,语气强调要视不同的受众而有所不同。

信息接收者的兴趣。第三种"噪音"源于信息接收者的兴趣水平。这是管理者必须要给予的策略性考虑。[9]如果信息接收者兴趣不高,沟通时需要增加说服性,以引起其关注,特别是沟通的目的只是告知事实时更应如此。受众的兴趣水平可能影响沟通目标。管理者必须根据信息接收者的兴趣而非自己的个人兴趣来调整信息性质。

信息接收者的情感状态。沟通时信息接收者的情感状态也会影响信息的接收。面对忧心忡忡的信息接收者及心情放松的信息接收者,采取的沟通策略也应当有所不同。信息接收者忧心忡忡时,信息发送者需要首先面对这种情绪,努力使信息接收者心情放松,使其更容易接受主要信息。此外,对可能发生的情绪反应进行策略分析,可以使信息发送者不易为这种情绪所左右。

信息接收者的知识。记住技术性术语及例子只有在每个人都能理解时才能使用。如果信息接收者不理解,使用技术概念则会引起沟通混乱。你觉得这样问是否合适:"你检查了LAX中VOR的FAR了吗?"面对特定读者或听众,应该使用多少技术名词? 是否需要解释某些概念? 错误地假定信息接收者有相应的知识可能会使沟通失败。但是假定信息接收者的知识水平太低又会浪费时间,甚至羞辱信息接收者。可以通过提问及接收反馈的方法迅速了解信息接收者的知识水平。最好就某一问题提出开放性问题,并从信息接收者的回答中看出其在这方面的知识水平。

信息接收者的沟通技巧。和信息发送者一样,信息接收者也应当有较强的沟通能力。[10]接收人能否准确清晰地沟通?接收人在沟通时会不会紧张?如果接收人不能清晰地表述概念或者在沟通时紧张,管理者必须表现出极大的耐心,尽可能地帮助他或使其放松。

总之,在沟通开始前管理者应该考虑信息接收者的六个方面的特点:人际关系、地位、对信息的兴趣、情感、知识及沟通技巧。了解沟通对象是管理者进行沟通的重要策略。然后,管理者需要对信息的目的进行分析,以便在关键时刻做到有效沟通。

信息的目的

除非管理者分析其沟通目标,否则结果可能只是浪费时间和精力。在检查沟通目的之前,管理者应当首先确定用语言传达信息是否是沟通的最佳方法。

管理者选择沟通有四个主要理由:第一,与同事沟通这一行为本身可能就令人愉悦。沟通并不一定总意味着工作,当然不应将工作与社交混为一谈。在工作中,管理者的一些社交活动可以提高员工士气。第二,管理者为传递信息而沟通。第三,管理者为获取信息而沟通。具有讽刺意味的是,并非所有管理者都能将传递信息与获取信息区分开来。许多管理者在努力获取信息时往往滔滔不绝。虽然将自己知道的所有东西都告诉别人是人的天性,但是若想获取信息,管理者必须克制住自己的这种倾向。第四,管理者为劝说他人而沟通。[11]以劝说为目的的管理者必须采取合适的劝说策略。最佳方法是晓之以理,还是动之以情?由于目的可以是多重的,因此沟通目的这一问题可能十分复杂。比如,沟通目的可能是告知下属一种新流程,同时劝他接受这一流程。在这种情境下,管理者需要明确目标并采取适当的策略,否则,两个目标可能一个也达不到。

沟通目标或者说目的常常决定了在特定情境中采取何种策略合适。因此,高效的管理者都十分清楚自己的沟通目标。下面几章将解释如何将策略与受众及目标联系起来,并将介绍几个例子。比如,在讨论备忘录及信件时,我们将解释为什么在某些情境中应当使用演绎法而非推理法。

2.2.3 第三层

管理者还需要考虑以下四种要素,以确定高效的沟通策略:信息的具体内容、信息的传递渠道、信息的自然环境、沟通发生的时间。

图2-3描述了策略性管理沟通的完整模型。这四种要素出现在模型的最内层,因为它们取决于信息发送者、信息接收者、信息目的、文化及氛围。为了讨论,我们将分别对每个要素进行分析。但是请记住:在现实生活中,一位管理者形成沟通策略时要考虑它们之间的联系,在分析关键情境时疏忽任何一个要素都可能导致沟通的失败。

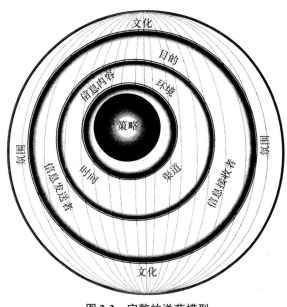

图 2-3 完整的洋葱模型

信息内容

为了简化讨论,我们将信息内容分为四类。

第一,信息接收者会把信息看成是积极的、负面的,还是中性的?如果信息是积极的,最佳的策略是立即说出好消息;如果信息是负面的,最好先说出中性信息,再说负面消息。[12]为了确定消息是积极的还是负面的,需要考虑信息接收者的观点。对管理者来说,看似积极的消息在信息接收者眼里则可能是负面的。

比如,一家会计师事务所的经理兴高采烈地宣布,事务所与一家正在成长的公司签订了新合约,但是员工们听了却怎么也高兴不起来,因为他们都觉得工作已经过度劳累了。

第二,信息的内容是事实还是观点?事实建立在具体信息之上,而观点则主要建立于假想之上。管理者可能对自己的观点十分有把握,从而把观点作为事实传递给他人,因此应仔细分析信息的客观基础。如果管理者将观点当成事实传递给他人,信息接收者可能就会受到蒙蔽。

第三,对于信息接收者来说,信息的重要性如何?如果信息对管理者来说很重要,但对信息接收者并非如此,管理者应该着重使用能引起接收者注意的技巧。管理者应当根据信息接收者的需要而不是信息发送者的需要组织信息。他需要确定如何使信息内容对接收者来说重要,并将这种重要性整合到信息中。比如,一则下午两点开员工大会的通知可能没法引起员工的兴趣,但如果通知中说会议议程之一是讨论一种将要实施的新的激励项目,员工们则更可能予以关注。

第四,信息会在多大程度上引起争议?会引起争议的消息需要使用中性言语以减少抵触情绪。在某种情况下,有些信息会使接收者变得具有抵抗心理,从而产生冲突,比如"你一定已经认识到……""每个人都相信……""你难道看不出……""你必须明白……"等。

有效的管理沟通要求我们分析信息的上述方面,即负面信息和积极信息,事实和观点,信息对接收者的重要性以及争议的程度。必须将这些要素与信息发送者、接收者及目的同时加以考虑,因为在形成策略性管理沟通时它们是互相影响的。

信息渠道

随着电信业务的完善和快递的出现,如何传递信息这一问题变得越来越复杂。人们的习惯使信息选择渠道更加复杂。管理者通常在找到自己喜欢的沟通渠道后,一直使用相同的方法,甚至当这些方法不合时宜时也不放弃。

哪种信息用哪种方法传递合适?书面沟通(备忘录、信件、报告)可以留下永久记录,而且非常精确清晰,但无法得到即时反馈。电子邮件在永久性方面稍逊一筹,而且通常是草草写成,但电子邮件有快捷的优点。口头沟通通常比书面信息更能说服人。打电话很快捷,但通常无法将谈话永久地记录下来,而且,电话交谈只有口头反馈,无法观察到非语言信息。沟通牵涉的因素如此之多,很难说哪一种渠道更好。

如何用最低的成本达到最佳沟通效果呢?基本的可选方式有:口头、书面、口头加书面和视觉手段。现在将这些选项分成正式和非正式两种。表 2-1 显示了一些具体方式。但是当我们把选项再进一步复杂化,加入电视电话会议、电子邮件、传真等技术媒介来协调沟通的时候,我们可以看到,选择正确的渠道并非易事。这也正是第 3 章用于全面讨论技术协调沟通渠道的原因。

表 2-1 沟通渠道

	非正式	正式
口头	个人联系 面谈和咨询 电话沟通 新员工参观工厂(情况介绍)	员工大会广播系统 会议 发出并说明指令 简报
书面	公告板 每日新闻摘要 电子邮件	公司政策手册 管理时事通讯 公司内部网 公司报告 公司网站
口头加书面	交换书面信息时上司与下属之间面对面的交流	已准备好书面报告和资料的公司会议
视觉手段	有声音效果的演示 闭路电视 卫星连线	影片 幻灯片 图表讨论

信息应当一次仅向某个人传递还是向小组传递?尽管个人沟通可以让管理者将信息发送给每个人,但小组沟通速度更快且成本更低。管理者需要判断是否根据个体情况做相应调整,或者是否小组沟通省下时间更加重要。我们将在第 12 章中具体讨论这一问题。

个人及小组的问题是说服性沟通的关键。有些情况下,可能很容易说服一组人,而有些情况下,一对一沟通可能更加有效。管理者必须对所有因素进行策略分析,以决定在某一特定情况下哪种形式最好。

当然,成本影响着渠道选择的所有问题。一封信需要草拟、打印。一次小组会议需要许多人投入时间,这些时间加起来或许非常昂贵。当然小组会议使不同员工有机会提出建议和做出反馈,这也是考虑成本平衡时需要注意的。打电话很快捷,但长途电话费可能很高。一份正式的报告写起来可能非常耗时,但别人以后还可以再用,相比之下,口头汇报则是转瞬即逝的。因此,管理者在选择合适的沟通渠道时需要平衡好成本及时间因素。

物理环境

沟通发生的环境对沟通也有明显影响。正如信息接收者的特点可能引起"内部噪音"一样,物理环境的因素也可能引起"外部噪音",造成信息扭曲。分析策略性沟通的环境因素需要考虑四个问题:是公开场合还是私人场合?是正式场合还是非正式场合?信息发送者和接收人的空间距离有多远?你对环境熟悉还是陌生?这四个问题的答案会对沟通策略产生很大影响。

隐私性。祝贺性评论在公开的场合最为得体,而敏感问题最好在私下场合提出。公开及私人的场合有时很容易选择,但有时则较为困难。比如,一个团队的业绩问题应当与团队成员单个讨论还是在公开会议上与团队所有成员讨论?过去对管理者的告诫是"公开表扬,私下批评"。但是,这种对雇员简单做法的结果可能会事与愿违。对某些雇员表示出特别的注意会使其他人把他们作为"老板"走狗而排斥他们。洋葱模型的最外层提醒我们,在沟通策略中决定隐私是否重要时要考虑沟通文化和情景。

正式程度。场合的正式程度不仅影响受众的反馈,还影响信息的表达。因此,正式头衔在正式口头报告时使用或许很合适,但用在非正式的小组讨论中则会限制沟通的效果。另外,正式场合中往往难以获得反馈,因为有些问题不好问,或者大家羞于提问。最后,人们在正式场合中的非语言行为往往更为矜持,因此也更难解读他们的反馈。

空间距离。要考虑的第三个变量是信息发送者和接收人之间的空间距离。在口头沟通中,空间距离会弱化语气及音量、谈话者的手势及身体姿势。因此,当距离较远时,这些沟通方式的效果会大打折扣。而当距离较近时,这些方式会使信息更加引人注意。在书面沟通中,距离还会影响到反馈及时间。对从俄亥俄寄到加利福尼亚的报告做出的反馈意见与对同一座大楼里送来的报告的反馈意见相比,前者可能不够及时,作用也更小。随着距离的增加,管理者得到的反馈可能会越来越不全面。距离还增加了劝说的难度,因为没法及时传递不同意见。管理者需要判断是等到能够面对面交谈之后劝说,还是为了节省时间而跨越更远的距离劝说。

熟悉程度。环境中最后一个需要考虑的因素是对环境的熟悉程度。熟悉程度这一概念要从管理者及信息接收者两方面进行分析。熟悉的环境会使双方放松心情,这在有分歧及涉及情感因素时尤为重要。在不熟悉的环境中沟通时,管理者应该预测可能出现的干扰因素。在自己熟悉的环境中已经习惯的干扰因素如果出现在不熟悉的环境中,可能会令人紧张不安。有时,连办公室窗外看似寻常的拥挤的交通都可能是干扰因素。

总之,管理者在考虑沟通环境时,必须要策略地分析隐私性、正式程度、空间距离和熟悉程度。

时间

时间影响着管理的方方面面,也无处不在地影响着沟通。显然,"时间就是金钱"的格言用在这里非常合适。管理者要考虑为沟通做准备所需的时间以及沟通过程本身所需的时间。计算沟通成本及效率时需要考虑管理者及信息接收者两方面的时间。因此,尽管会议一开始看来很具有建设性,因为会议的形式使员工易于提问及做出反馈,但是由于召集员工需要时间,所以开会的效率可能并不高。因此,在某些情况下使用电子邮件可能效率更高。这是管理者必须做出的时间决策。

还要记住:时间就是权力,时间就是地位。日程总是排得很满的人往往被认为比随时都能约到的人更重要。下属想要见经理必须提前预约,而具有更高地位的经理可以随时找下属。地位还体现在等候时间的长短上。

沟通的时机也非常重要。在某一时间适合的沟通行为在另一时间可能不合适,甚至是有害的。在某人马上要参加重要会议前打扰他肯定不合适。一份星期五下午才姗姗来迟的报告也不太可能引起太多的注意。又如,要考虑通告的时间。一家在市区拥有几座大楼的医院为了改善排水状况,花了几年时间进行园艺改造。工程完工时地面的确很漂亮,但不久后,医院宣布了员工下岗通知,这样一来,园艺改造工程似乎是以员工工作岗位为代价的,很多员工对医院使用资金的方式颇有微词。

2.3 反馈与效果测定

策略性管理沟通的一个必要部分是反馈及效果衡量。这两个变量无所不在,因而没有标在洋葱模型(见图2-3)中。它们被包含在每个变量中,无法分离。反馈的重要性有两方面:一是必须不断地获得反馈信息以确定变化对总体策略的影响。比如,一位管理者认为关于新流程的备忘录写得不够清晰,因为大家有很多疑问。基于大家的这些反馈,他立即召开会议来说明新流程。在这一案例中,改变沟通渠道的目的是改进沟通策略。二是即使策略已经来不及改变,从反馈中我们仍然可以判断策略是否有效。遗憾的是,许多管理者都会避免这种反馈,因为他们认为即使提出反馈也来不及改变。比如,一家广告公司提交了一份广告活动计划书。当合同被送到另一家公司后,人们就不再去评估这份书面计划书的有效性,因为已经无法更改了。其实这是一个全面评估计划书各个方面的时机,包括分析客户、书写风格及时机。事后检查不是一件令人愉悦的事情,而且常被省略,但它却是改进组织的有效工具。

获得反馈并衡量其效果可能非常困难。在某一案例中,一位保险区域经理对销售情况很失望,为了激励她的独立销售代表,她给他们写信,打电话,还与他们面谈,但销售业绩依然下滑。于是,她请管理咨询公司帮她确定如何改善激励策略。但是难以判断销售业绩不佳是她与销售代表的沟通问题造成的,还是保险产品本身的问题造成的。管理沟通与其他因素密切相关,常常很难判断沟通的有效性。

2.4 沟通中的重要错误

尽管考虑了前面所述的所有因素,管理者的沟通仍然会出问题。沟通过程依赖于当事人的性格特点及周围环境。这个过程创造了一种动态的互动关系,如"洋葱"模型所示,这种互动是不完美的。

即使人们相信自己传递的信息是真实的,他们也只是在传递自己认为真实的信息。由于经过大脑过滤(Mental Filter),所以客观的真实与主观的真实并不总完全一致。这种不一致性在人们传递客观真实事件中得到证实。这些产生自我们大脑过滤器的重要的但却常见的错误有假设—观察型错误(Assumption-observation Error)、不能区分型错误(Failure to Discriminate Error)及无所不知型错误(Allness Error)。[13]

2.4.1 假设—观察型错误

假设就是不加证实地认为某事合理或正确。我们每天都会根据假设而行动。比如,我们假设餐厅的食物没有毒(尽管我们总开玩笑地说食物有毒),假设办公室的天花板不会掉下来,假设报告中的数据是正确的。假设对于分析事物、解决问题及制定规划等活动具有至关重要的意义。

把一封信投入邮箱后,我们假设它会在一段时间后到达目的地。但是这种假设完全准确或绝对安全吗?有证据表明,这封信可能会丢失、延误,甚至被毁。然而,我们所冒的风险是经过精打细算的,寄信这种行为看起来相对安全。如果信封里装的贵重物品,我们还可以为所寄物品购买保险。

什么时候需要保险?换句话说,什么时候假设是安全的,什么时候有风险?策略型沟通一直以来在回答这一问题。讲策略的沟通者必须避免做出可能不正确或不可靠的假设,避免造成沟通不畅的假设。请看下面这个例子。

质量控制部的经理注意到新来的药剂师比尔非常尽职。比尔每天下班后至少多呆半个小时检查所有数据。经理被比尔的敬业精神深深地感动了,于是在他的个人档案里写了一封特别的嘉奖信。后来,经理发现其实比尔在实验中总有很多困难,下班后留下来正是为了改正他通常会犯的种种错误。

为了避免这种假设—观察型错误,管理者应该问"事实是什么"?我们必须判断假设某一论断在特定情况下正确的风险程度有多大。一旦确定了风险程度,就应以事实或假设的语句陈述出来。例如,"我看见我们进了一批铜(事实)"。另外,像"我认为""我觉得好像""我猜想"等这样的表述也有助于区分事实与假设。这些语句能使管理者在使用假设时理清思路,而且还能使听众更好地理解信息。

2.4.2 不能区分型错误

不能区分即不能觉察和传递个人之间的重大差异或情境的变化等信息。不能明确区分或分辨事物会造成对差异的忽视及对相似之处的过分强调。人际沟通和组织行为研究领域中卓有成效的研究者威廉·哈尼(William Haney)把其中一种后果称为"分类僵化"。

> 我们中的大多数人喜欢分类。如果给某人看一种他从未见过的东西,他的第一个问题很可能是"这是什么"?如果遇到一个陌生人,我们总想把他划归为某一类,否则会很不自在,比如他是做什么的?他属于哪种人?是销售员、水暖工、农民、老师,还是画家?是新教徒、天主教徒、犹太教徒,还是无神论者?是民主党、共和党,还是无党派的?是低层、中产阶级,还是上层阶级?[14]

这种僵化的分类可能造成对事物的刻板印象,因为人们可能会将其对某类事物的固有印象扩大到这类事物的所有个体,并产生成见。一个常见的例子是,在管理者面试应聘人员时,如果招聘者将应聘者所上学校的毕业生归为不太理想的一类,那么招聘者就不大会用心地倾听应聘者的陈述。分类僵化还会使人在沟通时只注意大的分类而忽略小的细节,从而丢失很多重要信息。比如,"乔伊斯是工会会员"这句话就忽略了乔伊斯是部门里最具资格的检验员这一事实。

对什么事都进行分类的人往往意识不到自己有这种倾向,这也带来了潜在危险。这种盲目使得不能区分事物差异成为一种非常难以克服的倾向。哈尼为此提出了两条具有价值的建议。[15]第一条是内在化(Internalize)事物独特性的前提,即培养对世界上所有差异的敏感度。毕竟世上没有两样东西是完全一样的。第二条是对事物的评价分类,就是对每个人、每件物或事都应根据其独有的特征分类。这样便很容易看出每件事、每个人都是独特的,从而进一步增加对事物差异的敏感度。

两极分化是"非此即彼"(Either-or)型思维的特殊形式。有些情况确实可以用"非此即彼"的二分法分析,如某位员工要么出勤要么缺勤,某人非男即女。但是还有许多情况是不能用"非此即彼"来描述的,如某件产品非好即坏,一个人的工作速度非快即慢。如果某种情况处于进展或中间阶段,但某人却用严格的"非此即彼"思维进行处理,那么他就犯了"两极分化"的错误。因此,说自己在工作上或成功或失败的人,可能真的认为没有中间地带。反过来,如果某人被告知唯一的选择是成功或者失败,那么他有可能相信不存在任何中间的可能性。管理者意识到"非此即彼"型论断后,就能准确地区分两种事物的差异程度,也能更准确地观察世界。

对事物的评价一成不变是另一种不能区分型错误,即看不到人物、地点或事件可能发生的变化。世间万物都是变化的,对万物的评价也不能静止。承认不断变化是商业活动的一个主要特点很容易,然而要想根据这种不断的变化做出及时调整却并非易事。一成不变的评价会造成对世界的错误感知,并导致管理失误。

避免对事物评价一成不变的关键是记住所有事物都是变化的。管理者如果不断地问什么时候发生了什么变化,就不会认为事件都是静止的,从而以避免这种常见沟通错误的发生。管理者不妨问这样一个简单的问题"我对这件事有成见吗?"

2.4.3　无所不知型错误及抽象过程

管理者必须小心避免的另一种错误是无所不知型错误。犯这种错误的人在沟通时表现得好像自己已经将有关信息阐述得一条不漏。然而明白人都知道现实是复杂多样的,没有人能了解事物的全部。即使如此,还是有人会犯这种错误。哈尼说,认为自己无所不知的人通常有两种错误想法:(1)存在了解并描述某事物全部内容的可能性;(2)我所说的(所写或所想的)包括了主题的所有重要内容。[16]由于人们讲话时会将事物抽象化,正常的沟通方式也会促成无所不知型错误。抽象即是关注某些细节而忽略其他细节的过程。沟通时,我们需要选择某些细节而忽略其他。然而,这种抽象过程本身会掩盖我们已选择性地忽略某些数据这一事实。结果是听者,有时是说话人不知道有些信息已经被排除在外。有时省略的信息越多,越难以认识到说话人对信息有省略这一事实。

正如赫塔·墨菲(Herta Murphy)和查尔斯·佩克(Charles Peck)在其经典的商务沟通教科书中所述:

一个引人注意的例子是，一位中学二年级的学生与一位毕生研究植物学的著名科学家聊天（中学生并不知道他的身份）。这个自以为是的中学生说"哦，植物学？我上个学期就学完了所有植物学的内容"。正如伯特兰·罗素（Bertrand Russell）所说的"一个人的肯定程度与他的知识成反比"[17]。

我们对所做的差不多每件事都有一定程度的抽象，因此要克服无所不知型错误，不能只是简单地省略抽象，而应该意识到抽象的程度。一个人一旦意识到抽象程度的大小，便可以相应地组织信息，如"据我所知""根据我所掌握的信息""我认为这是重要信息"等。要想防止自己在倾听时犯无所不知型错误，可以问这样的问题"哪些信息被省略了？""还有其他的信息吗？"此外，如果句子后面有"等等"的语句，要询问"等等"包括什么。

我们主要从自我沟通及人际沟通的角度讨论上述三种关键性错误：假设—观察型错误、不能区分型错误、无所不知型错误。然而，管理沟通远不止在这两个层面上进行，随着牵涉人员的增多，沟通过程会越发复杂。在会议中，会出现这三种错误，另外还要考虑小组固有的特殊问题。当部门经理与其他部门的小组沟通时，还要考虑组织层次的动态。在这两个例子中，都可能发生本章所述的三种基本错误，当然也需要注意潜在的特殊类型的错误。第13章将更多地讨论小组沟通及组织层次的沟通，着重讨论会议及小组动态因素（Group Dynamics），而第9章将讨论跨文化沟通。

本章小结

管理沟通有五个层面：自我沟通、人际沟通、小组沟通、组织沟通、跨文化沟通。本书都将一一介绍。

本章提出了一种策略性管理沟通模型，帮助管理者在关键时刻减少错误。我们不可能列出适用于每种情况的具体规则，但是本书探讨了管理者在沟通前应该考虑的因素。

在洋葱模型中，这些因素被分为三层：第一层包括环境及文化，沟通策略必须与国家文化及组织文化一致；第二层包括信息发送者、信息接收者及信息目的；第三层包括沟通的信息、渠道、环境和时间。对这些因素（即模型核心）的合理应用在很大程度上依赖于对这三层变量的把握。

然而，在发展阶段仅仅考虑这些因素还不能保证沟通取得成功，为了不断地改进沟通技巧，管理者还必须寻求他人的反馈以衡量沟通效果。

本章最后分析了沟通过程中的关键错误。最常见的是：(1) 假设—观察型错误；(2) 不能区分型错误；(3) 无所不知型错误。假设—观察型错误是指在对某事没有可以观察到的证据时，管理者就将该事作为事实传达给他人。不能区分型错误是指因为觉察不到事物的变化或不同事物间的显著差别，从而在沟通中无法传递这些变化。无所不知型错误指的是在就某一主题进行沟通时，沟通者表现得似乎已经传递了关于这一主题的所有信息。管理者在沟通时需要考虑所有上述因素及人们通常具有的缺点。

小组讨论案例

案例2-1　制定宣传册

米奇·芬利，29岁，拥有金融学位，两年前在一家银行做信贷员，之后为其他公司提供财务规划方面的咨询。他的职业目标是建立自己的公司。

最近，芬利开了一家名为The Suite Thing的公司。这是一家源于其商业理念的开发公司，拥有两座有套房（包括起居室、卧室、厨房）而非单人间的酒店式大楼。

两座酒店坐落于两个重要的石油城之间。芬利并不租赁房间，而是把房间卖给大石油公司，用于接待和税收策划需求。

芬利一直使用建筑师制作的宣传册，但他对此并不满意。他收集了自己认为不错的其他公司的宣传册，决定请广告公司设计新的宣传册及公司标识。

在与广告公司的首次洽谈中，芬利说需要一个新的公司标识及能装散页传单的宣传册。最重要的是，由于对他来说时间就是金钱，标识与宣传册必须尽快做成。

广告公司代表（一位新手）说他的公司能设计标识和宣传册，然后问了芬利几个普通的问题——项目业务是什么，位置在哪儿，周围环境怎样等。广告公司代表说将在一周内回来汇报其设计思路。

两个半星期后，芬利打电话给广告公司，问设计得怎么样了。那位广告公司代表当天下午带着设计思路来找芬利。广告公司的做法是围绕"用套房打败酒店游戏"的强行推销（Hard Sell）主题。本就对时间延误有些不满的芬利看到广告公司的方案与其想象的项目形象不符后更是沮丧，说："不行，这不是我想要的。"广告公司代表吃了一惊，沉默了一会儿后沮丧地说："那您想怎么做这个项目呢？"并且提醒说他给的时间有限。芬利说他并不把其他酒店看成是竞争对手，希望以宣传册和公司标识这样的劝诱推销（Soft Sell）方法将他的想法作为一种投资介绍给高级管理人员。

第二天，广告公司代表带来一份较为保守的劝诱推销风格的设计。芬利说："这有点像我想要的，但还不完全是。"

芬利不明白为什么第一次没能得到他想要的设计，因为在他看来"他们是干这行的，应该知道怎么设计"。

问题

1. 造成芬利的沟通问题的可能原因有哪些？造成广告公司代表的沟通问题的可能原因有哪些？
2. 请指出案例中的假设型错误如何造成沟通问题。
3. 为避免类似问题再次发生，你会给广告公司代表何种建议？
4. 案例中有沟通僵局吗？如果有，当事人应当如何解决这一问题？

案例 2-2　琼斯为什么变了

　　金融投资公司位于得克萨斯州休斯敦市,才成立两年就被当地杂志评为"值得关注的公司"。公司人员包括三名投资分析师和四名秘书。公司面积不大,秘书们共用一间办公室,分析师们的办公室紧挨其后。

　　公司的首席高级分析师琼斯先生是个不太随和的人,用铁腕政策经营着公司,总是第一个上班,最后一个下班。"准时"是他的座右铭。

　　办公室里的女士们觉得已是中年的琼斯很有魅力。一位秘书曾对另一位秘书说:"真不知道嫁给他会是什么样子。他长得很帅,但太自命不凡,要他做丈夫可不一定有趣。"琼斯从不跟这些人说话,脑子里似乎只有生意。

　　最近,琼斯上班没那么早了,午餐时间长了,下班提前了。一位秘书说:"哎呀,琼斯先生的变化巨大啊。不知道为什么?"另一位秘书回答道:"没错,我也注意到他的变化了,大约是从那位新来的女士到来后开始的。"

　　秘书们不喜欢办公室里新来的女同事。她个子高挑,是漂亮的金发女郎,说话不多,几乎不会打字,对电脑知之甚少。其他秘书不屑地称她为"愚蠢的金发女郎"。

　　一位秘书对另一位说:"老琼斯不光午饭时间比以前长了,而且最近心情很好,他今天竟然跟我说话了!"另一位秘书说:"我注意到了,我还看到他的新秘书紧跟着他回来的。几乎每天下午六点都有一个女人打电话找琼斯先生,可他4:30就离开办公室了,没法接电话。"另一位秘书说:"我猜到是怎么回事了,你们呢?"

问题

　　请判断下列说法是对(T)、是错(F),还是可疑?。在判断之前不要重新阅读故事,判断之后也不要更改答案。

1. 金融投资公司位于得克萨斯州休斯敦市。
2. 金融投资公司是休斯敦市成长最快的公司。
3. 公司有四间办公室。
4. 琼斯是个不太随和的人。
5. 琼斯很准时。
6. 琼斯拥有这家公司。
7. 琼斯是个铁腕人物。
8. 琼斯大约45岁。
9. 琼斯已婚。
10. 琼斯雇了名新秘书。
11. 新秘书是位非常漂亮的金发女郎。
12. 新秘书打字打得很好。
13. 琼斯回到办公室时总是心情不错。
14. 办公室的秘书们认为琼斯和漂亮的金发女郎有恋情。

15. 琼斯与他的新秘书共进午餐。
16. 琼斯下班后没回家。
17. 一位女士每天下午六点都给琼斯打电话。
18. 琼斯的妻子可能在找他。
19. 琼斯正在经历中年危机。

这项练习中有哪些重要的沟通错误？请说明。

案例 2-3　向电视台辞职

简·赖伊是州立大学广告专业的学生，下学期即将毕业，目前正在当地一家电视台的销售部做兼职。当初被雇用时，赖伊觉得自己能获得这份工作很幸运，不仅因为薪水，还因为能从中获得工作经验。

销售经理帕特·特伦特当时雇用了赖伊，是她的直接上司。赖伊工作十分出色，特伦特对她也很支持。实际上，这位销售经理向高层汇报赖伊的工作时全是赞美之辞。特伦特常常对赖伊说，她的工作非常突出，愿意等她毕业后永久性地雇用她，让她领导台里新成立的媒体研究部。看起来，这项工作既有挑战性，又有很好的回报。

赖伊对此有些受宠若惊，但她对这个新职位并不感兴趣，因为她对目前正在做的工作并不满意。然而，她从来都没有告诉过特伦特她对当前工作及对以后任命的想法。因为特伦特培养了赖伊，并且对每个人都夸赞她，赖伊因此对销售经理也十分忠诚并心怀感激。因此，赖伊觉得如果拒绝这项工作的话就等于背叛了特伦特。但六个星期后，赖伊还是决定辞职，去大学做兼职，但她不知道该如何面对上司特伦特。

赖伊觉得很难对特伦特说出令其不高兴的事，因此一直等到她要辞职去做新工作的那一天。那天，特伦特准备上午出差，赖伊只好走进她的办公室，当时还有两个人正在里面讨论着什么。特伦特问赖伊有什么事，赖伊回答说："我想辞职。"特伦特大吃一惊，问赖伊为什么要辞职，心里还想着该怎么处理赖伊正在负责的项目。赖伊为未能早些通知她道歉，并解释说从明天开始就将在学校里做兼职。特伦特对这位下属非常失望，说："如果你早点告诉我就好了，我就能慢慢将项目交给其他人，现在可怎么办？"

问题

1. 赖伊应该怎样处理辞职一事？
2. 你认为赖伊应该在何时、何地、以何种方式提出辞职？你觉得如果换一种环境特伦特会理解她吗？
3. 特伦特的哪些做法使得赖伊不愿沟通？
4. 赖伊处理辞职一事的方法可能会产生哪些长期影响？

尾注

1. John P. Kotter, "What Effective General Managers Really Do," *Harvard Business Review* 77,

no. 2 (1999), pp. 145 – 158. For a list key managerial skills, see the American Management Association's "2001 Managerial Skills and Competencies Survey" results, available online at http://www.amanet.org/reserach/archive_2001_1999.htm.

2. Lee Thayer, *Communication and Communication Systems* (Burr Ridge, IL: Richard D. Irwin, 1968)

3. Harry C. Triandis and Rosita D. Albert, "Cross-Cultural Perspectives," in *Handbook of Organizational Communication*, ed. F. Jablin, L. Putnum, K. Roberts, and L. Porter (Newbury Park, CA: Sage Publications, 1987), pp. 264 – 295.

4. M. S. Poole, "Communication and Organizational Climate: Review, Critique, and a New Perspective," in *Organizational Communication Traditional Themes and New Directions*, ed. R. D. McPhee and P. K. Tompkins (Beverly Hills, CA: Sage Publications, 1985), pp. 79 – 108.

5. Raymond L. Falcione, Lyle Sussman, and Richard P. Herden, "Communications Climate in Organizations," in *Handbook of Organizational Communication*, eds. F. Jablin, L. Putnam, K. Roberts, and L. Porter (Newbury Park, CA: Sage Publications, 1987), pp. 195 – 227.

6. John Petit, Jr. and Bobby C. Vaught, "Self-Actualization and Interpersonal Capability in Organizations," *Journal of Business Communication* 21, no. 3 (1984), pp. 33 – 40.

7. Joseph N. Cappella, "Interpersonal Communication: Definitions and Fundamental Questions," in *Handbook of Communication Science*, eds. C. R. Berger and S. H. Chaffee (Newbury Park, CA: Sage Publications, 1987), pp. 184 – 238.

8. C. L. Hale and J. G. Delia, "Cognitive Complexity and Social Perspective-Taking," *Communication Monographs* 43(1976), pp. 195 – 203.

9. Kitty O. Locker, "Theoretical Justifications for Using Reader Benefits," *Journalof Business Communication* 19, no. 3(1982), pp. 51 – 66.

10. Gary F. Soldow, "A Study of the Linguistic Dimensions of Information Processing as a Function of Cognitive Complexity," *Journal of Business Communication* 19, no. 1(1982), pp. 55 – 70.

11. Mohan R. Limaye, "The Syntax of Persuasion: Two Business Letters of Request," *Journal of Business Communication* 20, no. 2(1983), pp. 17 – 30.

12. _____, "Buffers in bad News messages and Recipient Perceptions," *Management Communication Quarterly* 2, no. 1(988), pp. 90 – 101.

13. Much of this discussion is drawn from William V. Haney, *Communication and interpersonal Relations: Text and cases*, 6th ed. (Burr Ridge, IL: Richard D. Irwin, 1992).

14. *Ibid.*, pp. 359 – 381.

15. *Ibid.*, p. 368.

16. *Ibid.*, pp. 320 – 357

17. Herta A. Murphy and Charles E. Peck, *Effective Business Communication*, 3rd ed. (New York: McGraw-Hill, 1980), p. 20.

第 3 章 技术辅助沟通

> 组织将越来越像只有一个印第安人,而其余都是酋长的部落,这位印第安人当然就是计算机。人们必须学会在这样的组织中做管理者。
> ——芝加哥大学商学教授 托马斯·L. 惠斯勒(Thomas L. Whisler)

如果你像多数管理者一样把大量的时间花在回复或写电子邮件、给员工发短信、写博客、参与博客或网络讨论,你在十字路口也会强迫性地拿起手机,你就会认为科技的发展将决定商务沟通的未来。对技术辅助沟通的讨论应该从何谈起呢?技术变化日新月异,有时让人觉得难以在这个话题上找到焦点。45 年前,一位沟通理论家说:"沟通本质上是一种社会活动,但是现代生活越来越多地依赖于采用电话、电报、收音机、打印等技术手段进行沟通。"[1]

我们不妨回想一下过去 45 年来的科技发展。仅仅几十年前,长途电话便带来了通信革命。30 年前,对电信的探讨是解释什么是"软盘"和个人电脑。25 年前,许多教科书用大量的篇幅讲解硬件和软件、调制解调器的用途,以及文字处理软件将如何在短期内替代电子打字机。10 年前,管理者在招聘时,不会照章办事般地在脸谱网页上看应聘者的资料。仅仅是在 5 年前,企业还没有意识到公司博客在其进入市场的威力。

今天,电信沟通渠道已经成为我们生活中的一部分。考虑到商务沟通环境变化的速度,就不能只认为本章准确地反映了我写了什么,你读到了什么。本章不是描述现在在做什么,而是注重在工作场合与时俱进地使用科技的原则。本章将提供一个框架,以分析技术辅助沟通时应采用何种战略决策。在本书附录中附有新出现的使用方法、技术的趋势以及系列的研究文章。每篇文章都探讨一门新的商务技术或新的应用方法,并给出应用指南。

3.1 技术辅助沟通的使用框架

由于牵涉许多变量因素,使用电话、电子邮件或电话会议的决策可能非常复杂。这些变量的具体内容请参见第 2 章及对沟通策略的讨论。有了技术辅助沟通,便可通过科技渠道传递沟通信息,此时主要差别便在于渠道的使用。不过,其他的变量因素也受技术影响。下面四种概念可以帮助我们理解技术辅助沟通:带宽、感知个人亲近度(Perceived Personal Closeness)、反馈、符号互动观(Symbolic Interactionist Perspective)。[2]

3.1.1 带宽

沟通依赖于五种感官渠道:视觉、听觉、触觉、味觉和嗅觉。[3]带宽是指可用感官渠道的信息传输容量。两个相距一臂的人面对面沟通具有较宽的带宽,因为他们在沟通中可以用到所有五种渠道。当一位管理者初次接见一位应聘者时,两人通常都会握手,同时也在交换视觉、听觉、触觉、嗅觉信号,因此这种沟通的带宽也较大。

技术辅助沟通通常会省略这五种渠道中的某一种或几种。比如,视频会议就没有触觉和嗅觉的渠道及信号;电话省略了触觉、嗅觉及视觉信号。

大脑在同一时间能理解多少由不同渠道发送的信息?几个世纪以来,这个理论问题一直困扰着沟通研究学者,如今讨论技术辅助沟通时仍然没有这个问题的答案。为了帮助理解这一问题,不妨想象一个"Y"字形状。假设每条沟通信息都是球状物,经过 Y 的两个分支传向大脑。Y 的两个分支代表两个不同的沟通渠道。如果两个球在同一时间到达 Y 的交叉处,而只有一个球能通过时会发生什么情况呢?会发生信息堵塞。根据信息理论,此时会产生选择性关注,于是信息接收者只注意两个信息球中的一个而忽视另一个。换句话说,大脑决定了哪只球能够到达 Y 的底部(见图 3-1)。

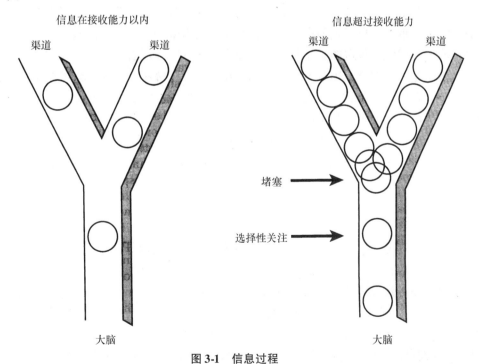

图 3-1 信息过程

中央神经系统的目的是避免信息堵塞,尽可能多地处理信息。大脑同时能处理多少不同来源的信号呢?[4]这个问题涉及渠道冗余(Between Channel Redundancy,BCR)的概念。当某一信息分布在听觉、嗅觉、触觉、味觉或视觉等渠道中时,BCR便促成多渠道沟通。

以面试应聘者为例,当听觉与视觉渠道传递的信息相同时,BCR是完整的。这种情况会在应聘者着装整洁、语言流利、举止得当时出现。这时视听两种信号互为补充,说明应聘者比较专业。如果不同渠道传递的信息有冲突或不一致,那么BCR就是混合的或不完整的。当每种渠道传递的信息完全不同或互相矛盾时,BCR为零。理论上来说,当BCR完整且其他条件相同时,信息传递效果最佳,而BCR为零时则干扰最多。

信息理论并不能完全确定人类所能处理的是哪些信息以及如何处理这些信息。然而,它可以给出两个结论:首先,我们所能处理的信息数量是十分有限的;其次,某些类型的信息量比其他类型的信息量更大。[5]这两条结论对战略管理沟通具有重要意义。管理者必须确定不同情况下多少信息量是最有价值的。只采用有价值的信息或信号,这种人的信息处理能力才不会被无用的信号控制。

人们经常要在视频网络、可视会议与音频电话会议之间做选择,这也反映了上述观点在技术辅助沟通中的重要性。管理者可能喜欢使用视频网络,因为视频可以通过网络提供同步语音、图像和其他数据。可视交流能提供语音和图像信号,但是视频会议的成本太高,并不划算。开会时提供即时数据和文件也许不是很重要。图像信号有时可能没什么价值,甚至会对重要的语音信息有干扰,而这些语音信息完全可以通过电话会议传递。

另一方面,管理者不能用信息传送能量小的沟通渠道传递带有感情色彩的信息。常见的错误是写信通知解雇某位雇员,或用电子邮件表达对某位失去亲人的悲哀。信息传送能量大的渠道、面对面的交谈是与重要客户特别是在特定文化环境中的有效沟通方法。这些将在第9章中讨论。

如果环境需要用信息传送能量小的渠道传递敏感信息,管理者应该尽最大的努力偏移结果。最近的一个例子是一家大公司用电子邮件通知400名员工被解雇。尽管对公司选用这种解雇通知渠道的最初反应有微词,仔细看一下公司选用电子邮件通知的方法是既有效又实际的群发通知公告。公司管理人员之前已经召开了一系列的会议,解释了要采用的办法。雇员们也可以使用内部局域网提问题。[6]这样,管理者才能用各种渠道传递重要的带有感情色彩的信息。

除了带宽这一概念,电子接近理论(Electronic Propinquity)(也称感知个人亲近度)也为理解技术辅助沟通提供了框架。

3.1.2 感知个人亲近度

沟通中双方会觉得互相之间有亲近感或距离感。同一房间内的两个人可能感觉相隔万里,而远在不同大洲的人却有近在咫尺的感觉。许多因素都会影响这种亲近感,比如两人以往的交往。这里尤其值得一提的是,媒介对亲近感或接近感(Propinquity)的影响。

许多研究表明,电子媒介影响人们相互间的亲近感。比如,有些人害怕使用电话自动留言功能,有些人打个普通的电话都感到不舒服。[7]如果有这种焦虑的话,电话交谈不会帮助他与其他人拉近心理距离,反而可能会因为伴随的焦虑而拉大距离。有人说造成这种焦虑的原因是打电话的人不能看到对方的非语言沟通信息。[8]有些人喜欢使用技术手段沟通而非面对面的沟通。有些人热衷于用通信技术手段沟通。比如,年轻人就很喜欢通过手机与朋友联系。如果某人对通信技术产生了亲近感,那么沟通时的心理距离也会减小。

电信的发展或许增强了人与人之间的亲近感。有项研究发现,实验中的受试者在某些情况下更喜欢有技术辅助的小组会议,而非每人都必须到场的传统会议。[9]另一个喜欢用通信技术作为人际沟通工具的例子是文字讯息(Text Message)。文字信息也称为即时通信(Instant Message,IM),已经成为年轻人长距离沟通的媒介,与电子邮件相比它更像是电子交谈。网上的年轻人中约有四分之三使用这种手段,而且大多数人每次上网都会使用。[10]现在全球2亿的即时通信用户中,有三分之一在工作中使用这种沟通手段。[11]也常见商界人士使用文字信息。电子记事簿,例如黑莓就是加上键盘的掌上无线通信设备,可以进行远程电子邮件访问和网页浏览。有些管理者为了确保得到快速的回应,尤其是不在办公室的时候,喜欢给同事发短信而不是写邮件或语音信箱留言。

有趣的是语音信箱作为人际沟通的工具已经过时了。尽管在传递个人亲近感时声音远胜于文字,但是留言的步骤太麻烦了,需要拨号、检查语言信息、记录电话号码、重拨、留下回拨号码。研究表明,比起其他的通信技术,员工们需要较多的时间回复语音信息,30%多的语音信息三天后还得不到答复。2008年的一项实验发现,30岁以下的人群中,有90%多的人一小时内回复文字信息。但是并不仅是这一代人在沟通时用文字取代语音。30岁以上的人在几分钟内回复文字信息而不是语音信息。[12]

总之,还难以确定电子媒体对人际亲近感的影响到底有多大。但是,通信技术的使用和亲近感之间似乎不存在简单的反向关系。管理者必须知道不同情况对感知个人亲近度的要求到底有多少,以及不同类型的通信技术对信息收发者之间的亲近感有何影响。如果不解决这些问题,不合理的技术使用只会给管理沟通带来破坏性而非建设性的结果。

除了带宽及亲近感,在讨论技术辅助沟通时,我们还应考虑反馈意见。

3.1.3 反馈

反馈将信息收发双方联系起来,使得他们能真正沟通。只要寻求反馈,就能得到反馈。为了充分理解这句话对技术辅助沟通的意义,必须着重考虑带宽及感知个人亲近度的影响。

技术辅助沟通可能会减少接收反馈的渠道。使用电话时,我们看不到对方的面部表情,反馈量减少。另外,如果管理者对使用某种媒介感到不舒服,可能会忽略潜在的反馈信号。比如,由不同地方的五个人参加的电话会议上,电话交谈需要的技巧和普通交谈不一样,管理者对此可能不是十分适应。对反馈的控制需要不同的技巧,管理者的焦虑也可能会使其减少对反馈的关注。

反馈还与时间有关。通信技术大大缩短了反馈周期。比如,阿科公司(Areo)的采购经理给供应商传真一份内容较长的合同。之所以使用传真是因为合同内容太长、太复杂,长得没法用电子邮件发送。一发完合同,采购经理就到另一间办公室里开会。会议结束后,采购经理回到办公室检查自己的语音邮件系统,发现合同接收方打来电话说已经收到合同并正在审阅。两个小时后,采购经理收到一封电子邮件,说供应商想修改一下合同的第二段。尽管这笔业务发生在相距1 000英里的两座城市,但所有工作在几个小时内就完成了,并且整个过程不受电话的干扰,也不需要秘书起草信件。

视频会议在以下几方面影响着反馈。首先,尽管有图像信息,这种反馈还是减少了。另外,不可能有目光交流。当然,用于筹备沟通的时间大大缩短了。视频会议的主要优点是,它省下了花在旅途中的时间,这也是许多公司使用它的原因。[13] 不用考虑旅途时间把各地的与会者召集在一起,是地理分布上较分散的公司采用视频会议的重要原因。

与此同时,反馈时间的减少也带来了问题。根据前面提到的信息理论,我们处理信息的容量是有限的。然而由于技术进步带来了大量信息,管理者被迫接受大量信息并做出迅速反应。想象一下,某位经理每天收 200 份电子邮件和文本信息,电子邮件这种媒介代表了速度和响应度,但是这些电子邮件的干扰对其产生了压力和过重的负荷。最近有一个对过多干扰和持续关注某一事件的效果研究。做决策初期产生的高认知功能可能会有害而无利。对某件事断断续续的关注看来会阻碍创造力。[14] 同时做几件事比有效地做一件事更能妨碍我们的注意力。[15] 因此,管理者应该意识到不断的反馈对思维过程起到了破坏作用。管理者必须尽快给予答复的想法与我们下面的讨论有关。

3.1.4 符号互动观

符号互动观是可以用来解释社会学及心理学现象的理论框架。在想象的符号互动中,我们把社会看成是沟通的动态网络。因此,管理者所处的社会和组织是互动的。互动具有象征意义是因为人们通过互动赋予事物及事件意义。随着时间的变化,组织内许多符号也在演变,获得了被大家认可的意义。[16]

管理者选择何种沟通渠道也许部分是基于象征性原因。有人认为,管理中的沟通行为是为显示能力、智力、权力及理智的仪式性反应。[17] 比如,面对面沟通这种方式可能象征着关心或关爱。如果某位经理用电子邮件向为该组织服务了二十五年的下属表示祝贺,这种方式也许无意间缺失了个人关怀。而一封手写的祝贺信或一张特殊的卡片则象征了更多个人温暖的问候。

一项对管理者及其沟通媒介的全面研究表明,渠道选择具有高度的象征意义。[18] 实验中接受采访的管理者表示,为传达团队合作的愿望、建立信任、表达良好意愿、体现随和,他们会选择面对面的沟通形式。面对面沟通与电话沟通象征情况紧急,体现个人的关心及对喜欢这种沟通方式的沟通对象的尊重。相比之下,书面媒介则可以传达权威,给人留下深刻印象,同时也更加正式、规范。使用书面媒介还可以获得更多关注,也符合礼仪。

该项研究表明,管理者不能简单地依赖他们感到舒适的沟通渠道,应该考虑沟通渠道的象征意义。用一个真实的故事解释这项原则。一位会计部的经理只用可粘贴留言条与下属沟通。甚至当下属就坐在计算机前时,他也一声不吭地把留言条贴在显示屏上。你认为他的下属对他和他的沟通信息感觉会是什么?

总之,管理者在决定最佳效能和效率的沟通媒介时应该考虑四种因素:带宽、感知个人亲近度、反馈及符号互动观。如今对通信技术的选择非常复杂,要视情境而定,但还是可以得出一些大概性的结论。

3.2 技术和信息的匹配

我们一直在强调采用技术辅助沟通时沟通渠道的选择可能会产生的变化。现在我们要讨论如何将信息与技术较好地匹配,因为并非所有的技术都适合所有类型的信息。为了便于讨论,我们将信息按图3-2所示分为敏感程度、消极程度、复杂程度、说服力程度四个连续的统一体。[19]我们所面临的挑战是如何将信息划归不同的类别,以及如何把信息与适合的技术相匹配。

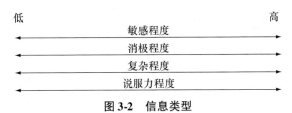

图 3-2　信息类型

3.2.1　信息敏感程度

选择技术时,管理者必须知道信息的敏感程度如何。一条敏感的信息会激起沟通对象的情绪反应。中立的信息会使读者做出理智而非情绪化的反应。接收者不会感到不安,但也不会变得欣喜若狂。

传递敏感型信息时,应该运用面对面的沟通方式,以显得更加人性化(Personal Element)。一个典型的例子是,一名美国士兵在战争中牺牲后,军方代表亲自接见牺牲士兵的亲属,并告知此事。这种情况下当然不能考虑电话通知。相反的例子是,会议日程安排可以用电子邮件传发,会议注意事项可以用个人邮件及资讯管理软件(Microsoft Outlook)粘贴在员工的工作日历上。

如果不能用面对面的形式传递敏感信息,那该怎么办呢?应该使用信息量大的带宽技术。另外,如果可能,还应使用能带来反馈的互动系统,以表达出高度关切。比如,要重组一家分布于几个州的公司。流传的小道消息是裁员、福利下降、公司重新选址。总经理不可能及时地视察所有部门,因而通过互动视频会议宣布总体计划。所有的员工聚集在公司各地的会议室、餐厅。总经理宣布重组计划后,开通电话回答问题。

这个例子中所使用的技术虽然不是当面的个人沟通,但却具有一个明显的优势。就是使信息同时在公司各地传播,这样所有员工能同时收到信息,限制了谣言的产生,使员工的紧张情绪降到最低程度。没有这些技术的支持,便不可能产生这种效果和优势。

3.2.2　信息消极程度

在这个类别中,信息介于积极与消极之间。传递消极信息时,管理者一般应该留意信息接收者的感受。信息的消极程度与敏感程度是紧密相关的,有些特征也存在于其他类别中。

通过技术传递消极信息时除了留意信息接收者的感受,还有另外一个重要的考虑因素。通过技术渠道得知坏消息的人可能会认为发出信息的管理者躲在技术背后,不想直接面对信息接收者,或管理者不想对信息负责。

几乎每个人都有过投诉的经历,或是服务质量差或是账单错了,等到的回复通常是用文字处理系统制成的标准格式的回信。这样做令人更加气恼甚至由气生恨。简而言之,技术使沟通失去人性化(Depersonalize)。于是,当代组织都在"高科技"与"感动"间努力平衡。比如,在群发邮件中称呼客户的姓名。还有一些策略可以用来缓冲传递坏消息时对信息接收者的打击。这些将在

第5章中讨论。管理者能够成功地影响信息接收者对坏消息的反映。

3.2.3 信息复杂程度

从信息复杂程度来看,利用技术的原则就更加清楚了。随着信息复杂程度的增加,管理者应该尽量使用:(1) 信息量更大带宽的技术;(2) 增加心理亲近感的媒介;(3) 能提供最多反馈的技术;(4) 与复杂程度一致的象征意义。

以制定包括日期及数字的复杂团队项目进度表为例。假设分布在四个地区的七位管理者组成一个"虚拟团队",队员们无须碰面,可以通过几种方法传递复杂的信息,如采用传真、电子邮件附件、共享数据库、电话会议等电子通信形式。这种成熟的技术使用了相对宽的带宽,提供了反馈,表明了任务的认真性。

研究表明,传递复杂详细的信息不一定要面对面地互动。[20]比如,要说明一项复杂的工程公式,用语音加图像的沟通方法可以与真人现场解说效果一样。交互式计算机会议能使信息接收者的注意力更为集中,因而可用于传递复杂信息。

3.2.4 信息说服力

说服性信息旨在诱导信息接收者采取某一种特定的行为。说服不是强迫、愚弄、诱惑或操纵信息接收者,而是要让其遵从符合组织目标的行为规范。提到说服,可能人们就会想到销售人员。其实管理者也经常用说服及影响战术,或劝说策略来影响员工的工作。引进新工作流程、改进团队合作或改变企业文化,都需要进行说服沟通。第14章将给出劝说性商务展示的建议。

从亚里士多德时代起,人们就对说服这一话题感兴趣。但是最近一位颇有影响力的研究者这样写道:"尽管关于说服的文章及研究不胜其数,我们还是觉得其中可信并与社会活动相关的宝贵知识少之又少,这不能不让人担忧。"[21]谈到媒介沟通,我们对劝说的理解就更为复杂。此领域的研究极少,因此有必要在该领域推广非媒介沟通的研究成果。

《影响:新现代说服心理学》(*Influence*: *The New Psychology of Modern Persuasion*)一书中提出了关于说服的三条结论,非常切合我们现在讨论的话题。[22]第一,管理者较容易说服喜欢自己的人;第二,把劝说者看成权威的人较易被说服;第三,管理者更容易说服与其心理距离及物理距离较近的人。

被自己喜欢的人说服

我们常常会对认识并喜欢的人所提出的要求说"是"。对于这一点大家都不会怀疑。此外,我们喜欢与自己相处时间长的人,即使这种相处并非自愿。

这项研究结果对我们的讨论十分重要,因为两人通过技术手段相处的时间,在质量上与两人真实地身在一处是不同的。换句话说,不管视频会议使我们与他人花了多长时间进行沟通,也不能代替当面沟通。

被自己相信的人说服

第二条原则也并不奇怪。我们愿意倾听对某一话题很有权威的人的谈话,并被他说服。这一点对于电视台的管理者来说非常重要。新闻播报员或特派报告员必须令人信服,不管是吉姆·莱勒(Jim Lehrer)还是汤姆·布罗考*(Tom Brokaw),他们的成功部分取决于他们看上去或听起来都像是权威人士。

如果普通管理者必须使用视频或电话技术说服他人,情况会怎样呢?对于他们来说这似乎并不是优势。只有在时间及成本都有严格限制的情况下,他们才利用这些技术去说服他人。

另外一个忠告是,你很难直接面对别人的目光说"不"。我们可能喜欢某人或认为他是权威,但当与之距离较远时我们更容易说"不"。这正是销售人员要向客户当面推销产品或服务的原因。

被靠得较近的人说服

现在很多人花费不少工夫准备进行说服性视听演讲,然而这种演讲不及劝说人面对听众时效果好。如果可能,最好是劝说人能亲自到场。如果权威人士不能亲自现身,也可以让可信度稍逊一筹的人精心准备演讲。通常演讲者会将电子版的幻灯片发送给受众。那么,亲自到场与可信度之间的平衡点在哪里?这是必须考虑的问题。在说服性管理沟通中,我们必须记住一个原则,即一个人亲自到场比仅仅出现在技术辅助手段里的沟通更有说服力。这就是为什么尽管汽车的网上销售量在迅猛增加,但是经销商还是使出浑身解数把网络消费者诱导进产品展示室。试车仍然是接近客户销售的最佳方法。

3.3 对未来的展望

今天我们拥有电子邮件、传真机、视听会议、企业内部网、掌上电脑等通信系统,并越来越频繁地在工作场所使用这些技术。任何一种技术的发展都会在将来影响管理沟通,以下几种趋势是可以准确预测的:第一,技术将会被使用得更频繁;第二,决策将受技术影响;第三,工作及组织设计将发生改变;第四,技术辅助写作将变得常见。下面将一一介绍这些趋势。

3.3.1 技术扩展

本章描述了组织中各种沟通技术的优点和缺点。技术存在的问题包括:感官超载无用信息(阻塞)、带宽狭窄、没有个人亲近感、反馈机会减少。尽管有种种缺点,网络型组织却越来越普遍。因此,管理者的战略性决策便不再是是否使用技术媒介,而是哪种电子媒介最适合,以及如何使其功能得到最大限度发挥。

据估计,全世界每天发送的电子邮件多达 2 470 亿封,预计到 2010 年这个数字将达到 2 940 亿。[23]

---

* 他们二人是美国著名电视台主持人。——译者注

最近一项对白领生产率指数(White Collar Productivity Index)工作时间的调查表明,删掉垃圾邮件后,一般美国上层经理人员每天收到的邮件是 200 封,行政管理人员和新职员每天收到的邮件平均是 50 封。[24]几乎十名工人中就有一人说如果休假两周,则要花两天甚至更多时间用于处理电子邮件。[25]电子邮件的影响力也在增长。《今日美国》调查的工人中,有 56% 的人认为电子邮件提高了工作效率。此外,根据电子存储公司维尔(Veritas)的调查,1/3 的首席信息官认为一周无法使用电子邮件系统所造成的破坏力比离婚还严重。[26]

感官超载信息的风险刺激管理者开发各种应对技能,而不是促使其忽略技术媒介。他们会让助手整理并分类大量信息。大多数电子邮件程序都具有根据发件人或主题分类过滤信息的功能。有些公司试着用强调"星期五无邮件"或取缔"回复所有邮件"的要求帮助管理者解决电子邮件过多的问题。但是管理者常用即时通信(Instant Messaging)和收集短信的方法避免邮件超载。本章前部描述的这种战略解决了邮件过多的问题,但是不能减少与通信技术打交道时所花的时间,或由此造成的焦虑程度。

当今技术导向的管理人员中也不乏其例。苹果电脑公司前任 CEO 约翰·斯库利(John Scully)就因禁止员工给他发电子邮件而名声不佳。西南航空公司的名誉主席科琳·巴雷特(Colleen Barrett)自豪地宣称,2008 年前她没有电子邮箱地址,不用掌上电脑,也不上网,最近才刚有了一部手机。她认为电子邮件是一种"非常没有人情味……可怕的沟通方式"。[27]这些例子的对立面是比利时最大的折扣食品零销商克鲁特超市(Colruyt)的管理者和雇员。克鲁特利用科技手段,最大限度地实现横向及纵向信息共享,隐私性被降到最低程度,最大限度地实行决策授权。在这种后现代组织中,权力不再等同于对信息的获得程度。[28]

网络化组织分解了等级制文化。对身处这一网络并了解其他人工作情况的员工来说,头衔高低并不重要。今天,管理者管理的不再是信息,而是人的网络。团队成员间不管地理距离多远,都可以使用群件(Groupware)及小组决策支持系统(Group Decision Support Systems,GDSS)开展合作。除了提高效率,技术还能减少集体审议(Groupthink),缓解情绪化问题,提高决策的创造性。很明显,这些优势远大于在工作场所的沟通中使用通信技术的风险和成本。

3.3.2 决策

管理决策可以定义为发现并解决问题的过程。决策前,管理者必须搜集相关信息。人们一般将决策过程分为两个主要阶段。第一个阶段是发现问题。在这一阶段里,要对相关情况的信息进行监控,以确定员工工作表现是否符合预期,并找出造成不足的原因。第二个阶段是解决问题。在这一阶段里,要考虑多种可能的方法,选择并实施其中一种。在两个阶段中,信息越多就越有可能做出有效决策。当然,技术越多,信息也就越多。

快餐连锁店汉堡王(Burger King)是沟通技术影响决策的很好例证。汉堡王的每家分店都通过电脑与中心办公室实现联网,每次销售情况都被传送到中心办公室并记录下来。如果某家分店产品不足,无须电话通知,中心办公室就能发现这一情况并供货。这种系统有点像电子邮件,只是信息是自动生成并传送的。这种沟通技术有助于实现决策的第一个阶段,即发现问题阶段。

组织的规模越大,信息系统越成熟,在多种情景中使用技术沟通系统的可能性就越大。以世界上最大的微芯片制造商英特尔公司(Intel)为例,它在亚利桑那州及北加利福尼亚州都有制造及研究机构。为了解决复杂的技术问题,经常需要各类专家的群策群力。比如,为了解决某一问题,需要一些技术含量很高的信息,而只有亚利桑那州立大学的科学图书馆里才有这种信息。于是,加利福尼亚的工程师可以通过其办公室里与位于亚利桑那滕比市(Tempe)的科学图书馆相连接的特殊终端获得这一信息,复制文件的时间只需以秒计算。

迅速获得信息有如下三个显著的意义:

第一,任何想保持竞争力的人都要知道从哪里以及怎样获得信息。

第二,被大量信息狂轰滥炸的管理者会发现有效决策的可能性降低了。如果管理者收到的相关及不相关的信息都很多,那么重要的事实及数据可能被忽略,由此产生问题。人脑处理的数据量是有限的。图3-1中讲到,在某一点处,大脑会将增加的信息排除在外,尽管有时这些信息是有价值的。尽管技术带来了更多的信息,但是由此产生的结果并不一定好。

第三,沟通技术的发展使管理者能迅速更改决策。比如,一位管理者写了一份收购两块地产用于开设零售店的比较分析报告。报告的建议写完了,只等上交执行委员会。然而在最后时刻,这位管理者又从公司订购的数据库中获得了新信息,并对报告进行了修改。正如第2章中所述,管理者面临的挑战是知道从哪里获得信息,何时以何种方式将此信息呈现给他人,以及何时及如何使用这些信息。在某些方面,信息技术使决策过程变得更容易,但在另外一些方面,它又使决策更加复杂。

3.3.3 工作及组织设计

越来越多的沟通技术使管理者可以密切地监控员工的业绩。比如,一位销售代表负责拜访家具店,说服店方让他在店里摆设特殊展台。这项工作的标准是每天拜访两家,每拜访十家获得三个展台。销售代表每天下班前通过电话或手提电脑上网向公司汇报一天的活动。如果有问题,他可以给语音信箱留言,经理随后会通过一键通(Push-to-talk)话音服务或掌上电脑回答这些问题。当然还能通过电子邮件不断地交换信息。

这种高互动性的交流在过去是不可能实现的。以前必须把报告邮寄到公司总部,几天都等不到公司的反馈。技术辅助沟通使得互动交流成为可能,管理者也更容易控制员工的业绩。

技术辅助沟通不仅改善了管理者对特定工作岗位的控制,还改变了组织关系。我们一般认为,组织里的各种工作是纵向或横向连接的。横向沟通或横向一体化发生在同一级别的员工之间。同一层级的管理者需要一起协调各种活动、解决问题、调解冲突或者分享信息。技术的发展导致了更为频繁的横向沟通。比如,一家分布在八个不同地区的医院总部的董事会要求各人力资源经理在各自的医院开展安全培训。这些经理希望能一起讨论如何最有效地实施这一项目。这种情况下,他们无须长途旅行,只要有视频电话会议或电话会议就能达到要求。在这个例子中,技术帮助人们用更低的成本实现了更好的整合。

纵向沟通是指集团内部上下级之间的协调。遗憾的是,组织内部各阶层之间似乎一般都很难有较为良好的交流。[29]不过正如前文所提到的,就交流形式而言,技术辅助沟通对纵向沟通会起到一定的辅助作用。管理者与下属更容易使用这种技术,距离和时间造成的麻烦较少。

纵向与横向沟通源自不同的工作与组织结构。不少报告指出,为了创造竞争优势,管理者的工作已经变得以信息为导向,而且组织中所需要的管理者人数也在不断下降。[30]

3.3.4 协作

试想这样一副画面,五位管理者在五个不同的地点,每人面前一台个人电脑。特殊的软件使管理者们可以同时编辑同一份文件,对文件做出的任何改动都可以立即通过屏幕看到。此外,软件条款允许小组成员修改或删除他人的文件内容。

多数公司的文件需要不止一个人的写作。公司文件包括递交到常规机构的提议、报告,股东的年度报告、政策手册、操作程序、时事通讯、公司指令、使用者手册、培训资料、使命和战略目标宣言、进度报告、个人总结等。通信技术能使类似的文件通过合作式写作(Collaborative Writing),同时而不是陆续地完成。但是现在合作式写作常是一个人先完成报告的一部分,再交由另一个人进行修订,而这个人又把修订完的版本继续传递下去。这样既浪费时间,也会产生协调上的困难。

当今的技术使管理者工作时不能仅仅依靠文件。管理者要发展真正的协同合作的能力。群组软件是支持团队工作在各层次共享电子环境的系列软件。群组软件提供以电脑为中介的沟通体系,可以及时比较并讨论彼此的不同观点,经过讨论之后会产生更好的结果且能避免摩擦。由于合作式写作正在变得越来越重要,本书第 4 章将对此做全面的讨论。

集体决策支持系统(Group Decision Support System, GDSSs)贯通了集体进一步协作的过程。集体决策支持系统的根本目标是支持像创作理念、信息交换、项目设计、文件起草、审稿、联合决策等协作工作。[31]集体决策支持系统适用于成员分散、工作在各自办公室、住所或客户业务区的工作团队。其他体系支持像会议室、董事会等自然环境中的面对面交流。通过技术体系的支持,可以立刻把所有观点反映在大屏幕上,个人可以根据偏好投票,以匿名的方式发表观点和做出选择,参与者可以通过电子技术交流意见。集体决策支持系统包括各种数量分析技术。最复杂的集体决策支持系统还能在选择并运用人际沟通准则方面给出专家的建议。[32]

3.4 管理挑战

这些变化对管理者来说意味着什么呢?这些意味着他们必须对在不同情况下使用正确的沟通渠道十分敏感;意味着管理者必须学会运用先进技术;还意味着管理沟通中已经增加了又一项标准。

让我们把这些要点展开讨论。几项研究都表明,管理者对沟通媒介选择的敏感性与其管理业绩之间有着密切的联系。例如,面对信息复杂或高度敏感的任务时,高效管理者更倾向于选择带宽大的沟通渠道。[33]

管理者的工作中已经增加了新的要求,即了解并选择正确的沟通技术。结果是管理者必须指导下属以合适的、合乎道德标准的方式使用技术。例如,在美国大约有 26% 的公司把即时传信(IM)作为办公通信工具。有 40% 公司的员工既把它作为办公通信工具,也用于个人的联系。但是,35% 的公司没有制定使用 IM 的规定,所冒风险是违反机密、引发病毒、侵犯版权。[34]新的选择要求管理者不断地适应环境改变自己,并做出战略决策。很明显,美国的企业已经委身于技术。公司期待他们的管理者能使这种投入为公司带来回报。

如果管理者能用表格的形式总结出如何最好地利用技术,就能增加技术回报。然而,这样的表格是画不出来的。因为现实中何时采用何种技术还必须考虑许多偶然因素。

图 3-3 指出了选择技术时必须考虑的一些问题。

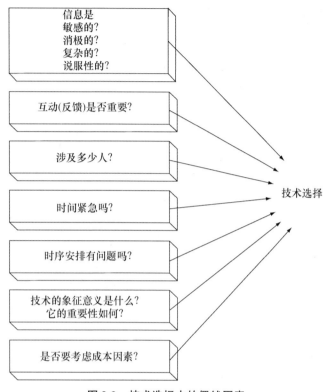

图 3-3 技术选择中的偶然因素

本章小结

为了更好地理解技术对管理沟通的影响,本章讨论了四个问题。第一,使用技术辅助沟通时,通常会有一种渠道被忽略,因此带宽受到了影响。第二,由于电子媒介影响人们相互间的亲近程度,因此沟通时要考虑感知亲近度。第三,技术的使用缩短了信息反馈循环的时间,这也是必须考虑的重要因素。第四,由于各种沟通渠道具有不同的符号意义,选择技术时还要考虑符号象征互动观。

为信息选择沟通技术时,必须考虑信息的四种因素。第一是信息的敏感程度。采用带宽较大的沟通渠道传递敏感的信息。第二是信息的消极程度。在传递消极信息时,管理者应避免令人感觉是躲在技术背后而不愿直接面对沟通对象。第三是信息的复杂程度。电话会议及计算机会议可以有效传达某些相对复杂的信息。第四是信息的说服力。必须考虑信息接收者对发送者的喜爱程度及在信息接收者眼中发送者的权威性。总之,通过技术辅助手段沟通时,说服力不十分理想。

展望未来,技术将不断地扩散,在决策、工作与组织设计、合作式写作等方面影响管理沟通。

这是未来的管理者在制定战略决策以及用技术辅助沟通方式监控和指导雇员时所面临的挑战。

有关技术辅助沟通的文章、现行的方法和最新的企业动态,请查看附录。

小组讨论案例

案例 3-1　技术的潜力

比尔·埃默里是一家银行的运营副总裁。这家公司位于加利福尼亚州,共有 48 家分支机构。各机构规模不一,从小到只有 10 名员工的免下车服务单位,到多达 150 名员工的分行。人员流动率一直是困扰各分支机构的主要问题,而且一直找不到缓解这个问题的有效办法。高流动率给员工培训带来了特殊的麻烦。

人力资源部负责员工培训,但是人力资源部要向各支行征收培训费用。最近银行不断变化的服务项目增加了培训成本,培训费用非常高。于是,埃默里决定实施新的培训策略以降低成本。他认为可以用许多先进的沟通技术帮助节约培训成本,尤其能为离公司总部 400 英里以上的分支机构节省成本。(以前,培训人员必须到各分支机构的所在地,住在当地,讲授一两天培训课程再返回总部。埃默里想节省培训人员的旅途与住店费用。)埃默里曾经不经意地提起,让人力资源部经理琼·泰森调查可以用在培训中的沟通技术,但泰森没有采取行动。因此,埃默里决定写一封有说服力的信给泰森,鼓励她的员工对这个方案开展调查。

实训练习

写一份能满足埃默里目的的备忘录给人力资源部经理琼·泰森。列举一两种可能适合的沟通技术,指出它们的优点以及在沟通上可能产生的影响。应当特别注意对出纳员的培训。例如,注重培训出纳员记录不同交易的程序,以及与客户的沟通。

案例 3-2　ServeNow 连锁店的改进

ServeNow 是一家杂货连锁店,在美国东南部有七家。它的战略是以不超过 5 万人的小城镇为目标,以求在这些地区占据统治地位。ServeNowd 的总部设在人口约 7.5 万人的小镇,这是所有连锁店所在城镇中最大的镇。在它的销售网络中,每两个商店起码相隔 50 英里。

杂货连锁店的老板爱德华·布希利发现,由于各店分散的缘故,他很难监控每个连锁店的经营活动。结果是长期以来每个店的经理都有很大的经营权限,大部分定价和存货都是由各分店自主决定。当然,大部分购买活动还是通过设在总部的采购中心办公室进行。

但是,在过去的两周中,已有三位经理离开 ServeNow,自己开设了网上杂货代理公司。尽管这种做法令布希利意外,但是由于自己是位企业家,他理解他们三人想有自己事业的渴望。除了这三位经理辞职外,有一位经理即将退休。布希利暂时很难找到合格的人选来接替这些精力充沛、富有创造力的经理。

布希利原想在员工中找具有经理潜力的人,但他发现公司并没有良好的经理培养计划。现有的员工中似乎没有人有能力或愿望成为经理。显而易见,他不得不在公司外面寻找合适的人选。

布希利雇用了一位名为索兰吉·德皮尔斯,专门处理人事问题的小型企业咨询师。德皮尔斯也认为目前公司内部没有有潜力成为经理的员工。虽然分店的经理助理可以在过渡期负责店内事务,但最终还是需要聘请新经理。她认为布希利将不得不雇用对商店业务并不熟悉的经理,同时他必须花费比以前更多的时间与这些经理在一起,尤其要花时间对这些经理进行培训,解答运营方面的问题。

布希利问德皮尔斯,"我怎么可能花更多的时间待在分店呢?我现在已经忙得无法保持一个平衡的生活方式了"。

实训练习

假设你是小型企业咨询师索兰吉·德皮尔斯,请你给布希利提出建议,帮助他保持对分店的控制,培养管理队伍。注意考虑使用市场上的技术沟通工具,并解释你的建议。

尾注

1. C. Cherry, *On Human Communication* (New York: John Wiley & Sons, 1961).

2. Selection of these variables is partially based on C. Heeter, "Classifying Mediated Communication Systems," in *Communication Yearbook*, vol. 12, ed. James A. Anderson (Newbury Park, CA: Sage Publications, 1988), pp. 477–486.

3. Felipe Korzenny and Connie Bauer, "Testing the Theory of Electronic Propinquity," *Communication Research* 8, no. 4(1981), pp. 479–498.

4. For further discussion, see Larry R. Smeltzer and Charles M. Vance, "An Analysis of Graphics Use in Audio-Graphic Teleconferences," *Journal of Business Communication* 26, no. 2(1989), pp. 123–142.

5. Steven H. Chaffee and Charles R. Berge, "What Communication Scientists Do," in *Handbook of Communication Science*, eds. C. Berger and S. Chaffee (Newbury Park, CA: Sage Publications, 1987), pp. 99–123.

6. "Radio Shack Uses E-Mail to Fire 400 Employees," *Huntsville Item*, September 1, 2006, p. 1.

7. N. L. Reinsch, Cam Monroe Steele, Philip V. Lewis, Michael Stano, and Raymond W. Beswick, "Measuring Telephone Apprehension," *Management Communication Quarterly* 4, no. 2 (1990), pp. 198–221.

8. N. L. Reinsch, Jr. and Raymond W. Beswick, "Voice Mail versus Conventional Channels: A Cost Minimization Analysis of Individuals' Preferences," *Academy of Management Journal* 23, no. 4 (1990), pp. 801–816.

9. Larry R. Smeltzer, "An Analysis of Receivers' Reactions to Electronically Mediated Communication," *Journal of Business Communication* 23, no. 4(1986), pp. 37–54.

10. Jim Louderback, "IM's: No Longer Just a Teen Thing," *USA Weekend*, January 3,

2003, p. 4.

11. Jennifer Tanaka, "You Pinging Me? IM has Already Arrived at the Office," *Newsweek*, May 12, 2003, p. E12.

12. Jill Colvin, "You've Got Voice Mail, but Do You Care?" *Houston Chronicle*, April 5, 2009, p. G6.

13. Earl C. Gottschalk, Jr., "Firms are Cool to Meetings by Television," *The Wall Street Journal*, July 26, 1983, p. 1.

14. Sharon Begley, "Will the BalckBerry Sink the Presidency?" *Newsweek*, February 16, 2009, pp. 37-38. See also Gail Thomas and Cindy King, "Reconceptualizing Email Overload," *Journal of Business and Technical Communication*, vol. 20(2006), pp. 252-287.

15. Maggie Jackson, *Distracted: The Erosion of Attention and the Coming Dark Age* (Amherst, NY: Prometheus Bools, 2008).

16. R. L. Daft and K. E. Weick, "Toward a Model of organizations as Interpretation Systems," *Academy of Management Review* 9, no. 2(1984), pp. 284-295.

17. M. S. Feldman and J. G. March, "Information in Organizations as Signal and Symbol," *Administrative Science Quarterly* 26, no. 1(1981), pp. 171-186.

18. R. L. Daft, R. H. Lengel, and L. K. Trevino, "Message Equivocality, Media Selection and Manager Performance: Implications for Information Systems," *MIS Quarterly* 11, no. 2(1987), pp. 355-366.

19. This categorization was largely drawn from Ronald E. Dulek and John S. Fielden, *Principles of Business Communication* (New York: Macmillan, 1990).

20. R. E. Rice, "Evaluating New Media Systems," in *Evaluating the New Information Technologies: New Directions for Program Evaluation*, ed. J. Johnson (San Francisco: Jossey-Bass, 1984), pp. 53-71.

21. Gerald R. Miller, "Persuasion," in *Handbook of Communication Science*, eds. C. Berger and S. Chaffee (Newbury Park, CA: Sage Publications, 1987), pp. 446-483.

22. Robert B. Cialdini, *Influence: The New Psychology of Modern Persuasion* (New York: Quill, 1984).

23. Yuki Noguchi, "Make It Stop! Crushed by Too Many E-mails," www.npr.org (retrieved June 16, 2008).

24. Bary C. Sherman, "More Proof That E-Mail Wastes Time and Money," *Business Week*, December 19, 2005.

25. Kevin Maney, "How the Big Names Tame E-Mail," *USA Today*, July 24, 2006, p. 1A.

26. "She Hates E-Mail," *Newsweek*, May 12, 2003, p. E18

27. Maney, "How the Big Names Tame E-Mail," p. 2A.

28. Dubravka Cecez-Kecmanovic, Marius Janson, and Ann Brown, "The Rationality Framework for a Critical Study of Information Systems," *Journal of Information Technology* 17, no. 4 (December

2002), pp. 215-227.

29. Gerald M. Goldhaber, *Organizational Communication* (Dubuque, IA: Wm. C. Brown, 1983), p. 156.

30. Jeffrey Pfeffer, "Producing Sustainable Competitive Advantage Through the Effective Management of People," *The Academy of Management Executive* 19 no. 4 (2005), pp. 95-108.

31. Paul Nenjamin Lowry, Aaron Curits, and Michelle Rene Lowry, "Building a Taxonomy and Nomenclature of Collaborative Writing to Improve Interdisciplinary Research and Practice," *Journal f Business Communication* 41, no. 1 (January 2004), pp. 66-99.

32. Marshall Scott Poole and Geraldine DeSanctis, "Understanding the Use of Group Decision Support System: The Theory of Adaptive Structuration," in *Organizations and Communication Technology*, eds. J. Fulk and C. Steinfield (Newbury Park, CA: Sage Publications, 1990), pp. 173-193; and "Smart Programs Go to Work," *Business Week*, March 2, 1992, pp. 97-105.

33. Gail S. Russ, Richard L. Daft, and Robert H. Lengel, "Media Selection and managerial Characteristics in Organizational Communications," *Management Communication Quarterly* 4, no. 2 (November 1990), pp. 151-175.

34. "The present (and Future) of Business Communications," Accounting Web (n.d.), www.accountingweb.com (July 25, 2005).

第2篇

管理写作策略

第4章　当代管理写作

第5章　常规信息

第6章　管理报告和提案

第 4 章　当代管理写作

> 如果说写作必须是一种严格的沟通形式，那么我们应当像对待精密仪器一样对待写作。写作需要练习，不能随意地写。
>
> ——《纽约时报》编辑西奥·M. 伯恩斯坦（Theodore M. Berstein）

管理者大约有75%的时间花在了沟通上。[1]职务越高，花在沟通上的时间也越多。大部分沟通是口头沟通及面对面互动，有些沟通也会用到电子邮件、备忘录、信件和报告。所有这些沟通方式都可能对管理者及组织取得成功起到关键作用。

读者可能会问，既然管理者把这么多的时间和精力用在写作上，他们为什么还要用写作的方式而不是用口头的方式沟通呢？答案是文字形式的管理沟通方法在策略上具备几种优势：经济、高效、准确和正式。

写作比打长途电话经济，更比长途旅行节约。而且，写作具有即时性，无论对方能否立刻接收信息，管理者都可以立即把要沟通的内容写下来。

写作效率高，因为管理者可以斟酌措辞、独立完成。此外，使用电子邮件还能使邮件接收者在方便的时候再阅读电文，避免了打电话时找不到人而浪费的时间。

准确性是写作的又一大优势。与口头交流相比，写作在遣词造句上更具可控性。这种准确性还可以避免信息混乱，确保明晰，从而增加了沟通的经济性，提高沟通效率。

最后，写作还是一种正规记录，可供日后回顾和检查。在当今这个越来越倾向于诉诸法律来解决问题的社会，文件记录的重要性不容忽视。管理者必须清楚公司的文档是可查阅的。也就是说，律师可以要求披露这些文档作为审前程序。这个事实表明所有的正式记录必须要准确清晰，能够经得起仔细检查。法律究竟是支持还是反对，常常取决于当事人是否能够提供足够的证明文件。

管理者一旦决定采用写作作为沟通渠道，就应当考虑写作在商务环境中的两个特点：合作性和独特性。本章将讨论商务写作的合作性和独特作用。

4.1 合作式写作

当代企业的一个主要进步是合作式写作(Collaborative Writing)的出现。由于越来越强调团队工作,合作式写作更加流行。团队常常由拥有各种特长的成员组成,他们的各种特长使得重大项目得以成功完成。

合作式写作虽然形式各异,但在当代职业写作中占有一席之地。一个研究小组对两个州共200位商人进行了个人访谈,发现有73.5%的被访者经常性地与至少一个人一起合作完成写作。[2]另外一组研究人员则发现,有87%的被访者有时作为团队或小组的一员与他人一起写作。[3]在美国西部航空公司(America West Airlines),大部分的报告都是合作完成的。在美国埃森哲公司(Accenture)也是如此。

合作式写作有着各种各样的形式。有时管理者要求员工先进行调研,并且写出一份文件,然后亲自编辑。有时是文件策划的合作,草拟与修改则由某一人完成。有时是某一人构思并起草文件,集体修改,互相提出批评意见。还有的时候,合作贯穿了整个文件形成的全过程。[4]最近一项研究表明,一份文件在发给目标读者之前,要经过三至五次修订。

4.1.1 合作式写作的好处

合作式写作之所以越来越流行是由于它的小组决策的优势。这种写作方式能够把众人的思想和观点融入到文件创作中,因而比由某一人单独完成写作更好。此外,真正对文件的形成做出贡献的人往往能够更好地理解文件中的指令,也更加愿意执行这些指令。

合作式写作在以下几种情境中的优势尤其明显:当任务量较大或者由于时间有限而需要不止一个人来完成写作时;当某项工作要求不止一个领域的专业知识时;当任务的目标之一是综合各种不同观点时。[5]

格布哈特(Gebhardt)指出,合作式写作的理论基础是"读者的修辞感;同事间互相影响的心理作用;评论他人作品时获得对自己写作的洞察力的转移学习原理(Transfer-of-learning Principle),以及通过反馈了解其写作的沟通效果的反馈原理"。[6]

特里·培根(Terry Bacon)发现,合作式写作可以从几个重要方面促进员工交往。比如,教新员工编写公司职能及大事记,从老员工的行为中总结公司价值观及理念,这样可以使新员工更好地适应公司环境。另外,合作式写作还有助于打破部门间障碍,有利于沟通及权威的非正式链的形成,因为公司工作的完成往往依赖于这种非正式链。[7]

最后,也是最重要的,合作可以提高写作的质量。[8]在没有外界的引导下,人们会对彼此的草稿给予尖锐、集中而又十分到位的评论。[9]最新的技术发展也为合作式写作提供了便利。New Aspects和Lotus Notes等软件不仅可以使人们写出更好的文件,还能避免合作者情绪上的冲突。

4.1.2 合作式写作的弊端

合作式写作的某些弊端与小组决策有关。有些成员不能完成分配给他们的合理任务;协调开会日程可能复杂得让人头疼;成员间的性格冲突几乎可以令整个团队的工作停滞不前。有人认为,由一个人单独完成写作这种繁杂的工作可能比一组人合作完成还要省时。还有一点坏处是,尽管只是某一个人做得不好,可是小组的每个人都要为最终结果负责。

一项研究中的受访者认为,合作的主要成本是时间和自我。其中一位受访者说,在合作中必须"保持谦虚的态度",必须"对自己的能力有信心,还要听得进批评意见"[10]。

另一组受访的专业作家谈到了合作式写作的几个问题,比如风格差异;合作式写作比个人单独写作更耗时;任务分配不均;个人满意度、所有权及创造感缺失等。

合作式写作存在的最严重的问题可能是这种方式不能有效地处理冲突。有人认为所有的冲突都是有害的,于是便想忽略冲突或掩盖冲突。这些人没有意识到有些冲突是有益的,可以帮助团队创造性地解决问题。

4.1.3 有效合作式写作的原则

丽萨·伊德(Lisa Ede)和安德烈亚·伦斯福德(Andrea Lunsford)对几种职业中人的合作式写作做了广泛研究,总结出几种有效合作式写作者的特征:

> 他们具有灵活性且彼此尊重;关注倾听与分析;口头及书面表达能力强;值得信赖并能按时完成任务;能够合理分配并愿意分担责任;能够领导也愿意服从;听得进批评意见,同时对自己的能力也充满信心;乐于接受有创造力的冲突。

总体来说,这种人有能力与他人共同工作,而且随着合作逐渐成为一种标准而不仅仅是一种期望,对这种人才的需求将越来越大。

要想实现成功的合作式写作,除了上述特征中隐含的方法外,还有其他途径。一个基本原则就是确保公平地分配小组成员的工作。如果有人感到与其他人相比承担了过多的工作量,那么他的士气一定会受到打击。

原则二,合作式写作应当运用电子技术;电子媒介能缓冲情绪,提高工作效率。

原则三,所有的合作式写作团队应当有一位领导者,哪怕他没有正式的权限。这位领导者应当负责协调团队的合作,塑造团队的愿景,并且协调解决个人之间以及各职能部门之间的矛盾。倘若这位领导者没有正式权限,那么他必须具备很好的人际沟通技巧才能做到最后一点,即协调矛盾。[13]

尽管没有人能够保证所有的合作式写作都一帆风顺,但是我们相信如果按照上述三种原则去做,那么遇到难以克服的困难的概率也会变小,更有可能在小组写作中取得较大的成功。

4.2 管理写作的独特作用

近年来,研究写作的各种学科越来越关注话语团体(Discourse Communities)。话语团体是对如何沟通需要解决的问题、怎样解决这些问题以及什么是有效知识等问题持有相似观点的一群人。话语团体的规模大小不一,任何一个组织都可能包含若干话语团体。

管理者在公共环境中扮演公共角色,这使得他们成为一种独特的话语团体。他们策划组织的目标、建立组织的功能、带领员工实现组织目标、控制组织活动以确保组织朝着正确的方向前进。

与管理写作者话语团体的定义一样重要的是管理者的工作环境。环境是最有力的因素,影响着组织中的写作者干什么,怎样看待、阐释和评价自己的工作。下面将从几个方面讨论管理写作所处的独特环境。

管理写作环境中最重要的一点是分配管理者的日常工作。许多人认为管理者尤其是高层管理者每天的工作都是精心安排的,而且有助理帮助其计划不被打乱。亨利·明茨伯格(Henry Mintzberg)则发现事实恰恰相反。明茨伯格及其同事们记录了若干管理人员的活动,发现这些管理者的日程安排不断地被打断。一般来说,每4天才有一个不受打扰的半小时。[14]最近,格洛利亚·马克(Gloria Mark)对两家高科技公司的雇员做了考察,发现平均每位工人在某项任务上工作11分钟就会被打扰。IT行业的状况更糟,每3分钟就会有干扰。[15]多数人管理者都喜欢找个安静的地方,有一段完整的时间写作,但是这样的奢侈对他们来讲是太少了。

管理写作环境的另一内容是合作和任务分派的程度。如前所述,商务工作中的合作变得越来越普遍,需要能够与他人容易相处的管理者。另外,管理者可以选择将部分常规性写作的琐事分派给下属。[16]不过管理者在授权前应该了解他们是否有意愿及能力去处理写作任务。

组织的规模及文化也是管理沟通环境的重要因素。在小型公司中,很多事情都可以通过口头沟通。而公司规模越大,就越需要把事情形成文字记录,书面文件也趋于正式化。至于组织文化,官僚型组织讲究正式文件,而参与型组织中的文件并不是很规范。

权威和政治在管理写作中也起着举足轻重的作用。马克斯·韦伯(Max Weber)描述了三种类型的权威:传统型权威、魅力型权威和法定型权威。[17]管理者在员工心目中具有哪种权威,很大程度上影响着管理者传递信息的方式。此外,还必须把商业组织看成政治体系。[18]如果不考虑工作中的政治力量,管理者可能很快就会失掉在组织中的工作。

现在,社会中的法律诉讼事件越发频繁,政府在商业活动中的力量也在不断增强。对法律的关注也成了管理写作环境中的另一个重要因素。在许多文件中,文件写作者都被看成公司的法律代理人。他们必须对污蔑、诽谤、隐私以及机会均等等许多法律问题时刻保持警觉。

对于管理者而言,话语团体现象意味着他们身处独特的管理写作环境中。管理者必须谨慎地分析他们所处组织的文化,找到最佳的时机和地点来进行写作,而且还须时刻谨记写作在管理工作中所具有的独特作用(见表4-1)。

表4-1 管理者话语团体的要素

分配每日的工作
广泛合作
选择授权
组织的规模和组织文化
权利结构
政治力量
法律问题

决定采用文字沟通渠道,并且分析了管理写作在组织环境中的特征之后,管理者便可以开始写作。写作过程可分为三个步骤:计划、写作和修改。如果管理者能按照这三个步骤去做,那么写出的东西就有可能实现既定目标。

4.3 步骤一:计划

管理写作者的写作计划与新闻工作者的写作计划训练有很多相似之处。这种相似性是符合逻辑的,因为两者都具有职业写作者的特点,都要在工作中花大量的时间去写作,并且阅读其作品的人都比较匆忙。因此,写作前他们要先回答五个"W"和一个"H"的问题,即"什么"(What)、"为什么"(Why)、"为谁"(Who)、"什么时候"(When)、"哪里"(Where)以及"怎样"(How)。

4.3.1 写什么

"写什么"这个问题指的是信息的本质。在计划的最初阶段,管理者就应当非常清楚地知道需要沟通什么。是否需要某些信息,写作的目的是同意还是拒绝他人的请求,是通知下属政策有变还是希望员工在实施某种程序时进行合作。

如果读者觉得某条信息的观点摇摆不定,或是觉得某条信息费解,前后不一就会产生疑问:"这人到底想说什么?"在这种情况下,很可能作者本身都不知道他究竟想说什么,或者他想要达到的目的是什么。

4.3.2 为什么写

回答"为什么写"与回答"写什么"一样重要。而且,不仅作者自己要清楚"为什么写"的答案,读者同样需要知道作者为什么要写。糟糕的是,许多沟通不畅的情况都是因为信息发送者不知道为什么要传递信息,或者不愿费事告诉读者发送信息的目的。

比方说,许多企业的政策、程序和法则都是在不做任何解释的情况下施加到员工身上的。如果员工们理解实施这些指令的必要性,或许会更容易接受。人就是这样复杂的动物,喜欢研究因果关系。如果把结论强加给他们,却不解释原因,那么很可能会引起他们的抗拒。

4.3.3 为谁

写作计划中最重要的因素之一就是回答"为谁"写的问题,即谁是消息的接收者。

读者的年龄、性别、教育程度、政治派别、职业头衔等人口统计的特征有助于作者了解读者阐释信息的观点倾向。然而,在组织环境中,读者的这些特征不能说明作者与读者的关系,我们也不能从中看出对成功传递信息起作用的组织和部门的特征。

为了真正彻底地分析读者,并且全面地了解读者接收信息的方式,作者应该考虑以下几点:作者与读者之间的相对权力地位;组织对读者和作者的沟通要求;作者与读者所在部门的职能;作者与读者之间沟通的频率;读者对作者以往信息的反应;信息的相对敏感度。

分析读者的时机随信息重要程度而变。对于特别重要的信息,写作者要仔细审查所有能够得到的资料,从而决定最恰当的措辞、最合适的组织方式、最适当的媒介、最佳的时机以及信息的最优来源和送达地。即使是常规的信息,有了读者分析和适当调整后,写作效果也会有所改进。

4.3.4 什么时候

"什么时候"这一问题的重要性随所传送信息的常规性程度而变。许多常规信息是定期发送的,如销售报告。我们不需要决定何时将报告发出,因为日期是先前设好的。同样,对于不重要的信息也无须太多考虑时机。

然而,对于非常规性信息,何时发送信息会直接影响信息的接收。比如,某纺织厂的管理者不得不告诉员工,虽然公司上季度盈利但还是不会加薪。管理层选择了在员工放假前夕用信件传达这个决定。这种信息传递时机不仅使许多员工过不好假期,而且还很可能导致不少员工利用假期寻找跳槽的机会。

对于时机选择这一问题,管理者应当注意,消息可能发布得太早或太迟。例如,会议日程表以及相关材料发出得太早,等真正到了开会的时候,信息接收者可能早已忘了。但是如果材料发得太晚,与会者又可能没有足够的时间做准备。通常来说,提前两到五天通知比较合适。不过,会议的时间越长,相关材料越多,准备期就应该给得越长。

4.3.5 哪里

"哪里"这一问题涉及沟通链的两端,即信息应该从哪里来,又应该送到哪里去?为使信息更具权威性,信息应该由某级别的经理还是应该由组织里职位更高的人发出?

我们还要决定沟通链的另一端,即读者应从哪里收到信息?比如,有些公司就为公司时讯的分发问题而头疼;发送到员工家里还是在上班时直接发给员工。发送到员工家里可能会引起全家的兴趣,但也有可能被视为侵犯员工隐私及个人时间。

4.3.6 怎样

"怎样"的问题主要是选择媒介的问题。即便采用书面方式,也仍然面临很多媒介选择,如信件、备忘录、报告、电子邮件、宣传册、时事通讯、手册、电子公告牌。媒介的选择至少部分取决于信息的个人化程度、信息发布范围,以及信息到达接收者的速度要求。

除此之外,管理者还应当记住关于一条适于选择媒介的准则。如果管理者惯用某种特定的媒介,选择与惯用方法不同的媒介可以传达出紧迫感或信息的重要性。比如,某位管理者通常亲自与下属沟通,但某次却选择了备忘录的方法传递信息,这可能说明信息不同寻常,值得格外关注。

尽管我们依次单独讨论了写作计划中的各种因素,但实际上这些因素是相互依赖的,不应单独对待。好的管理沟通者应能观察到这些因素间的相互关系,并且把这五个"W"和一个"H"的问题当成完整的决策案(Decision Package)看待。

4.4 步骤二:写作(或草拟)

顺利经过计划阶段后,管理者就可以根据目的构建信息了。说得再具体些,就是管理者必须着手写文章了。遣词造句都要精挑细选,并且文章要组织得清晰、全面、连贯。管理者遣词造句、构思文章时,应当遵循下列原则,以写出符合当代要求的文件。

4.4.1 措辞

词语是组成信息内容的符号,因此应当慎重地选择词语,这样整体内容才能达到传递信息的目标。每个词都可能增加信息的传递效果,也有可能导致误解,因此应该对措辞多加留意,确保信息的有效性,避免误会。下面的原则可帮助写作者实现这些目标。

原则一:恰当选词

有些商务文件(如合同、职位录取信件、业绩评估)对精准程度要求较高,如果管理者在所有商务文件的写作中都注意措辞的准确性,则不失为明智之举。同时管理者也应记住,词语既有内涵也有外延。

外延含义是客观的、有所指的、描述性的。大多数人认为,字典里词语的定义就是外延意义,因为词的定义编撰于其习惯用法。大多数人对词语外延意义的理解是一致的,也就是说,只要没有发音及拼写都接近的词语混淆,人们对词语的外延意义理解相同。比如,请为下面每一句话选择正确的词语。

- 我们刚聘请的广告公司应该(complement 补足,compliment 称赞)我们的制造能力和分配利益。
- 我的打印机已(continually 连续,continuously 一刻不停地连续)五年正常运行。
- 经理跟我们保证,他已经向上级(appraised 表扬,apprised 报告)了有关海运的问题。
- 秘书对咖啡厅里发生的事做了(illusion 幻想,allusion 暗示)。
- 为了说服上级实施这项活动,我们需要一位完全(uninterested 不感兴趣的,Disinterested 公正的)专家做证明。

同样,请思考下面从给政府机构的信中选出的两句话的用词问题。

- "我非常气愤,你们污蔑我儿子是文盲*。这是恶意的谎言,其实在儿子出世的前一周我结婚了。"
- "除非能很快拿到我丈夫的钱,否则我的生活将不朽"**

在商务写作中,用词不当产生的"最好"后果是令人尴尬的幽默,最坏的后果是引起严重的纠纷。对管理者的职业生涯来说,哪种后果都是不愿见到的。

而内涵是主观性的。词语的内涵意义因人而异,很大程度上取决于读者的以往经历以及读者对词语及所指对象的联想。

尽管内涵带有主观性,人们仍然可以控制语言的使用,以表达积极或否定的意思。若想表达积极的内涵,可以使用"委婉语"。比如,"苗条"和"修长"这两个词显然要比"骨瘦如柴"和"皮包

---

* 原文为 illiterate,正确的用词应为 illegal,意为"私生子"。——译者注
** 原文为 immortal,正确用词应为 mortal,意为"必死的"、"终有一死"。——译者注

骨"委婉得多。

广告公司以及其他相关行业都竭尽所能把生活描绘得很美好,所以委婉语已经成了美国人生活的一部分。但是当委婉语被试图用来遮掩人类和环境方面的悲剧时,我们必须认识到这是对语言的滥用和无力的掩盖。例如,当"意外伤亡(附带损害)"被用来形容战争中无辜市民伤亡的时候,我们不得不质疑那些使用这种措辞的人对于人类生命的价值观。

管理者以及其他职业的人都承担着对委托人尽量准确使用语言的责任。管理者应当尽量准确地、坦诚地与人沟通,尽量避免侮辱读者的智慧。此外,使用词语作为控制工具及变革工具时,他们还应尽量表现出高度的责任感。[19]

原则二:使用短词

温斯顿·丘吉尔(Winston Churchill)曾说过:"伟人微言,微人伟言。"真正可靠的人喜欢使用易于理解的简单词语。与长词相比,短词通常不会引起太多疑惑。而长词语,尤其是和其他几个长词连在一起使用时,会在作者和读者之间产生沟通障碍。

书面商务沟通应当经济而高效。下面列出了许多在商务写作中被滥用的长词及推荐用词。

	不要用	推荐用
建议	advise	tell
改善	ameliorate	improve
赞同	approbation	approval
开始	commence	begin
显示	demonstrate	show
遇到	encounter	meet
期望	expectancy	hope
说明	explicate	explain
地点	location	place
修改	modification	change
敏锐	perspicacity	sense
之后	subsequent to	after
结束	terminate	end
使用	usage	use
利用	utilize	use

并不是说使用左栏中的任何词都会使信息表达得含混不清,我们的意思是说要避免使用不必要的长词及生词。过多长词及生词会增加读者的理解负担,影响读者耐心,形成有效沟通的障碍。

美国国会已经认识到在政府表格、福利申请、报告、规则以及其他文件中使用"普通语言"的重要性。近几年,国会已经考虑出台法案强制政府机构使用清楚、条理性强的语言,遵循最好的写作模式。在2008年秋季会议上,由10名参议员(包括当时的参议员巴拉克·奥巴马)提议的2007年政府通信法案的普通语言法案(The Plain Language in Government Communication Bill)(S.2291)因一票之差未能通过。犹他州参议员罗伯特·班尼特(Robert Bennett)表达了他对此事的关心,尽管他同意这样的措施能够使美国国民参与政府事务,但是这样的立法将导致法律术语翻译中的迷失。2009年2月实施的《2009年普通语言法案》(The Plain Language Act of 2009)提倡"通过确定政府公布的文件必须书写清晰,以提高公民参与政府信息和服务事务的程度。本书写作时,该法案正在委员会的审议中。现在22个州在教科书中使用普通语言,纽约、康乃迪克、宾夕法尼亚、佛罗里达、明尼苏达、加利福尼亚、俄勒冈、华盛顿州做得尤为突出。

原则三:措辞具体而不抽象

讨论一个话题的时候,作者可以在一个大范围内取词。我们可以把这个范围(或者称为区间)想象成作者攀爬的阶梯。这个阶梯的最低一级是具体的(明确的)词语,最高一级是抽象的(概括的)词语。

具体的词语一般比较明确,能够在读者的脑海中形成清晰的图像。抽象的词语就不那么明确,含义更广泛也更概括。如图4-1所示,阶梯的底层是容易想象的事物,越往上越抽象,甚至有些含糊。

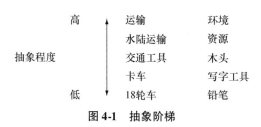

图4-1 抽象阶梯

使用何种抽象或具体程度的词语部分取决于读者的背景、需要和期望。抽象的词句会吓住一些读者,使之产生不信任感和疑惑,不知道文本到底是否回答了"何时""多少""谁""什么程度""哪一个"等具体问题。请比较下面几组表达中的不同信息含量。

使用抽象词语	使用具体词语
她是一个好学生	她在有68名学生的班里排名第一
近期	到6月19日(星期五)
显著的利润	28%的涨幅
可观的节省	平时价格的五折
尽早	在本周五营业结束前

含义具体的词语往往能够产生鲜明生动的图像,并激发读者的兴趣。构思具体的词句可能需要花更多的时间和心思,但也更加有效。与抽象的词句相比,更能激发读者读下去。[20]另外,阅读具体化的文本更省时,对信息的理解也更好,与阅读抽象化的文本相比,读者较少需要重复阅读。[21]

原则四:用词简洁

1656年,科学家帕斯卡(Pascal)给朋友写了一封20页长的信。在附言中,他为信的长度而感到抱歉,并且说道:"希望你能原谅我写了这么长一封信,但是我没有时间把它缩短。"帕斯卡的例子证明,要做到用词简洁需要花更多的时间和付出更大的努力。

提倡文笔简洁有一条非常务实的原因。冗长的文章会花费公司的钱。多余的话不光要作者花宝贵的时间去写,还要读者花宝贵的时间去阅读,而且还浪费纸张和其他资源。请对比下面两个版本的商业信息。

附上一张价值82.56美元的支票。如果核对记录时,您发现支票数目有误或是无效,请尽快在您方便的时候告知我们。(Enclosed Please find a check in the amount of $82.56. in the event that you find the amount to be neither correct nor valid, subsequent to an examination of your records, please inform us of your findings at your earliest convenience.)

附上一张82.56美元的支票。如果数目有误,请告诉我们。(Enclosed is a check for $82.56. If this amount is incorrect, please let us know.)

第一种说法用了41个字,而同样的意思第二个说法只需15个字,减少了63%的用词量[*]。

为什么有些商业人士在可以缩减文字时还那么啰唆呢?有两个可能的理由。一是写作者在学校写长篇论文时养成了这种习惯,因为老师批改学生文章时,文章的长度有时和质量一样重要。二是,未经训练的商务写作者遇到写作任务时,往往希望从已有文件中找到模版。如果所谓的"模版"中充斥着专业术语以及冗长的句子,而写作新手又模仿这些写作模式,那么用词浪费的传统就将代代相传。请看下面的例子,左栏中冗长多余的表达通常可以被右栏中的简洁词语替代[**]。

冗长的/多余的短语		替代选择	
鉴于……事实	due to fact that	因为	because
为了……目的	for the purpose of	为了	for
由于……原因	for the reason that	由于	since, because
为了	in order to	为了	to
在……情况下	in the event that	如果	if
关于	with reference to	关于	about
依照你的要求	pursuant to your request	按要求	as requested
之后	subsequent to	之后	after
根据……的话	along the lines of	像	like
真实的事实	true facts	事实	facts
要求的必要步骤	necessary steps required	要求	requirements
基本原则	basic principles	原则	principles
随信附上……请查阅	enclosed herein please find	这是	here is
用期待的心情等待着	look forward with anticipation	期待	anticipate
完全一致的意见	consensus of opinion	一致意见	consensus
从已有的观点来看	from point of view of	从	from
由于	in as much as	因为	since, because
根据	in accordance with	根据	as
由于……原因	on the grounds that	由于	because
迟些时候	at a later time	稍后	later (or a time)
一年时间内	within a period of one year	一年内	within one year
考虑到	take into consideration	考虑	consider

---

[*] 按英文原文计算。——译者注
[**] 英文原文中左栏中多用词组,较正式。而右栏中的词语多为单个词语,更为简洁。——译者注

(续表)

	冗长的/多余的短语		替代选择
对……数目进行核算	a check in the amount of	核查	a check of
对……没有作用	for which there was no use	无用	useless
不能收回	that could not be collected	无法收回的	uncollectible
尽管	notwithstanding the fact that	尽管	although

如果商务写作也需要控制成本的话,那么左栏中的写作习惯都必须统统被右栏代替。[22] 尽管文笔简洁在一开始的时候比较费时,但最终还是可以养成相对容易的写作习惯。

节省写作成本的一个好例子是教科书。工作人员也应和学生一样,学会从纷杂的信息和工作中找出主要的观点进行交流。如在第 3 章中所讲到的,由于文本的简洁和快速性,在许多组织中沟通渠道已经由文本取代了电子邮件。生活在信息超载时代的读者或许会问:"我们应该知道些什么?为什么要知道这些?"文本写作者限制了这些信息。

有人会说,节省写作成本必然会导致信息意义的丢失。可是,拉里·史密斯(Larry Smith)和雷切尔·弗歇尔斯(Chale Fershleiser)已经展示给我们简短文字能够含有引申的意义。在线杂志 SMITH 的创建者要求大家发送一份六个单词的总结生命的故事。他们选用海明威的例子为模板。据说,当要求海明威写一篇只有六个单词的小说时,他写道:"出售:未穿婴(儿)鞋。"(For sale: baby shoes, never worn.) 15 000 名读者接受了挑战。下面是刊登在 SMITH 的几个好例子。

"My second-grade tacher was right."—Janelle Brown

"Secret of life: Marry an Italian."—Nora Ephron

"Became my mother. Please shoot me."—Cynthia kaplan

"It's pretty high. You go first."—Alan Eagle [23]

原则五:避免陈词滥调和专业术语

陈腐之词或陈词滥调的意义虽为众人公认,但这些词只能组成缺乏创造力的呆板信息。虽说读者也能理解写作内容,但由于作者没有任何创新,因此信息内容看起来没有人情味。

另外,陈腐之词通常很快就过时了,所以这样的写作(包括写作者)显得很守旧。下面列出了一些应该避免使用的词及其替代词语。

	使用过度的词组		替代词语
像床单一样白	white as a sheet	苍白	pale
像蜜蜂一样忙碌	busy as a bee	忙碌、工作	busy, working
像回旋轮一样聪明	smart as a whip	智慧	intelligent
沿着……的足迹	follow in the footsteps of	从事同样的职业	pursue the same career
沉着冷静	get it all together	解决问题	get organized, resolve the problem
夸大事实	stretches the truth	夸张、说谎	exaggerates, lies
像口哨一样干净	clean as a whistle	卫生、清洁	sanitary, clean
直布罗陀的岩石	rock of Gibraltar	可靠、可信赖	reliable, dependable
真正地脚踏实地	really down to earth	现实、诚实、真诚	realistic, honest, sincere
命运的安排是	as luck would have it	不巧、碰巧	unfortunately, luckily

上述例子中的最后一个短语说明了陈腐之词的明显缺陷,即可能有不止一种意思。而且,陈腐之词的含义有时简直模糊不清,有时还不太符合逻辑。比如,下面的例子说明了这些缺点:

"早些时候"或"在您方便的时候尽早……"

人们通常在提出某种信息要求或帮助请求后使用这些词组,使用这些词组的人一般不想显得太过急切。但是他们没有认识到两点:第一,读者所说的"方便的时候尽早…"可能与作者希望的时间相去甚远。第二,商务人员每天都在赶工期。如果作者希望在某段时间内从读者处得到某些东西,并简明有礼地解释为什么需要在这一时间前得到这些东西,那么读者一般不太会觉得这是种冒犯。比如:

"我们要尽快供货,请您在 3 月 21 日之前将信息发送给我们。"

另外两个令有些读者觉得说话人自以为是的陈词滥调是:

"提前表示感谢"和"请允许我说……"

第一种表达除了过时、机械和冷漠之外,似乎还暗示着这种意思:"我希望你按我的要求去做,但是我不想事后再费时间去感谢你,所以我现在就对你表示感谢。"第二种表达看似征求读者许可,但其实写作者在得到允许之前就已经把想说的统统说出来了,所以不要使用第二种表达方式,而第一种表达可以用下面的说法来替代:

"我感激您在这件事上能给我的任何帮助。"

专用术语是科技语言,或是已成为某组织或学科日常词汇的特定用语。内行知道这些词都是什么意思,但是外行或消费者可能并不知道。专业术语包括了技术术语、首字母缩略语以及特殊用法的一些词条。给组织外部的读者写作时,管理者应当避免使用专业术语,而尽可能使用非专业人士的语言,以避免读者误解信息。[24] 另外,有些组织规模非常大,一个部门的员工可能并不理解另外一些部门员工的专业术语。下面的例子说明了如何将商务术语简单化:

专业术语	针对非专业人士
TQM	全面质量管理
accounts receivable	应收账款
amounts payable	应付款
HVI bonus	销售大批量机器的额外报酬
maturity date	最后付款日
feed stock	原料
duplexing	双面复印
FAA	联邦航空局
abstract	产权理论
per diem	日常的
assessed valuation	(为税收目的)估定价值
current ratio(会计)流动比率	流动资金对流动负债比率
CRM	客户关系管理

除一个例子外,右栏的描述都比左栏的专业术语长,如果这些冗长的表达可以确保读者理解其含义、减少疑问的话,那么多花些工夫、多用些词也值得。这是管理者在写作时必须做出的决策。

首字母缩略语可能是特别麻烦的。在某些情形下,使用某些首字母缩略语完全合适,但是在另外一些情形下,则可能引起麻烦。例如,在埃克森(Exxon)公司的某部门,DHR 是指人力资源总监(Director of Human Resources)。但在其他部门,DHR 代表化学清洗过程的副产品(By-product of the Chemical Scrubbing Process)。

最后要说的是对商业用语(business-ese)的注意。在商界有些表述语和术语普及得很快,但很快就过时了。得克萨斯州的企业家罗恩·斯特根(Ron Sturgeon)在他的《幽默职场行话》一书中用了 1 200 个行业术语。有些行话既风趣又华美,(例如:"herding cat"放牧猫,意思是试图去控制或管理一群无法控制或者处于混乱状态的个体,指不可能完成的任务;"circling the drain"来日不多;"mouse milking"最大投入最小收益的工程),有些词的字面意义则比较清楚(例如:"dilution","FTE",Synegy")。[25]决定使用商业词汇的指导方针是信息接收者的期盼、沟通环境和文化内容(参看第 2 章)。

原则六:使用礼貌的积极性词语

前面说过,书面沟通是一种刺激,可以带来回应。一般来说,作者的刺激越积极,读者的回应就越积极。相反地,刺激越消极,回应也越消极。比如,行为科学家告诉我们,下属要么能够实现管理者所传递的期望,要么让管理者失望。[26]

一位经理,无论是和下属、上级、同事、客户、供应商,还是与其他什么人打交道,都希望别人很好地接收自己的信息。传达一个请求、一条信息,哪怕一个坏消息,如果措辞积极,那么接收者做出积极的或者至少是中性的反应的可能性将增大。

措辞积极和措辞消极的区别不在于信息内容,而在于强调点不同。消极的信息强调的是某种情况最不好的方面,因此可能引起读者防御性或对抗性的响应。

有效的沟通者必须在信息接收者心中树立一定的可信度并建立良好的关系,措辞的积极与彬彬有礼将有助于沟通者实现这些目标。下面的例子说明积极的措辞和消极的措辞所产生的不同效果:

> 我不能在明早之前把报告准备好。
> 我可以在星期三下午 3:30 之前完成报告。
>
> 你不应该用格式 A 写每周销售报告。
> 格式 B 是每周销售报告的格式。
>
> 我们很遗憾地通知您,我们不得不拒绝您的晋升请求,因为您没有获得足够的进修学分。
> 您若再获得六个进修学分,我们就能着手处理您的晋升请求。

在上面的每一组例子中,作者在第二种说法中陈述了应该怎样做或已经做了的事情,而不是不应该做的事情。

让我们看一个现实生活中的例子。在酒店管理行业中,便利用品的丢窃是最主要的消耗。住宿客人通常会拿走毛巾、笔,甚至小的家具。假日酒店(Holiday Inn Express)对这种行为采取的措施不是张贴告诫或威吓,而是使用了积极的方法。放在浴室台面上的通告是这样写的:

> 亲爱的客人,
> 为了您的方便,客房部提供下列商品:
> 熨斗:40美元
> 烫衣板:30美元
> 吹风机:30美元
> 浴皂:15元
> 毛巾:10元
> 客房服务员负责客房的商品。因此,如果您决定带走上述商品,不用找客房部主管。我们会在您的账上扣除相应的费用。谢谢。

有些短语读起来不够礼貌,容易恼怒读者。为了营造积极、礼貌的沟通氛围,应该避免使用这些词。尽管我们不能完全避免负面的词语,但是可以尽量少用负面词语,比如,"不可原谅的"(inexcusable)、"你声称"(you claim that)、"你影射"(your insinuation)、"你没能够"(you failed to)以及"很显然你忽视了"(obviously you overlooked)等。我们将在下一章常规信息中做进一步解释。

为了在选词上做到积极、礼貌,还需要使用中性语言。在写作中,作者一般不必说明所指之人是男是女。

如今,我们使用中性词语来描述工作。同样,在两种性别都应当被涵盖在内的描述中,如果使用一种性别的代词和名词(如manpower),那是不可接受的。同样,还应当尽量避免使用贬低某一性别行为或特点的表达方法。下面列出的是应当避免使用和人们能接受的词语。

避免使用的词语	
man(男人)	man-hours(工时)
man-made(人造的)	steward(管家),stewardess(空姐)
manpower(人力)	homemaker(主妇)
grow to manhood(长大成人)	fairer sex(男女平等)
business man(商人)	weaker sex(妇女)
cameraman(摄影师)	old man(老人),breadwinner(养家糊口的人)
fireman(消防员)	career woman(职业妇女)
foreman(领班)	lady doctor/ lawer /realtor(女医生、女律师、女经纪人)
salesman(业务员)	workman's compensation(劳工补偿)

可以接受的词语	
business executive(商务人士)	work hours(工时)
state career(职业,如医生、律师、编辑)	camera operator(摄影师)
	firefighter(消防员)
humanity, human beings, people(人类、人们)	supervisor(主管)
	sales representative, salesperson, salesclerk(销售代表、销售人员、销售职员)
human power, human energy(人力、人的能量)	
worker, work force, employee(工人、劳动力、雇员)	flight attendant(空中乘务员)
	workers' compensation(劳工补偿)

在写作中的性别歧视问题上,一个特别棘手的问题就是"他"这个统称。直到大概 30 年前,在无人称的句子中,当两种性别都包含在内的时候,标准的惯例都还是使用"他",如"每个人都有他自己需要解决的问题"。权威人士指出,这样的选词会让商界女性感到被忽视。

好在管理者可以有几种方法避免这种代词的使用,其中一个方法是用名词或代词的复数形式,比如,"管理者应该激励他的员工"可以改写为"管理者应该激励他们的员工"。

另外一种选择就是使用"他和她",或是"他的/她的"。这种写法尽管不优雅,但还是可以接受的。不过写作时要特别小心,不能太频繁地使用这种语言,因为这种语言可能会影响写作风格和可读性。

另一种技巧,也是本书中最常用的一个方法,就是交替使用男性和女性代词。在某一段中可以使用"她"作为普通代词,在下一段可能用"他"。这种方法可以避免全篇使用"他"作为普通代词,也不会像使用"他或她"那样破坏写作风格。而且,这种处理方法至少部分地避免了传统用法。

第四种非性别歧视性语言技巧不大受到严谨的语法学家的喜欢,就是用复数代词表示传统的单数先行指代词,例如,"每个人都有他们要解决的问题"这一方法已为人们广泛采用。

最后也是最好的一条建议是,用第二人称代词(你/你们)替代第三人称代词(他/她)。这种方法不仅避免了性别问题,而且还直接把读者纳入其中。比如"如果你要迟到,请打电话给主管"就比"如果员工要迟到,他/她应该打电话给他/她的主管"要好。

原则七:用口语化的风格

使用日常用语能更有效地沟通,也就是说,应使用人们面对面交流时用的词语。口语化的风格是指使用口语词汇来写作。通常这样的词汇中不应当包含有俗语、俚语或者专业术语,而应当是大多数人在日常商务往来中使用的词汇。

成功地运用口语风格写作的商务专业人士是亿万富翁投资者、伯克希尔哈撒韦公司(Berkshire Hathaway)的主席华伦·巴菲特(Warren Buffett)。2005 年全国写作委员会(National Commission on Writing)称赞巴菲特的年度报告语言朴实。委员会主席、纽约新学院大学校长鲍勃·克里(Bob Kerrey)说,"没有哪一份年度报告(像巴菲特的报告)对美国的商界产生如此大的影响"[27]。

在 2008 年给股东的年度信中,巴菲特以他一贯的风格,汇报控股公司在净收入方面有 62% 的下降这个坏消息。他坦率地直言他要为业绩下滑负责。他说他"做了些无知的事情"。在评论美国经济危机时,他解释了危机衍生出的危险,他写道"试图躲避麻烦的参与者(投资者)像躲避性病的人一样面临着同样的问题,即不是你和谁睡了觉,而是你的性伙伴和谁睡了觉"[28]。

巴菲特的口语化写作风格不是离经叛道。像比尔·盖茨(Bill Gates)这样成功的高管公开地称赞这样的写作风格。2009年2月,在接受玛利亚·巴蒂罗姆(Maria Bartiromo)的专访时,盖茨说写一份关于基金活动的年度报告是巴菲特的主意,他"根据他的观点几次易稿,他的建议很有帮助"[29]。

在商务信件中,口语化的风格尤为重要,因为它有助于形成"你的观点"。你的观点是指要考虑读者的观点,它有助于写作者进行信件的个性化写作。在商务通信中,大多数读者都比较欣赏这种观点。[30]

在写作之前,写作人需要确定读者是谁、读者对于信息的需要,以及尽量多地去了解读者的知识水平、专长、兴趣、文化和价值体系。

即使是写模板章节及套用信函,作者也可以在脑海中想象某一类型读者的特征,这些读者可能有一些共同关注的问题。模版章节和套用信函也可以用口语化的风格来写,让人感觉是由人而不是由填满专业术语的电脑写成的。技术的发展也使设计个性化的模板章节及套用信函变得更容易。

上述七个原则主要集中于措辞。每个词语都对整个信息有影响,所以每个词语的选择都应当得到足够的重视。管理者也需要从策略的角度去分析词语的搭配和组合,从而确保有效的沟通。以下几个原则将着重说明组词造句,以获得最佳效果。

4.4.2 有效组织词语

下面四条原则讨论的是传递信息时的组词原则,读者对文件的理解在很大程度上取决于作者如何运用这些原则。

原则八:保持句子简短

在商务写作中,我们有时会遇到冗长啰唆的句子。造成这种没完没了的句式的原因可能有几个。一个是前面提过的,作者想给人留下深刻印象。请看下面从政府报告中引用的一句话:

> 从田地深度不足的有关评估中,明显可以排除任何对这块田地进行经济利用开发的可能性。(It is obvious from the difference in elevation with relation to the short depth of the field that the contour is such as to preclude any reasonable development potential for economic utilization.)

读者可能需要花很多时间和精力研究这条信息,才能明白其实写作者就是想说:

> 这块田地太陡,不适合做耕田。(The field is too steep to plow.)

另一方面,有些人写这样冗长、拐弯抹角的句子,是为了避免看起来太咄咄逼人,正如下面的例子:

> 在过去的两周里,我们一直想知道,迄今为止您是否可以告知我方能否对我们提出的报价做出决定。(During the past two weeks, we have been wondering if you have as yet found your-

self in a position to give us an indication of whether or not you have been able to come to a decision on our offer.)

大多数商业人士每天都要面对各种截止日期的压力，因此如果直截了当地向他们提问，他们并不会觉得是种冒犯，比如上一句话可以改为：

您对于我们两周前的报价做出决定了吗？(Have you decided on the offer we made you two weeks ago?)

另一个导致无意义长句的原因是，作者想用一句话来表达主题。请看下面例子可能带来的困惑，以及第二种说法的不同。

尽管我们部门（采购部）有17个人出席了研讨会，但是包括Jerry Stoves 在内的其中9人，对由芝加哥采购协会组织召开的研讨会的讨论主题（高级谈判技巧）都没有任何经验。(Although 17 people from our department (purchasing) attended the workshop, 9 of them, including Jerry Stoves, had no background for the topic of the workshop (advanced negotiating technique) offered by the Purchasing Association of Chicago.)

上周我们采购部门的17个人出席了一个关于高级谈判技巧的研讨会。这个研讨会由芝加哥采购协会组织召开。在这17个人当中，Jerry Stoves 和另外8个人都缺乏相关背景的工作经验。(Last week 17 people from our purchasing department attended a workshop on advanced negotiating techniques. The Purchasing Association of Chicago offered the workshop. Of the 17 who attended, Jerry Stoves and 8 others lacked the necessary background.)

缩短句子的一种方法是避免使用语助词结构，如"It... that..."或"There is..."或"There are..."。语助词在句中没有语法上的先行词，并且经常代替或省掉句中的人称，让人搞不清信息的重点所在。例如，在"It is thought that interest rates will fall"这个句子中，"it"这个词没有先行词，但是它却是强调的重点，而读者无从知道谁持有这种观点。更好的措辞是"I think that interest rates will fall"。另外，不要说"It is suggested that you rewrite this proposal"，而应该直接说"Please rewrite the proposal"。一般来说，"there is"和"there are"结构只会增加句子的长度，浪费读者的时间。与其说"There are three options from which you can choose"（有三种选择，你可以从中任选），还不如说，"You can choose from three options"（你可以三选一）。

不必要的长句会使读者花太多的时间去理解句子的意思。而且理解信息所需要的时间和耐心越多，读者就越不容易明白信息的意图。

有效的写作简单、易读。有研究表明，好的商业写作句子的长度是15—20个词。而且每100个词语中，长词（指3个或3个以上音节的词）不超过10个。

有效的句子只表达一个主要的意思。句中的词组或从句都应该说明这一意思。如果在一句话中放入两个或者更多的重要观点，其实只会降低每个观点的重要性，让读者感到困惑。

原则九：多用主动语态，少用被动语态

主动语态是以英语为母语的人所习惯的正常语序。句子的主语是动作的执行者，做出由谓语

动词所描述的动作,动作的直接对象是宾语。下面句子都是主动语态。
- David Lopez directed the meeting.(戴维·洛佩斯主持了会议。)
- Donna Hebert enforced the policy.(唐纳·赫伯特推行了这项政策。)
- Ridley Gros promoted the university.(雷德利·格罗斯推荐了这所大学。)

被动语态的语序与之相反,动作的对象做主语。
- The meeting was directed by David Lopez.(会议由戴维·洛佩斯主持。)
- Policy was enforced by Donna Hebert.(政策由唐纳赫伯特实施。)
- The university was promoted by Ridley Gros.(这所大学是雷德利·格罗斯推荐的。)

除了颠倒语序、变长句子外,被动语态把动作的主语变为"by"短语中的宾语,削弱了句子结构。而且,被动语态还会诱使写作者使用更长、更迂回的表达方法。[31]例如,有些人不说:

> The new president reorganized the administration.(新总裁重组了管理层。)

却说:

> A reorganization of the administration was effected by the new president.(管理层被新总裁重组了。)

尽管管理者写作时应当多用主动语态,但是偶尔还是可以使用被动语态。

被动语态的句子有外交辞令。请注意,如果省略被动语句中的"by"从句,那么就省略了动作执行者。在传递敏感信息或向上级沟通时,这样做是合适的。请注意以下句子中外交辞令的变化:

> 主动语态:The director of purchasing has been soliciting bids from unauthorized vendors.(一直以来,采购总监从未经许可的经销商那里招标。)

> 被动语态:Bids from unauthorized vendors have been solicited by the director of purchasing.(一直以来,未经许可的经销商的投标被采购总监采纳。)

> 去掉了"by"从句的被动语态:Bids from unauthorized vendors have been solicited.(未经许可的经销商的投标被采纳了。)

原则十:合理地组织段落

段落把相互分离的思想连接、组织起来,传达一个重要的观点。段落是把句子连接起来形成信息的工具。单独来看,这些句子可能没有逻辑,也不一定说明同一问题。

遵循下列五条原则可以帮助写作者写出有效的段落(见表4-2)。第一,在一段话中只陈述一个主要观点及对形成这一观点有帮助的必要信息,[32]我们称之为段落一致性。

第二,确定演绎法和归纳法哪种更合适。演绎式段落在第一句就提出文章的中心思想,随后是支持这一中心思想的句子。归纳式段落以细节或是论据开头,最后才点出中心思想。演绎法是最常用的模式,但在说服别人时归纳法也很有效。

第三,在一个段落中使用多种句型结构。段落全由简单句型构成将非常乏味,变换使用句型结构可以引起读者的兴趣。

第四,调整段落结构,突出重点。可以采用以下几种方法:重复关键概念;使用引人注意的词语,像行为动词或人称代词"you";使用技巧方法,如着重号、加框、斜体、黑体或者是数字。

注意要使点列表、被重复的短语和符号结构处于平行结构。也就是说,句子中功能相似的成分在结构上也是相似的。请看下面的几个例子:

平行结构:The company has *a* mission statement and *a* code of ethics. (公司有一个使命宣言和道德准则。)

不平行结构:Citizens are concered whether the president *has lied* under oath or *looking* directly into the cameras. (公民们关心的是总统是在宣誓时说谎,还是眼光直视镜头。)

在伟大的演说家的讲演中可以找到不少平行句的好例子。请看牧师马丁·路德·金博士(Rev. Dr. Matin Luther King)的演讲《我有一个梦想》中的摘录句子。"So let freedom ring from the prodigious hilltop of New Hampshire. Let freedom ring from mountains of New York. Let freedom ring from the heightening Alleghenies of Pennsylvania. Let freedom ring from the snow-capped Rockies of Colorado."(因此,让自由之声从新罕布什尔州的巍峨峰巅响起来!让自由之声响彻纽约州的山峦!让自由之声响彻宾夕法尼亚州的阿勒格尼高峰!让自由之声响彻科罗拉多州冰雪覆盖的落基山脉!)请注意这些重复、平行的句子是如何添加韵律、保持平衡、堆积情感的。

第五,保持较短的段落篇幅。短段落容易阅读,并且容易强调所包含的信息。阅读时,读者在视觉和精神上都需要一些间歇,以消化信息。短小的段落可以使读者有更多的间歇。在商务信件和简短的备忘录中,段落的平均长度通常是4—6行;报告的段落长度平均是8—10行。不过,段落长短并非一成不变,有时为了强调,段落可以更短;文件复杂程度高时,段落可能较长。

表 4-2　组织有效的段落

1. 一个段落只陈述一个主要观点
2. 确定演绎法和归纳法哪种更合适
3. 在一个段落中使用多种句型结构
4. 调整段落结构,突出重点
5. 保持较短的段落

不仅在商界,许多其他领域的杰出领导人也遵循这五条原则,写简短、有力、清晰的信息。其中一人是1991年海湾战争期间负责物流工作的格斯·帕格尼斯中将(General Gus Pagonis)。他的著作《山动:海湾战争中学到的领导力和物流战略》讲述了他是如何在100个小时的地面战中为54.1万名美国军队运送食品、燃料、军火和其他给养的经历。帕格尼斯写到,他的工作原则是 KISS (Keep It Simple Stupid)——保持简单直白。对这项原则最重要的应用是他的沟通模式。他把每份报告的文案材料缩小到令人惊奇的3英寸×5英寸的索引卡片。此外,他还限制所有的电子邮件只能是6行字的长度。显然,当时没有人有时间写长篇报告。在悲壮的战争情况下,帕格尼斯的成功归于他坚持好的写作方法。

原则十一:前后连贯

在连贯性强的写作中,句子间的关系清晰明了,前后连接得自然顺畅。句意的转移通过过渡句来完成。过渡句有时被形容为连接思想的桥梁。有的过渡非常自然,而有的则会比较生硬。

如果句意的内容可以自然地、流畅地从第一句发展到第二句,就是自然过渡。下面是一份求职信的开头,第一层意思向第二层意思转换得非常自然。

> 目前狄龙(Dillon)制药公司正在扩张其西部业务,贵公司难道不需要训练有素且经验丰富的销售代表负责新地区的业务吗?本人有营销学的学位及八年制药销售的成功经验,我相信我能胜任销售代表的工作。

例子中的第一句引入了培训和经验这两个概念。第二句话建立在第一句话的基础上。

但是,写作者不能总靠思想内容的内在逻辑来表达句与句之间的联系,有时必须使用机械过渡方法,写作者可以:重复关键词,告诉读者讲的都是同一主题;使用代词和同义词,避免显得太重复;使用过渡词语,连接不同意思内容并显示其意思间的关系类型。表4-3列举了一些常用的过渡词。

表4-3 常用的过渡词

但是	but	相应地	accordingly	尽管如此	even so
下面	next	再次	again	另一方面	on the other hand
因此	thus	相应地	consequently	此外	furthermore
然后	then	另外	otherwise	总而言之	in summary
最后	finally	此外	besides	同样地	similarly
因此	hence	相反地	conversely	结果	as a result
仍然	still	图解	to illustrate	相反	in contrast
同样	also	另外	in addition	随后	subsequently
而且	and	然而	however	例如	for example

除了确保段落内思想连接顺畅之外,写作者还应注意全文的连贯性。进一步具体地说,段与段之间的联系同句与句一样也要清晰。有时候,这种联系是通过前面所说的过渡方法体现出来的。有时候,整段的首句或者是末句被用来承上或启下。

如果报告长且复杂,要做到连贯就更加艰难。例如,在一份25页的报告中,有一部分共有5页,开头可能需要一引导段落说明这部分的内容,在它之后也需要一结束段落进行总结,并说明这个部分的内容与整个报告之间的关系。一个简单的过渡方法是"Janus Statement"(杰纳斯声明)。杰纳斯是罗马神话中的神,他的头部前后有两张脸,一张看着过去,一张看着未来。写作者可以用此方法同时回顾和预览,例如"现在我们已经描述了X,让我们把注意点放在Y上吧"。

在长篇报告中保持连贯性的另一种方法是使用标题和副标题。第六章将详细阐述报告和提议,包括标题的使用。

在结束关于文章连贯性的讨论之前,可能还得提醒大家用词要小心。虽然有些过渡方法能展示语句的相互关系,但是合理的结构才是文章连贯的基础。写作者必须非常清晰地了解为什么要以某种方式组织信息,必须有合理的文章结构规划,毕竟过渡方法的使用要建立在真实存在的关系基础之上。

4.5 步骤三：修改

　　第三步是修改和编辑，这也许是最需要练习的重要步骤。很少有人能一次就写出结构清晰、语句通畅的文章。[34]大多数写作原则、写作方法和语法规则都要求所有人写完后都必须进行检查。修改是对读者的一种服务。所以说，作者在修改时应当转变角度，假想自己是读者，与其作品保持一定距离。但是，作者很难从读者的角度客观地检查所写的信息，不过下面这些问题有助于作者将修改过程系统化：

- 我的目的是什么？
- 我的写作中有没有包括读者为了理解信息可能想知道的或者必须了解的全部信息？
- 我的写作能否回答读者所有的问题？
- 有没有哪些信息对于读者来说没有必要，可以删去？
- 我的写作对读者有没有益处？

　　接下来，修改过程包括：检查所写内容是否清晰、连贯，语气是否恰当；确定事实是否准确；调整结构以保证连贯性[35]；改写不当的词语或句型；重新编排内容，增加例证，增强过渡。写作者不能觉得修改一两遍就行了，很少有人的文章只需修改一两遍就很好。[36]

　　最后一步是准确地对文章进行校对。检查拼写和语法错误有助于发现低级错误。但是只用这两种方法是不够的，因为有时它们也不能检验出字面的特定含义。下面列举的是一个众所周知的有趣的例子，例中标点符号完全改变了句子的意思。

　　　　A woman, without her man, is nothing.（没有男人，女人一事无成。）
　　　　A woman: without her, man is nothing.（没有女人，男人一事无成。）

　　需要修改多少内容取决于写作者的个人写作技巧。有一点是肯定的，即所有写作能手都要对文章进行修改。有时他们还请别人读他们的作品，然后根据读者提出的建议做最后修改。通常，别人往往能够检查出写作者自己容易忽略的错误及模糊不清的表达，因为作者检查自己写出的东西时，由于太熟悉想表达的信息，往往对错误视而不见。写作者至少要把草稿放在一边，搁置一段时间，然后再修改。发电子邮件时，写作者写完后可以存放一边再阅读，不要写好后马上点击发送键。仓促地发送电子邮件会因为稿件不完整或不准确犯令人难堪的错误。

　　尽管修改可能既费时又枯燥，但值得这样做。通过修改，文章将更加清晰易懂，使读者受益，也减少了日后读者要求作者解释的麻烦。从长远来看，修改文章既节约金钱，又节约时间，同时也强化了作者的形象。

　　修改文章时，一个简单的方法是时刻不忘你的写作目的，记住写好商务写作的"7C"规则。表4-4 是指导原则。

表 4-4　商务写作的"7C"原则

完整	回答所有读者可能提出的问题 包括5"W"和"H"
简洁	缩短或删除冗长的文字 避免重复
考虑	注重读者"你" 表达读者的益处和兴趣 强调积极性词语
清晰	用短而常用的词语 避免专业词汇 逻辑论点流畅
礼貌	要成熟、有欣赏力 避免种族歧视语言 及时答复
修订	运用正确的写作方法 避免错字

本章小结

书面管理沟通有几个策略上的优势：经济性、效率性、准确性和正规长久性。

另外，管理写作还有两个特点：起草文件时经常采用合作式写作方法；管理者的工作环境对写作有着特殊要求。首先，合作是现代组织生活的一种现象，除了可以发挥群策群力的优势，这种写作方法还有助于员工通过不同方式相互联谊，提高写作的质量。当然，写作中集体决策也有弊端，如有人支配小组决策或有人不愿出力。此外，时间协调、自尊心受挫、风格差异以及冲突，都会给有效合作式写作带来障碍。

尽管有这些潜在的问题，我们仍能找出一些成功地进行了合作式写作的人。他们灵活、有礼、注意力集中、表达清晰、有责任感、自信，能够与人很好地合作。

为了有效地开展合作式写作，必须注意一些原则，如组员间要公平分配任务。写作中的冲突具有潜在的建设意义。小组领导应当做好协调工作，形成小组的共识并且解决冲突。

其次，管理者共属于一种话语团体。他们的管理写作环境因素包括工作时间的分割性、合作和任务分派的程度、组织文化的差异、必须涉及的权力和政治问题，以及写作中还要具有的法律意识。

清楚地认识到这些特有因素后，管理者就可以开始动笔写作了。写作过程由三步构成：计划、写作和修改。在计划阶段，管理者要弄清楚"什么""为什么""为谁""何时""哪里"和"怎样"等相关问题。在写作阶段，写作者应结合相应的策略进行遣词造句。下列原则是关于信息清晰度、易懂性和连贯性的注意事项。

遣词

1. 恰当选词。
2. 使用短词。
3. 措辞具体而不抽象。
4. 用词简洁。
5. 避免陈词滥调和专业术语。
6. 使用礼貌的积极性词语。
7. 用口语化的风格。

造句

1. 保持句子简短。
2. 多用主动语态,少用被动语态。
3. 合理地组织段落。
4. 前后连贯。

在修改阶段,写作者可参照文中所述十一条原则检查文章并做相应调整。此外,管理者还需要检查语法错误,因为表面的错误也会影响文件实现既定目标,而且有可能破坏作者和读者之间的关系。

小组讨论案例

回到中学

你擅长写文章,因此人力资源部主管要求你为本公司的员工召开一次有关书面沟通的研讨会,内容涵盖书面沟通的基本原则、信函、备忘录和正式商业报告的写法。以前一直有管理人员向人力资源部主管抱怨员工们不会写作,为了证明这一点,他们还给人力资源部主管看了员工马虎写成的电子邮件。可是,员工也有抱怨,说参加写作研讨班就像是回到中学,要因为微不足道的标点错误而受到语文教师没完没了的训斥。

问题

1. 你怎样确定参加研讨会的人选?
2. 你如何吸引员工自愿参加研讨会而不是强制要求?
3. 你如何组织研讨会?你将使用什么样的材料?
4. 你研讨会的论题是什么?

小组练习

A. 重写下列句子,删除意义混淆和过长的单词。

1. Bill received excessive remuneration for his promulgated work according to his professional col-

leagues.

2. What form of personal conveyance shall we solicit between the airport and the hotel?

3. The best operative unit for this interaction is the computer-assisted storage system.

4. Extel, the computer company, has an inordinate influence on your purchasing agent.

5. The company terminated their contract with the city as a consequence of its ineffectual payment procedures.

6. The audience was demonstrating engrossment with the audio-visually mediated presentation.

7. We received approbation from the executive committee.

8. This antiquated procedure could be liquidated with a new word processing system.

9. Last year's profits were exorbitant in that division.

10. Our assets cannot be utilized to the maximum due to the unavailability of trained human resources.

B. 用词义具体的词语重写下列句子。

1. We received a lot of responses to our survey.

2. The personnel department has expanded in the last several years.

3. Profits are up throughout the industry.

4. If we don't receive the order pretty soon, we will have to cancel it.

5. Please send your reply as soon as possible.

6. We would like to receive as many bids as possible.

7. We need the shipment by sometime next month

8. Extel is a large company.

9. Is it possible to meet next week?

10. We are expecting a rapid rate of inflation.

C. 重写下列句子,缩短下列句子的长度。

1. Record sales were set by the top division, from $48.2 million to $51.4 million; the home appliance division decreased from $67.2 million to $58.4; the big shock was in the electronic division, which saw a drop from $17.2 million to $14.9 million; but all in all top management were generally pleased.

2. Management attributed the decline to several significant business environment economic factor conditions including higher borrowing interest rates.

3. At this point in time pursuant to your request we find it difficult to meet your stated requests as made in your letter.

4. The task force has been given the special responsibilities to accomplish the goals as stated in the letter sent yesterday by the executive vice president to the task force chairperson who was assigned the position.

5. On the grounds that this action could be completely finished in a period of one year, it was not

seen as a totally practical action to take.

6. The past history of the new innovations indicates that the product innovation department should be terminated and ended.

7. We received your recent inquiry of last week regarding our new products we just came out with.

8. For the reason that all the information was not completely available, no immediate decision could be made then.

D. 重写下列句子,删除老套的表达方式,提高句子的明晰度。

1. Enclosed please find a check in the amount of $40.

2. Please be advised that your order will be shipped within a short period of time.

3. I enclose herewith an order to which you will please give your earliest attention and forward, with as little delay as possible, as per shipping instructions attached.

4. Your letter dated July 25 has been duly received and noted.

5. Referring to your letter of the fifth, we wish to state that there has been an error in your statement.

6. With reference to your letter of the tenth, permit me to state that there will be no interference with the affairs of your department.

E. 重写下列句子,用礼节性说法改变句子的否定语气。

1. We cannot deliver all 100 units by Friday, March 6.

2. We don't provide second mortgages.

3. We are sorry that your total deposit on the trip cannot be refunded.

4. No. An extension will not be permitted.

5. We do not feel that you qualify for the excessive request that you made.

6. You are not qualified for this position.

7. The competition provided a much more favorable bid, and they have a reputation for fine service.

8. Sorry, but the product you requested is no longer available.

F. 根据本章所述的原则,使用段落和过渡阐明下列句子所含的信息。

Most managers would agree that there are advantages to both the telephone and letters. Letters are more effective in some situations, whereas the use of the telephone is best in others. So now the question is, "What are the advantages of each?" The telephone's advantages are speed, immediate feedback, lesser cost, and it consumes less time. An advantage of the business letter is that a hard copy is available. Also, future reference can be made to it for legal reference and enclosures can be included. One of the disadvantages of telephone is that conversation cannot be filed for future reference. Another advantage of the letter is that it can be circulated to other people who may be involved with the topic involved. Another disadvantage of the telephone is that you may not know if you are disturbing the receiver at a busy time during the day. The letter can be read when the receiver is ready to read it. All of these advantages and disadvantages must be considered when strategically determining the most effective communication tool. The greatest mistake may be to natives. Analysis of the situations is required to ensure that the most effective technique is used.

尾注

1. Henry Mintzberg, *The Nature of Managerial Work* (Englewood Cliffs, NJ: Prentice Hall 1980), pp. 38 – 39.

2. Lester Faigley and Thoms P. Miller, "What We Learn from Writing on the Job", *College English* 44, no. 6 (October 1982), p. 567.

3. Lisa Ede and Andrea Lunsford, *Singular a Texts/Plural Authors* (Carbondale, IL: Southern Illinois university Press, 1990) p. 60.

4. Nancy Allen, Dianne Atkinson, Meg Morgan, Teresa Moore, and Craig Snow, "What Experienced Collaborators Say about Collaborative Writing", *Journal of Business and Technical Communication* 1, no. 2 (September 1980), p. 71.

5. Ibid., p. 85.

6. R. Gebhardt, "Teamwork and Feedback: Broadening the Base of Collaborative Writing", *College English* 42, no. 1 (September 1982), p. 69.

7. Terry R. Bacon, "Collaboration in a Pressure Cooker", *The Bulletin*, June 1990, p. 4.

8. A. M. O'Donnell, D. F. Damsereau, T. R. Rocklin, C. O. Larson, V. I. Hythecker, M. D. Young, and J. G. Labiotee, "Effects of Cooperative and Individual Rewriting on an Instruction Writing Task", *Writing Communication* 4 (1987), pp. 90 – 99.

9. Rebecca Burnett, "Benefits of Collaborative Planning in the Business Communication Classroom", *The Bulletin*, June 1990, p. 10.

10. Allen et al., "What Experienced Collaborators Say about Collaborative Writing", pp. 82 – 83.

11. Ede and Lunsford, *Single Tests/ Plural Authors*, p. 63.

12. Ibid., p. 66.

13. Bacon, "Collaboration in a Pressure Cooker", p. 5.

14. Henry Mintaberg, *Mintaberg on Management: Inside Our Strange World of Organizations* (New York: Collier Macmillan, 1989), p. 8.

15. Sharon Begley, "Will the Blackberry Sink the Presidency?" *Newsweek*, February 16, 2009, p. 37.

16. Marie Flatley, "A Comparative Analysis of the Written Communication of Managers at Various Organizational level in the Private Business Sector," *Journal of Business Communication* 19, no. 3 (Summer 1982), p. 40.

17. Max Weber, *The Theory of Social and Economic Organization*, translators A. M. Henderson

and Talcott Parsons, and ed. Talcott Parson (New York: The Free Press, 1947), pp. 324 – 386.

18. James G. March, "The Business Firm as a Political Coalition" *Journal of Politics* 24, (1980), pp. 662 – 678.

19. Barbara Czarniawska-Joerges and Bernward Joerges, "How to Control Things with Words: Organizational Talk and Control," *Management Communication Quarterly* 2 no. 2 (November 1988) pp. 170 – 193.

20. Sarah Ellen Ransdell and Ira Fischler, "Effects of Concreteness and Task Context on Recall if Prose among Bilingual and Monolingual Speakers," *Journal of Memory and Language* 28, no. 3 (June 1989), pp. 278 – 279.

21. James Suchan and Robert Colucci, "An Analysis of Communication Efficiency Between High-Impact Writing Bureaucratic Written Communication," *Management Communication Quarterly* 2, no. 4 (May 1989), pp. 454 – 484.

22. "Weak Writers," *The Wall Street Journal*, June 14, 1985, p. 1.

23. Larry Smith and Rachel Fershleiser, "Not Quite What I was Planning: Six-Word Memoirs by Writers Famous & Obscure," www.smithmag.net (retrieved February 11, 2008).

24. Peter Crow, "Plain English: What Counts Besides Readability," *Journal of Business Communication* 25, no. 1 (Winter 1988), pp. 87 – 95.

25. Ron Sturgeon, *Green Weenies and Due Diligence*; *Insider Business Jargon* (Mike French Publishing, 2005).

26. Sterling Livingston, "Pygmalion in Management," *Harvard Business Review*, September-October 1988, pp. 121 – 130.

27. "Billionaire Buffett Gets an Award—for Writing," http://manbc.man.com/id6913932/print/1/displaymode/1098/(retrieved February 8, 2005).

28. Berkshire Hathaway, Inc. *2008 Annual Report*, www.berkshirehathaway.com/2008ar/ (retrieved March 12, 2009).

29. Maria Bartiromo, "Facetime: Melinda and Bill Gates on Making a Difference," *Business Week*, February 16, 2009, pp. 21 – 22.

30. Kitty Locker, "Theoretical Justification for Using Reader Benefits," *Journal of Business Communication* 19, no. 3 (Summer 1982), pp. 51 – 65.

31. Pamela Layton and Adrian J. Simpson, "Deep Structure in Sentence Comprehension," *Journal of Verbal Learning and Verbal Behavior* 14 (1975), pp. 658 – 664.

32. Thomas L. Kent, "Paragraph Production and the Given-New Contract," *Journal of Business Communication* 21, no. 4 (Fall 1984), pp. 45 – 66.

33. For a comprehensive explanation of parallel structure, see Gerald J. Alred, Charles T. Brusaw, and Walter E. Oliu, *The Business Writer's Handbook*, 8th ed. (New York: Bedford/St. Martin's Press, 2006).

34. Larry Ameltzer and Jeanette Gilsdorf, "How to Use Your Time Efficiently When Writing," *Business Horizons*, November-December 1990, pp. 61–64.

35. _____, "Revise Reports Rapidly," *Personnel Journal*, October 1990, pp. 39–44.

36. Jeanne W. Halpern, "What Should We Be Teaching Students in Business Writing?" *Journal of Business Communication* 18, no. 3 (Summer 1981), pp. 39–53.

37. Lynne Truss, *Rats, Shoots & Leaves: The Zero Tolerance Approach to Punctuation* (New York: Gotham Books/Penguin Group USA, 2003).

第 5 章　常规信息

> 当然,在你们的广告中,精明的商人获得了成功,方法是用苹果电脑创造出美国式的商业产物:一份一目了然的备忘录。
>
> ——幽默大师和专栏作家 戴夫·巴里(Dave Barry)

正如前面几章中强调的那样,书面沟通是管理者工作中很重要的组成部分。研究人员对 837 位有不同年限工作经验的商学院毕业生进行了调查,发现他们把 1/4 的工作时间花在了写作上。[1] 在不同类型的写作中,电子邮件、信件和备忘录是书面管理沟通的主要工作。[2] 另一项研究调查了某写作研讨会的 188 位与会管理人员,发现其中 63.1% 的人每天都要写信,76.3% 的人每天都要写备忘录。[3]

从本书所讨论的策略角度考虑,电子邮件、信件和备忘录是最有帮助的书面沟通方式。简洁的信息、管理者相对独立的写作氛围,都有助于读者运用策略分析原则。

可是很多管理者把常规信息写作视为当然。或许因为写得太多,电子邮件、信件和备忘录成了没人情味儿的东西,死板地传递着信息。许多信息只是对某类情况的回复,而不是对某一特定事件的回复。有些管理者用俗套的方式回复,无视或至少是忽视了回复应具有针对性和适合性的要素。

另外,由于电子邮件、信件和备忘录的普遍性及相对非正式性,管理者往往会放松对信息质量的控制。一项研究调查了 13 个行业中的信件,发现其中 43.7% 的信件有标点错误,52.2% 的信件中用词不当,45.3% 的信件中句式结构有误。[4]

也许由于受传统格式的限制,日常信件中语言的使用也成了问题。常规信件等沟通媒介中往往充斥着僵化的词组和陈词滥调,信息也似乎成了仪式性的表达。如"按照您的要求""参阅贵方信件""来函收到""请随时联系我"。充斥这种语言的文件除了留下一个古板、没有人情味的负面印象外,只能传达很少量的信息。

本章从策略上研究电子邮件、信件和备忘录的写作,重在介绍如何尽可能使信件适应目标读者的需要。本章还将介绍管理者常用的两种通用信件模式,以及适用于特殊情况的特殊格式。当然,这些模式只是基础,正如第 2 章所说,管理者写的每封信或备忘录都应适应读者及情况的需要。

5.1 受众适应性

在写作时,作者通常不十分了解读者,甚至可能根本就不知道读者是谁。因此,管理者必须仔细考虑用何种策略传递信息,以获得最大收益。幸好有一些写作策略能够适用于大多数信件的写作。

对方态度(Your Attitude)是本章将要详细说明的组织策略。持这种态度的作者在写作时会结合读者的兴趣,具体方法是站在读者的角度思考问题。抱有对方态度的作者会在一开始就自问"如果我是他,在这种情况下我会有怎样的感觉呢?我想在这条信息中了解什么?"

对方态度要求具有同理心,即领悟别人感受的能力。比如,我们会对遇到麻烦的同事说"我明白你的意思"或"我知道你怎么想的",这就表明了我们的同理心。

5.1.1 对方态度的基础

美国优秀的电影导演比利·怀德(Billy Wilder)说:"观众永远是对的。"此外,每一位观众都是独一无二的。就像你不会给每位家人同样的生日礼物一样,你也不能传递给每位雇员同样的信息。交流对象想知道你了解他们特有的需求和关心的事,因而你必须分别地告诉他们。

以读者为导向的对方态度源自一种意识,即大多数人倾向于关心自己的利益,在商业活动中尤其如此。在阅读信息时,人们希望知道能够从中得到什么,或至少知道怎样将损失降至最低程度。因此,在积极的情形下,作者试图增加信息的积极影响。而在消极的状况下,作者在努力减少负面影响时还会强调读者如何获益。

在积极的情况下,很少有人会觉得使用对方态度有困难。但是在消极情况下,有人会对使用对方态度犹豫不决,担心暴露弱点。这种观点是不对的。

5.1.2 预想读者的问题

作者应当预先猜想读者会有什么问题,这样写出来的东西才有效。因此,写作时应当自问,读者可能对哪些问题有疑问,然后回答这些疑问,这样就省去以后花时间答复的麻烦。预想读者问题时,应记住上一章讲到的五"W"问题,即"谁""什么""何时""何地"和"为什么"。

5.1.3 强调读者利益

读者的疑问大概是"我会从中获得什么好处呢?"有了对方态度,作者便会努力向读者表明读者将如何获益。这并不意味着作者对读者让步,而是说在设计内容时,作者要善于利用读者对作者及事件的积极态度,或消除读者对作者及事件的消极态度。比如,一个商人想要向客户收取过期账款,那么他可以向客户强调,客户需要支付账户差额以维持其在商场的信用特权和良好的信用评级。这样做远比只强调公司的利益而成功收回账款的概率大得多。

5.1.4 避免否定说法

写作者应该避免使用否定词或有否定内涵的词语,尤其是在消极的沟通情形中,因为这些词语在文中很刺眼,会使读者处于防卫状态。特别要慎用这些词语:不幸地、索赔、断言、问题、损坏、遗憾等。否定词语会对读者的观点产生很大影响,影响其客观地阅读其余内容。而强调使用肯定的词语能改进作者与读者的关系,更有可能达到作者的目的。

用肯定的词语代替否定信息的简单办法是说将要发生而不是不会发生什么事情。所以,不要告诉读者"很不幸,我们星期五不能按时完工",而是说"你们的货将在星期一到"。回想一下第4章快捷假日酒店的例子。酒店的管理方不是告诫客人不要偷毛巾(否定信息),而是出售毛巾和其他的客房用品,附带着一张用写有像"赞同"和"受欢迎"这样的积极术语的价格表。

5.1.5 非语言因素和对方态度

对方态度可以通过很多种方式表现出来,有些很明显,有些则不那么明显。其中有一种方式就是元信息传递*。信息接收者不用看一个字就能了解信息发送者及其对读者的态度。

信纸的选择及操作键盘的功夫都可以向读者传递某些信息。一封信虽然内容积极,但在打印中被弄脏了、颜色太淡、有打印错误、粘上了污渍、有手工改动的痕迹或是纸质不好等,都会给沟通带来不便。虽然文字信息表明作者很重视,可是文字载体中的某种物质元素却暗示着作者的漠不关心。相反,如果一封信没有错误,白纸黑字打印清晰且纸质上乘,会使人觉得很有专业精神,显得作者十分在意读者的感受。

电子邮件中的非语言因素同样能给读者留下或积极或消极的印象。有对方态度的写作者会发送简明扼要的邮件。如何才能做到简明?多数读者喜欢信息的长度限制在一屏,以避免翻页。读者喜欢看段落简短、有间距的信息。如果是回复邮件,或是写来往信件中的最近一封,写作者应该删除所有的过往邮件,只留需要回复的那一封。当读者在阅读一封外来的电子邮件时,常常不在意格式。因此,写作者应该少用标号和其他的设计以及格式元素。

5.1.6 措辞

对方态度也影响着信息的用语。如果读者的兴趣很关键,那么写作时就得表现出以读者为中心。如果读者说:"这与我有什么关系?"则表明他不太确定作者使用的是第一人称"我""我的",还是"我们""我们的"。更好的选择是使用第二人称"你/您""你的/您的""你们的"。比如,与其说"我们很快就把为 Reality Industry 公司的新型抽水机设计的广告小样寄给您",不如说"很快您将收到为新型抽水机而设计的三个杂志广告小样"。第二种说法中关注的焦点是读者而不是作者。

5.2 策略

到目前为止,我们已经讨论了几种使信息更加个性化,从而方便读者更好地理解与接受的方

---

* metacommunication,用比较直观的方式传递信息。——译者注

法。除了已经介绍过的方法,还有一个要考虑的重要因素——总体策略。如果组织信息时不考虑预期的读者反映,那么前面所介绍的考虑读者的建议就没法达到目标。让我们来看看以下两个基本策略,如果使用得当,它们能够很好地照顾到读者的反应。这些策略不仅有助于作者塑造良好形象,还有效地传达了信息。

5.2.1 直接策略

直接策略适用于传达好消息和中性信息。直接策略使接到好消息的人读完之后心情愉快,也会感激作者让他很快得知消息。但是,如果消息的主要内容被埋没在文章的内容里或末尾,那么满腔热情的读者就会渐渐失去兴趣,最后还可能因为浪费不少时间在寻找主要观点上而沮丧。这种沮丧会影响到读者对作者的态度:"为什么不能开门见山呢?"因此,本来有利于建立良好关系的消息,由于表达方式拐弯抹角可能削弱甚至破坏消息的积极影响。

开头

较好的策略就是把主要观点放在文章最前面。在此之前或许需要一个简短的介绍,使读者对全文有个大概的了解,但是这段介绍不应当妨碍主要观点在开头出现。记住这条规则最简单的办法是 BIF(Big Idea First),即主要观点优先原则。

主体

使用直接策略的文章,紧接着开头的是支持主要观点的细节内容,如决策的原因、背景或历史、处境的特点和读者需要遵循的程序。当然,这些细节内容将支持作者或者作者所代表的公司,所传达的信息对读者来说是种帮助时更是如此。

结尾

直接信息一般都有积极的结尾。结尾可以是提出某种帮助,表示感谢,或者读者下一步需要采取的行动。

5.2.2 间接策略

然而并非所有信息传达的都是好消息和中性消息。写作内容常常是拒绝请求、否决提案、拒绝聘用等。读者自然不会高兴,但是这类文件又不得不写。有效传递坏消息的方法是在传达信息的同时把读者可能产生的怨恨程度降到最低。如果可能的话,还应帮助公司与读者建立良好意愿,因为读者可能成为消费者、客户或未来的员工。

传递负面消息的一个好方法是间接策略。使用这种策略时,作者顺理成章地将读者引至坏消息面前。写得好的话,信息能够把读者的消极反应降到最低程度,并且建立友好关系。直接策略与间接策略的比较见表 5-1。当然,并非所有间接信息传递的都是坏消息。劝说性信息就是间接策略的特殊类型,本章稍后部分将详细阐述。

表 5-1　直接法与间接法的比较

直接法	间接法
• 开头 　主要观点	• 开头 　中性缓冲
• 主体 　支持性信息	• 主体 　解释原因、提出否定消息
• 结尾 　积极的结尾	• 结尾 　建立良好意愿

开头

间接信息的开头不能直接提出主要观点,而是用 BILL 模式(Big Idea a Little Later)稍后提出主要观点。间接信息的开头要用缓冲的句子,即与读者及作者的共同目的、紧密相关的中性或肯定陈述。开头可以表明同意读者的某种观点,也可以对读者直率的来信表示感谢,或者也可以是赞美。

传递坏消息时,好的开头能使读者慢慢地失望,并为文章主体部分的解释做好铺垫。正如传递好消息时使用直接策略时看到的那样,读者期望事情如他们所愿地发展。当间接的开头使得他们意识到不能满足原来的期望时,那么接下来自然就到了拒绝或说出坏消息的时候了。

主体

接下来是情况分析,或者说明导致坏消息的事实细节。这一步难就难在要有说服力,因此应使用合作的语气。作者不一定要说"让我们看一看事实",但是读者应当感受到这一点。俄亥俄州立大学凯蒂·O. 洛克(Kitty O. Locker)教授对文章主体的研究表明,当作者给出结果的原因并提出可选择或让步的办法时,可以缓解读者对坏消息的反应。[5]

接下来就可以用积极的语气暗示或直接表达否定的信息了。当然,作者传达坏消息时不能含蓄得让读者感到悬而未决。但是,任何直接的表达都应当有技巧而且不生硬。最好的方法就是把坏消息置于段落的中间,而不是让它在一段话的开头或结尾出现。

结尾

这一步很重要。在信的最后,作者应当努力与读者建立友好的关系。可以根据具体情况做出相应的选择。一种选择是,建议读者采取另一种可行方案,如回复货物索赔信时,推荐其他更耐用或更适合读者使用的产品。否决某项提案时,可以为这种提案提供其他出路。

使用积极友好的语气为间接信息结尾。通常只需表示出良好意愿就够了。有时候还需要再加强些,管理者可以表示愿意提供某种服务或信息,比如,在给老客户的信中附上一份产品目录,并表示期待与读者继续合作。

处理负面影响

一般来说,间接信息传递坏消息,其影响可能是负面的。为了最大限度地降低消息对公司名声的影响,擅长写作的管理者一般都避免使用否定词语,尽管这做起来很难,但是从长远来看还是值得的,因为这样可以使文章整体的语气积极向上。下面三条原则是做到这一点的关键:
- 把否定性信息放在低强调点上;
- 可能的话,避免使用"不"字;
- 避免使用有否定含义的词语。

第一条原则是把讲述否定性的事实放在从属句子结构中(从属句附加说明或修饰语),而不是主句或句子,以弱化其消极效果。在段落中,负面信息不应当放在明显的位置。

请比较下面两段告知申请人公司目前相关领域没有职位空缺的句子。

我们 Baytown 公司在短期内不会有任何的职位空缺,因为在你申请的领域中我们正在裁员。你可以到 Rumfield 或 Bennington 公司求职,他们正在招人。(We do not anticipate any openings in the Baytown Company anytime soon since we have been laying off people in your field. You might apply at Rumfield and Company or Bennington, Inc., since they are adding to their staffs.)

作者可以把否定性词语调换到不显著的位置,这样便很容易达到弱化否定的效果。

我建议您申请 Rumfiled 或 Bennington 公司目前正在招募的工程师职位,而不是向我公司求职,目前我们 Baytown 公司需求的是其他领域的人才。(I suggest that you apply for one of the engineering positions now open at Rumfiled and Company or at Bennington, Inc., rather than at Baytown Company. Currently Baytown's personnel needs are in other areas.)

第二条原则是避免使用否定性词语(即尽量避免使用"不")。这一方法乍一看挺困难,做起来其实没那么难。在下面例子中,作者不断地进行修改,逐步强调能做什么,而不是不能做什么。

在您告诉我们餐厅目前使用烤架的尺寸之前,我们无法执行您的订单。(We cannot fill your order until you tell us what size grill your restaurant currently uses.)
- 您一告诉我们餐厅使用烤架的尺寸,我们马上就能执行您的订单。(We can fill your order as soon as you let us have your restaurant's grill size.)
- 请您告知我们烤架的尺寸,以便我们能够尽快地执行您的订单。(Please specify your grill size so that we may fill your order as quickly as possible.)

第三条原则是避免使用有否定含义的词语,这是最重要的原则之一。尽管"声称"(claim)和"说明或声明"(state)意思非常接近,但内涵迥异。当写信给某人时说"你接下来声称……"听起来好像在说读者错了。有很多词语如果出现在坏消息里,就可能会刺激甚至激怒读者,比如:

allege	宣称	argue	争辩
failure	失败	mistake	错误
claim	声称	damage	损坏
regret	后悔	error	过失
careless	不仔细	broken	坏掉的

5.3 直接信息的几种特定类型

在管理者面对的大多数写作情形中,直接和间接策略都有益处。然而,有些情况出现得特别频繁(如询问),另一些又特别敏感(如拒绝索赔),所以就出现了几种直接和间接模式的特定类型。表 5-2 是本书中将要讨论的七种具体形式。

这里所建议的模式并不是绝对的。经过策略分析,管理者可能会认为另一种方法更合适。这种调整是值得鼓励的,因为它可以避免照搬机械的模式。我们将首先讨论使用直接模式的几种信件,然后考虑使用间接模式的几种类型。记住,使用直接法传递好消息或中性消息。

表 5-2　直接信息和间接信息的类型

直接信息	间接信息
询问和请求	对询问和请求的否定回答
对询问和请求的肯定回答	拒绝索赔要求
索赔	劝说性信息
对索赔的积极回答	

5.3.1 询问和请求

也许最常见的直接信息就是请求了。商界各个领域的管理者在日常工作中都需要大量信息。一位管理者可能想知道某种产品的性能;另一位管理者可能想知道某位客户的信用评级,或希望知道某位求职者的资格。由于大多数读者都认为这些要求既常规又合理,因此会比较愿意回答这些问题。

如果站在收到询问信的读者的角度考虑问题,你就会明白为什么直接的方法是合适的。如果你是读者,你很可能手头正忙着其他的事情,需要很快知道对方需要你做什么。当你收到一封让你一开头就知道作者想要做什么的询问信时,你会感谢作者的直言。

开头

让你的询问从一开始就清晰明了。一种有效的方法是,一开头就提出问题,通过问题总结作者的写作目的。

例如,你想打听某人是否适合某项工作,可以一开头就问:"您能不能就玛丽·凯恩斯成为管理实习生的资格问题发表您的看法?我们 Infovend 公司正在考虑她的职位申请,她提到了您作为证明人。"这样的问题开头能使读者立刻明白你的目的。

主体

在多数情况下,询问的第二步是解释询问目的。在刚才的例子中,提出问题后马上就说明作者所在公司正在考虑是否给凯恩斯工作机会。解释目的时提供信息的多少要视情况而定。如果向别人询问某人是否适合某项工作,你需要向读者做出保密的保证。[6]

询问的主体部分需要有效的组织,不能成为仅仅为获得信息的"审前调查"(Fishing Expedition)。即使在明确目的之后,通常还需要引导读者较好地回答询问。刚才那个关于玛丽·凯恩斯的例子中,读者看完之后可能会对作者的需求有不同的理解,因此回答询问的方式会不同,或许回答根本不够细化。所以,接下来应当写明哪些地方需要信息,以及其他相关的必要信息。将问题编号对读者回答也有帮助。

结尾

询问应当以友好的、有利于建立良好关系的方式结尾。在有些情况下,可以提出将提供某种类似服务。如果作者接着会向读者购买产品,作者可以请读者迅速回复。

让我们来看看关于玛丽·凯恩斯的完整信件。注意,在这种关于对人的询问中,作者强调了保密性,这一做法在写此类信时是明智之举。

尊敬的雷顿教授:

您能不能就玛丽·凯恩斯成为管理实习生的资格问题发表您的看法?我们 Infovend 公司正在考虑她的职位申请,她提到了您作为证明人。当然,我们将对您给出的任何信息保密。

1. 玛丽·凯恩斯管理时间的能力怎样?她工作准时吗?
2. 您有机会观察过她在压力下的表现吗?如果有的话,她能很好地处理吗?还是压力影响了她的业绩呢?
3. 她和她周围的人相处得如何?请您评价一下她与周围人的关系,比如她是一位领导者还是追随者、她喜欢社交还是比较害羞等这些方面的问题。

我期待着您对玛丽·凯恩斯的资格评价,也感谢您能与我们分享所有观点。

您诚挚的

蒂姆·英曼

人力资源经理

5.3.2 对询问和请求的积极回答

询问自然需要答复。如果对询问的回答是赞成性的,则可以直接回复,因为读者会乐意接受询问的信息或事项。

开头

首先指出你要回复的请求是什么,必须在信的第一句话中明确指出这一点。开头还要使读者清楚地知道他的请求被同意了。

- 根据你们 6 月 5 日询问的事宜,我认为玛丽·凯恩斯是我教过的学生当中最有前途的学生之一。
- As-Best-As 档案橱柜(公司)具有您在 3 月 4 日来信中提到的所有特性,并且还具有您可能有兴趣知道的其他几个特点。
- 我很高兴回答您 9 月 14 日的关于 M-102 安全系统的问题。

你的开头可以直接简要地回答所有问题(如上述前两个例子),也可以表示愿意回答他人提出的问题(如第三个例子)。

主体

根据原始询问方式的不同,回复信息的组织方式也有所不同。如果对方只询问了一个问题,那么回复内容的细节可以按重要性排序。如果回答几个问题,那么通常就以它们提出时的顺序来回答。如果问题其实是一个请求,如"我们能不能使用您的场地举办一次俱乐部会议",回复的主体就要给出必要的使用条件。

并不是所有对询问的回复都是好消息或坏消息。尽管管理者愿意回答大多数的问题,但有些事是需要保密的。在这种情况下,要把拒绝放在从属的位置,解释原因之后才提出拒绝。例如,对于有关 M-I02 安全系统方面的询问,在回复时因为安全考虑需要保留一些细节。

结尾

对询问的肯定回复需要保持到信件的末尾。以下这几句结尾与前面提到的开头是对应的。
- 如果我能够向您提供有关玛丽的任何其他信息,请与我联系。
- 如果您需要有关 As-Best-As 档案橱柜(公司)如何能满足您储存需要的其他信息,请告诉我。
- 如果我们能就有关使用 M-102 安全系统,回答您其他问题的话,我们将不胜荣幸。我想您会对这个系统感到满意的。

5.3.3 索赔信

第三种直接信息的应用类型是索赔信。通常,不满意的消费者会写信来投诉,并要求一个解决方案或索赔。不妨设想自己是位管理者,当你收到索赔信时感觉如何。消费者的不满不仅会导致公司商誉和收入受损,还会令人觉得你作为管理者的能力有待提高。于是自然地,你要尽快找出问题所在并解决问题。

开头

尽管索赔信的内容是负面的,但写得比较直接。从作者的角度看,直接表达会加强索赔力量。事实上,有些读者会把间接表达看成是索赔人对索赔要求缺乏信心。因此,间接方式是一种策略上的错误。

在索赔信的开始部分,你应当写明缺陷产品、服务或销售的细节信息。至于写下哪些细节则要视具体情况而定,一般应当包括发票号、日期、识别码或序列号。

另一种使信息更具说服力的好策略是指明某一问题对你本人或对你的生意带来的影响。例如,一家仓库的内部通信系统坏了,仓库的经理可以这样写:

您发来的新对讲机系统(发票号 16798)发生故障,导致我公司仓库处理订单的速度减慢。

主体

接下来的步骤不言而喻,需要对事情的情况做详细说明。在对讲机的例子中,你要说明系统是怎样瘫痪的,以及可能的原因。当然,你的分析不需要非常专业,但是你提供的事实越多就越有说服力。如果需要的话,你也可以详细说出问题导致的损失是什么。

当然,细说问题时也需要方法和克制。指出产品问题时你会感觉自己理直气壮,但是不要攻击销售或安装产品的人或其生产厂家。辱骂或谴责几乎不会起什么作用,而且还会激起读者的愤怒,这样往往就导致事情得不到很好的处理。辱骂性的信件最好不要发出。

信件接下来的部分就是陈述你想要什么,即事情该得到怎样的处理。可惜的是,有些信件还没有提到这点就结束了。抱怨完了却忘记说想要什么了。通常最好说清楚你期待的措施或希望对方补偿的数目。偶尔当情况较为常规时,可以让读者制订处理方案。

你还需要给解决措施的实施制定期限。很显然,最后期限需要一些东西作为支持。有位权威人士建议,在信中写明如果事件得不到解决,索赔人将要并且能够采取怎样的威胁措施或最后通牒。[7]但你需要仔细权衡威胁程度,因为威胁可能会起到反作用。

结尾

再一次说明,信件的结尾要避免使用否定性语言。如果你威胁说会另寻合作伙伴,那么收件人可能就会失去合作的动力。在结尾处,可以表达你对读者良好信誉的信心,或表达如问题得到尽早解决的感激之情。

让我们来看看对有故障的对讲机进行索赔的信件的余下部分,看看它是怎样说明这些要点的。

尊敬的帕卡德先生:

您发来的新对讲机系统(发票号 16798)发生故障,导致我公司仓库处理订单的速度减慢。

虽然刚安装完毕时系统运作正常,但是后来我们发现暴风雨天气时就会出现问题。下雨的时候,静电干扰了大部分的信息。最终,在一次倾盆大雨中主发射机停止了运转并且开始冒烟。

我们将通过布朗快递公司把主发射机寄给您。我们希望您能修好或是为我们换置一台。您及时的关注将帮助我们的仓库恢复正常运作。

您诚挚的

帕特里卡·穆兰卡

采购经理

在这封信中,经理详述了她遇到的问题,而且没有使用指责性语言。她陈述了关于这个系统的使用过程,并且给制造商提供了诊断问题的足够信息。信的结尾语气十分坚定,但也十分积极。

5.3.4 对索赔要求的积极回复

直接信息策略的第四种应用类型是对索赔的积极回复。尽管在这种情况下使用直接策略毋庸置疑,但对知道读者有不愉快经历的作者来说仍然是一种挑战。读者可能已经有经济损失,或者经历了不愉快或麻烦。这时作者面对的挑战是与读者建立良好的关系并帮助读者重新树立对产品的信心,因为如果读者不再信任这种产品,以后便会选择其他产品。在回复顾客写来的指责性的、令人不太舒服的索赔信时,千万别动怒,尤其是当顾客怒气冲冲时。

开头

以好消息来开始你的回信。读者需要一些提示以回顾当时的情形,但是要尽早地提出这种提示。因此,回复那封有关对讲机的索赔信应该这样开头:

> 贵公司所购的发射机状态良好,将用卡车在几天内运送到锡达拉皮兹市。

主体

说完好消息,主体部分如何写就要根据具体情况而定了。常规情况只需要少许解释。不过在大多数情况下,读者还是需要更多解释。通常需要解释到底是什么出了问题,而且要强调问题已经被解决并且不会再次发生。

有时,需要向读者说明产品的正确使用方法,因为读者意识不到其实是自己的使用方法不当造成了问题。在这种情况下,需要维护与读者的良好关系。此时的解释应当很有技巧,如果能像下面第二句话那样用无人称的方法解释,则效果最佳。

- 你一直开着加热器的阀门,结果加热器不停地运转,以致最后发生故障。
- 必须关紧加热器的阀门,以减少加热器的运转。

在解释性的内容中以及结尾处要用肯定的语气。按照一般的礼节,似乎需要道歉,但是这往往会揭开旧伤疤。相反,应该用肯定的方式展望未来。

> 您所购的发射机未来几年中将不会出现故障。

结尾

索赔回复信的结尾应该是肯定的,展望将继续与客户保持良好的关系,也可以介绍公司提供的其他产品和服务信息。你可以通过谈论产品的优点来建立良好的商誉。虽然你已经采取措施防止机器将来出故障,但是仍然不要说故障是由对方的电工而非制造方的失误所造成的。

> 尊敬的穆兰卡女士：
>
> 贵公司的主发射机现在运转良好，将用卡车于几天内运送到锡达拉皮兹市。运抵之后，请打电话给您的电工进行安装，以保证在保修期内有效。
>
> 您说过，系统在雷雨天气里会产生静电，系统停止运作时便会冒烟。我检查了新专利产品可熔接地线，发现已经融化，它的设计就是这样，目的是保护主发射机和您免遭电击。
>
> 请您的电工师安装好主发射机后，检查一下机器的接地装置。目前看来，下雨时机器如果不完全接地就会发生短路。
>
> 您可能对我们的新安全警报系统会感兴趣，可以嵌入目前的对讲系统。详情信息请见随信附上的产品手册。我们将会乐意和您探讨新系统的安装问题。
>
> 您诚挚的
罗伯特·帕卡德
客户服务经理

5.4 间接信息的几种特定类型

大多数管理者都不能完全满足他人提出的要求。在这种情况下，最好用间接法组织回复信息。

5.4.1 拒绝询问

当我们对询问的回复是否定性质时，需要好好思考和计划回复策略。拒绝他人要求时，可使用坏消息策略，即首先说明拒绝的原因，接下来才是拒绝。

开头

信函的开头应当提醒读者之前提出的请求是什么。最开始的表达应当起到缓冲作用，不应当暗示是肯定还是否定的回复。而且，开头应当自然引出主体部分。

举个例子，假设你收到了一封来自某研究人员的信，询问你们公司制定市场策略时使用的是何种人口样本。这种问题涉及公司机密，所以你必须回绝这一要求。但同时你又不想直接拒绝，你可以用下面其中的一种开头：

- 谢谢你对我公司市场调查和市场策略的询问。
- 您对人口样本的研究结果应该很有意思。

这样的开头不会误导读者以为会听到肯定的回复，也没有直接拒绝请求。不过，它已经为拒绝做了铺垫，信函的其余部分继续使用这种方式。

主体

在信函的主体部分解释为什么不能答应请求。要站在读者的角度考虑，选择一些例子或论证，让他们相信你的方案是唯一可行的。以上一封信为例，为了引起读者的兴趣，你可以先说研究人员为了形成某一观点必须花费数个小时,然后再说,你的公司同样也花费了相当多的人力、物力才开发出适合自己需求的思想观点。

阐明理由后,你就可以提出拒绝了。有时候,作者拒绝得很含糊,以至于读者仍然对请求抱有希望。好的拒绝信可以通过讲道理让读者放弃原先的请求。不过,讲道理时不能说读者原先的请求不好或是有问题。

结尾

积极地结尾能建立良好的关系。结尾时可以展望未来,如祝读者事业成功,或提出对读者有用的其他建议信息。

在这封拒绝提供市场营销策略信息的信中,注意该如何暗示拒绝,而不是直接拒绝。同时,也应注意不要因为拒绝而道歉。

尊敬的利珀女士:

您的人口抽样调查的结果应该很有意思,不过大多数公司都会对这类数据保密,因为它们对于公司制定营销策略来说至关重要。

在 Flo-Sheen 织布公司,我们首先让试销市场检验我们的新织布产品,然后才开发营销策略。作为研究人员,您一定能理解开展一次营销活动要花费若干个小时的时间投入。

我们对市场分析的人口样本采取保密措施,这样既保护了被测试者的隐私,又有助于我们保持自己的竞争优势。如果竞争对手事先知道我们将开发何种产品,以及我们会使用何种战略,那么他们在竞争中就可能拥有不公平的优势。

如果您只对普通的人口抽样感兴趣,那么您可以参考关于统计抽样的文章,这些文章会告诉您管理者在选择人口样本时必须考虑的内容。

您诚挚的
希拉·赫伯特
副总裁

5.4.2 拒绝索赔

比拒绝询问更具挑战性的是拒绝索赔要求。在大多数情况下,索赔人都坚信自己的要求是合理的,是糟糕的产品或服务损害了自己的利益。面对这样的索赔,有时出于某种原因,你仍然决定要拒绝。

拒绝索赔时必须避免使用否定性语句,应该努力建立良好关系。做到这一点的关键就是站在对方的角度考虑问题。想象一下,如果你身处这种情况,你希望别人如何合理地对待你。拒绝索赔时,以居高临下或卑微的口吻回信都是愚蠢的。要选择积极的语言,因为读者很有可能对表达方式上的任何细微之处都很敏感。

开头

与其他拒绝信息一样,索赔拒绝信的开头要有缓冲。缓冲的方法是把读者的索赔作为信函的主题,也可以是对读者表示感激,这是一种将作者和读者自然联系在一起的方法。

好的开头能暗示接下来的推理思路。比如,一封信的开头是:"Whitlow 公司承诺,在正常情况下排水泵可以正常使用 18 个月。"这样的开头不仅提醒了读者原先的索赔条件,还导出了"正常使用"和"正常情况"的论述思路。还可以这样开头:

> 您最近的来信表明您希望被公正和坦率地对待。我们已经对您提出的问题进行了调查,相信您会对我们的调查结果感兴趣。

主体

主体部分要详述你的调查结果。所做的解释应当客观且令人信服,但是应当避免"你""我"立场的两分局面。有些情况下,比较有效的策略是描述你在调查相关事件时所做的努力。例如,拒绝保修索赔时可以强调指出对故障部分已经进行了实验检测。这样做之所以有效,是因为通过描述这一细节能够说明你对这件事很关注,你所做的决定并不是对类似事件的自动回复。

在主体部分说清楚原因后再提出拒绝。当然,拒绝应当处于低强调点。如果拒绝的依据是公司政策,那么就需要把政策解释得非常清楚。不过要记住,客户一般都不喜欢管理者用公司政策做"挡箭牌"。说服对方时要有逻辑性。

结尾

大多数索赔拒绝信的结尾部分都会争取再次合作。如果能合理、公平地对待客户,那么客户可能还会购买公司的产品,因为毕竟不是公司的错。通常好的结尾方法是,离开索赔话题,提及即将发生的销售,或赠送最新的产品目录。

尊敬的克拉克女士:

　　Whitlow 公司确实承诺,在正常情况下排水泵可以正常使用 18 个月。收到您的来信后,我们对您所提出的问题进行了仔细调查。

　　我们在实验室里检查了退回的水泵,发现整个机器都曾被水泡过一段时间。这一点与报纸上对您所在城镇上个月发生洪水的报道相符。显然,放置机器的地方被洪水淹没了。这款水泵是处理普通渗漏的,所以要放置在离地下室地板至少 18 英寸以上的地方,以保护机架以及水泵。和大多数电动装置一样,在正常条件下,水泵必须保持完全干燥。

　　或许您会对我们的另一款水泵感兴趣,即 SubMerso 型号的水泵。它的防水机架能够经受得住长时间的浸泡。随信附上产品手册,其中详细介绍了它的性能。我们将很乐意回答您关于这款水泵的任何问题。

您诚挚的
莱昂内尔·纳奎因
客户服务代表

道歉

当构思一封坏消息的信息时,例如对询问的否定回答,或拒绝索赔,你可能会道歉。对这样的写法是有争议的。律师们一直告诫写作者或公司要慎用道歉,建议采用法律诉讼,因为道歉意味着对不当行为承担责任甚至内疚。公共关系专家认为道歉可以被解释为承认错误或粗心行为,这样做会有损公司的形象。在1997年的一项名为"法律责任意味着不能说对不起"的研究中,作者的结论是我们现在的法律体系不鼓励道歉。[8]

然而,这种观点已经发生了变化。有证据表明就形象塑造和法律判断而言,道歉是有帮助的。在医药行业,倡导治疗失当的改革者们认为,道歉能使医生避免吃官司,并能减少纠纷。密歇根大学健康系统的医院自2002年开始鼓励医生为其犯的错误道歉。该系统每年的律师费自此下降了2/3,治疗失当的诉讼案也下降了一半。

美国公司道歉的数量已经有明显的上升。在2000年的"道歉夏季"中,公司高管对航班误点、糟糕的通信服务和轮胎爆破等问题请求公众的原谅。去年,西南航空公司给26 000人寄送了道歉信,大多数人收到了免费或打折航班的凭据。荣誉总裁科琳·巴雷特(Colleen Barrett)说"我们从不害怕说对不起"。[10]不少首席执行官也为与他们无关的罪孽道过歉,就像2005年美联银行的首席执行官肯·汤普逊(Ken Thompson)公布了其收购的两家公司有奴隶的真相,并声明说"为了美联银行,我向所有的美国人道歉"[11]。

有哪些指导方针可以帮助管理人员个人或为了组织做出道歉的策略决定呢?好的道歉应该是真诚和及时的。

- 承认错误或不当行为。
- 承担责任
- 表达遗憾
- 希望不会再犯这样的过错[12]

或许道歉时最重要的是承担所犯错误的责任。部分道歉,即不承认有错但是表达同情和遗憾,能缓冲对方受到的打击,在造成大的伤害或损害时是明智的做法。当过错的程度不明朗或很难界定时,部分道歉能解决纠纷。相反,当管理者或组织明显地做出不当行为时,道歉更合适。无论是部分还是完整道歉,重点应该是以后的做法或补偿。[13]

2006年2月有一个公司道歉的好例子。由于情人节通信流量过高,贺曼(Hallmark)网站崩溃。第二天,所有前一天发送电子贺卡失败的用户都收到一封电子邮件。邮件的开头就写到:"我们欠您一个道歉。"随后是对当时的情况以及后果的描述——"我们不会回避我们给您造成的失望"。邮件以积极地展望未来结尾:"我们的团队正面临着重新评估每一步工作的挑战。"

5.4.3 劝说式信息

间接策略适用于劝说式信息。管理者使用间接劝说策略,以说服别人去做通常不愿做的事,比如,写信说服客户支付账单,或者写电子邮件说服同事在某项目中支持你。

开头

劝说式信息在开头就应当引起读者的兴趣。[14]一种有效的方式是向读者表明,他的目标就是你的目标。证明这种目标一致性的最好方式是说明信件内容是他感兴趣的事。同时,因为信息必须抓住读者的注意力,所以开头必须简短。

主体

主体由几部分组成。首先,它必须陈述你和读者共同面对的问题。然后,提出问题的解决方法,当然必须是你和读者都接受的解决方法。这个部分所使用的策略必须谨慎,必须预料到读者可能拒绝的理由,并且做出回应。在这部分(可以由几段组成),你必须强调指出,你的解决方法的结果会给读者带来利益。[15]

结尾

结尾很重要。有效的劝说式信息不会在表述完提议后就到此为止。读者的兴趣被激发起之后,需要将兴趣转化为行动。否则,兴趣就会衰退,以至于最后什么问题也解决不了。行动应当是具体的,如一次会议、一张订单、一项支付、一次面谈、一个程序上的变化。行动还必须迅速,延误只会削减行动的可能性。[16]

下面的求职信就运用了劝说式策略。

尊敬的哈里斯先生:

既然 Lynch's 公司即将在琼斯伯勒市开设第三家分店,难道您不需要足够的兼职员工作为全职员工的补充吗?我相信我拥有必需的背景和足够的积极性,将成为您最有价值的兼职员工中的一员。

我是州立大学营销学专业的大三学生,正在学习营销课程。我可以把在未来两年里学习的东西运用到我在 Lynch's 公司的销售工作中。随信附上的简历中列出了几位证明人,他们将证明我是一个充满活力并且对工作富有热情的人。

我认为我会成为您的一名优秀兼职员工的另一个原因是我非常希望毕业后能在 Lynch's 公司工作。我会把这两年当成证明自己的一个考验阶段,同时您也可以用这两年的时间来决定贵公司是否同样对我感兴趣。

如果我是 Lynch's 公司想要的兼职销售人员,不知能否获得一次面试的机会,以进一步与您讨论工作问题?我的联系电话是 992-8403,您方便时可随时联系我。

您诚挚的
约翰·莫利斯

5.5 信件格式

我们已经在前面的章节讨论了写给组织外部读者,像顾客、客户、管理机构或股东的常规信息策略。这些信息是典型的信件或电子邮件格式。好的写作者知道就像讲话者的外貌会影响听者对其信息的反应一样,文件的格式也能影响读者对内容的反应。现代信件的格式只有一个词,即恰当。

  许多常规商务信息是以电子版方式传送的,或在电子邮件正文,或是电子邮件附件。按照信息开头的写作技巧,格式要素像标号(内缩或居中)可以做些变动甚至去掉。信息的开头应该简单、清晰,尽可能易读。现代商务信函类的格式是每一段的开头在左边对齐。

  沿用换行的概念也言之有理。标准的商务信函要求段落内的行距是单倍行距,段落或其他信息之间双倍行距。第4章已经讨论过,段落简短也能留出空白地。图5-1 劝说性信件展示了内容和格式的写作策略。

拉萨尔老年中心
伊利诺伊州,芝加哥市北威尔斯大街500单元111号,邮编60610
电话:312-573-8840 传真:312-787-1219

格里·海因斯
科波菲尔大道1018单元3780号
得克萨斯州,布赖恩市 77802

亲爱的格里:
  已经快到年底了,我想到今年去世的两位老人。他们都用自己独特的方式在拉萨尔老年中心发挥着重要的作用,并且受益于我们提供的服务。当然,我们也受益于他们的捐赠。像许多老年人一样,他们既是我们的客户,也是志愿者。
  马克·斯图亚特定期在星期三和星期日用餐时来帮忙。由于有管理经验,他既是客户管理员也是志愿者。他是老年中心的一员,他用他的服务和对其他老人的关爱支持我们的工作。老年中心为马克提供了为其他老人服务的机会,帮助他实现了他的信仰。他几次告诉我上帝排在第一位,拉萨尔老年中心排在第二。
  以任何标准来衡量亚伦·黑尔斯,她都是独一无二的。亚伦只接受了很少的正规教育、收入不多,身体欠佳。但是她把中心和社区的人聚拢在一起,她认识每一个人。她总是准备帮助他人,给别人一句善语,与他人分享钱财和食物。老年中心因她的捐赠了解她,也为她解决日常生活问题提供帮助。
  马克和亚伦在老年中心找到了家。他们找到了可以帮助他人的地方,一个可以为他人服务和从属的地方。由于你们的支持,拉萨尔老年中心才能继续每月为200多位老年人服务的地方。
  请考虑送一份礼物*维持我们这个社区老年朋友的部门吧。

你诚挚的
基思·大通-津莱克
主管

  * 一笔慷慨的捐赠是5 000美元。

图 5-1 劝说性信件

5.6　内部通讯

信件是公司之间最常用的沟通媒介,组织内部最常用的是备忘录和电子邮件。[17]备忘录是一种有效的、直接的沟通方式。它常常以电子版方式发送,就像电子邮件一样。电子邮件也越来越普遍地被用于日常的外部沟通。一种混合模式就是以电子邮件附件形式发送商务信函或备忘录,这种方式可以确保信件的设计和格式等元素在文件被打开的时候不会改变。

作者需要结合读者的特点调整备忘录的写作策略,尤其是当备忘录写给组织内部不同级别的某位员工时,或者读者对于某个主题缺少专门知识时,抑或是当备忘录所处理的是敏感问题的时候。尽管内部信息往往都是日常的、非正式的信息交换,但在写作时仍然要很仔细。

5.6.1　备忘录格式

不同备忘录的格式在细节上有所差别,但是它们一般都包括四个标准的标题:收件人(To)、发件人(From)、主题(Subject)和日期(Date)。在电子邮件中,这些标题都是自动给出的。"发件人"这一项很少会出问题。当然,如果需要的话,作者可以在名字后加上头衔,以提高其权威性,也可以加上其他人的名字,但前提是已经得到他人的同意。

"主题"这一栏显然在引起读者的注意方面有很大价值。话题和目的都要说得具体。例如,比起含糊的"主题:计划""主题:休假计划申请"更像是要读者给出回答。在"主题"栏里使用关键词,可以方便读者日后从电脑文件中找到该备忘录。

正如面对面互动一样,在组织内发送的备忘录也有大家应当遵守的礼节。也就是说,应当注意常用格式,还要留意备忘录是发给谁、抄送给谁等细节。[18]通常用"抄送"(CC)告诉读者该备忘录也发送给某位老板,这样可以说明此人与老板的关系比较接近。同样,当你与顶头上司的上司联系时,别忘了抄送给他。一般来说,抄送给你的顶头上司可以使他知会整个事情的过程。即使他个人并不直接与此事相关,他也会希望了解事情的情况。不过,在大多数组织里,电子邮件"抄送"和"全部回复"功能的广泛应用应当引起注意,不要用过量的"供参考 FYI"(For Your Information)的信息塞满了人们的信箱。

另外一个需要注意的格式问题是要在备忘录文件上签上发件人姓名的首字母缩写,或是签上名字。这样,如同信件上的签名一样可以证实备忘录的真实性。由于发件人的名字已经签在发件栏,备忘录和电子邮件结尾的签名是多余的。在电子邮件结尾用一些简短的格言、图解和类似的"署名"只会添加混乱,使读者分心。记住简短的信息影响力更大。

最后要注意,制表符和符号之类的设计可能在电子邮件接收方的电脑上难以保存,我们可以在段落之间留双倍行距用空格分清段落。

5.6.2　电子邮件格式

电子邮件的写作标准由于组织的不同、写作者的不同而有所不同。你会在下面的风格分类中注意到差异。

- 称呼语——问候和落款
- 词汇的新用法——表情符号、行话、缩写语
- 标点符号和大写
- 拼写——传统拼写或 IM 简写
- 结尾——日期、口号、形象化描绘

尽管已经有了电子邮件写作风格的规则或"网规",但是这些常常被忽略。例如,尽管邮件的正文前有"发送给……(To)"一栏,有些写作者还是在邮件的开头用称谓语或"亲爱的某某(dear)"。"Dear"一词产生于一千多年前,意思是"光荣的""有价值的",另有"尊敬的,可贵的""挚爱的"之意。著述语言用途的美国作家和专栏作家威廉·萨菲尔(Wlliam Safire)认为,在人们使用羽毛笔的年代,"Dear"一词是可用于称呼任何人的礼貌用词,可以称呼朋友、工作圈中的熟人或陌生人。就像用"Dear"一词一样,当今电子邮件的开头可以用"下午好(Good Afternoon)""你好(Hello)"或"嗨(Hi)"。有时,管理者可以用"大家(All)"或"大伙(Folks)"称呼多位邮件接收者。

5.6.3 备忘录和电子邮件的应用

备忘录和电子邮件在组织中应用广泛,下面列出了最常见用法。你在工作中可能会看到更多的应用。

小组间沟通

管理者需要把同样的信息跟多个人同时沟通时,就可以用备忘录或电子邮件。备忘录和电子邮件不仅能节省谈话时间,而且还能确保每个人得到同样的信息。

确定职责

备忘录或电子邮件在其他方面也是一个非常有价值的管理工具。例如,它可以明确行为的职责。使用备忘录来分配任务,如果事后在职责上产生问题,管理者就可以有书面记录作为凭证。

与意见相左者沟通

管理者很快就会发现,需要与合不来的人沟通时,备忘录或电子邮件是很好的方式。在任何组织中,人与人之间的反感随时可能出现,而备忘录或电子邮件能为产生隔阂的人之间搭一个沟通的桥梁。两派人无须见面就能了解信息。不过,用非常情绪化的电子邮件来"激怒"读者是不恰当的。记住,所有备忘录都具备永久保存性,无论是书面的还是电子版本的。绝不要把任何无法辩解的内容写在会议中或法庭上。

与无法会面的人沟通

在与很难见到的人(尤其是上司)沟通时,备忘录或电子邮件非常管用。备忘录或电子邮件、越来越多地被使用的短信可以帮助我们找到那些很忙的人或无法会面的人。如果出现问题,备忘录还能证明我们曾联系过老板。[20]

下面是一个清楚的、简明的信息性备忘录例文。

> **备 忘 录**
>
> 收件人：所有领薪员工
> 发件人：人力资源部经理艾伦·雷诺兹
> 日期：2010 年 10 月 3 日
> 主题：薪酬发放变动
>
> 在过去几个月里出现了工资发放延误的问题，对此我们已经在工资发放程序上做了不少修改，相信应该能够解决部分问题。
>
> 1. 不再邮寄付薪支票。每个月的最后一个工作日，月工资的支票将发放到个人。如果你只用一个账户作为直接存款账户，那么存款就会直接划拨到你的支票账户或储蓄账户上。
>
> 2. 每月 20 号前申请差旅和费用报销，当月打入工资内。报销不再像以前那样用个人支票来支付。当然，这些报销费用不用报税。
>
> 相信薪酬发放变动将有助于确保工资的及时发放。

5.6.4 内部通讯种类

备忘录和电子邮件大致可分为两类：通知和请求。这两种常见类型（尤其是通知）都可以以公司里的大群体为目标，也可以以个人为目标。

通知

通知的内容有政策的变动、召开会议、新程序以及人事变动（包括升职）。这些是资料信息，遵循的是直接命令的战略。其他类型的通知有现状报告，如进展情况、阶段汇报等。前面的信息性备忘录是典型的通知。

由于大规模的裁员，近年来用电子邮件发道别通知已经成为一种新的做法。2008 年，4 500 万美国人失去了工作。工作人员不是用电话或备忘录，而是用爆炸性的电子邮件通知他们的同事。有些邮件流露出令人理解的悲伤、愤怒情绪，或语气苦涩，但是专家告诫说这些永久性信息的负面效果不利于被解聘者寻找工作。纽约商务与管理顾问唐娜·弗拉格（Donna Flagg）建议要专业、乐观、简单地通知被解聘者你要离开以及联系你的方式。道别的电子邮件也能帮助求职。[21]

行动要求

要求行动的备忘录性质决定了它的结构。当管理者要求的行动属于其权限范围之内时，直接命令是合适的，备忘录或电子邮件可以用明确的主题句开头。当要求可能遭到反对的时候，主题句不应该太过具体，劝说性策略（间接命令）更为合适。不管是直接提出还是间接提出，备忘录或电子邮件通常要求列出行动步骤，为了行动成功还要在措辞上花费一番工夫。记住，当请求变换行为时（见第 4 章），比起像"请您注意这件事"以及"方便时尽早回复"这样的含糊表达，具体的语言更可取。

5.6.5 商务中的政治用途

前一章提到，管理者属于一个"话语团体"，他们的写作有着自身的特点和作用。备忘录和电子邮件就是管理者策略工具的一个例子。在组织中，管理者表面上利用写作传达通知和行动要求，同时他们还将写作用于其他策略性的应用中。具体用法详述如下：

备忘录的一个政治用途就是抄送名单。管理者可以通过把某些人包括进或排除出"抄送"名单，从而达到保护自己和公共联盟以及表明喜好的目的。

另一种应用方法是把备忘录或电子邮件作为会议总结。表面上，这样的备忘录是为了"存档"需要，然而对会议或谈话的记录却能够影响人们的理解。会议记录成为事实，而且还可以证明某观点最初是由谁提出的。

另外，备忘录还有一个政治策略应用是为同事的备忘录附上说明备忘录（Cover Memo）。如果原来的备忘录被认为很糟糕，那么在说明备忘录中可以提出另一种观点。

管理人员有时也会用备忘录影响雇员的看法。一个很好的例子是美国国防部长唐纳德·拉姆斯菲尔德（Donald Rumsfeld）。他在2002—2006年的任职期间，为其下属写了大约20 000封备忘录和电子邮件，每天平均20—60封。在备忘录中，拉姆斯菲尔德大谈他对伊拉克战争的看法，常被称为"雪绒花"。他强调有必要"不断地提升威胁程度""把伊拉克和伊朗连在一起"，并提出"车尾贴宣言"以聚拢公众对这场不得人心的战争的支持。[22]

对于管理者而言，如果把任何东西都写下来，那么将使其成为永久性的记录。在有争议的情况下，在书面上形成自己的观点时，管理者需要三思而后行。"常规"文件也能对管理者的有效管理产生重要影响。

本章小结

在写作信件、电子邮件和备忘录时注意策略的运用将会带来很大的好处。而在实际工作中，这些书面文件经常是自动生成的非个性化信息。写作常规信息时应当考虑读者的要求，关键在于确立"对方态度"。有"对方态度"的作者会将自己置于读者的位置，做好与读者沟通的准备。

"对方态度"也影响到组织写作论点：好消息和中性信息适合用直接策略；坏消息需要用间接或劝说性策略。直接策略把主要观点放在开始；间接策略则把主要观点放在后面。

直接信息的类型包括询问和对询问的肯定回答，索赔信和对索赔信的肯定回答。

间接信息包括对询问的否定回答、拒绝索赔和劝说式信息。

在信件的写作中要小心处理否定性语言。作者应当把否定信息放在次要的位置上，避免使用"不"以及有否定内涵的词语。道歉是树立个人和组织形象的策略，但也会给人以有内疚感和要负责任的印象。

备忘录和电子邮件是组织内部最常用的书面沟通方式，是有效的、直接的信息，要求一定的策略考虑。对于经理来说，备忘录可以用于小组间的沟通、确认职责、与意见相左者沟通、与无法会面的人沟通等。备忘录可分为两种类型:通知和行动要求。

备忘录和电子邮件是办公室中常用的沟通手段。

小组讨论案例

案例 5-1　索赔拒绝信

你是某家具制造企业的销售经理,最近刚刚收到海勒姆·布莱洛克(Hyram Blalock)先生写来的措辞强硬的投诉信。海勒姆·布莱洛克先生在邻近城市拥有一家大型酒店,最近正在装修,并向你特别订购了 115 套特殊规格的床头板。

他订购的床头板比常规特大号床要窄 1.5 英寸,同时还专门指定与此类床头板的常用油漆不同的油漆,最后还要求每张床头板上压印酒店的标志。你完成了这个订单并且一周前已交货。

他还从一家现在已经破产的制造商那里直接订购了床垫。该厂商在破产前交了货,比你公司的床头板早一周到达酒店。但问题是所有这些床垫都是按照常规尺寸制造的,而不是根据较窄设计的床头板尺寸制作的。

布莱洛克要求你取回现在的货物,要么根据常规床垫大小修改尺寸,要么发送另一套尺寸的货物(当然,同样要求使用特殊的油漆并且压印酒店标志)。

你显然不能同意他的要求,所以要写一封得体的有策略的拒绝信。事实上,这件事对你有利。他订购了产品,并且收到了根据其要求尺寸和指定油漆制作的床头板。然而问题是不能使用说教性的措辞或用否定性语言。如果他想改变订单床头板的尺寸,当然是可以的,不过要收费。最重要的是,你需要留住布莱洛克这个客户。

案例注意事项

这个案例会诱使作者写信时使用与布莱洛克的索赔信同样的强硬方式。作者在做出否定性答复时,应采用适当的间接策略,在提醒布莱洛克时应避免给人以说教的感觉。提供选择方案(修改床头板)是一种策略,不过不能让布莱洛克觉得是因为感到愧疚才提出这一方案的,因为如果信件让布莱洛克感到作者有愧,那么作者将会面临更多的问题。

案例 5-2　询　问　信

你是一家保险公司的人力资源部经理助理。这家公司的业务范围包括你所在的州和邻近的其他三个州。你的公司最近修订了退休和雇用福利政策。你的任务是与所有员工就这些变化进行沟通。

由于有些政策修订得很复杂,你必须到所负责区域的四个地点与公司的代理及其员工会面。在每一个地点,你都需要为员工安排酒店住宿,你还需要一间有屏幕并能播放幻灯片文件的会议室。因为公司今年的业绩非常好,所以管理层希望员工可以在酒店里过得尽兴,因此你还需要询问酒店的娱乐和餐饮设施。

Beacon 酒店位于临近州的一座大城市。你要写一封询问函给该酒店。询问信应该说明你需要决定该酒店是否是合适的会议地点。在信中应明确表明你还会寻找其他的酒店,以寻找最佳的服务价格。

案例注意事项

这个案例中最常见的一个问题是询问信不够明晰。这封询问信实际上比看上去要复杂。有些人很容易把它写成简短的信件,导致酒店的市场经理无法详细答复。除了内容要详细外,信件还应该建立良好关系,作者可能有兴趣与读者在将来进行更多的业务往来。

案例 5-3　拒绝请求信

你是 Flo-sheen Fabrics 公司总裁 R. D. 斯宾塞(R. D. Spenser)先生的行政助理。Flo-sheen 的工厂和公司总部雇用了 300 多名员工。每年这些员工都为城市的年度筹款活动慷慨解囊。斯宾塞先生还组织了一个志愿者项目,让一些员工在工作时间从事慈善项目。

今天,在办公桌上你发现了一封给斯宾塞先生的信。这封信来自一个全国性的青年组织,他们打算在你工厂附近为他们正在开发的一个项目举行筹款活动,并请求得到你们公司的许可。这个组织打算为其出色的成员建立一个奖学金。

斯宾塞先生在信件的下方写了个简单意见,要求你拒绝他们的要求。按照指示行事,还要与该青年组织保持良好关系。措辞要积极坚定,不能让该组织搞不清楚其要求到底有没有被拒绝。

案例注意事项

因为这封信必须体现善意,作者必须在拒绝请求时使用技巧。一条方法是可以把该青年组织列在公司明年的捐款目录中。但是不要让读者认为如果他们再写一封信便可以达到第一封信没有达到的目的。还需要解释为什么公司总裁没有答应这一请求。

尾注

1. Gilbert C. Storms, "What Business School Graduates Say About the Writing They Do at Work," *Bulletin of the Association for Business Communication* XLVI, no. 4 (December 1983), pp. 13–18.

2. JoAnne Yates, "The Emergence of the Memo as a Managerial Genre," *Management Communication Quarterly* 2, no. 4 (May 1989), p. 486.

3. Mary K. Kirtz and Diana C. Reep, "A Survey of the Frequency, Types, and Importance of Writing Tasks in Four Career Areas," *Bulletin of the Association for Business Communication* 53, no. 4 (December 1990), pp. 3–4.

4. Edward Goodin and Skip Swerdlow, "The Current Quality of Written Correspondence: A Statistical Analysis of the Performance of 13 Industry and Organizational Categories," *Bulletin of the Association for Business Communication* L, no. 1 (March 1987), pp. 12–16.

5. Kitty O. Locker, "Factors in Reader Responses to Negative Letters: Experimental Evidence for

Changing What We Teach," *Journal of Business and Technical Communication* 13, no. 1 (January 1999), pp. 5–48.

6. Stephen B. Knouse, "Confidentiality and the Letter of Recommendation," *Bulletin of the Association for Business Communication* L, no. 3 (September 1987), pp. 6–8.

7. Marlys Harris, "Gaining Through Complaining," *Money*, May 1982, pp. 174–175.

8. Lisa Tyler, "Liability Means Never Being Able to Say You're Sorry: Corporate Guilt, Legal Constrains, and Defensiveness in Corporate Communication," *Management Communication Quarterly* 11, no. 1(August 1997), pp. 51–73.

9. Lindsey Tanner, "Doctor's 'Sorry' a Novel Approach in Healing Process," *Houston Chronicle*, November 12, 2004, p. A10.

10. Loren Steffy, "Southwest Shows Industry Importance of Sincerity," *Houston Chronicle*, April 6, 2007, pp. D1, D4.

11. Barbara Kellerman, "When Should a Leader Apologize—and When Not?" *Harvard business Review*, April 2006, pp. 73–81.

12. *Ibid*., p.76.

13. Ameeta Patel and Lamar Reinsch, "Companies Can Apologize: Corporate Apologies and Legal Liability," *Business Communication Quarterly* 66, no. 1 (March 2003), pp. 9–25.

14. Mohan R. Limaye, "The Syntax of Persuasion: Two Business Letters of Request," *Journal of Business Communication* 20, no. 2 (Spring 1983), pp. 17–30.

15. Chadwick B. Hilton, William H. Motes, and John S. Fielden, "An Experimental Study of the Effects of Style and Organization on Reader Perceptions of Text," *Journal of Business Communication* 26, no. 3 (Summer 1989), pp. 255–270.

16. Jeanette Gilsdorf, "Write Me Your Best Case For …," *Bulletin of theAssociation for Business Communication* LIV, no. 1 (March 1991), pp. 7–12.

17. Marie E. Flatley, "A Comparative Analysis of the Written Communication of Managers at Various Organizational Levels in the Private Business Sector," *Journal of Business Communication* 19, no. 3 (Summer 1982), pp. 35–50.

18. Gerald J. Alred, Charles T. Brusaw, and Walter E. Oliu, *Business Writer's Handbook*, 8th ed. (New York: St. Martin's Press, 2006), p. 327.

19. William Safire, "To Whom It May Concern: Here's How to Address E-Mail," *Houston Chronicle*, October 22, 2006, p. E6.

20. Max Rose, "A Memorandum about Memos," *Supervisory Magazine*, March 1980, pp. 6–8.

21. Kelly Dinardo, "Laid-Off Workers Let E-Mails Fly," *Houston Chronicle*, March 6, 2009, p. A11.

22. Robin Wright, "Rumsfeld's Blunt Style on Display in 'Snowflakes'," *Houston Chronicle*, November 1, 2007, p. A17.

第6章 管理报告和提案

> 读过官方文件的人都知道，在长篇累牍的报告中，重要的事实是多么容易被那些看似坦白而无所不说的语句掩盖。
>
> ——美国第28任总统 伍德罗·威尔逊（Woodrow Wilson）

报告是组织中最重要的沟通方式之一。它们形式各异，功能各不相同，保证了数据在组织内部、组织和股东之间的有效传递。组织内部的管理报告应当结构清晰、内容客观，传递的信息可以被证实，并有助于达到某一目的或解决某一问题。

有证据表明，在商业活动中，报告的重要性短时间内不会很快降低。在一项调查中，商科专业的近期毕业生中，有65.6%的被访者表示经常写信息型报告，有31.3%的被访者表示有时写信息型报告。此次调查还显示，40.6%的被访者经常写分析型报告，而43.8%的被访者有时写分析型报告。[1]

另一项更大规模的调查面向最近的商科毕业生进行（837名被访者），有74%的人有时、经常或非常频繁地写简短报告。同一项调查中，有42%的受访者有时、经常或很频繁地写长篇报告。[2] 另一位研究者发现，在私营企业里，报告的写作量在不同级别上有差异：中层经理比低层经理写得少一些，而高层经理又比中层经理写得少。[3]

报告的读者可以是组织内部的，也可以是组织外部的。在写报告时，管理者会非常注重内部报告在管理上所能起到的作用。报告是管理者控制组织行为的重要工具。管理者的工作任务包括策划、组织、执行、评估和改进，完成这些任务需要某种媒介。内部报告是实现这些目的的一种工具。有些内部报告描述的是现状或工作进展情况，有些则是报告前一阶段管理决策的实施结果，还有的是传达管理者对于结果及绩效的评价，并对目前政策和程序应如何变化提出建议（或是命令），以期带来更好的效果和更高的效率。

管理者的报告有时也会针对组织外部的读者。例如，公司的年度报告就是写给公司股东和其他股票持有者的。政府监管部门也常常要求公司定期递交报告。对于这么多不同的报告写作情形，管理者必须掌握写作方法，知道如何分析问题、解决问题，并且把结果同组织内部及外部的读者进行沟通。

6.1 报告写作过程

一般来说,管理者写报告不外乎三种原因。最常见的原因是有人要求他们写报告。比如,如果一位高层经理发现某个领域的信息不够,或是有问题需要解决,就会要求下属补充信息或是解决问题。第二个原因是,报告是公司日常事务的一部分。所以,写总结或定期报告是管理者的常规职责。第三个原因是,管理者可能会自发地写报告,也许是自己补充缺失的信息,也许是与同事分享信息或提出变革建议。

6.1.1 基础准备工作

当然,管理者并非一坐下来就能一份接一份地写出报告来。通常他们都必须先做基础准备工作。常规文件写作准备过程"第一步:计划"在第4章已经讨论过。往往预备工作比真正的写作还要耗时,这一点令一些人对写报告望而却步。[4]

确定问题或目标

在接到报告写作任务后,管理者必须确定写作能带来最佳结果。写作者的时间不仅对于公司来说是宝贵的,对于其本人来讲也是如此。盲目地浪费宝贵的时间对个人精力和公司资源都是一种损失。

首先,报告作者必须明确需要研究的问题或目标是什么,授权写此报告的人想了解些什么。比如,问题可能是信息缺失,需要销售信息或人口统计销售信息;也可能是某位管理者需要你的分析意见,因此你必须从几种选择中挑出一个,并提出行动计划。

制订方案

一旦确定了问题和目标,收集数据前的一个步骤是制定解决办法或决定行动事项。管理者必须分析变革需求,并确定最佳改进方案。例如,某工厂的生产率下降,管理者需要明确下降的原因并提出解决方案。生产率下降的原因可能是原材料短缺、设备故障、过多的病假或是各种原因综合作用的结果。

分析完原因后,便可以制订解决方案。在确定最佳方案时,还要考虑各种限制条件,如资源限制和时间期限等。

寻找数据

分析完问题并确定需要哪些信息后,管理者就开始搜集数据以支持自己的观点。大多数商务报告所需的数据都是原始数据,即通过访问、调查、实验和观察收集到的数据。有时候也引用二级研究数据,即已经出版公布的数据。

下一步就是收集并分析数据。最后,管理者把分析结果整合成读者容易接受的、更明了的格式。挑选和描述辅助数据时必须仔细,以更好地达到写作目的。

6.1.2 报告的分类

了解将采取何种形式写报告有助于作者估算出需要花费多少工夫,还有助于作者制定时间和资源预算。

给报告分类有不同的方法。也许最有效的一种分类方法是根据正式程度分类,这是一种连续统一体。连续统一体中的最低端是最不正式的报告,这种报告很像表格,管理者只需填空即可,或是简单地叙述或描述。这种报告的例子有旅行报告、费用报告和考勤报告。

连续统一体中接下来的是信件或备忘录报告。这两种文件都可能长达几页纸(十页的信件报告也不是什么新鲜事)。如前面所述,信件报告是写给外部读者,而备忘录是写给内部读者的。本章随后讨论信件和备忘录的细节。

连续统一体中再接下来的报告就更加正式了,需要有前页。因此,作者要加上一个传送文件(Transmittal Document)、扉页以及目录,可能还需要附录和术语表等附属资料。在本章的后面,我们讨论正式报告中这些要素的具体内容。

另一个报告分类的依据是报告的使用频率。正常计划的报告写作要安排在项目的某个阶段或根据计划的日期。因此,公司的年度报告、季度报告、月报,甚至日报的读者是各类人。另一方面,管理者也可能对报告有独特的需求。有时,也许要构思只读一次的打印报告,即专题报告。只读一次的打印报告有问题分析报告、提议和评估报告。对公司而言,问题分析报告具有重要性。当问题变得复杂并且需要客观、公正的事实时,报告是必要的。报告的目的是界定并解释问题,找出解决问题的办法。[5] 提议表明组织政策和程序要有变动,读者可以是内部的也可以是外部的。评估报告是对当前政策或工作程序好坏的评定,是产生提议报告的基础。

不少公司常根据正式程度分类专题报告。比如,一份非正式提议可能是介绍人事变动、新产品理念和生产方式、程序或部门改革。当提议变得更加复杂,或需要更多的时间和财力时,应该用一个更正式的方法。正式提议的典型读者是公司高层管理者和其他公司管理者。尽管非正式和正式提议的分析重点和解决方案的成分相同,但是也有明显的不同之处。表 6-1 列出的是正式和非正式提议的格式。[6]

正如表 6-1 所示,提议的核心部分是分析问题、描述解决方案、列出提议方案的优势和效益。非正式提议中加上更多的细节或段落,在分类中升为正式提议。

表 6-1 提议格式

非正式提议	正式提议
1. 引言	1. 传送文件
a. 问题	2. 扉页
b. 解决问题方案	3. 概要
2. 分析	4. 目录
a. 背景	5. 主体
b. 原因	a. 问题的陈述
c. 范围、意义、暗示	b. 可能的解决方案

(续表)

非正式提议	正式提议
3. 解决方案细节	c. 设备
a. 工作和管理	d. 人事
b. 缺点	e. 计划表
c. 效益	f. 成本
4. 激励行为	g. 优势/劣势
	6. 支持材料

6.2 策略考虑

跟其他类型的沟通方式一样，报告应当反映精细的策略决策。这些决策包括很多方面，其中有些非常细微但很重要。

6.2.1 格式

报告的格式是写作者精密策略决策中的一个环节。一般来说，报告的内容越重要，格式就越正式。同样长度也要与格式相适应，较长的报告看起来更正式。下面是影响格式的其他几个因素。

读者

报告的目标读者至少部分地决定了该报告的格式和正式程度。一位管理者写报告推荐购买某种元件，如果读者是公司审计员，可以选择备忘录的形式。如果读者是 CEO，就可能采用（有书名页的）简短报告的形式。与 CEO 会面时，我们的着装要比与下属见面时正式得多。同样，我们的报告也要根据读者对象的不同而进行修饰和调整。

努力程度

决定报告形式的另一个重要因素就是花在调研和准备报告上的工作时间。通常与时间相关的就是报告的长度，长度通常能反映付出努力的程度。只需要打一些电话，花半个小时写作的报告在形式上就没有太多要求，但是经过数星期精心策划，对试验仪器进行管理和评估后，花上几天时间写成的报告就不同了。努力程度越高，越要采用正式的报告形式。

重要性

我们也必须考虑报告发现的价值。有些发现要比其他发现更为重要，例如，写一份选择一种新的清洁服务的报告与写一份推荐新生产线的报告所花费的精力相当。但是不难想象，后者的重要性要求其报告形式比前者更加考究。

任务要求

报告作者应当运用任务要求中的线索。如果管理者对你的任务要求是"找到答案后立刻给我发封电子邮件",而你却准备了一份正式的报告,可能就没有必要。如果同一位管理者给你布置了另一项任务,并要求你把报告抄送给高层管理者,那么这一份报告应该更加正式。

惯例

报告采取的格式也同惯例有关。新上任的经理最好了解一下公司对于某些类型的工作通常采用何种沟通形式。许多公司都制定了明确的标准指南,比如,美国埃克森公司(Exxon)、霍尼韦尔公司(Honeywell)和埃森哲咨询公司(Accenture)。定期性的报告需要在形式上与以前的报告保持一致,因此管理者要考虑以往的惯例。

近几年,有些公司和政府机构开始用像 MS PowerPoint 的制图软件做报告格式。有些管理者认为这样的软件比文字处理软件 MS Word 更简单、更容易使用。与以往的演示幻灯片相比,制图软件能制作出更多的文档、数据、表格和插图,而且一个软件即可完成所有这些工作。同时,由于空间的限制,这种报告模式比传统的叙述报告更简明。现在已经有使用 PowerPoint 报告格式的做法,使幻灯片上稀疏的项目符号和长篇、正式的公司报告融为一体。

6.2.2 观点的排列

报告写作者必须考虑的另一个策略决策是信息在报告中出现的顺序。

直接顺序

如前一章所述,直接顺序是把主要观点置于首位,然后再详述细节。在传递好消息或中性信息时,适宜使用直接顺序。另外,在简短报告中读者可能同意作者观点的情况下,也最好使用直接顺序。

大多数人接到报告时的态度是中立的,而且读者需要作者的建议以决定采取何种行动,因此读者对报告的观点了解得越早越好。当读者信任作者时,最好也使用直接顺序。如果读者需要对任何观点进行核实,可以在正文部分找到详细的阐述。

间接顺序

间接顺序通常适用于长篇报告和提案中。第 5 章中传统的"介绍 + 主体 + 结论"归纳型文章结构在这类报告中仍然比较常见。当读者会把结论理解为坏消息时,无疑应当使用间接的方法。同样,在分析报告、提案或劝说式报告中,如果读者不同意报告的结论,那么就要使用间接顺序,一步步引导读者得出结论。

6.2.3 主体部分的组织

不管作者使用直接顺序还是间接顺序,报告的主体都需要精心组织。主体部分通常介绍结论的根据及建议的原因,需要考虑一致性因素,从而保证材料以最清晰、最有效的形式组织起来。

如何组织主体部分要视具体情况而定，根据研究的问题、信息的本质和读者的需求不同而有所差异。最常见的组织顺序是按照时间、地点、数量或标准（或因素）排列。所选定的组织顺序应当能够通过一系列明显关联的部分，使读者的阅读顺畅无阻。[8]

时间

时序组织法显然适用于按时间先后顺序排列的材料。任何记叙活动的报告都适用这种顺序。例如，季度报告可以按月分，每个月为一个部分。时序组织法对作者来说非常方便，可以根据时间顺序从后往前写或从前往后写。一旦确立了以时间为顺序，先写什么后写什么就很容易解决了。

地点

按地点组织写作比按时序组织更复杂。这种模式适用于同时发生但事件不同的活动报告中，例如，公司中几家子公司的活动月报。地点顺序也适用于描述性报告。在复杂的报告中使用空间组织可以说明事物发展的顺序。例如，介绍美国各区域时可以采用顺时针的方式。

数量或规模

如果使用的数据是量化的，那么可以按照数量或规模组织主体部分的内容。例如，研究城市家庭特点的报告可以按家庭人口或家庭收入来组织。讨论城市的报告可以按人口数量来组织，而销售报告则可以按销售情况排序，首先介绍销售得最好的产品。

标准或因素

按照标准或因素来组织主体部分是最后一种方法。这种方法包罗万象，使用广泛，也是最有用的一种。在这种方法中，报告的主体按照导致结论的相关因素来组织。在一份信息型报告中，这些因素按信息类别分类。例如，同类销售市场特点的研究报告就可以按照收入、年龄、教育水平和消费品位来组织。

在评估型报告中，结论和建议总是基于某一套评判标准或依据。例如，管理者写人事报告推荐某位求职者时，可以按照该职位的最适宜特点来组织报告。例如，评估某人是否适合做办公室助理时，可以从计算机技能、沟通技巧和办公室工作能力等方面入手。

推荐型报告可以根据可选解释方案来组织。建议书的每个主要部分都要详细阐述某一种可能的选择。例如，一份建议买车的报告，开头可以先概述一下总体标准，如安全性能、舒适度、价格及可信度。然后，分别详细描述备选的三四款车。最后，读者需要比较的性能在报告的某一处集中列出。例如，可以在报告中单独用一页纸比较各款车的价格。报告最后总结并建议购买其中某一款车。

6.2.4 标题

所有的商务报告（不仅是正式报告）都需要使用小标题。标题告诉读者接下来内容的相对重要程度。标题还是指引读者阅读报告的有效路标。标题使结构更清楚。在报告中，使用标题可以留出空白空间，从而在视觉上吸引读者的注意力。下面的几段将介绍报告标题的写作原则。

内容

写标题的时候要时刻为读者着想。标题应当描述接下来的内容,而且要简短。一般来说,一级标题不超过七个字,再次级的标题字数应该更少。尽管单词和短语是典型的标题用语,但有时也可以用问句。当报告是带问题的建议,回复询问或请求时,这种格式的效果很好。

报告作者可以从不同标题体系中进行选择。图 6-1 中所示的标题体系可以满足大部分的需求。

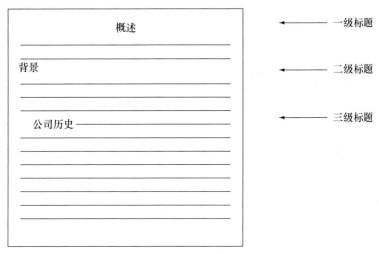

图 6-1　报告标题格式举例

一级标题

一级标题用于报告各主要部分,包括序言(如简明摘要和目录)、引言、报告主体的各主要部分及结尾。为了显示标题的重要性,可以居中、加粗、用大字号或全部大写。如果报告使用双倍行距,一级标题要与正文保持三倍行距。作者可以自由选择使用哪种设计,但一旦选定一种设计,必须在报告全文中前后一致。

二级标题

二级标题表明其下方的内容从属于报告主体的主要部分。这些标题通常从左边空白处顶格写,使用加粗字体。二级标题下面空一行或两行开始写正文。本章结尾处会列举一、二级标题的例子。

三级标题

一般来说,报告分到三级标题就足够了。作者可以缩进三级标题、加粗。通常要在三级标题后加上一个句号,然后空两格,在同一行继续写正文。

6.2.5 过渡

标题可以起到过渡作用,除此之外还可以使用其他过渡法。从一个主要部分转入另一部分时,作者应当对前一部分进行概括,并且提示下文的内容以示转换。当从一个分段转换到另一个分段时,应当用一句简短的话提示读者观点的转换。判断过渡的一个好方法是看看如果没有标题,正文读起来通不通顺。如果通畅,那么读者在阅读过程中不太可能找不着逻辑或感到困惑。

现在,我们已经研究了关于格式、观点的排列、主体内容的组织、标题和过渡等策略问题,接下来将讨论更常见的商务报告的几种写作类型的内容安排,这几种写作类型包括备忘录报告、信件报告和正式报告。

6.3 备忘录和信件报告

我们先来看看备忘录和信件报告。在商务报告的非正式到正式的连续统一体中,这两种报告属于非正式报告。短幅报告被越来越多地以电子版的方式传递(如电子邮件附件),而不再是纸张文件。无论是纸张文件还是电子文档,都应当遵循下列原则。

6.3.1 备忘录报告

备忘录是在组织沟通中最不正式的一种报告,但非常高效实用。备忘录中总是有固定形式的标题——收件人、发件人、主题和日期,它们位于报告的最上部,以便有效地发送,读者也可迅速理解其目的。上一章讲到的主题词的编写原则同样适用于此。在间接顺序的报告中,主题栏不能透露结论。

引言

备忘录报告开头简短的引言部分通常告诉读者报告的目的以及是由谁委托的。例如,"受您6月8日的委托,此报告评估了三种复印机并建议购买其中一种"。更合适的说法常常不要那么正式,如"前不久您要我考察购一台新复印机的事"。

在报告中说明信息的获得途径也非常合适,如"我给三家生产商的销售代表打了电话"或"我查看了三家公司提供的销售材料"。虽然问题的调查范围通常是显而易见的,不过在报告中介绍这一范围也是恰当的。

采用直接方法的报告会在开头部分表明报告的结论或建议。在前面关于复印机的例子中,使用直接方法的作者可以在第一段的最后一部分就写明建议购买哪一种复印机。

主体

无论报告采用的是直接顺序还是间接顺序,备忘录报告的主体部分都要详述作者得出某结论的原因。为了使人一目了然,标题常常与内容分开,或者居中,或者居左。标题可以引导读者阅读具体内容,读者只需扫一眼就知道该部分讨论的内容是什么。

列表也是写作备忘录报告时很有用的内容组织工具。作者必须写入列表,不过通常不超过一句话。列表可以削减文章长度,而且由于简单明了,也有助于读者理解和记住报告内容。为了便于读者理解,列表应当使用相同的语法结构。例如,在关于复印机的报告中,作者可以像下面这样陈述。

我对复印机的性能评价归结为以下四个方面的内容:
- 能耗
- 运行成本
- 运行速度
- 维修频率

当然,写作者必须小心,不要让备忘录退化成目录列表。管理者在努力提高报告效率的同时,要避免将报告变成大纲或短语的堆砌。

在备忘录报告中,管理者也可以运用视觉辅助工具(稍后讨论),以帮助读者识别重要观点和支持性材料。

结尾

备忘录的结尾需要认真对待。如果报告使用的是间接顺序,那么最后一段应当给出结论和建议。如果使用的是直接顺序,那么可以谈完最后一个观点后就结束文章。为了表明文章到了结尾,作者在最后一段中可能会使用过渡性词语,例如,"最后,我对复印机的运行情况进行了检测,发现……"。通常这种过渡足以表明文章到了末尾。

6.3.2 信件报告

信件报告与备忘录报告类似,但是有三个根本的区别:格式、语气和读者。

格式上的区别是必然的,如信件报告中要有收件人的姓名与地址*,格式上的区别还在于惯例不同,如信件中要有称呼语和结尾问候语。信件报告中必须写收件人的姓名与地址,因为报告的读者来自组织外部,而备忘录只需要在组织内部传递即可。

两者之间更细微的差别在于语气。因为信件报告是送递到组织外部的,所以成了建立良好关系的工具,意味着更多的业务合作。所以,信件报告要比备忘录报告更强调读者的利益,常常在结尾处表示希望保持良好关系,期待继续合作等。

组织

信件报告可以使用直接顺序也可以使用间接顺序,不过大多数情况还是偏向于间接顺序,因为与读者有一定距离,所以往往难以把握他们的反应。如果报告对读者来说毫无疑问是积极的,可以用直接顺序。在这样的情况下,一个清晰的主题栏就可以告诉读者问题的实质及报告提出的解决办法。

---

* 英文信件中要有此类信息。——译者注

引言

与备忘录报告一样,信件报告需要一个简短的引言,使读者了解该报告的目的。通常只用一句话就可以说明写作目的及受谁委托(或指出是受谁的请求而写)。例如,"根据您上周信中的要求,以下是我们使用 Ace 维修服务的情况报告"。另外,有时还可以介绍一下报告的范围和具体细节所使用的方法,当然这些将在主体部分具体论述。

主体

信件报告没有固定长度,8—10 页也不稀奇。

在信件报告中使用标题是有益的,尤其对于长篇报告更是如此,因为标题可以迅速地告诉读者各部分的重点是什么。有时管理者写的报告是对读者一系列问题的回复,所以标题也可以反映读者的问题。与备忘录报告一样,在信件报告中也可以使用符号列表(Bulleted Lists)。

结尾

如果结论和建议留到报告的最后才讲,那么应当把它们放在最后一段之前。信件报告的最后一段一般用来表示希望建立良好关系。因为读者希望看到作者的个人投入,而作者也希望能够以肯定的语气结尾,并表示期望与读者进一步合作。

报告的最后一种类型是正式报告。尽管我们要讨论长篇正式报告的所有组成部分,但是并不是每篇报告都要有信件的全部要素。记住长篇报告一般采取正式格式。

6.4 正式报告的组成部分

虽然你可能不需要经常写长篇正式报告,但是一旦需要写这种报告,就会想把它写好。正式报告往往是以打印文档的形式递交给读者,较少用电子文档,不管是给内部读者还是给外部读者都是如此。下面,我们首先讨论报告的前页,然后回顾一下报告本身,最后看报告的附加材料(见表6-2)。

表 6-2 正式报告的组成部分

文前	报告主体	附加资料
扉页	引言	参考资料
传送文件	主体	参考书目
目录	综述	附录
图标目录	结论	
简明摘要	建议	

6.4.1 文前

这部分放在报告之前,通常与报告的长度和正式程度直接相关。报告越长、越正式,前面内容越多,每部分内容占据一页纸的空间。

扉页

扉页是大多数正式报告的第一页。一般来说,由标题、读者和作者的完整身份信息、日期四部分组成。拟定报告题目时,作者必须简明和完整地描述报告的目的和主题。正是由于标题要能完整地反映内容,因此商务报告的标题通常要比文学作品的标题长。

读者和作者的完整身份信息包括姓名、职位、组织、城市、州/省,有必要的话还有国家。在介绍读者和作者信息之前通常会有"呈送给……"或"为……准备"和"由……准备"等词语。如果读者和作者的组织和城市名一样(如内部报告),则组织名及城市名可以略去不写。这些信息应该均匀分布在扉页上,并且横向居中。请参照本章结尾处扉页的例子。

传送文件

正式报告中接下来的是传送备忘录或信件(有些作者会把它夹在报告的封面上)。在内部报告中称为传送备忘录,在外部报告中称为传送信件。一般来说,如果报告是作者亲自递交给读者,那么传送文件就起到代替作者和读者所要进行的谈话的作用。

传送文件中的第一段有三个作用:写明"这是……的报告",简单地陈述报告的性质,以及有关报告写作的授权细节。注意所有这三个目的应当用一句话来表达,比如,"根据您7月10日备忘录中的要求,报告是有关成本控制的选择方案"。

传送文件的主体内容随具体情况而变。总体而言,主体部分可以激发读者阅读、理解并运用报告的内容。此外,作者还需对在报告的调研及写作过程中给予过帮助的人表示感谢。为了使传递内容简短,这部分不能写报告的概要,是简要综述的内容。

一般来说,作者会在传送文件的结尾提出行动请求(如"读完报告后请给我电话"),并表示出希望建立良好关系的姿态。在结尾处还要感谢读者把这项报告任务交给你,并表示愿意继续提供服务。对有些人来说,对给布置任务的人表示感谢似乎有些难以理解。持有这种怀疑态度的人要记住写报告的任务是展示你的分析能力和沟通技巧的绝好机会,当有升职机会时,别人会仔细地考察和评估你的这些能力和技巧。

目录

紧接着传送文件的是目录。现代文字处理软件可以根据正文的标题和副标题自动生成目录。目录的真正价值在于可以使报告的各部分一目了然,读者可以根据页码找到感兴趣的部分。

如果你必须亲自创建目录,那么就要确保目录里的标题和正文中的一致。此外,为了使页码和条目相连,可以使用指引虚线(由交互的句点和空格组合而成,与条目排成一行)。页码应当右对齐。

图表目录

对于有超过五个图表的报告来说,可以使用表格和图形目录,如技术报告等。如果需要并且空间也足够的话,图表目录可以从目录下方空几行处开始。题头就写"图表目录",格式与总目录一样。大多数作者都把图表目录分成表格目录和图形目录。先写表格和图形的编号,紧接着写标题,然后是指引虚线,最后是页码。

简明摘要

在正式报告中,接下来的序文部分就是简明摘要。简明摘要也称为摘要、大纲、综述,是对报告内容的概括。[9]管理者往往只对报告的要点感兴趣,往往只阅读报告的简明摘要,而不是通读整个报告。简明摘要的写作难点是提炼出报告的主要事实、分析和结论。在涵盖每个关键要点的同时将篇幅控制在报告长度的十分之一左右。

完成这项工作的简单办法是:先写出整个报告,然后检查并标出重要语句,得出概述,找出主题句。最后,把重要语句组成一个新的段落,语句的顺序与在文中出现的顺序相同。请参照本章结尾处简明摘要的例子。

6.4.2 报告主体

报告正文部分先是引言,然后陈述所有信息,最后提出结论或建议。下面几段将详述各部分的内容。

引言——必要部分

正式报告主体的第一页是引言,一般用一级标题表示。引言部分由很多因素组成,有些因素必不可少,有些则视情况而定。这些因素没有统一的顺序规定,但下面介绍的顺序对大多数情况都适用。

每个引言都应当包含报告的目的。一般来说,报告目的可以告诉读者将要研究的问题是什么。[10]你可以直接阐述报告的目的,如"这篇报告的目的在于……"或者"这篇报告建议采纳新程序,以便……"。

另外大多数报告都不可或缺的部分是授权人信息。通常可以一笔带过,如"根据您12月10日的要求,本报告……"或"根据布鲁斯·费林先生3月5日的委托,我们写出此份报告,以解释……"。指明报告是受谁的委托而写,这样可以建立一条清晰的责任链,说明为什么要投入时间、精力和资源撰写这份报告。只有一种情况下不需要指明,即作者自己主动写报告的时候。

报告的引言中还应说明研究方法。一般来说,读者都想知道写作者是怎样找到数据的,因为知道了其研究方法就可以推测出内容的权威性。如果报告引用的是已发表资料,那么作者只需说明使用的是二级调研资料(Secondary Research)。如果材料来自一级调研资料(Primary Research),作者就要详细描述收集数据所用的方法(调查、采访、观察),这样读者可以判断研究质量。

最后一个必要的、往往置于引言最后部分的内容,是告诉读者报告的结构,即报告的主体部分以何种形式组织在一起。这一部分内容极其重要,标志着报告即将转入主体部分,同时也使报告的主线清晰地印在读者脑中。报告的结构介绍通常可以简单地写成"此报告首先……然后……最后……"。报告必须严格按照引言中介绍的顺序展开叙述。

引言——可选部分

根据读者和作者的需要,引言中还可以包括其他部分内容。例如,说明报告受到哪些外部条件的限制,并具体说明这些条件因素对报告调查范围产生了哪些影响。最典型的限制条件是财政限制,作者的预算常常有限,无法广泛进行调研或开展详尽的人口抽样调查。时间是另一种常见的约束条件。报告提交的最后期限往往限制了调研的深度。

引言中另一个可以写的内容是报告的研究范围。在描述范围时,作者需要考虑读者期望从报告中得到什么。如果他们的期望和报告的内容不一致,那么作者就要简要描述一下报告涵盖了哪些领域和没有涵盖的领域。例如,在为工厂推荐一个新厂址的报告里,作者需要在报告范围说明中指出,报告只研究了四个最佳厂址,不包括建筑和工程等方面的细节,这些细节将另外介绍。

有些报告的引言中需要对某些词语进行定义。如果有几个关键术语贯穿报告始终,且读者不熟悉这些术语,那么就应该在引言部分对之进行定义。如果只有少数几个术语且只出现几次,那么应该在术语第一次出现时进行定义。如果有很多词汇需要定义,那么应当使用术语表。

有时,需要简单地介绍报告所讨论的问题的背景情况。有些人将背景介绍放在引言部分,有些人将背景介绍放在报告正文中。简短的背景介绍更适合放在引言中,而非放在报告主体中。

主体

紧接着引言的是报告的主体。由于大多数的提案报告采用间接顺序,所以结论和建议在报告的结尾才出现(但是位于所有附加文件之前)。如果是信息型报告或内容不敏感的报告,可以使用直接顺序,结论和建议直接放在引言之后。

在正式报告的主体部分中,通常使用标题以突显信息的内容。本章前面提到了标题的部分写法,当然也可以采用其他写法。值得注意的是,标题不能满足所有过渡要求。有必要的话,需要重复标题里的信息,以便更好地过渡。

报告的主体内容应当结构合理,前面已经讨论过文章的结构组织原则。报告的主体内容应当连贯,使读者感觉顺畅。必要时还要使用相应的过渡技巧,使报告的主要部分和次要部分连接自然。

报告主体还应当显得客观。一般来说,劝说式报告(比如给潜在客户的提案)不像信息型或分析型报告那么冷静客观。但是在所有的报告中,作者都要区分事实和推断。如果是假设或推断,则应使用明确的词语表明这一点,如"假设……"或"这些数据表明……"。如果将假设或推断当成事实陈述给读者,那么整个报告的可信度将因此受到影响。

英文报告的主体部分还要有正确的时间观念。时间观念指的是陈述报告结论时或参照报告中其他部分内容时所用的时态。如果调查的时间比较接近写作时间,且数据没有发生变化,则可以使用现在时。例如,"Fully 68 percent of our employees *believe** that their benefits are adequate." 同样,作者在引用报告其他部分的内容时也可以使用现在时。例如,"Table 2, in the previous (or next) section, *presents* the responses to questions 4, 5 and 6 of the questionnaire."

---

* 此处动词为现在时。——译者注

如果数据已经发生变化,比如引用别人几年前的研究成果时,应当使用过去时。例如,"In the Gifford study, 51 percent of the respondents *reported** dissatisfaction with their benefits."为了保持一致,提到报告前面部分的内容时使用过去时,提到报告后面将要提到的内容时使用将来时。

总结、结论和建议

大多数正式报告的最后一部分内容是总结、结论和建议。信息型报告最后只需对重要论点总结即可,分析型报告的结尾需要有结论或建议。提案的结尾通常将建议部分单独列出。

结论部分只需列出作者的分析结果。如果作者讨论的是新工厂选址的几个备选方案,那么可以在结尾处总结说明地点甲是价格最低且最方便的地点,而地点乙对公司来说面积最大、最近,也最安全。

建议比结论更进一步。为了写好建议,作者必须对如何解决问题做出决策。然而有时候,报告的委托人可能只想得到结论,而不是建议。也就是说,读者只想知道作者的调研结果,至于到底如何决策,读者将自己做出判断。

报告的主体部分要能够支持所有结论,所以结论部分不应当介绍任何新信息。当然,建议可能是种新信息,但是建议来自结论。另外,不能出现论据与结论不统一的情况。

一般来说,使用直接顺序的正式报告在报告的开始部分就介绍结论和建议。对于这种报告来说,结尾最好有个总结,或者也可以在报告最后一部分清楚地告诉读者报告已经接近尾声。

6.4.3 附加资料

是否需要附加资料要视具体情况而定。许多正式报告并没有附加任何资料,但同样是完整的。下面是附加资料的几种类型,作者可根据情况使用一种或几种附在报告最后。

参考书目/参考文献

如果报告中使用了别人的研究成果,或读者有可能需要从资料出处找到原始资料,那么就需要在报告中附上参考书目。也有人将参考书目写成引用文献(Works Cited)。此外,作者还可以列出其他对读者可能有用的相关资料信息。不管是直接引用的参考书目,还是没有直接引用但对读者有用的其他书目,都应按照标准的参考文献格式来写。涵盖资料来源决定引证信息的数量。

附录

补充材料应当以附录的形式出现在正式报告中。补充材料包括财务数据、图表、工作样本、图片、访谈笔录、调查结果以及实体模型等。简而言之,如果认为读者需要更多的信息,但由于信息太长或细节太多,放在报告主体部分会破坏报告的连贯性,那么就可以把它们放在附录中。

附录的格式一般是:每张表格、图形或其他信息都应当单独列在一页,并且编上序号,加上标题。附录的页码应当延续报告正文的页码。报告的目录部分也应当包括附录。

---

* 此处动词为过在时。——译者注

6.5 视觉辅助工具

视觉辅助工具是一种常见的、非常有效的工具,它可以清晰地用语言表达读者不太容易理解的趋势和关系。大多数关于视觉辅助工具的研究表明,表格和图形可以增进人们对内容的理解。[11]

视觉辅助工具适用于各种长度的报告,常出现在正式报告中。位置可以是报告的主体部分或附加材料部分。视觉辅助工具有许多种形式,例如表格、线图、条形图、饼图和统计图表。报告作者使用哪种形式的视觉辅助工具,取决于所讨论材料内容的性质。

为了更好地解释视觉辅助工具对读者适应性的作用,我们将视觉辅助工具放在从生动性到信息性的连续统一体中。一般来说,比较缺乏相关经验及对商务报告内容不熟悉的读者喜欢生动的辅助工具。所以,一份比较公司在过去三年里产量数据变化的年度报告中,最好使用统计图表。玻璃制造公司在制图时可以用瓶子图形代表百万个瓶子。尽管这些生动的视觉辅助工具可以清楚地表示产量的上升或下降,但却不能显示更加细微的变化。用一个瓶子的分数代表百万瓶子的分数很难说明问题。因此,我们可以将确切的数量或比例标注在图表旁边以增强信息的力度。

另外,交给上级管理人员的正式报告应当根据他们对数据精确程度的要求使用相应的视觉辅助工具。例如,使用表格比较几年中不同产品的产量情况。应该注意到,表格虽然可以提供大量信息,但是不够生动形象,读者必须自己分析数据,即使分析完数据,读者或许仍然觉得没有什么信息令人印象深刻。

在从生动性到信息性的连续统一体中,处于中间位置的视觉辅助工具是线图。线图对趋势的表现力很强。使用线图可以让读者一下就看出图形所展示的产出率、利息率或收入的变化,以及数量级别所代表的含义。

6.5.1 一般原则

有几个一般原则适用于所有的视觉辅助工具,这些原则能帮助作者创造出清晰的、适合读者需求的辅助工具。

适合性

第一,视觉辅助工具应当对报告的相关章节起到进一步说明的作用,所包含或象征的数据对正文来说应该是一种补充,而不是重复。仅仅重复正文内容的视觉辅助工具应当放在附录中,而不应当放在报告中,以免造成混乱。除此之外,应当根据数据选择合适的视觉辅助工具类型。

提及和位置

第二,如果运用了视觉辅助工具,作者应当在正文中提及这些工具。最好的办法就是在视觉辅助工具出现之前,在正文中先提及它们。一种简单的说法是用括号"见表1"。另外,要尽量把视觉辅助工具放在接近语言叙述的部分。如果作者把视觉辅助工具放在附录里,那么在正文中可以说"参见附录3"等。

内容

第三,视觉辅助工具的内容应当和文中正在讨论的话题相关。不要在一个图表中放入过多的数据。有些数据可能更适合出现在报告后面的部分,有些可能适合在报告中出现两次或两次以上。

除了要和内容相关之外,表格还要简洁。要尽量使视觉辅助工具看起来简单易懂,尤其是柱状图、饼图和线图。视觉辅助工具中的内容应当清晰地反映所讨论的问题。为了简化辅助工具,可以使用缩写和通用符号。尽管报告的文字部分通常不使用符号,但视觉辅助工具的简洁特性要求使用符号这种特殊指代方式。当然,作者必须通过图例说明,确保读者能够理解所使用的符号和缩略语。

惯例

视觉辅助工具还有一些使用惯例。第一个惯例是,作者在报告中通常将图和表区分开来,图包含表之外的所有视觉辅助工具。第二个惯例是,图和表要分开编号。所以,一份有三个表格和四个图形的报告应当这样编号:表1、表2、表3、图1、图2、图3、图4。第三个惯例是,表和图的标题要能反映所包含数据的内容。在为视觉辅助工具定标题时,作者要记住两点:简洁性和完备性。也就是说,在标题中要用有限的词语描述出图表所传递的信息。因此,一个雇员工作满意度与工作时间长度的比较可以用"工作时间与满意度的关系"。

下面讨论的就是商务报告中最常用的几种辅助工具:饼图、柱状图、线图和表格。

6.5.2 饼图

饼图适用于表示某一单位的各部分比例。一个饼图被分成若干个模型,令人觉得形象生动,不过各部分之间的差别要足够大,这样才能让读者从视觉上区分出各部分图示的大小。饼图的模型部分代表百分比,整个"饼"是百分之百。饼状图在商务报告中用来说明会计年度预算和收入来源的分配。但是饼图不能显示走势或不完整信息的分类状况。图6-2标示了标准的饼图。参看本章结尾的饼图。

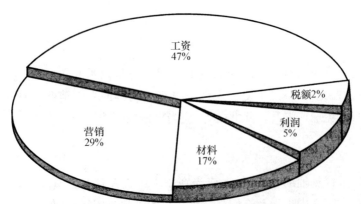

图6-2 饼图示例:2005年XYZ公司销售收入分配

6.5.3 柱状图

饼图在表示整体与部分关系方面很有用,但是不适合用来比较整体与整体的关系或部分与部分的关系。当两个饼形或饼形的楔形部分并排放在一起时,我们很难用肉眼分辨出孰大孰小。在这种情况下,柱状图更为适合。

最简单的柱状图可以用来比较某一时间点上的不同单位。柱状图由水平或垂直方向的柱状物组成,通常垂直走向的柱形多些*。柱状物的垂直轴线代表单位,水平轴线代表数量。

比较复杂的多层柱状图不仅可以比较总量,还可以比较其组成部分。在多层柱状图中,(代表某一总数的)每一个柱状物上都标示出了组成部分。这种图形便于做总量和各组成部分的量的比较。

比如,为了显示某一年新车销售的构成情况,作者可以画一条柱状物代表新车销售总额,然后把它分成若干小格,每格代表公司的销售情况。显然,如果对比不同年份的情况,柱状图比饼图更便于比较。与饼图相比,柱状图更容易区分出总量的差别,而且矩形也比圆形中的楔形更容易显示出各部分的差别。图 6-3 显示了标准的多层柱状图。

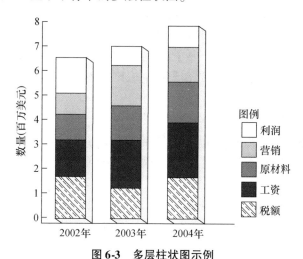

图 6-3　多层柱状图示例

6.5.4 线图

线图代表了信息性与生动性的平衡。线图反映了事物在不同时间段的变化,其中包括总体变化及具体的日期和数量的变化。线图可以让读者比较几种要素的变化。你可以在一张线图中划几条线(一般不超过四条),每条线代表一种产品或要素。线图必须准确地反映信息。同一线图中的单位应该一致。不能通过加工图形的方法来歪曲事实。比如,不能为了弱化销售下降,改变年度销售线图上的某一时间点的度量方法(见图 6-4 典型的多条线图)。

---

*　水平走向的叫条形图——译者注。

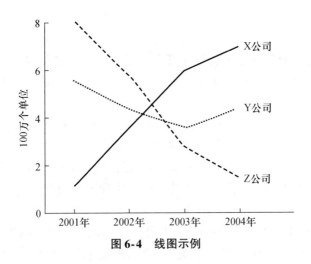

图 6-4　线图示例

6.5.5　表格

表格是一种非常有用的视觉沟通工具。表格中的数据一般应十分精确,便于做统计比较。正如前文所提到的那样,表格的信息性很强,但是不如其他视觉辅助工具生动。表格不能直观地告诉读者趋势,也不具备图形的某些优点。[12] 尽管如此,它们在帮助读者掌握复杂的统计数据或事实数据方面仍起到一定的作用。这些数据放在表格中远比叙述出来更容易理解。

表格的内容范围较广,可以是为了帮助读者理解内容的非正式列表,也可以是复杂、正式的参考表。表格由纵列和横行组成。以下是构建表格的规则:

- 给每个参考表都编上号并加上标题(如果需要还要写明资料来源)。
- 在左侧纵列及表根中写下项目名称,这一列从左至右在水平行里详细说明各项目具体情况,定义主题。
- 列标题(即水平排列的第一行)表示其下面每一纵列的内容。
- 必要的时候使用画线区分列标题和表根,但是画线不能用得太多,以免表格显得混乱。
- 适当使用缩略语和符号。
- 数字按小数点对齐,没有小数点的数字右对齐。
- 在表格中留出足够的空白,尽量使表格简单而不混乱。

表 6-3 表示了标准的表格。

表 6-3　表格示例

产品	年份		
	2002	2009	2010
加热器	632	716	805
面包机	231	367	592
室内烤架	114	298	613

本章小结

报告是组织中最重要的沟通方式之一,以帮助管理者策划、组织、执行、评估以及改进。报告适用于内部读者和外部读者。管理者写报告,要么是因为受到他人委托,要么是出于自己的需要。在准备写作报告的时候,作者必须首先对问题进行定义。如果报告是分析性的,就需要进行研究并给出一个可行的解决办法。

报告可以根据正式程度或使用的频率(次数)分类。报告的正式程度取决于几种策略因素:读者、调研和写作报告所花的精力、报告的价值、任务委托人以及公司政策。

报告还可以分为普通报告(经常使用的类型)和一次性报告(特定要求的报告)。特定要求的报告有分析性报告、提议和评估报告。

报告采用什么顺序也很重要。在传递好消息及中性信息的报告里,适宜使用直接顺序,在报告开头就提出主要结论和建议。而传递坏消息或提出建议的报告里,适宜使用间接顺序,把主要观点放在最后。报告的主体内容可以按时间、地点、数量和要素来组织。

标题可以起到引导读者的作用。标题的设计和位置能说明相应部分内容的相对重要性。正文中的概括是一种过渡,是让读者知道报告结构的另一种工具。

备忘录报告是组织中最常见的非正式报告。必要的时候也使用标题,以将各部分内容区分开来。信件报告与备忘录报告有共同之处,不过信件报告主要针对组织外部的读者。另外,管理者通常会通过信件报告努力与读者建立良好关系,这一点在备忘录报告中则不那么重要。

正式报告的读者不论是内部的还是外部的,一般由文前、正文和附加资料组成。文前包括扉页、传送文件、目录、图表目录和简明摘要。一般来说,报告越长,格式就越正式,文前内容就越多。报告正文包括引言、组成报告主体的各主要部分,以及总结或提出建议的结尾部分。附加材料部分是不适合放在报告主体中的补充性信息,通常是参考资料和附录。

视觉辅助工具可以出现在报告正文当中,也可以放在附录里,是从生动性到信息性的连续统一性。选择何种视觉辅助工具取决于读者需要,而且形式应当与内容相适应,其位置可以紧靠初次提到此部分内容的地方,也可以放在附件里。饼图适合表达整体中的部分信息,生动性很强,还可以提高其信息含量。柱状图也很直观,传递的信息也很丰富。多层柱状图特别适合对不同单位(或单位的组成部分)进行比较。线图可以显示随时间发生的变化,既含有丰富的信息,又很生动,但是画线图时要特别注意准确。表格不如其他类型的视觉辅助工具那样生动,但是与描述性方式相比,表格对于读者理解内容还是非常有帮助的。

沟通审计报告

送交：执行副总裁 杰夫·沃尔特斯

作者：高级副总裁 金姆·杰克

2009 年 11 月 4 日

简 明 摘 要

  2009 年 10 月，我在本公司对区域经理和大区经理之间的有效沟通做了一个调查。调查的目的是找出沟通欠缺的区域，收集改善沟通的数据。

我的调查结果如下：
- 电子邮件是大区业务经理和销售经理选择的沟通工具。
- 缓慢的、重复的对话不利于业务经理和销售经理的接触，也缺少计划性或议程。

应该增加区域经理和大区经理面对面交流的次数。

改进的建议如下：
- 不能用电子邮件取代区域经理和大区经理之间面对面的沟通。
- 定期对大区经理进行商务沟通的培训。
- 提交正式的会议议程和时间限制以提高会议的效率。
- 大区经理需要更多的面对面的沟通。
- 大区经理有责任纠正沟通误解。
- 对大区经理间的沟通事宜和互相通报的事宜制定标准。
- 大区经理应该互相通报相关信息。

引　言

　　要注意交给上司的直接报告的沟通质量和一致性,这对任何组织的成功都是很重要的。在我们公司,区域经理必须与两位上司沟通,而且这两个上司要经常交流。由于这两人各自的工作重点不一样,因此常会影响有效的、清晰的沟通。

　　就沟通而言,你很清楚我们公司的结构问题。本报告评价了我公司目前的模式,提出改进大区业务经理和销售经理向区域经理直接报告的沟通建议。

　　我通过对全州18名区域经理的电子邮件调查收集到一级数据。报告中有我以前作为大区经理以及我现在为大区业务经理上司的个人观察。报告中的二级资料来自互联网的文章和书籍。

　　在报告中,您将发现关于我公司目前沟通的优点和不足,包括使用电子邮件、各种形式的会议、电话通信和短信。最后,您将注意到我对改进全面沟通的建议。

电 子 邮 件

　　大区经理和区域经理使用各种沟通工具,但是他们最常用的是电子邮件。尽管这是多部门沟通时的有效方式,但是,这不会总是一个正确的选择。

大区经理们与区域经理们沟通

　　电子邮件是大区经理与区域经理联系的主要形式。被调查的区域经理愿意用电子邮件从大区经理处获取信息。尽管区域经理没有专用的工作电脑,但是他们可以上网页邮件(Webmail)以及区域经理的工作站。许多人认为Treo的手机多媒体设备非常好用。

　　许多信息是区域经理用电子邮件在双方方便的时间进行交流的。电子邮件可以很容易地在两个忙碌的人之间传递信息。给大区同事一份"副本"是很常见的做法。两个忙碌的人用电话或面对面的语言交流比较复杂。但是,非常规或高时效的信息常常是通过面对面或电话进行交流的。

　　区域经理们是大区的一个群体,他们常收到大区经理的信息。有些单独收到的电子邮件有非常规的性质,同样复杂。"当你发一份敏感的信息,或信息中包含情感成分时,电子邮件不是最好的沟通渠道。"(Deep & Sussman, 1995, p.70)

　　为大区经理进行定期培训,强调选择合适沟通方式的重要性能使他们保持新的观点,改进与区域经理沟通的质量。

区域经理们与大区经理们沟通

　　区域经理们愿意用电子邮件交流,也喜欢用电子邮件与上司充分沟通。一个基本原因是时间和双向告知。

　　区域经理们常用电子邮件解释收到的有冲突的指令。如果一位上司告诉他们与另一位上司矛盾的事宜,电子邮件是同时向对方给出一个一致回答的有效方法。这时大区经理们负责解决冲突。

会　议

会议是达到沟通目的最有效的方法，会议能有效地发布信息、解决问题。区域经理参加各类会议，包括他们大区经理召开的会议：电话会议、与大区其他经理们面对面的交流、与各自上司或上司们的单独会面。下面谈一谈这些类型的会议。

电话会议

大区经理们通常与他们的区域经理召开电话会议。有时是每周召开一次，有时是隔月一次。尽管这些会议通常被看成必要的，且富有成效的，但是也要改进。

据说，电话会议进程慢，有重复的话题，缺少合适的计划。结果是"浪费时间，消磨与会者的精力，更不要提及会议恐惧文化"（Walters，2003，January）。因此，应该采取正确的行动。首先，制订并执行议事日程计划能克服大多数这样的缺陷。如果提前打印出议事日程的话，能确立一个时间框架、期限，确保涵盖相关的论题，鼓励做准备工作。

大区会议

大区会议与电话面临同样的挑战。制定议事日程能起到很大的正面影响。

开会的频率是另一个要考虑的方面。多数被调查的区域经理们认为他们需要与其顶头上司更多的、面对面的互动。大多数人认为每月的面对面会晤是有益的。制定所有大区经理执行的月会标准对所有人都有帮助。

人际管理沟通

根据需要区域经理与一位或两位上司会晤。许多区域经理认为增加与大区管理层的接触对他们有好处。

在没有其他人在场的情况下与一位大区经理沟通，区域经理要告诉不在场的大区经理他们讨论的事宜，这是他额外的负担。区域经理应该在向某一位上司汇报时，不担心会与另一大区经理有冲突。大区经理们应该彼此沟通，以减少他们转达直接报告时所犯的官僚主义。

此外是制定"谁告诉什么"的标准。如果一位区域经理与他的营运经理会晤，就应该有某些显然是营运经理承担责任的问题，比如说出纳工作出问题了。这时如果有必要的话，大区营运经理有责任通知大区销售经理。

电　话

电话沟通常用于交流时效性事宜。

有些大区经理每天给他们的区域经理打电话以保持联系。电话是按地理分布的大区管理团队的主要沟通连接方式。

大区经理与区域经理沟通

电话可以快速回答许多问题。多数区域经理打给大区经理的电话是告知问题并得到答复。除非区域经理能够在电话会议中与两位大区经理交谈，否则电话要打两次。

面对面会晤中已经提到了制定"谁告诉什么"的标准。这样能减轻区域经理的报告负担。根据受访者的回答,50%以上的人认为两个顶头上司增加了的压力,很难工作(见下图)。

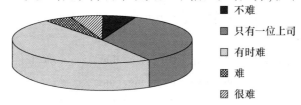

图　两位老板的难度比例

两位大区经理和一位区域经理

尽管在无任何一方缺席的情况下,通过额外的沟通,这种沟通方式也无大碍,但是会使交流变得复杂。然而,三方电话沟通的快速性和一致性对区域经理会有帮助。

短　　信

大区经理和区域经理常用短信快速地交流信息。短信取代电话能加快沟通的工作流程。当需要某人马上回复电话或要某人先发一封电子邮件时,大家常用短信。由于信息120个字的限制,以及比起之前寻呼硬件更难打字的键盘,Treo 新型手机降低了短信的信息完整目标。

总　　结

总之,我们的组织结构不利于大区经理和区域经理们进行清楚的交流。尽管各类沟通形式都有使用价值,但每一种都有其缺点。大区经理和区域经理之间最主要的沟通模式是电子邮件。电子邮件是有效益的,但是当传递非常规信息时有局限性。会晤是区域经理和大区经理的一种选择,由于缺少计划是有缺陷的,区域经理们想增加人际间的沟通次数。电话沟通是一种好的工具,但是不能接触到各方人员。就像其他沟通形式一样,由于有互相通报的责任,容易引起误解。这时,短信是一种很有用的沟通补充工具。

建　　议

下列的建议是经过深思熟虑提出的,以帮助我公司减少束缚大区经理和区域经理沟通成功的障碍。

- 不要让电子邮件取代面对面的沟通。
- 给大区经理提供定期的商务沟通培训。
- 为了提高会议的效益,要制定正式的议事日程和时间限制。
- 增加面对面会晤的次数。
- 制定哪些事宜必须与两位大区经理沟通,哪些可以报告给一位经理的规定。
- 要求大区经理互通相关信息。

参 考 文 献

Deep, S., and Sussman, L. (1995), *Smart moves for people in charge.* Cambridge, MA: Basic Book.

Walters, J. (2003, January), Meetings 101: Was that a good meeting, or a bad one? *Ivy Sea, Inc*. Retrieved October 29, 2005 from http:/www.inc.com.

小组讨论案例

案例 6-1 推荐报告

你是一家大型批发企业负责营销的中层经理,这天早上,你的老板把你叫到办公室,通知你准备更换公司销售车队的 126 辆轿车。她要求你写一份调查报告为这些即将淘汰的车提出采购推荐建议。

选出四种可比较的车型,如福特 Fusion、本田 Accord、雪佛兰 Malibu 和丰田 Camry。在选择某种车型前,你可能需要对驾驶轿车的销售人员的要求以及是否需要运送轿车样品等信息做些假定。在这份报告中,我们假设你已经考虑了其他同类车型,并选择了最合适的前述四种车型。

下一步任务是确定车型的选择标准。记住:研究报告的质量将取决于你是否全面地找出相关标准。确定了标准及其子因素后,便可以着手进行调研。《消费者报告》及 car.com 等网站都是宝贵的信息来源,但也不要忽略其他相对不明显的资源,比如经销商。

收集整理完信息之后,便可以开始撰写报告。报告应该采用什么样的形式?确定报告形式时应考虑哪些策略因素?如果你选择正式报告的格式,那么前言应该包括哪些内容?引言应包括哪些部分?报告的正文应如何组织?报告的结尾部分应当包括哪些内容?

案例注意事项

这种报告应该采用直接、正式的形式,因为报告是写给上级的,而且包含的信息属于中性。前言部分必须包括传送信,说明作者之所以撰写该报告是由于受高层管理人员的指示和授权。接下来的引言部分应该包括报告使用的方法、目的和范围。报告应该包括所有待选的车型以及每种车型的数据情况表,以便决策委员会做出最终决定。在陈述报告结论时要注意方法,要能引导管理层做出与作者相同的决策。

案例 6-2 信息型报告

首先,制作一份调查问卷,内容包括商务人士面对的 10 种典型道德困境,选项包括非常同意、同意、未定、不同意、强烈反对。比如,"如果行贿在某国被认同,那么美国商务人员在该国行贿官员的行为是可以接受的"。又如,"为了开除工作表现差的员工而向其提供一份好的证明信的行为是可以接受的"。

在调查问卷的结尾部分,可以询问一些使分析结果更有趣的人口统计信息。你可以询问受调查者的性别、就业状况、年龄、婚姻状况、工作经历、受教育程度等。

下一步,在校园随机分发调查问卷,至少回收 100 份。调查样本越大,调查结果越具有统计意义。你甚至可以带个投票箱以证明调查的保密性。

在收集完数据并分析其结果之后,你可以准备将信息写入报告并呈递给主管,需要回复以下几个问题:报告将采用什么样的形式?决定报告形式时应考虑哪些方面的因素?报告包括哪些部分?使用直接顺序还是间接顺序?如何组织报告的主体部分?

我们还可以对这份报告做个有意思的变动,即将调查问卷分发给商务人员。如果调查问卷的对象既可以是校园的学生,也可以是商务人员的话,就可以全面地比较调查结果。

案例注意事项

如果报告的读者是企业主管人员的话,报告应该采用非正式和间接方式,因为调查结果可能不受管理层欢迎。

尾注

1. Anita S. Bednar and Robert J. Olney, "Communication Needs of Recent Graduates," *Bulletin of the Association for Business Communication* 50, no. 4 (December 1987), pp. 22-23.

2. C. Gilbert Storms, "What Business School Graduates Say About the Writing They Do at Work: Implications for the Business Communications Course," *Bulletin of the Association for Business Communication* 46, no. 4 (December 1983), pp. 13-18.

3. Marie Flatley, "A Comparative Analysis of the Written Communication of Managers at Various Organizational Levels in the Private Business Sector," *Journal of Business Communication* 19, no. 3 (Summer 1982), pp. 35-50.

4. Patricia Dorazio, "Preparing Technical Proposals: Planning and Prewriting Considerations," *Bulletin of the Association for Business Communication* 55, no. 3 (September 1992), pp. 49-52.

5. Steven H. Gale and Mark Garrison, *Strategies for Managerial Writing* (South-Western, 2006), p. 209.

6. Maris Roze, *Technical Communication: The Practical Craft* (Prentice-Hall, 1997), pp. 107-111.

7. David K. Farkas, "Toward a Better Understanding of PowerPoint Deck Design," *Information Design Journal + Document Design* 14, no. 2 (August 2006), pp. 162-171.

8. James Van Oosting, "The 'Well-Made' Report," *Bulletin of the Association for Business Communication* 45, no. 4 (December 1982), pp. 9-10.

9. Frank Weightman, "The Executive Summary: An Indispensable Management Tool," *Bulletin of the Association for Business Communication* 45, no. 4 (December 1982), pp. 3-5.

10. F. Stanford Wayne and Jolene D. Scriven, "Problem and Purpose Statements: Are They Synonymous Terms in Writing Business Reports?" *Bulletin of the Association for Business Communication* 54, no. 1 (March 1991), pp. 30–37.

11. Becky K. Peterson, "Tables and Graphs Improve Reader Performance and Reader Reaction," *Journal of Business Communication* 20, no. 2 (Spring 1983), pp. 47–56.

12. Jeremiah J. Sullivan, "Financial Presentation Format and Managerial Decision Making: Tables versus Graphs," *Management Communication Quarterly* 2, no. 2 (November 1988), pp. 194–216.

第3篇

理解信息的策略

第7章　管理中的倾听

第8章　非言语沟通

第9章　跨文件管理沟通

第 7 章　管理中的倾听

> 倾听是一种努力,仅仅是听见并不算什么优点,即使是鸭子也能听见。
> ——伊戈尔·史特拉温斯基(Igor Stravinsky),俄国作曲家

在过去几十年间,倾听在商务及管理中越来越受关注,超过 35 个研究显示,倾听这一沟通形式对于:胜任初级职位最重要;区分下属效率高低最关键;培养管理能力最关键。

然而,这些研究也同时表明,下属和管理者都严重欠缺倾听技巧。[1]倾听不仅仅是听见,高效的管理者能够区分听见和倾听:听见是机械的,是一种很难避免的自然结果,喇叭的鸣响、沉重的建筑设备的嗡嗡声、操场上孩子们的叫喊声,所有诸如此类的声音,即使人们不主动倾听,也都可以听见。听见通常不需要身心的特别努力。

相反,倾听是注意力集中的结果,要求身心努力。由于身心因素会影响倾听过程,所以需要特别注意。本章我们将审视影响倾听的身心障碍,然后分析减少这些障碍的技巧。首先,我们来分析为什么要努力倾听。

7.1　倾听的好处

许多基本的管理技巧都涉及倾听。

第一,决策所需要的很多信息来自对员工谈话的倾听,而缺乏技巧的倾听者会错过重要的信息。

第二,倾听使人变得可靠。善于倾听的人能更好地服从指令,少犯错误,少说蠢话,而且通常人们喜欢向善于倾听的人寻求建议和指导。

第三,好的倾听者更容易受共事者的尊敬和喜欢。管理者的倾听是对他人的肯定,实际上等于告诉被倾听对象,他们说的话值得管理者倾听。[2]这一特点可以促成和谐的劳工关系,因为雇员通常信任和支持那些"留心倾听"他们心声的人。[3]

第四,良好的倾听能够使管理者消息更加灵通。我们更多的是通过倾听而不是说话来了解周

围的世界。

第五，良好的倾听使人避免很多尴尬。在很多情况下，人们可能会因为不善倾听而错过某个名字，或因为做"白日梦"而不得不要求别人重复关键信息，更糟的是，由于倾听不力，可能回答不了直截了当的问题。这些尴尬的情形会很快给管理者贴上"漠不关心"或"无动于衷"的标签。

第六，培养有效倾听是为了建立人际关系。人都需要被倾听，无论是出于对自己情感健康考虑，还是为了达成人与人之间的理解。只有相互理解才可以建立相互信任的关系，而相互信任的关系又是所有工作小组所必需的。

如何使倾听成为一种重要的管理技巧，一些成功的组织提供了几种模式。哈雷-戴维森(Harley-Davidson)在过去一百年间经受了考验，而且不断壮大，成为世界上主要的摩托车制造商。首席执行官杰弗里·布鲁斯坦(Jeffrey Bleustein)将其成功归因于尊重顾客的愿望。他说："虽然其他公司谈论顾客忠诚度，但是我们拥有的忠诚度超过绝大多数公司。"另外，布鲁斯坦以倾听员工心声而著称。一个零售商说："他出去拜访经销商，并切实在公司里倡导强有力的团队气氛。"[4]

宝洁公司也非常明白倾听在管理沟通中的重要作用。《哈佛商业评论》最近介绍了宝洁公司如何制定一个详尽的体系来调查员工、顾客和其他股东的意见，从而获取改善产品、生产过程和服务的新点子。[5]

此外，管理者的倾听习惯影响员工的去留等复杂问题。哈里斯互动(Harris Interactive)最近的一项研究显示，40%的员工计划在新的一年寻找新工作，而雇主仅预测到14%的员工会跳槽。[6]如果管理者和员工处在一个有利于沟通、相互信任、工作关系和谐的环境中，则可以避免这种不默契。

7.2 倾听障碍

沟通不是孤立进行的，而"障碍"一词可能使我们想起某种机械的东西，而不是像倾听这样一种互动的、动态的过程。因此，"倾听障碍"这个题目可能在一定程度上歪曲了倾听的含义。然而，如果把这些动态的、互动的过程进行归类列表，则更容易讨论。表7-1列出了几种倾听障碍。

表7-1 倾听障碍

1. 听与说的差异(25-75问题)
2. 动机
3. 意愿
4. 内部及外部噪音
5. 偏离
6. 辩论
7. 时间

倾听的最大障碍之一来自我们自己的身体局限。人的说话速度大约只有思维速度的25%，因此，虽然绝大多数美国人每分钟只能说125个单词，但他们的思考速度至少是说话速度的四倍。这一障碍被称为25-75问题。[7]结果，有些人不是仔细倾听，而是考虑其他事情，只花一小部分精力关注讲话内容，他们对缓慢的话语感到不耐烦，并开始考虑其他话题，而不是别人所说的内容。因此，无法说得更快就成了倾听的障碍。听与说的差异，即25-75问题，被列在第一位是因为注意力不集中是导致其他很多倾听障碍的部分原因。

缺乏动机是另一种倾听障碍。很多人发现，保持倾听所需的持续动机是一种挑战。本应仔细倾听的管理者可能在做白日梦，制订自己的计划，甚至是专注于某个感情问题。在75%的虚空中，很多事情压倒了25%的倾听。

研究人员早已知道，动机是倾听过程的一个普遍问题。大约30年前的研究表明，当人们事先知道他们即将被测试时，他们的听力成绩会比当他们以为只需要倾听时好。[8]更近的研究也显示，随着倾听动机的提高，听力测试的成绩也会提高。[9]因为倾听是一件苦差事，所以当目标清楚而且倾听者可以预料努力倾听可带来积极结果时，人们会付出更大的努力。这也是倾听目标之所以重要的原因，我们将在后面具体讨论。

缺乏意愿是与动机相关的一种障碍。管理者可能不想倾听，甚至在需要倾听之前，他已经失去了倾听的愿望。我们前面讨论了，动机是一种倾听障碍，这里我们必须区分意愿和动机二词。这两个概念紧密相连，我们假定缺乏意愿是在倾听开始前就已经形成。这可能是意愿高于其他倾听障碍的原因。如果一个人有意或无意地决定不倾听，那么倾听技巧就没有用处。为霍尼韦尔(Honeywell)等公司做泛听训练的曼尼·斯戴尔(Manny Steil)经常提到倾听的LAW原则，即：倾听(Listening) = 能力(Ability) + 意愿(Willingness)。

为什么管理者会缺乏倾听的意愿呢？有几个原因可以解释这一态度。第一，绝大多数人喜欢说话而不喜欢倾听他人说话，甚至当别人回答他们的提问时，也经常会不等别人讲完一句话就打断。[10]第二，倾听者可能会很快地按其刻板印象把讲话人归类为没有什么可贡献、不值得倾听的人。第三，倾听者可能不想接收负面信息，因此，面对传递"坏信息"的说话人，倾听者还能有什么倾听意愿呢？防卫行为会抵制倾听。有些管理者把别人对他们某个观点的最轻微攻击看作对他们个人的攻击，因此，他们就会进行防卫。这种防卫经常包括对别人进行言语攻击，这种情况下倾听往往没法继续。

内部噪音是不能忽略的另一种障碍。我们的神经系统会本能地关注某些事情，如头痛、腿痛、肚子饿等，一个人很难既关注这些内部干扰又同时全神贯注地倾听。与主要话题不一致的外部环境噪音也是一种障碍，在喧嚣的铸造厂很难倾听讲话轻柔的下属的话，在电话线的静电干扰下很难倾听电话交谈。在这些情形下，区分讲话人的声音与所有的环境噪音可能会使人筋疲力尽。

偏离又是另一种障碍。倾听者可能由于一个短语或概念而分心，并跟着分心的事偏离下去。分心的事接着激发另一个比信息的中心点更有趣的次要话题，结果思想就偏离到更有趣的话题上。偏离(Detouring)与偏见(Bias)密切相关，例如，倾听者对一个特殊习惯的否定偏见会使他偏离信息的内容。如果说话者说话时把手放在嘴巴上，或不断地玩弄铅笔，或不看倾听者，这些特殊习惯可能会引起分心，阻碍信息的传递。

辩论是第六种障碍。倾听者可能突然发现自己不同意讲话人的观点并开始思考如何反驳。在思考如何反驳时，倾听者就会排斥讲话人，从而错过一些信息，例如，倾听另一个部门投诉的管理者，可能会在对方解释事件的时候准备进行反驳，结果管理者造成了防卫的气氛，错过了最重要的信息。

最后，时间是每个管理者日常中的一个重要因素，也可能是一种倾听障碍。"我没有时间听这个"是管理者们的一个普遍反应。当人们不得不倾听他们不感兴趣的事情时,时间变得特别难熬。当倾听似乎占用太多时间时,管理者们就会停止倾听。有些人结束倾听的一个方法就是匆忙下结论,这一时间压力可能会导致过于匆忙进行判断、评估、赞同或不赞同一个人的陈述。为了实现真正的沟通,很重要的一点是避免匆忙下结论。

前面的内容仅仅是各种倾听障碍的部分小结,第2章提到的个人因素也都可能成为倾听障碍,这些个人因素包括知识、文化、身份、态度、情感、沟通技巧等。尽管如此,研究显示,倾听技巧是可以改进的。管理者若能从策略上分析沟通的关键成分,并运用下面建议的技巧,那么他们的倾听技巧和效果就会提高。[11]

7.3 倾听的一般技巧

首先让我们确定两种不同类型的倾听:积极倾听和互动倾听,这样我们便能够根据具体情境调整倾听技巧。

为了方便本次讨论,我们可以进行这样的简单解释。积极倾听发生在管理者少有或没有机会对讲话人直接做出反应的情境中。比如,身处众多听众中时、听录音信息时以及观看录像时,人们使用的都是积极倾听。当人们可以通过提问或总结与讲话人进行言语互动时,他们使用互动倾听,互动倾听出现在管理者与一个人进行交谈或与很多人开会时。

我们对倾听的投入程度经常取决于所涉及信息的相关性和重要性。一般来说,倾听的强度可分为三个水平:随意性倾听、事实性倾听、移情性倾听。表7-2 显示了不同情境中的倾听强度。当讨论的具体信息或技术性信息不重要时,人们采用随意性或边缘性倾听(Marginal Listening),在这种情况下,管理者对特定信息没有确定的目标,因此不需要像在其他情境下那么警觉。例如,社交谈话或听收音机时就是使用随意性倾听。尽管随意性倾听的强度不如其他很多类型的倾听,但其重要性不容忽视。管理者可以通过倾听员工谈论生活中的特殊事件,从而表达出自己对员工的社会支持。通过倾听,管理者传递这样的信息:"你是一个重要的人。"[12]

表 7-2 倾听情景实例

	积极倾听情境	互动倾听情境
随意性倾听	广播节目	社交谈话
事实性倾听	信息型演讲	会议
移情性倾听	布道	咨询会

需要提醒的是,一个人认为是随意的信息在另一个人眼里可能非常重要,信息的重要性不是信息本身所固有的。因此,同一情境中,不同的人可能会使用不同程度的倾听。

在获取具体信息时需要使用更高程度的倾听,即事实性倾听。或许,事实性倾听是商务会谈或会议最常见的倾听类型,绝大多数人谈到倾听这一话题时可能想到的都是事实性倾听。在事实性倾听中,倾听者应该提问并从讲话人那里获得反馈,从而确保沟通顺畅。

如果管理者想通过一个人内心参照框架(Internal Frame of Reference)来了解这个人,而不是按照自己的参照框架了解他人,他会使用移情性倾听。移情的倾听者试图深入讲话人的思想和感情。当倾听者用言语或非言语传达像"我明白""我支持你""我理解"等信息时,同时也表达了他的感情移入。移情性倾听不容易做到,因为我们很自然地倾向于根据自己的观点来劝告、提醒、同意或反驳别人。然而,我们应该努力成为一个移情的倾听者。如果讲话人看到管理者努力理解自己的意思,就会信任这个管理者,更愿意与他谈论、探讨问题。移情性倾听的影响力很大,哪怕只是部分地达到了移情。这种尝试移情的行为本身就是沟通的开始。

总而言之,管理者倾听前应该先确定他需要达到的倾听水平:随意性倾听、事实性倾听,还是移情性倾听。为了做到这一点,他可以确定一个"倾听目标",即对倾听目的做出具体陈述。在绝大多数沟通中,随着交流的深入,需要调整倾听目标。

但调整倾听目标并非易事。请仔细考虑下面这个例子,安迪·威尔逊是沃尔玛的一个地区副总裁,他每周至少去一个不同的沃尔玛商店,一边到处逛逛,一边与顾客、存货管理员和商店管理者交谈。前一分钟他可能在倾听某人描述俄勒冈州塞伦的天气,下一分钟他可能在讨论床上用品销售下降的问题,再下一分钟他可能在倾听管理者为何对工作感到灰心。在五分钟内安迪·威尔逊需要各种不同程度的倾听,所以他必须很快地做出调整。[13]

确定了倾听水平后,管理者需要在身心两方面做好倾听准备。在准备阶段,他应该完成以下步骤:

(1) 选择最佳地点。虽然不一定能更换地点,但如果可以的话,管理者应该尽可能使用更好的设施。

(2) 选择最佳时间。与选择地点一样,时间并非总是可以更改,然而,精明的管理者应该注意选择更有利的机会。

(3) 思考可能出现的个人偏见。

(4) 审视倾听目标。

简单回顾这四个步骤,看看这些步骤为什么有利于减少早先讨论的有效倾听的障碍。首先,选择最佳时间和地点有助于减少内部和外部噪音。此外,因为时间影响动机、情感、意愿等心理障碍,时间的选择可能极大地改变谈话的结果。

告诉别人你此刻无法倾听是否礼貌呢?在对两百多名管理者的一次调查中,受访者表示,如果有人告诉他们,由于害怕漏掉重要信息,请他们先等一等再讨论某件事情,他们不会感到被冒犯。当然,如果时间不能改变,双方应该意识到存在的障碍,更加努力地将注意力集中在倾听过程中,这一点非常重要。

管理者的个人偏见也可能对沟通的结果产生巨大的影响。意识不到个人偏见的管理者可能选择性地倾听他人说话的内容,只听他想听的内容。这样的管理者会有先入为主的观念,甚至会就意见不同的方面与讲话人辩论。例如,一个认为年轻人不可靠的管理者可能会忽视表明某个年轻人值得信赖的任何信息。我们必须意识到并承认偏见会给讲话人与管理者的关系带来负面影响,这样才能控制偏见这一心理障碍。

带有感情色彩的词语或短语也可能激发倾听者的偏见。例如"典型的毫无幽默感的会计""这根本不是我的工作""我们尝试过了,但不管用"或"所有工程师的思维方法都一样"等短语会引起倾听者的情绪化反应,使用这些短语的危险在于会导致倾听者只注意(或不注意)信息的某些部分。倾听者应该意识到自己可能出现的情绪化反应,避免让这些反应分散自己对信息的注意力。

最后,不时回顾并明确倾听目标也至关重要。如果脑海中没有倾听目标,管理者可能在应该采用事实性倾听时使用随意性倾听,或在应该采用事实性倾听时使用移情性倾听。如果一个人能用一句话清楚地表述倾听的具体目的和类型,那么他便清楚了倾听的目标。

到目前为止,我们探讨了几个普遍性的倾听策略,从身心两方面做好倾听准备的管理者应该使用更多、更具体的技巧改善倾听效果。下面让我们看看适合积极倾听和互动倾听的技巧。

7.4 积极倾听的具体技巧

在很难或无法直接回应讲话人的情况下,人们使用积极倾听,例如,坐在观众席中倾听或听录音,这种情况下的倾听者不能与讲话人互动。如果不能提问,倾听者需要第一次就对信息有清晰完整的理解。积极倾听的人应该采用以下六个技巧。

7.4.1 确定主要观点和支持性观点

一条信息通常有一两个主要观点及支持性资料(例子、图表或描述)。找到主要信息的一个良好线索就是讲话人在提出主要观点时使用的非言语技巧,他可能会提高声音、说得更快、重复关键词或使用肢体动作。稍后我们将具体讨论对于确定主要观点和支持性观点的非常重要的非言语技巧。在下面的例子中,总裁在年会上讲话,注意他对主要观点和支持性观点的强调:

> 电子分部对去年成功引进四种新产品(提高声音)感到满意。这四种新产品的销售都比计划好,我们对温度传感器感到尤其满意,其销售比计划高出14%。这个小小的传感器能够应用于很多领域,而且容易安装,明年的业绩会一样好或更好。
>
> 除了引进四种新产品(停顿),我们还加强了西部分部的销售力量,增加了16名高素质的销售员,这些销售员是从美国各地招募的,我们对他们的实力充满信心,相信可以帮助我们扩展西部市场,他们对产品以及我们这一行业的变化特点都有透彻的理解。
>
> 家用器具分部没有最新的变化(压低声音),需要观望整个住宅业如何发展。我们在这里的地位很牢固,车库门开启器、对讲系统和防盗装置全都保有各自的市场。我们开发了一种新的防盗装置,可以用数码装置进行编程。随着该装置的发展,这已经成为一个值得关注的有趣项目。

这个例子的主要观点是四种新产品、西部分部销售力量的扩大和家用器具的稳定市场,其余内容是支持性信息。区分主要观点和支持性观点可以帮助倾听者保留关键信息。

7.4.2 组织信息

讲话人经常使用某种形式组织讲话内容,倾听者可以更好地理解信息。例如,讲话可能通过赞成与反对、优点与缺点、喜好与厌恶、相同与不同、事件顺序或职能职责等形式来组织信息。记住一个章节的基本结构比记住章节的每个词容易得多,同样的,回忆一个口头信息的结构比回忆所有的细节容易得多。

7.4.3 总结信息

积极倾听的另一个技巧是总结,形式可以是在内心形成对主要观点的印象,总结不需要包括详尽的句子和细节,简单的词语或不完整的句子就足够了。此外,总结并不一定要等到最后才进行,在观点发生主要变化时总结也许更为有效。前面总裁的演讲可以用三个短语进行总结:四种电子新产品、西部分部16个新销售员、稳定的家用器具市场。

前面提及的三个技巧包括:区分主要观点和支持性观点、组织和总结,这三个技巧互相配合能够确保准确倾听。下面介绍的第四个技巧也能帮助发展其他技巧。

7.4.4 将信息形象化

积极倾听的第四个技巧就是把信息变成图画,这有助于倾听者全神贯注于该信息。该技巧的好处在于人们可以部分地利用理解信息时所不需要的75%的脑力,这样一来管理者可以花更多精力倾听,从而减少错过信息主要部分的可能性。最终,由于将信息和图画联系了起来,倾听者能更好地记住信息。在前面提到的年会上,管理者可以把西部地区的16个新销售员想象成从美国不同地方跑到加利福尼亚来的小矮人,尽管这一方法看起来可能很荒诞,但是这16个不同区域的小矮人有助于管理者记住信息的要点。

与形象化相关的是助记术,一个助记方法就是首字母缩拼词,每个字母代表组成信息的一组词的首字母。例如,假设某人陈述他反对增加计算机编程培训的主要观点,反对似乎来自成本、个人的能力和所涉及的时间。每当讲话人提到这些主要观点时,可以使用助记词CAT,即成本(C)、能力(A)和时间(T)进行记录。一般的助记术和具体的首字母缩拼词可以被认为是形象化的一种,因为首字母缩拼词读起来和记起来都更加容易。其他的记忆方法如词语联想和谜语等也都有帮助。

7.4.5 将信息个人化

有效的倾听者是那些寻求对自己有特殊意义的信息的人。如果话题与倾听者个人有关,那么倾听者自然会觉得该话题更有趣也更容易集中注意力。事实上,那些将消息与个人经历联系在一起的人,确保了意愿与动机这两个倾听的关键因素都出现。在前面的例子中,倾听总裁演讲的管理者也会将消息个人化,他们会问自己这样的问题:"新产品将如何影响我的工作?""电子分部的持续扩展会影响我吗?""那16名新销售员会增加我西部地区的工作量吗?""家用器具分部的稳定市场会怎样影响我的分部?"在回答这些问题时,管理者先考虑这一消息与他们个人的相关程度,进而其倾听消息的动机就会增强。

7.4.6 做笔记

如果倾听者做笔记,那么所有这些技巧都将得到加强。大学生都知道做笔记的重要性,但是一旦离开了教室,他们可能就丢掉了做笔记的好习惯。通过做简短的笔记,倾听者可以很容易地组织信息并将信息形象化和个人化。笔记不仅能提供沟通的书面记录,而且还提供珍贵的反馈,告诉倾听者其倾听效果如何。如果笔记没组织好,没有包括主要观点和支持性观点,那么倾听者很可能没有在脑海里组织好消息。如果倾听者快速回顾时发现自己已经有好一段时间没记笔记了,那么说明倾听者的注意力可能已经分散了。

笔记还有助于倾听者的身体投入,倾听主要是一种脑力活动,因此,习惯保持身体活跃的人在进行长时间的倾听时会变得坐立不安或很不耐烦。

当然,笔记记得太多也是个问题。太专注于记笔记会漏掉信息的主要成分。因此,应以提纲形式记下关键的词组和短语,并尽量使用缩写。

关于笔记最后再提一点:做笔记表明倾听者对消息和讲话人都感兴趣。讲话人会更愿意相信做笔记的倾听者非常关注所传递的消息。下面将更详细讨论有效倾听为什么很重要。

每一种倾听技巧(确定主要观点、组织、总结、形象化、个人化和做笔记)在积极倾听和互动倾听中都很有用。如果倾听者提问和观察非言语信息的能力受到限制,那么这些技巧就尤其关键。提问时,最理想的情况就是在刚才讨论到的六个技巧的基础上,提出问题要求讲话人解释。下一节讨论的倾听情境中倾听者可以很方便地提问,我们称其为互动倾听。

7.5 互动倾听的具体技巧

表7-3总结了积极倾听和互动倾听情境中可以使用的倾听技巧。在双向沟通中,管理者可以通过复述或提问来大大改善倾听效果。

表7-3 积极倾听与互动倾听的具体技巧

积极倾听情境	互动倾听情境
确定主要观点与支持性观点	提开放式问题和闭合式问题
组织信息	提首要问题与次要问题
总结信息	提中立性问题与指引性问题
将信息形象化	
将信息个人化	
做笔记	

7.5.1 复述

人们普遍认为,复述(Paraphrase)就是简单重复讲话人的话。但是,真正的复述反映了倾听者对讲话人本意的理解。倾听者使用不同的词语表达讲话人的意思,从而检验自己的理解是否正确。此外,复述反映了信息的基本观点或情感基调。尽管很多人由于害怕自己像鹦鹉学舌一样而不愿复述,但是,复述却是很好的倾听技巧,原因有二:一是,如果使用得当,复述让倾听者清楚自己理解了讲话者的意图;二是,复述增强了讲话人与倾听者的关系。复述时,倾听者表明了他的努力、投入和好意,因而讲话人更有可能做出友善的反应。

7.5.2 提问

熟练运用提问技巧可以极大地加强管理者的倾听能力。本书推荐适合使用提问技巧的几种情况:倾听、会见、解决冲突和训练。提问很重要,因为提问提供了第2章中讨论的双向沟通过程。

如果没有提问,反馈与相互理解就会严重受限。

在互动情形下,当一个消息的意思不清楚或不完整时,倾听者应该提问。当关键词或短语模糊不清,出现不一致或自相矛盾的情况时,提问可以帮助弄清楚,还可以帮助讲话人理清思路。当被提问时,为了方便倾听者,讲话人必须重新分析他的信息。

管理者应该很有策略地根据不同的情境决定最合适的问题。有三种问题适合本讨论:开放式问题与闭合式问题(Open-closed)、首要问题与次要问题(Primary-secondary)、中立性问题与指引性问题(Neutral-directed)。

开放式问题与闭合式问题

开放式问题的措辞使被提问者在回答时有很大的选择性,与之相对的另一种问题称为闭合式问题,回答的选择范围很小。举个例子说明这一点,假设一个沮丧的下属向你描述新项目的主要问题,因为焦虑不安,雇员在描述问题时从一点跳到另一点上。显然这种没有顺序的描述很难让人仔细倾听,因此,为了信息的清晰和完整,你需要提问。下列问题包括了你可能向雇员提出的开放式和闭合式问题:

　　你认为造成问题的主要原因是什么?(开放式)
　　关于这个问题你还能告诉我什么吗?(开放式)
　　你检查气压机了吗?(闭合式)
　　你认为我们应该怎么走?(开放式)
　　等到明天再说是否是个好主意?(闭合式)

虽然开放式问题要求的是额外信息,但也可能导致离题。闭合式问题更加直接,可以帮助一个人专注于问题或事实上。闭合式问题还要求被提问者承担义务("你做得到吗?")。管理者应该进行策略分析,确定每个场合的最佳提问方式。

首要问题与次要问题

另外两种可供管理者选择的是首要问题和次要问题。首要问题是话题的第一个问题。在首要问题得到回答后,管理者可能选择一个次要问题跟进,以获取更具体的信息。次要问题不只是附加的问题,而且还寻求获得首要问题之外的更深层次的信息,这些问题要求解释或详细说明。下面例子显示了首要问题与次要问题的策略用法。

　　管理者:你认为你有能力在星期三前完成分析吗?(首要问题)
　　员工:如果一切进展顺利的话,应该没有问题。
　　管理者:什么方面可能有问题?(次要问题)
　　员工:有时候很难得到会计信息。
　　管理者:具体哪一部分很难得到?(次要问题)

注意:每个次要问题都是在前一个回答的基础上寻求进一步的信息。

中立性问题与指引性问题

第三类包括中立性问题与指引性问题。中立性问题在没有尝试引导讲话人以某一方式回答问题的情况下寻求信息,而指引性问题引导讲话人做出提问者想要的回答。指引性或指导性问题经常以这样的短语发问:"难道……不符合逻辑吗?""难道你不认为……?""你不会……,是吧?"指引性问题可以用来获取对具体某一问题的确认或解释,而中立性问题对具体回答没有期望。

总而言之,如果管理者使用了复述和得当的提问技巧,由于有了互动过程,就可以增加沟通的清晰度。互动倾听显然不是被动的,相反,互动倾听要求管理者通过复述和提问进行参与。为了帮助我们更清楚地了解复述和提问技巧的应用,让我们看看最近播放的 CNN 主持人与著有一系列法律题材的畅销书的杰弗里·图宾(Jeffrey Toobin)关于美国宪法的访谈。话题是国会议员希拉里·克林顿就任奥巴马政府的国务卿是否不合法。访谈伊始,主持人朗读了宪法的第一条第六款,并问图宾这件事是否合法。图宾把椅子转向主持人,身体倾向主持人,目光接触对方。一开始,图宾对问题进行复述,把问题变得更容易理解,从而表明他理解了问题:"因此,你在问希拉里·克林顿成为奥巴马内阁成员是否不合法?回答是:不会不合法。"

图宾进一步解释说,宪法的这一条款规定:"如果议员投票要求增加某个内阁职位的薪酬,那么他/她不能被任命到该职位。去年,国会增加了内阁成员的工资,因而有人提出了这一问题。"

CNN 主持人也与图宾保持目光接触,他总结了图宾的话,接着问图宾,正在讨论的这一法律是否曾经应用过。图宾再次复述并提供了详情,同样的问题在以前的政府中出现过几次,最近一次发生在杰拉尔德·福特总统任期内。CNN 主持人依然保持目光接触,他总结了图宾的话并结束访谈:"因此,基本上,他们大幅度减少了国务卿的薪酬。"访谈双方表现了良好的倾听技巧,包括重新措辞、开放式和闭合式问题、非言语信号等。

7.6 倾听非正式沟通

到目前为止,我们对倾听的讨论强调的只是各种正式的说与听的情境,而非正式的、随意性倾听也极其重要。随意倾听可以很快变成事实性倾听或移情性倾听。管理者应该时刻了解小道消息上的谣传。有时候,这些谣传能提供重要信息;而有的时候,则需要努力改变谣传的内容;还有些时候,最好是不理会这些谣传。但管理者应该保持警觉。

"小道消息"*这一说法有一段很有趣的历史故事,Grapevine 一词出现在美国内战期间,情报部门的电报线松散地搭在树上,就像葡萄藤一样。因为电报线传送的信息经常不正确或令人不解,因此,任何谣传被说成是来自"葡萄藤"。

那么,在现代组织中是什么原因引起谣传呢?下列公式有助于回答这个问题:

$$谣传 = 模棱两可 \times 兴趣$$

当已有信息模糊不清时就会出现谣传。如果从正式渠道可以获取所有清晰的信息,谣传就不

---

* Grapevine,在英语中小道消息与葡萄藤同为一词——译者注

会出现。如果信息模棱两可而又很有趣,谣传就出现了。

这种关系对管理沟通有重要意义,管理层可以通过倾听谣传来确定员工对什么感兴趣。例如,某计算机公司的一个副总裁不久前退休,而公司的小道消息并非围绕谁会是这位副总的接班人这一问题,大家纷纷谣传的是两位员工的关系变化。这说明,员工对管理团队比较放心,人员的更替不会影响整个公司。对比另一家公司,公司总裁突然退休,员工们聚在一起时就交谈关于接班人的传言,显然,这家公司的员工对此事非常关心。

研究显示,组织中通过小道传递的信息有70%—90%的准确率,然而,总会存在一定的扭曲。[14] 真实的核心内容加上一定程度的扭曲经常使小道消息可信、有趣而且持久。

小道消息从一个人传到另一个人时,往往会发生三种变化。第一种变化是校平(Leveling),即剔除细节、简化前后关系和限制条件。该过程在谣传极其复杂时尤其盛行,必须把谣传变得相当简单才能传给下一个人。第二种变化是磨砺(Sharpening),即对数据进行生动的戏剧性处理。当故事从一个人传到另一个人时,员工们会把故事变得更动人、更具娱乐性。第三种变化是同化(Assimilation),即人们调整或修改谣传使之更适合个人需要,这就使谣传在传播时变得更加有趣。[15]

有效的管理倾听要求管理者批判性地评估非正式沟通,以确定校平、磨砺和同化的程度。对不准确的谣传有时需要采取行动。某制造厂中有谣传说,由于安装了新机器,将有大量的员工下岗。管理层听到这些不正确的谣传后,与员工见面,向他们保证工厂不会裁员。正如一个管理者曾经说过的,倾听"街谈巷议"很重要。研究显示,员工更喜欢从正式渠道获取信息,而当正式渠道枯竭时,他们便转向非正式渠道。担心谣传猖獗的管理者应牢记正式渠道与非正式渠道的关系。

7.7 倾听整个环境

本章主要讨论对口头话语的倾听。在第8章将讨论非言语沟通。管理者必须将正式场合与非正式场合的口头与非言语信息分开或结合起来倾听。策略性管理沟通要求倾听那些并不总是很明显的信息。图7-1形象地展示了信息的三个可能存在的层面:从正式到非正式、从言语到非言语、从明显到隐藏。这三种可能性可以用等边三角形表示,因为这三个层面都应该给予同等的关注。

管理者有必要睁大眼睛、竖起耳朵关注组织内部和行业内的各种信号。当一个人意识到即将到来的事件的所有信号时,他可能采取行动,但管理者首先应该倾听才能意识到这些信号。有篇杂志文章讨论了潜在变革的信号,如员工自愿辞职但还没有人接替其职位、债务增加、业内其他公司的裁员、谣传以及最高管理层离职等。绝大多数员工可能在裁员正式公布以前就知道了裁员的消息。

当然,变革是很激烈的行动。管理者需要倾听和分析公司中可能影响他们职业的其他很多事件,这一点非常重要。例如,哪些部门得到的预算最多?预算最多的团队中员工最有机会晋升。虽然确定预算分配并不总是很容易,但可以观察得到更多预算后产生的结果。如雇用更多的辅助员工、购买更新更好的计算机设备、获得新的办公家具、更频繁地出差参加专业会议,上述任何一

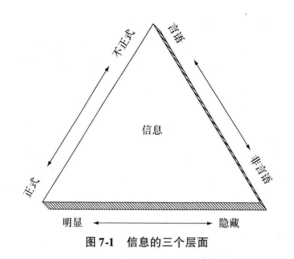

图 7-1　信息的三个层面

个信号都表明某个部门受到青睐。

管理者不应只是倾听显而易见的话语,管理中的倾听要求倾听非言语行为和来自环境的持续不断的信号。回忆一下第 2 章我们对"洋葱"模型的讨论,洋葱的外层——文化及氛围与这里所讨论的倾听是相关的。

7.8　创造倾听氛围

除了真的仔细倾听外,管理者还应该看上去是在倾听,并且创造一种显示管理者乐于倾听的氛围。如果没有这种氛围,办公室里的沟通环境可能变得像有些家庭一样:

父(母)亲:你为什么不告诉我们你在做什么?
孩子:我告诉了,但你们不听,你们总是那么忙。
父(母)亲:我们没有忙到没时间听你说话,但你就是不想告诉我们任何事情。

父母亲是太忙了没时间倾听,还是看起来太忙了呢? 同样的问题也可以用来问很多管理者。是不是他们看起来太忙了以至于没有时间倾听呢? 管理者可能通过微妙的行为向下属传递这样的信息:"既然没有人倾听,为何还要讲呢?"从而可能无意识地创造一种不倾听的氛围。

虽然管理者负责大量的信息,每个工作日有多达 50% 的时间用于倾听,但是,如果没有人讲话,他就不能倾听。管理者需要创造倾听氛围,激励员工敞开心扉,因此,管理者应该努力摒弃不利于沟通的倾听习惯。表 7-4 列出了 16 种惹人生气的倾听习惯。[16] 表现出这些行为的倾听者没有营造积极的倾听氛围,因此,讲话人可能不相信他正被倾听,该表可供管理者进行自我检查,看看自己是否有这些令人生气的习惯。

两种层次的倾听氛围需要关注,第一层是微观层面或一对一的情境;第二层是宏观层面或总体氛围。我们先看看微观层面。

表 7-4　惹人生气的倾听习惯

1. 他没有给我说话的机会。我是带着问题进去的,但没有机会谈论问题。
2. 我说话时他打断我——没等我说完两三句话就打断我。
3. 我说话时他从不看我。我甚至不知道他有没有在听。
4. 他不停地玩弄铅笔或纸张,关注这些东西而不是听我讲。
5. 他从来不笑,我有点儿怕和他说话。
6. 他总是用问题和评论改变主题。
7. 我一提建议他就泼冷水。
8. 他总是试图预测我下一步要说什么,并抢先说出我的下一个观点是什么。
9. 他改变我说的话,把我没有说的意思强加到我头上。
10. 偶尔他会问我一个我刚告诉他的问题,说明他并没有听。
11. 我说话时,他帮我说剩下的话。
12. 当我有一个好点子时他总是说:"是的,我也一直在考虑这个问题。"
13. 为了显示他明白我说的话,他做得太造作了——太多的点头、"是的"以及"嗯"等。
14. 我想要严肃时他却想插入一些幽默的评论。
15. 我进来时,他没有放下手头的工作,没有把注意力完全集中到我身上。
16. 他提一些强求我同意的问题,例如:他陈述之后说:"你也这样认为吧?"或"你同意吧?"

7.8.1　微观倾听氛围

一项调查研究要求员工指出表 7-4 所列的各种不良倾听习惯中哪一个最常见。[17]有两个习惯尤其突出:

- 我说话时,他帮我说完剩下的话。
- 我进来时,他没有放下手头的工作,没有把注意力完全集中到我身上。

这一发现很有意义。很明显,倾听者应该给予讲话人全身心的关注,而不是赶着他把话说完。这一事实与早先讨论的 25/75 规律相关,由于倾听者的思想活动比讲话人的话快得多,所以当他试图帮讲话人说完剩下的话时,他的不耐烦可能就显露出来了。尽管倾听者还在关注,但是他急于完成讲话人信息的不耐烦心理可能导致消极的倾听氛围。如果倾听者在试图倾听的同时还在干别的事,也会产生同样的问题。讲话人可能很快得到这样的感觉,即正在传送的信息不是很重要。

当管理者进行移情性倾听时,营造积极的倾听氛围最为重要。正如本章前面讨论的,移情倾听者试图理解讲话人的感情。绝大多数人很难表达自己的感情,所以需要创造鼓励、支持和接纳的氛围。管理策略包括目光接触、身体微微倾向讲话人、根据信息改变面部表情和做笔记等。所有这些行为都能营造一种积极的倾听氛围。

我们可以做一个非常有用的练习,参照列表中那些惹人生气的倾听习惯,花一周时间观察自己是否有这些行为。这种个人反馈方式会使你更好地学会如何改善微观倾听氛围。

7.8.2　宏观倾听氛围

管理者应该负起责任,确保在他们周围工作的人能够及时准确地自由交换信息。[18]他们应该创造一种促进而不是妨碍沟通机会的总体氛围。沟通的宏观层次通过管理者的行为和风格体现,例如,有很多论述提到通过四处走动进行管理。[19]当管理者在现场而不是在办公室里时,他们创造了这样的氛围:"我在这儿倾听你讲话。"

汤姆·彼得斯(Tom Peters)在其畅销书《在混乱中繁荣》(Thriving on Chaos)中列出了几种创造强有力倾听环境的建议。[20]首先,他建议将创造倾听机会的活动纳入管理者的日常工作中,管理者可以经常到咖啡厅或休息室去走走。遗憾的是,很多管理者由于时间紧迫或没有意识到这是他们工作的组成和关键部分,没有将这些活动纳入日程中。

一个技巧就是非正式会议。组织几个人参加"小型会议"或自发聚会讨论一个问题,这表明管理者想要也需要倾听员工的意思。另一个技巧就是把官衔和权威的象征降到最低,当人们不觉得自己比对方低微时,他们会更愿意交谈。在某些当代组织中,工作头衔不仅从办公室门上消失了,甚至也从名片上删除了。其含义是:大家都在一起工作,一起沟通,共同完成工作。

较传统的公司中所实行的"开门政策"(Open-door Policy)会形成积极或消极的宏观倾听氛围。管理者经常会为宣布开门政策而自豪。管理者告诉员工,他们随时可以进去——"办公室的门永远是敞开的"。但当员工没有走进敞开的门时,管理者变得很沮丧。

为什么开门政策没有产生效果呢?很可能是存在消极的倾听环境。首先,在开门之前员工可能需要与行政助理进行预约;其次,办公室远离员工的工作区域,如果很容易就可以到达不是更好吗?这不是积极的开门氛围,一个大型组织的主管曾经这样评论道:"如果公司需要宣布开门政策,这很可能意味着没有真正的开门政策。"[21]

宏观倾听氛围的重要性可以从西莱丝特身上得到很好的体现,她是一个铸造厂的一线主管,她的公司在芝加哥南郊。西莱丝特很可能是最受欢迎的主管之一,员工随时可以找她,她也因此赢得了尊敬。例如,某个星期六公司租了一辆公共汽车,安排员工参加芝加哥白袜队(White Sox)棒球比赛。西莱丝特是第一个报名的人,在汽车旅途和比赛过程中,她是团队的一员,尽管她是参加活动的唯一主管。这很可能是使员工真正相信他们需要讨论问题时西莱丝特的门永远开着的原因之一。她创造了积极的倾听氛围。

有几个因素影响了员工对管理者是否愿意倾听的感觉。[22]员工的工作和个人背景、组织文化、员工在组织中的角色以及管理者细微的象征性行为都会影响宏观倾听氛围。如果管理者能定期审视个人倾听行为和倾听环境,以确保他们创造出这样的一种氛围:"是的,我愿意倾听",他们会干得很出色。

本章小结

管理者需要提高倾听技巧,其主要好处是促进人与人之间的相互理解。良好决策所需的大部分数据通过倾听获得。倾听使人变得更加可靠,好的倾听者更受同事的尊敬和喜欢,良好的倾听使管理者更好地掌握全面信息。

管理者应该积极努力,集中精力克服倾听障碍。主要的障碍之一就是人们的思考速度是讲话速度的四倍,因此,倾听者的思想容易开小差。动机和意愿与倾听障碍密切相关,意愿甚至在倾听开始前就已经形成,而动机不足主要是由 25/75 的问题引起的。其他的倾听障碍包括内部干扰、偏离、辩论和时间。

积极倾听和互动倾听是两种主要的倾听类型。当管理者几乎没有机会直接回应讲话人时,采用积极倾听;当管理者可以通过提问和总结与讲话人进行言语互动时,采用互动倾听。

倾听有三种强度水平:随意的、事实的和移情的。具体采用哪一种倾听取决于信息和场合的重要性与复杂性。管理者一旦确定了倾听的类型和强度水平,他就应该从身心两方面做好倾听准备。

积极倾听技巧包括确定主要观点与支持性观点、组织、总结、形象化、个人化信息以及做笔记。互动倾听技巧包括提开放式问题与闭合式问题、主要问题与次要问题、中立性问题与指引性问题。当非正式沟通发生时,管理者应该记住,非正式渠道的信息受到了一定程度的扭曲,会出现校平、磨砺和同化等。作为良好倾听者的管理者会倾听整个环境,因为口头与非言语的信息都很重要。

最后,管理者应该创造乐于倾听的氛围,这样人们才有沟通的动机。在微观层面上,管理者应该避免诸如打断别人说话等不良倾听习惯;在宏观层面上,管理者的总体行为与风格将表明管理者是否可以让人接近。

小组讨论案例

案例7-1 霍尔盖特的倾听问题

约翰·霍尔盖特是一家化工厂的部门经理,主管几个工程师。作为工作的一部分,霍尔盖特每天都和他的几个初级工程师及小组以外的人一起参加会议。偶尔,公司更高层的人(如技术指导或副总裁)也会参加这些讨论会。

为霍尔盖特工作的工程师们认为他经常误解他们;工程师们认为霍尔盖特没有倾听他们说话,还经常打断讲话人,帮他们把剩下的话说完。由于工程师们不想在老板面前公开反对他,他们在更高管理层面前没有反驳他。

自然,这一习惯引起了混乱,造成时间和精力浪费,士气低迷。当高管成员再次回来参加讨论会时,他们通常发现他们要求的工作没有完成。事实上,有时没有要求的任务却得到了实施。最近当管理层倾听霍尔盖特的项目状况回顾时,总弄不明白到底发生了什么。这一疑问不仅反映在霍尔盖特身上,也反映在他的下属身上。下属的士气和生产力都在下降。

问题
1. 霍尔盖特为什么要替讲话人说完剩下的话?
2. 霍尔盖特应该如何改善他的倾听技巧?
3. 假设你是霍尔盖特的下属,你应该如何向他指出他的这一问题?

案例7-2 请原谅!

鲍勃·皮尔斯,一个性情温和的50岁男人,是ABC建筑公司的总裁。该公司被认为是该地区公路、桥梁和堤坝建设中最进步、最有创新精神的公司。皮尔斯在该公司的几个部门工作过,受过良好的教育,专业方向是工程。

沃尔特·霍顿在成为 ABC 公司负责现场运作的副总裁之前是一家竞争对手公司的总工程师,他是一个很好的项目经理并精确了解 ABC 公司现场运作的细节,因此享有盛誉。

皮尔斯刚刚病休回来,他的重感冒使他的工作慢了下来。现在是中午时间,皮尔斯最终完成积压的工作,正准备去吃饭,就在这时,霍顿走进他的办公室。霍顿在过去几天一直设法联系皮尔斯,以便告诉他关于建设新堤坝的决定。霍顿在总裁桌上摊开设计蓝图,开始他的现场展示。

展示结束后出现下面的对话:

霍顿:哦,您觉得这个计划怎样?
皮尔斯:(有点心不在焉地)哦……嗯……挺好……
霍顿:(有点太快地)我是不是有些地方没说清楚?
皮尔斯:唉……没有……
霍顿:那好,现在我想把计划提交董事会,可能……
皮尔斯:董事会? 等一会儿,你进展太快了。
霍顿:你同意计划很好,不是吗?
皮尔斯:(心不在焉地)哦,是的。

问题

1. 在展示过程中,皮尔斯面临着什么样的身心倾听障碍?
2. 霍顿对皮尔斯理解目前情况的能力做了什么假设?
3. 皮尔斯应该如何防止该情况的发生?
4. 作为沟通者,霍顿有哪些缺点,从而导致情况对倾听他的人来说变得更复杂?

案例 7-3 听见但不是倾听

锡达家具是拥有五个商店的连锁店,其中两家在扬斯敦,两家在阿克伦城,一家在克利夫兰,锡达的总部在阿克伦城。

简·派尔是总部的办公室经理,她主管四个文字处理员,其中三个效率很高、很细心,她想要完成的事情,只需告诉他们一次,事情就做完了。然而,第四个员工,哈丽雅特·恩德斯似乎老是出错。她能完成日常工作,但常常需要重做,因此给其他三个处理员带来额外的负担,他们不得不帮她做完她没有时间做的活儿。其他三个员工开始向派尔抱怨这一问题。

派尔不想解雇恩德斯,因为她知道恩德斯是很卖力的员工。当她真的能按指令行事时,她是四个文字处理员中最先完成任务的。办公室经理闹不明白,为什么恩德斯听不懂指令,而其他三个人却可以。她几乎可以肯定的是,恩德斯听见了,但没有倾听。恩德斯的问题妨碍了办公室工作的顺利进行。

问题

1. 写一个派尔可以用来与恩德斯讨论她的问题的对话。

2. 哪些环境因素可能导致恩德斯的倾听困难?

尾注

1. C. G. Coakley and A. D. Wolvin, "Listening Pedagogy and Andragogy," *Journal of the International Listening Association* 4 (1990), pp. 33 – 61.

2. Judi Brownell, "Perceptions of Effective Listeners: A Management Study," *Journal of Business Communication* 27, no. 4 (Fall 1990), pp. 401 – 415.

3. B. D. Sypher and T. E. Zorn, "Communication Related Abilities and Upward Mobility: A Longitudinal Investigation," *Human Communication Research* 12 (1986), pp. 420 – 431.

4. Margot Denney, "CEO Drives Home Message," *Bryan-College Station Eagle*, April 10 2003, p. 1A.

5. James R. Stengel, Andrea L. Dixon, and Chris T. Allen, "Best Practice: Listening Begins at Home," *Harvard Business Review*, November 2003, pp. 106 – 116.

6. Spherion Corp., "Talent Retention in Any Economy," *The Workplace Viewpoint* 13 (2004), www.spherion.com (January 23, 2006).

7. Philip V. Lewis, *Organizational Communication: The Essence of Effective Management*, 3rd ed. (New York: John Wiley&Sons, 1987), p. 146.

8. Franklin H. Knower, D. Philips, and F. Koeppel, "Studies in Listening to Informative Speaking," *Journal of Social Psychology* 40 (1945), p. 82.

9. Larry R. Smeltzer and Kittie W. Watson, "Listening: An Empirical Comparison of Discussion Length and Level of Incentive," *Central States Speech Journal* 35, no. 3 (1984), pp. 166 – 171.

10. R. N. Bostrom, Input! The Process of Listening (Northbrook, IL: Waveland Press, 1988).

11. L. R. Smeltzer and K. W. Watson "A Test of Instructional Strategies for Listening Improvement in a Simulated Business Setting," *Journal of Business Communication* 22, no. 4 (Fall 1985), pp. 33 – 42.

12. Edward E. Lawler, *The Ultimate Advantage* (San Francisco: Jossey-Bass, 1992).

13. Bill Saporito, "A Week Aboard the Wal-Mart Express," *Fortune*, August 24, 1992, pp. 77 – 84.

14. Hugh B. Vickery "Tapping into the Employee Grapevine," *Association Management*, January 1984, pp. 59 – 64.

15. Lewis, *Organizational Communication*, pp. 46 – 48.

16. Eugene Raudsepp, "Is Anybody Listening," *Machine Design*, February 24, 1977, p. 7.

17. Larry R. Smeltzer and Kittie Watson, "Barriers to Listening Comparison Between Business Students and Business Practitioners," *Communication Researck Report* 1, no. 1 (December 1984), pp. 82 – 87.

18. E. H. Schein, *Organizational Culture and Leadership* (San Francisco: Jossey-Bass, 1985).

19. T. J. Peters and R. H. Waterman, Jr., In *Search of Excellence: Lessons from America's Best Run Companies* (New York: Warner Books, 1982).

20. T. Peters, *Thriving on Chaos* (New York: Alfred A. Knopf, 1988).

21. Charles E. Beck and Elizabeth A. Beck, "The Manager's Open Door and the Communication Climate," *Business Horizons*, January-February 1986, pp. 15–19.

22. Marilyn H. Lewis and N. L. Reinsch, Jr., "Listening in Organizational Environments," *Journal of Business Communication* 25, no. 3 (Summer 1988), pp. 49–67; and J. Brownell, "Listening Environment: Critical Aspects of Organizational Communication," working paper, Cornell University, 1992.

第8章 非言语沟通

你做的事比你说的话更响亮,以致我听不见你说什么。
——拉尔夫·沃尔多·爱默生(Ralph Waldo Emerson),美国经济学家,诗人

人们常常很难理解非言语沟通的重要性,觉得非言语沟通是所有管理活动中最自然不过的了。为了了解非言语沟通对管理沟通的贡献,想象你自己和另外六个人一起开会讨论将要发生的一件事,如公司一个新设施的启用。这次会议与以前的任何一次会议都一样,但又有不同之处,你看不到其他人,有东西挡住了你的视线,可能是布帘、烟雾或木板等。会议地点也是个谜,是公司的会议室或是其他地方?这次会议在整个计划中的重要性,在你的环境中没有提供任何线索。所有的声音都通过电视报道中使用的装置进行处理,你可以听到话语,但这些声音几乎或根本没有特点,话语变慢了,而且有些含糊。

你们都坐在同一个房间里,但由于房间的布置,你看不见谁坐在哪儿,谁坐在桌子的正前方(也许是你),谁坐在桌子两侧,你甚至不知道谁坐在谁旁边。当你和其他几个人冲进去开会时,你们没有机会握手会议就开始了。事实上,今天你没有看到其他人或他们的衣着。他们和你一样穿得很光鲜,还是穿得很随便呢?会议过程中唯一可能的沟通就是你从自己和其他六个人的谈话中得到的信息。

遗憾的是,甚至这种沟通过程也是一种挑战,会议进行过程中,各人的发言经常撞到一块儿,因为没有任何有效的方法提示该谁说话了。此外,由于讲话人在说话前要先确定自己的身份,互动过程也比平常更久一些。更有甚者,你倾听时必须记住这些言语身份,因为你没有视觉的或触觉的提示可以依靠。随着会议的继续进行,当你发言时,除了言语反应,你对其他的东西都不确定,因为你看不到其他人耸肩、变换姿势或他们的面部表情。

互动时间也因需要猜测每句话的意图而变得更长。他是在说反话吗?她是在讽刺吗?最后那句话是开玩笑吗?声音扰频系统让你几乎无法对这些细微方面做出快速判断。在你听声音时,哪个声音属于哪个人?有人建议商店里的所有员工都打扮成小丑,你正想说"荒谬"时突然忍住了——小心点儿,说不定是老板说的。

你知道会议计划开两小时,但因为在门口你交出了手表,你不知道时间,虽然感觉像是过了很久很久。你知道会议日程,但是在规定时间内能讨论完所有事项吗?会不会给每个事项足够的时间?走出会议室时你会不会发现时间只过去了一半?不管是哪种情况,你都希望马上离开会场。

8.1 非言语沟通的重要性

非言语因素显然是管理沟通的关键因素。没有非言语沟通作为一种信息源,消息会丧失其丰富性和大部分内容。在很多情况下,谈话由于需要重复内容并进行解释而变得复杂,所需的时间也将翻倍。

非言语沟通伴随着口头信息,从逻辑延伸来讲,还伴随着书面信息,由通过非言语方式传递的信号构成。简而言之,非言语沟通包括除话语之外的所有一切。管理者发送、接收和诠释非言语信息的方法与他们发送、接收和诠释言语信息一样。发送者试图(尽管经常是无意识地)发送一条信息并选择某种媒介(如肢体动作)发送,使接收者在其沟通动态中对言语信息和非言语信息的感知和诠释是一样的。非言语沟通本身的意思可能是清楚的,但由于它是口头话语的附属,所以可能会使言语的某个部分产生细微差别,或是增加了在另一部分的清晰度;有些时候,信息的这一复杂来源甚至与说出的话语相矛盾。

非言语沟通是我们日常管理互动的重要部分。[1]虽然各种互动的非言语程度不同,但是一组经常被引用的数据显示,55%的信息来自讲话人的外貌、面部表情和姿势,38%的信息是由声音因素发出的,而实际的话语只发出7%的信息。[2]非言语沟通是沟通信息的丰富而复杂的来源,本章概述了与管理功能相关的领域。但这里必须先强调非言语信号的三个概括,虽然前两个概括也适用于绝大多数其他信号,但是在诠释非言语沟通时记住这两点会有帮助。

第一,除了所谓的象征之外,非言语信号很少有固定的意思。相反,这类信号通常增强信息的意思,正如本章后面的内容所示。

第二,不同文化、不同地区的非言语信号的意思不同。非言语信号来自(文化、地区和社会)沟通环境内部的经历,而且通常是分散到整个环境中。[3]所以仅仅传译语言是不够的,非言语信号也应该表达。[4]例如,按照北美的标准,日本人通常表现出毫无争议的风度,而且过于礼貌。在谈判中,所伴随的非言语信号通常会在不同文化中引起混乱。[5]事实上,在跨文化情境中,言语更重要些,但是知道并使用基本的非言语信号(如韩国式的鞠躬)可以传达尊敬。[6]

第三,当非言语信号与言语信号相矛盾时,非言语信号往往更可信。当言语与非言语信号不一致时,言语的可信度就会受到影响。[7]如果某人说"我很高兴来到这儿",却神情紧张地摆弄笔记或看着天花板,他会被认为是在撒谎。非言语信号为获取信息真相提供珍贵的线索。

执法部门的例子让我们知道非言语沟通在当今社会有多重要。为了确定诸如机场、地铁等公共场所的恐怖分子和犯罪分子,职员们要接受训练,学会"读懂"嫌疑人的肢体语言,这种技巧被称做行为检测(Behavior Detection),其依据是人们通过下意识的手势、面部表情和言语模式表达恐惧等情感。[8]自从恐怖分子在2001年9月11日对美国进行恐怖袭击后,美国的警察局、交通运输安全局以及超过40个机场、大学和公共交通系统均采用行为检测。

告诉别人如何穿着、谈话甚至行走,远比让这些东西在一个人的生活中充分发挥作用容易得多。例如,我们知道微笑行为的重要性,但是,笑到什么程度就显得过分了呢?渴望成为管理者的人可以观看商业电视节目中非言语行为的优秀范例。为了感受谈话中非言语因素的最大作用,看节目时把声音关掉。这些节目不仅向你展示领导者使用的肢体动作类型,通常还反映当前的得体服饰。

8.2 非言语信号的功能

非言语沟通是一个比很多人所知的更为宽广的概念,而不仅仅是肢体动作和目光接触。上文已经给出的一个简单定义,在管理互动中,非言语沟通是除了话语之外的一切。更精确的一个定义是权威专家哈里森(Harrison)给出的,他说非言语沟通是"通过非言语信号交换信息",[9]这些非言语信号与沟通中所有的其他信号一样能够承载意义,原因是非言语信号是有形的。不同的是非言语信号是非言语的。

甚至是颜色和它在某个信息中的表现形式也都可以作为非言语信号。有些研究专门考察颜色对认知表现的影响。英属哥伦比亚大学的研究者对600个人进行了测试,目的是确定蓝色和红色的影响。红色组在需要记忆和关注细节的测试中表现更好;蓝色组在需要创造力和想象力的测试中表现更好。[10]因此,如果你的团队需要对某个新产品或服务进行大脑风暴,可以安排在墙壁是蓝色的房间展开讨论。

由于文化不同,颜色作为非言语信号所代表的情绪也不同。例如,西方的新娘经常穿白色,而东方的新娘则穿红色。在中国,白色表示哀悼,而在美国则是黑色表示哀悼。

有一项研究调查人们对手机广告的情绪反应,该研究表明颜色在不同文化中产生不同的情感。来自六个不同文化(芬兰、瑞典、中国台湾、印度、中国大陆和美国)的32名受访者被要求解释诺基亚广告的外部特征。芬兰的受访者认为,诺基亚的蓝白基调是芬兰国旗的颜色,因此能产生正面印象;此外,芬兰人认为这两种颜色"可靠""自然""值得信赖""很舒服"。相反,中国大陆和中国台湾的受访者则认为,白色是丧葬的颜色,给他们带来负面印象。瑞典的受访者认出蓝和白是芬兰的颜色,认为这两种颜色"乏味""冷酷",因而摒弃它们。印度的受访者认为这两种颜色"温暖""富有夏天的气息"。美国受访者对蓝和白是温暖还是冷酷,是带有夏天气息还是带有冬天气息,意见不一。有趣的是,有几个美国人将蓝色和白色与"无尽的自由"和"创新"相联系,而来自其他文化的受访者没有人提到这一点。[11]

遗憾的是,非言语沟通可能引起令人丧气的不准确解释。学者仔细研究了非言语沟通,但是在很多领域还只是接触到该话题的皮毛而已。如果把非言语沟通放在恰当的整体观点中考虑,那么非言语沟通将成为沟通情境中非常宝贵的提示源。

布尔宾斯特(Burbinster)认为非言语沟通有六大功能[12]:补充、强调、反驳、重复、规范、替代。

补充的非言语信息重复言语信息。这些信号典型地伴随所说的内容。例如,一个技术人员在解释加热系统中有缺陷部件的不同隙宽时,他会举起拇指和食指,并在讨论问题过程中不断变换两指间的宽度。或者,一个主管在欢迎一个久病归来的下属时,可能会与他热情握手,强调自己是多么高兴他回来。

强调的非言语信号提醒我们注意正在讨论的事情。一个常见的例子就是一个人在讲到重要观点时捶桌子。人们可能还使用声音学,即声音的非言语方面来强调某一点。区分两种选择的人可能会说:"我要这一个而不是那一个"。

反驳的非言语信号没那么明显,这些信号通常是通过潜意识无意发送的,传达的意思与言语信号传达的意思正好相反,不管是很微妙的还是很明显的,非言语信号经常会告诉仔细的观察者言语信号所没有告诉的真相,这一复杂的非言语沟通领域将在后面"欺骗性非言语信号"一节中进行讨论。

重复出现在我们已经用一种沟通方式发出消息但希望进行强调的时候。重复与补充的区别在于重复不是与言语评述同时进行的,例如,用言语描述某个工具的使用后进行示范就是非言语重复。

规范是布尔宾斯特提出的第五个功能,是微妙而重要的一个功能。规范出现在谈话过程中,提示我们的合作人"慢下来""停下来"甚至是"等轮到你时再说",并且让对方知道我们什么时候做好倾听或说话的准备。观察一个正在进行的谈话,你会很快发现各种这样的提示。一个还没有讲完观点就被打断的人,为了保住说话的机会,可能会提高嗓门或说得更快(因此使用了声音学);另一个人可能会举起手说"等等,让我说完"。另一方面,讲话人可能会直视倾听者,以表明马上就轮到倾听者了。

与其他非言语信号相比,**替代**是更少见的非言语信号。当我们无法用言语信号发送一个信息时,我们可能选择使用非言语信号,尤其是象征,让接收者明白所传送的观点。象征我们将在后面讨论。到嘈杂的工厂视察的主管可能会使用"OK"的手势向一个员工示意,这可能比大声说话更有效。

从理论上讲,非言语沟通还有一个重要作用:沟通冗余(Communication Redundancy)。此概念指任何语言体系中对抗噪音影响的现象,简单说来就是一个消息的大部分意思可以根据已经出现的其他因素推断出来。电视游戏节目"幸运轮"(Wheel of Fortune)就是一个冗余的例子,并不是每个词或字母都必须出现在游戏板上人们才能猜出正确的短语。

虽然消息的某部分提供新信息,但是消息的大部分只是确保正在讨论的观点被人们理解。沟通冗余绝不是一种消极现象,而是至关重要的,因为沟通冗余帮助确保信息跨越环境、组织和人际因素等所设置的各种障碍。当消息变得更加冗余,接收者对消息中的信息更容易预见时,消息更有可能传达发送者想传达的意义。

每种沟通体系都是冗余的。言语通过各种方法建立冗余,包括语法和句法等。非言语沟通所讨论的绝大多数功能从某些方面看都是冗余的,因此,当我们与某个人讨论问题时,我们会使用补充、强调、重复甚至替代来传达一个观点,这可能是在不知不觉中完成的。即使当一个非言语信号与言语信号矛盾时,其他非言语信号也可能紧接着出现,从而突出这一矛盾。[13]因此,摇头拒绝请求之后,紧接着微笑表示友好。

有些非言语行为是天生的,有些是从周围环境习得的,而有些则是兼而有之。例如,眨眼方式与脸红似乎是天生的,是某些沟通情境中不自觉的普遍行为。而使眼色和竖拇指则是习得的,这些行为在不同的文化中代表不同的意思。第三类非言语行为(如大笑和微笑等)是混合的,因为这些行为出现在每个文化中,但是可以控制,而且意思可以改变。例如,在某些亚洲文化中,浅笑可能很自然地出现,但是表达的可能是不舒服和屈服,而不是亲密和愉悦。

本章探讨了非言语沟通的几个关键领域,并建议管理者如何充分利用这些领域,本章还讨论了通过仔细观察可以洞察到欺骗性非言语信号。

8.3 动作

对绝大多数人提到"非言语沟通",他们很可能就想到动作,而动作在技术上称为人体动作学(Kinesics)。非言语沟通远不止由一个普通类别构成,但动作是研究得最多的一个类别,包括手势和姿势。

手势可以包括象征性手势(Emblems)、说明性手势(Illustrators)、规范性手势(Regulators)、情感展示性手势(Affect Display)和适应性手势(Adapters)。[14]虽然人们通常是无意识地使用手势,但是对手势的有意认识可以帮助管理者更有效地沟通。对有效信号的理解和训练可以为我们策略性地和有意识地使用手势提供新的可能性。

早些时候,我们注意到非言语信号通常暗示意思,不直接给出意思。

象征性手势是个例外,因为它们确实代表了别的东西。"OK"标志就是一个例子,另一个例子是"时间到",即一个手掌与另一个手掌成直角。

说明性手势通过举例或强化所说内容来补充言语沟通。当一个人试图解释不在现场的一件物品时,有什么比在空中比划更自然呢?

规范性手势是那些微妙或明显控制讲话内容的手势,产生于各种不同的来源,包括双手,例如,手心向外举起手表示不让别人插话;在美国,手心对着自己伸出手掌、挥动手指是打招呼的手势。我们还用手势鼓励某些讲话人,也用手势抑制其他讲话人。

情感展示性手势比绝大多数手势更复杂,而且包含几个身体部位。例如,假设你正和一个人说话,而他板着脸,坐得很直,但身体有点儿偏离你,双臂交叉放在胸前,你几乎可以肯定他对讨论的观点不感兴趣。情感展示性手势向别人显示我们的感受:愉悦与愤怒,无聊与兴趣等。从别人身上读取这些信号一般没有问题,挑战在于在某些情境下控制自己的这些信号,也许我们并不总是希望展露自己的感受,所以我们必须控制,尤其是当这些信号可能影响我们当前的沟通策略时。

适应性手势也许是最不容易觉察的动作消息源,然而,适应性手势可能相当重要。在很多情况下,当一个行为不恰当时,身体会发出提供解决办法的信号进行适应,就像他真能这么做似的。例如,一个想走而不能走的人,可能会移动跷着的腿,模仿走路的动作。一个紧张的人可能开始扭曲手里拿着的回形针,将其当作她对正在训斥的人可能采取行动,这是一种可被社会接受的替代行动。而被训斥的员工可能双臂抱紧自己,把这当成拥抱的替代品,为自己提供此刻所需的安慰。紧张的讲话人可能晃动身体让自己平静下来。适应性手势经常以看似不相关的非言语信号的形式出现,但是在细致的观察者看来,这些手势可能表示不舒服。类似地,在展现自我控制形象至关重要的紧张情况下,一定要注意你可能发出的非言语信号。保持平静表情的同时却握紧拳头可能暴露出你的情绪。

虽然手势可能是有意义动作的最明显例子，但其他肢体动作对理解信息的意义也非常重要。就以姿势为例，瘫坐、斜靠、站立时重心放在一条腿上、缩肩等均暗示软弱和缺乏信心。相反，以部队"立正"姿势站立（抬头、肩膀向后、挺胸、重心均匀地落到两腿上）则意味着力量、警觉和信心。掌握了良好姿势要素的管理者甚至在开始讲话前就能让别人留意了。

肢体沟通的另一个例子是头部动作，前一章提到，好的倾听者经常通过点头或歪头表示他正在留心倾听。另一方面，如果讲话人在讲话时不停地点头或歪头，别人可能会认为他不自信或唯唯诺诺。

模仿是一种手势形式，两个人互相模仿对方的动作。这是一种典型的下意识和自动行为，由大脑中丰富的模仿神经元所激发。据显示，模仿可以积极促进谈话的顺利进行和互相青睐。互相回应微笑、点头、手臂交叉和手的动作创造了这样的社交圈：两个人对对方的感觉越来越好。研究表明，这种情况在薪酬谈判和工作面试中确实如此，大量的模仿与信任和喜好等强烈的情感密切相关。[15]

我们还通过讲话方式传递意义。当演讲者快步走上讲台时，他看起来是富有活力、勇敢的、控制住场面的，他的可信度通过这一非言语因素得到强化。然而，如果他边说边走、左右摇晃或不断把重心从一只脚转移到另一只脚，那么他给大家的印象就会大打折扣。

总而言之，动作是非言语沟通的一个重要类别，当我们看和听时，我们注意沟通者的各个身体部位——头部、躯干、手臂和腿，并从这些动作中得出推论。表8-1列出了对肢体提示的一般阐释。必须注意的是：正如你将在第9章读到的，我们的文化定义了言语和非言语行为，所以必须记住肢体提示的"意思"可能因文化不同而不同。例如，在美国点头表示肯定，而在南部斯拉夫国家、伊朗和斯里兰卡则表示不同意。不同文化中的管理者在沟通时必须注意肢体动作，所以肢体语言强化而不是否定或偏离预期的意思。

表 8-1　肢体提示

身体部位	动作	解释
头部	注视	留心、诚实
	目光游离	不肯定、撒谎
	竖起眉毛	挑战、公开
	咧嘴微笑	享受、愉悦
	点头	倾听、赞同
	歪头	感兴趣
	低头	防卫
躯干和肩膀	前倾	感兴趣、友好
	后倾	不感兴趣、怀疑
	姿势懒散	自尊心差
	挺胸	自信
	含胸	受威胁
	扣扣子	正式、准备离开

(续表)

身体部位	动作	解释
手和手臂	触摸别人	强有力
	触摸自己	紧张、焦虑
	重复动作	撒谎、不自信
	说话时手遮住嘴巴	想逃避
	双臂交叉	无聊、拒绝观点
	说话时指尖交叠	自信
	手叉腰	挑战、傲慢
	手放在口袋里	秘密的
	展露手掌	信任
	指指点点	权威、好斗
	握紧双手、绞拧双手、撕扯死皮	需要安慰和鼓励

8.4 空间信息

空间关系学指我们周围的空间以及我们和其他人与空间的关系。空间和距离有很大的暗示意义,值得认真关注。绝大多数人在听到"空间关系学"一词时想到的仅仅是个人空间、个人周围的"气泡",这是个很好的出发点,但空间关系学的概念远远不止于此。

8.4.1 空间区域

爱德华·霍尔(Edward Hall)研究了个人距离的使用,确定了美国人在交往过程中约定俗成的四种空间区域,如图8-1所示。[16]有谋略的管理者清楚这些区域,当空间区域受到侵犯时,管理者会正确评价自己及他人的反应。

我们的语言显示,我们所有人都对个人空间有一定程度的认知。我们谈论某人与别人"保持距离";当认为别人"侵犯我们的空间"时,我们会抱怨;或者说"在这个问题上他们把我挤得很紧",而事实上他们所做的事情几乎与区域无关。当一个人在某个问题上紧逼另一个人时,第二个人可能会做出反应:"给我呼吸空间。"或不那么客气地说:"别靠近我。"

在美国,商务人员通常有四种区域:亲密区域、个人区域、社交区域和公共区域。在下面的讨论中,请记住这些数字是平均数,反映了一般的文化、情景要求以及各方关系。个人外表、文化、性别和年龄等因素介入人际交往,因此,我们对高个儿和矮个儿的反应会不同,对有吸引力的人靠得更近,反之离得更远。[17]

正如将在第9章讨论的那样,非言语行为的"意思"因文化不同而不同。在美国,亲密区域是从身体接触到1.5—2英尺,这是为那些心理上很亲近的人保留的区域。当该区域受到别人侵犯时,尤其不只一小会儿时,这个人通常会感到不自在,他很可能会后退或设置某种障碍,虽然经常不是有意识地知道为什么。

个人区域是从亲密区域往外延伸到4英尺左右。这一区域是美国人为亲密朋友保留的,但在介绍过程中允许其他人临时进入。观察两个陌生人在介绍时如何走到一起。握手时,他们站立的

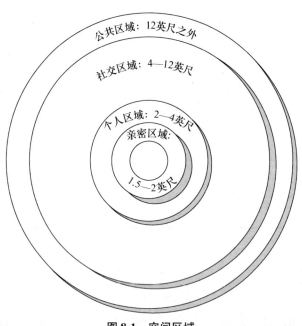

图 8-1 空间区域

姿势经常是一条腿向前而另一条腿做好后退的准备。问候一结束，两个人通常都会退到下一个区域。在合作某项任务或研究某个文件时通常会把人带进个人区域，但是他们往往会通过避开目光接触来进行补偿。

下一个区域是社交区域，从大约4英尺延伸到12英尺，是我们希望开展大部分日常业务的区域。管理者与员工的关系可能从该区域开始并持续一段时间，一旦彼此建立了信任，他们会进入个人区域，但这需要时间。[18]

在美国文化中，公共区域在12英尺之外，反映了绝大多数人想与陌生人保持的距离。业务性质的沟通几乎不在该区域进行，也许唯一的口头沟通就是公开演说。在公共礼堂的安排或政治集会的布置上，我们可以看到该距离的正规制度化反映（Formal Institutionalized Reflection）。即使政治活动集会并不拥挤，但是观众经常会保持距离。

对管理者而言，理解空间区域的价值是很明显的。善于观察的沟通者可以通过个体在交往过程中保持的距离估计一个关系的相对热度。随着信任的增强，距离往往会缩短，因此，开会时同盟会坐在一起。然而，其他因素也决定空间差异，让我们看看其中的一些。

8.4.2 空间差异

我们已经提过，空间区域因文化的不同而不同，例如，很多南美和阿拉伯国家的商人与别人交往时的距离往往比美国商人小。当美国人与来自这些文化的人交往时，各方所期待的不同空间区域往往会带来尴尬，直到有人适应了对方的要求，放弃某些区域或延伸距离为止。

距离也因性别而异。男人往往比女人保持更大的个人空间区域，女人比男人更有可能让男人或其他女人靠得更近，女人更容忍对她们个人空间的暂时侵犯。[19]相对而言，男人的身体和物品占用的空间更大，这往往被理解为显示权力。

最近，一项对中型企业的 850 名员工的研究显示，在工作空间的偏好方面，男女有着非常有趣的差别，女性表示喜欢工作空间的隐私、自然光线和个人化选择；而男性则强烈表示，他们只在乎一个环境属性，那就是控制室温的能力。[20]

自然地，环境可能人为地影响我们对区域的使用，很典型的例子就是，在拥挤的电梯里，人们允许别人侵犯其个人和亲密区域。但是，在这里人们会通过避开目光接触或设障来适应，如双臂交叉放在胸前或举起公文包作为保护。一旦某个人不小心碰到了另一个人，道歉会紧随而至。

当需要在较长时间内忽略传统区域时，人们会圈出自己的地盘。其中的一个办法就是在参与者间创造均衡空间，就像坐在可移动椅子上围着会议桌开会的时候一样。在其他情况下，人们会竖起某种障碍，表示自己空间的界限。观察在会议桌开会的情景，人们会无意识地在自己地盘的周围摆放笔记本、衣服、咖啡杯和其他商务用品，他们发出信号告诉别人，在这拥挤的环境里，他们个人空间的边界在何处。类似地，班里的学生往往会整个学期占用同一个座位，声称该座位是"自己的"空间，并在周围堆满了自己的东西。

小隔间或大桌子等永久的或"固定的"空间被认为是障碍，走到老板的桌子后面或从隔间上方窥视是很粗鲁的行为；但会议桌等半固定的空间区域则表示合作和共同责任（见图 8-2），下一节将进行解释。

图 8-2　同一办公室里的固定和半固定空间

8.4.3　空间的策略使用

管理者应该意识到，不管一个人的级别多高，他在没有被邀请时侵入另一个人的地盘都可能是令人讨厌的事，甚至是一种威胁。承认固定和半固定性质的空间界限表示对个人的尊敬，属于另一个人的物品应该被视为是私人的，不要乱翻同事的抽屉寻找书写工具，也不要坐在那个人的桌角上。

管理者可以利用空间创造权力或权威气氛或分权和尊重的气氛。每个人都从环境读取非言语线索。分配给另一个人的空间大小、空间所包含的隐私程度、空间在建筑物中的位置等可以表示组织权力的大小。一般而论，多比少好，大比小好，新比旧好。此外，人们与组织的领导者越接近，别人会认为他们享有的权利越大。

另一方面，看重开放式沟通的管理者会在下属和同事附近工作，会将重家具等显示地位的物品减到最少，不鼓励地盘意识。确实，当代组织要求所有员工共享他们的"空间"，以此作为合作和团队的象征。迈克尔·布隆伯格（Michael Bloomberg）当选纽约市市长后，他重新布置了市政厅，去掉了私人办公室，让其看起来像一个巨大的开放的棒球替补队员热身区。这一新布置就像所罗门兄弟公司（Solomon Brothers）的交易区，布隆伯格曾是这家投资公司的合伙人。他的目的就是让信息自由流通。

办公室设计可以把合适的人聚在一起。英国的营销集团 WPP 去掉了墙壁，创造了喝咖啡区。他们不是让会计和媒体人士将地板隔开，而是作为团队肩并肩工作，从而确保可以随时交谈。[21]

有些研究发现，不同年龄组的人对办公室空间的偏好不同。在一项研究中，40% 的被称为 Y 时代或千禧时代的年轻工人（年龄在 18—29 岁）喜欢开放式的办公室安排，仅有 18% 的年轻工人表示喜欢带保护隐私隔板的小隔间。另一方面，45% 的年长工人则表示，最好能在私人办公室工作；只有 16% 的年长工人表示喜欢协作式空间。[22]

8.5 个人外表

我们的穿着显示我们的身份至少是我们希望在别人心目中留下的身份。服饰是我们碰到一个人时形成的第一印象的必要组成部分，经常也是建立初步信任的关键。[23]因此，管理者应该非常关注自己的衣着，以便向他人传递正确的信息。本节将着重讨论有效衣着的普遍原则，因为服装款式变化无穷。但是，有一个原则却是亘古不变的：不要做时尚的第一人或最后一人。衣着的关键是适应组织的文化，通过外表表示你已经接受了组织的价值观，因此，金融部门期待员工看起来非常保守，从而向顾客和客户保证其稳定性；广告公司希望员工穿得非常前卫，以显示他们的天赋、创造性和现代风格。高科技组织不强调"公司"形象，执行官可以穿得和最底层员工一样随意。

不同的场合也对个人外表有不同的要求。观察参加婚礼和葬礼等场合的人可能会得出这样的结论：我们的文化变得越来越不正式。但是，在很多业务环境中，衣着随便被认为是不够尊重对方。求职面试、客户访问、销售演讲都要求注意外表。招募者经常通过应征者的鞋子和头发样式和情况对应征者下结论。因此，在购买"面试服装"时，应征者还应该购买相应的鞋子。

管理者必须记住：日常的外表也传达重要信息。很多当代组织已经制定了详细的衣着规范或规定了员工制服，承认个人外表的重要性。根据人力资源管理协会 2006 年的一项调查，10 个雇主中 6 个人允许员工每周至少有一天可以穿便服，但是，允许员工衣着随便的雇主从 2002 年的 53% 急剧下降到 38% 的新低。[24]从某种程度上讲，重新回归到考究衣着的原因是商务的随意标准所引起的混乱。但最主要是因为管理者会有这样的印象，如果员工衣着随意，那么他们的工作品质会受影响。

着装政策也会引起法律问题。雇主在执行着装规定时必须非常小心，保证所有员工都执行，而不只是某类员工（如女员工），从而避免歧视指控。在 2007 年，凤凰城的一个陪审团判给一个在阿拉摸（Alamo）汽车租赁公司工作的索马里员工 28.7 万美元，均等就业机会委员会（EEOC）认为，该公司在解雇这名女工时有宗教歧视，因为她在斋月期间佩戴头巾。[25]

观察者总会给颜色、珠宝以及翻领或帽子上佩带的徽章等细节赋予意义。衣服具有象征意义的典型例子来自 IBM，在《谁说大象不会跳舞》一书中，前首席执行官郭士纳（Lou Gerstner）描述了他如何使正在衰落的公司重获活力。他的一个主要努力就是改变文化,方法之一就是改变员工的衣着。著名的"老"IBM形象是笔挺的白衬衫、深色西装、保守的领带,原来采用这一衣着是为了满足顾客的期待,但到了1993年郭士纳接手时,这一衣着变得不合时宜、沉闷古板,象征公司的死亡。"新"IBM形象更随意、更有时代感。郭士纳建议:"根据每天的不同情况穿着,了解你将和什么人在一起(顾客、政府领导或仅仅是同事……)。"[26]

总而言之,不管组织的文化是正式的还是随意的,场合是特殊的还是一般的,管理者的外表都应该反映观众的预期和价值观。通过遵守"融入"的原则,管理者将会增加个人可信度,提高沟通效能。

8.6 声音

在本章讨论的非言语信号中,最后一种是副语言(Paralanguage),即声音风格。口头话语不仅仅包括语言信号。声音的非言语方面包括信息的音高、语速、音量、语调、开始和持续时间等,除了语调之外,声音的这些非言语信号对绝大多数听者来说可能是最不明显的,然而,它们与实际使用的词语一样重要,甚至更重要。[27]讲话人声音的音量、信息的开始(即从轮到讲话人说话到信息开始)和持续的时间以及信息的长度都发出微妙的提示。

这里有一个例子:如果我们问某个人一个很严肃的问题,而这个人的反应太快,我们可能怀疑他不严肃或已经练习过回答。类似地,如果一个人回答问题的时间比预期的长很多,我们开始纳闷他所说的是否是真的。就像下一节欺骗性非言语信号讨论所显示的,我们甚至会监测音高,并从音高的变化读出意思。

声音提示在发送和接收信息时对管理者的重要性是很明显的。监控所发送的信号尤其语调很重要,以确保预期的沟通策略不被微妙的非言语信号破坏。

讲话人区别于其他讲话人的典型声音风格包括基本音高、语速、停顿方式和音量等。声音的某些特点是有区域性的,例如美国南方的拉长腔调和美国东北部的省略式方言。除了这些基本的声音特点之外,讲话人可以变换音高、语速和音量来强调意义或传递感情。如果不能变换这些声音特点,则会导致单调的声音风格。在美国的商业文化中,单调的声音风格意味着缺乏兴趣,甚至是缺乏权威。管理者可能因发送信息的风格而无意识地破坏信息。第14章更详细地描述良好的声音风格,但这些标准既适用于日常讲话也适用于正式演说。

总而言之,在生意场上,用清楚、坚定和低音高的声音说话表示信心十足,会引起其他人认真倾听。鼻音、尖叫、安静的、带呼吸声或刺耳的声音不受重视,过度使用填补式停顿("嗯"和"哦")会给人不肯定的印象。管理者应该学会利用这些声音特点来强化信息,而不是减弱信息,就像他们必须使用前面的非言语种类一样。

8.7 欺骗性非言语信号

在很多情况下,管理者必须对员工进行评估,以确定他们所得出的数据是否正确。虽然报告中所提出的事实和数据通常可以进行客观测试,但是在诸如纪律性谈话和雇用前筛选面试等人际交往中,得出的信息常常很难立即进行客观查证。值得庆幸的是,有些非言语信号可以帮助管理者评估言语陈述的准确性。正如我们已经看到的,非言语信号通常补充言语信号,并减少沟通的不确定性。然而,非言语信号也可能无意中与言语信号相矛盾。

当与言语信号相矛盾的非言语信号暴露了讲话人的欺骗行为时,我们称之为暴露(Leakage)。在欺骗过程中,尽管欺骗者想控制,但还是无法防止某些类型的非言语信号的发出,这种下意识行为使非言语信号出卖了讲话人。事实上,人们还经常无意识地读取和阐释这些信号。因此,管理者可以学会识别欺骗的非言语信号。

在欺骗过程中,会出现几种非言语行为模式。[28] 在欺骗性情境中,由于某些非言语信号源比其他非言语信号源更容易控制(如欺骗时看着另一个人的眼睛),所以我们把重点放在难以有意识控制的信号上,即动作、衣着、个人空间和声音。

记住,非言语行为通常提示意思,而不是与具体的词或概念有一对一的关联。非言语信号的意思可能变换,如某个手势可能由别的而不是这里提到的事件所激发。

为了侦察可能暴露欺骗的非言语信号,选择正确的位置很重要。如果受访者坐在桌子后面,那么一些明显的信号就经常不易被发现。虽然能看到其脸部,但很难看出欺骗性迹象(当然,用手摸脸是一种非常明显的信号)。因此,如果可能的话,让另一个人面对着你坐在开放式椅子上,这样,从手、躯干、双腿和双脚发出的非言语信号会更明显。[29]

8.7.1 行为基线

欺骗的行为信号与正常的非言语交往有所不同,为了觉察出欺骗行为的信号,你还必须首先知道,某个人的哪些行为是正常的。研究者发现,如果观察者先看到一个人诚实作答,然后才看到他撒谎的样子,那么观察者发现讲话人欺骗行为的能力要大大增强,远超过不了解讲话人行为基线时(即不撒谎时)对其欺骗行为的发现能力。

对于相同的情况,一个人的行为可能与其他人很不一样,因此了解个体的行为基线非常重要。了解人的行为基线后,我们就能判断某人的紧张行为是由总体环境造成的,还是由某一问题造成的。

在求职面试时,行为基线相对容易掌握。在初步交谈过程中,提出一些没有威胁的问题,可先从个人简历开始,再进入未知领域,观察求职者的非言语信号。调查式询问也应使用同一模式。一般来说,闲聊的首要目的是让对方放松,次要目的之一就是找到行为基线。

8.7.2 动作

作为肢体动作这一大类的组成部分,手势和躯干动作还可能是最能暴露出欺骗行为的非言语信号。欺骗时最常用的手势就是手到脸的动作(Hand-to-face Movement),而其中最常见的就是用手捂住嘴巴,更微妙的是一只手指接触嘴巴、抚弄胡须或揉鼻子。暗示欺骗的其他手势是咬指甲和咬嘴唇。

谈话手势因人而异。一般而言,当一个人对诚实的回答感到自在时,手势是开放和向外的。在欺骗过程中,人们会限制自己的手势,并让手势贴近身体。当微笑减少、用于说明谈话观点的手势频率放慢时,暗示欺骗的手势增加。其中的一个手势就是摊手象征。研究者发现,讲话人有欺骗行为时摊手(把朝下的手掌翻成向上)速度比说实话时快一倍。该信号暗示讲话人潜意识在请求听者相信他所说的话。

有些权威还认为,腿脚动作的增加也可能说明讲话人在欺骗。[31] 脚轻敲地面、双腿交叉时不停摇晃、不断变换腿的姿势就是这类活动的例子。用翘起的腿有节奏地"走动"早已被认为是暗示这个人想要走掉的意图性手势。但要记住:我们必须把行为与基线进行比较才能得出最后结论。

暴露欺骗的信号不局限于身体,还包括衣着、空间、物品和声音。

8.7.3 衣着

讲到衣着,非言语信号的泄露主要通过摆弄衣服来体现。摆弄衣服说明此人感到问题难以回答。求职者可能会突然合拢并扣上外套,或紧张地拽裤脚或裙摆,或拼命把袖子往下扯,这或者可以说明他们想掩饰某种欺骗迹象。其他与衣着相关的信号包括拉平衣领或拉扯衣领、抚平领带、挑拣衣服上的线头、揉搓衣服等。

8.7.4 个人空间

空间关系学(Proxemics)表示一个人与他人保持的距离以及与周围环境的距离,也许是暗示欺骗的一个丰富信号源。被访者可能变化椅子的位置或突然将重心靠到椅子的后腿上,这种远离访谈人的做法说明被访者不愿合作,试图通过改变环境来增加自己与访谈人的距离。通常来说,当一个人身体后退时,另一个人会往前靠。在站立的正式交谈中,即使被访者已经双手交叉于胸前形成"障碍",他在欺骗性反应中还是会往后靠或往后退。

原来很放松的被访者在压力下可能变得紧张。例如,当一个人突然交叉双臂和双腿向后靠时,其欺骗行为就暴露了,因为人们害怕被发现撒谎时向前倾,那感觉一定不舒服。相反,如果被访者是"敞开"的姿态,则暗示其比较坦诚。被访者也可能犯些"信号错误"(Signal Blunders)来隐藏自己。这些"信号错误"可能非常微妙,如把钱包或公文包放在大腿上形成屏障等。

8.7.5 物品

办公室里的个人物品和办公室环境本身都是线索,主人可以用来创造他想要的别人对他的感知。有些人精心装饰办公室,目的是影响参观者的印象。例如,某个管理者可能把他所获得的奖励和奖牌都挂在"荣誉墙"上,用以强化其身份。虽然这些装饰可以反映主人诚实的身份声明,但是,有些装饰是策略性的甚至是欺骗性的。[32] 有多少次你被诱惑着来到汽车销售员的办公室,结果却发现到处都是宗教标志?那些可爱的娃娃照片又是怎么回事?这些物品好像在说:"你可以信任我。我是一个有信仰的人,一个热爱家庭的人。我不会给你不公平的待遇的。"我们应该通过办公室的个人物品这些线索来了解主人的真面目,但必须仔细阐释这些物品所产生的印象。

8.7.6 声音

声音是另一个非常丰富的信号源。从讲话人声音的音高、语调、音量以及反应的开始和持续时间最能看出他是否有欺骗行为。很多有力证据早已表明,欺骗性回答的开始时间比诚实回答要晚。

此外,欺骗性回答可能比诚实回答更长、更不具体。欺骗者可能想通过无用信息填补空白,有人认为延长回答时间可以令欺骗性回答更复杂从而更可信。但回答时间长也能反映出被访者寻求答案时的结结巴巴以及停顿和犹豫。最后的欺骗信息源是音调。研究者发现在欺骗性回答中,音调会明显提高。人们虽然不能解释为什么他们将音调升高与欺骗相连,但却肯定音调升高有时确实表明有欺骗行为,而且研究工具能显示其中的区别。[33]

在很多人际和管理互动中,非言语因素是最重要的信息源。虽然并非所有的非言语沟通都是有意识或故意的,但是无意的信号也许与有意的信号一样有用,甚至可能更有用。但是,请记住,在具体情况中应该为每个人建立一个行为基线。此外,如果你怀疑有欺骗,可以将这种怀疑作为进一步调查的推动力或对自己的提醒,但不要将怀疑看作最后结论。

本章小结

除了话语本身之外的一切都可视为非言语沟通的范围。每个管理互动中都有非言语因素加强或限制着互动的进行。我们很难赋予非言语信号确切的意思,而且非言语信号因文化而异;然而,当非言语信号与言语信号矛盾时,值得相信的通常是非言语信号。

非言语信号有六大功能:补充、强调、反驳、重复、规范和替代。此外,非言语信号能够增加言语信息的冗余,同时,使言语信息更能以发送者预期的方式为他人所理解。

对动作的研究包括手势、姿势、头部动作和走路。手势可以包括象征性手势、说明性手势、情感展示性手势、规范性手势和适应性手势等。我们周围的空间以及我们和他人对空间的理解也很重要。本章列举和讨论了四个区域,但是在阐释这些区域时必须小心,各个区域可能因文化而异。对空间的不恰当使用可能使管理者显得很粗鲁,而对空间的准确分析充分显示权力在组织中的重要性。

个人外表是我们给别人留下印象的另一个组成部分,外表通常是建立可信度的关键。因此,管理者应该密切注意自己的服装、饰品、化妆、发型和打扮,确保他们的外表符合组织文化和顾客的期待。

声音是本章讨论的最后一个非言语信号源。声音的发送包括信息的音调、语气、开始和持续时间。

发现欺骗的第一步就是确定一个行为基线,一旦完成这一步,动作、衣着、空间和声音都可以用来评估交往过程中是否存在欺骗。但是在所有的沟通情境中,务必记住:对于非言语信号的意思,没有现成的词典可查阅。

小组讨论案例

案例8-1 面对一系列面试

汉纳·詹森最近申请了一个职位,主管一家大型综合保险公司的工作活动,她刚刚接到一封

信,通知她四天后去接受该职位的面试,信件要求詹森参加下列的一系列面试:

  上午九点钟 罗德尼·卡斯特,人事经理

  上午十点钟 艾哈迈德·赛义德,部门主管

  上午十一点钟 鲍比·肯特,医疗索赔顾问

  如果詹森得到这份工作,她的工资会大幅度提高,而且这将是她获得主管经验的第一次机会。因此,她很想得到这份工作,非常在意如何准备每次面试。

  尽管詹森没有在该部门工作过,但她已经在该公司工作了几年。以前她在非正式场合认识了卡斯特和赛义德,但从来没见过肯特。卡斯特38岁,衣着讲究,很显然,他对自己成为人事经理两年以来的管理成绩感到很自豪。詹森在人事部工作的朋友认为卡斯特是个男性至上主义者,可能的话,他倾向于聘用男性担任主管职务。

  赛义德身体肥硕,是个上了年纪的男士,两年后就该退休了。他有点儿不修边幅,但是他对政策和制度的了解为他赢得了全公司管理者的尊敬。

  詹森特别担心与肯特的面试,因为如果她得到了这份工作,她将直接接受肯特的领导,可是詹森对肯特一无所知。

问题

1. 在选择面试服装方面,你将给予詹森哪些正面和负面建议?
2. 考虑到詹森即将会见的其中两个人的背景,你将建议她发送哪些有效的非言语信号?
3. 在每个面试情境中詹森的面试策略应该如何区分?

案例8-2 这是怎么了?

  阿尔特·马古利斯是一家《财富》500强消费品公司的营销研究部主任,今年45岁。19年前,他在获得营销方向的MBA之后就加盟该公司。由于他的技术专长、管理技巧和外向个性,四年前他成为这个50人团队的主任,其中有6个人直接向他汇报。但他的管理风格是非正式的,所以他经常与部里的每个人接触。

  两年前,马古利斯专门招收了刚刚获得应用数据博士学位的玛利亚·洛佩兹。因为有很多极具吸引力的工作机会等着她,马古利斯费了很大劲儿才说服她加入该公司。尽管洛佩斯只有34岁,但是她在营销研究方面有着非凡的经验以及独特的教育背景。洛佩斯加盟后,很快就为该部门做出了好几项卓越的贡献。作为数据分析经理,她直接向马古利斯汇报工作,但没有人向她汇报工作。加入该公司后不久,洛佩斯与丈夫离婚了。部门里的很多员工认为,她的个人问题导致她与其他员工不是很合群。

  洛佩斯与马古利斯一直相处得很好,经常一起共进午餐讨论各种项目。他们似乎有很多共同点,因为他们都能理解研究中使用的高级数据。最近,由于马古利斯刚刚离婚,他似乎在寻求更多的社会支持,因此,他们的谈话变得更私人化。特别是,马古利斯似乎很想念两个女儿,需要找人倾诉。

  但是洛佩斯看到了问题,最近她与一位人力资源经理谈起这事儿。她说,她非常尊敬马古利斯，也喜欢与他一起访问。但她注意到，他对她的行为有了明确变化：目光接触的时间延长了，两人的个人空间距离缩短了。洛佩斯对此感到不安，并努力微妙地改变这一趋势。然而，这却增加了洛佩斯继续与马古利斯相处的"压力"。今天，马古利斯邀请洛佩斯共进晚餐，这样他们可以一起讨论一个项目，因为在工作时间里他们似乎没有时间讨论该项目。

问题

请你就本章提到的非言语行为和其他话题讨论该案例。这种情况的影响是什么？

尾注

1. Carol Lehman and Mark Lehman, "Effective Nonverbal Communication Techniques: Essential Element in the Promotional Strategies of Professional Service Firms," *Journal of Professional Services Marketing* 5, no. 1 (1989), p. 17.

2. Albert Mehrabian, "Communicating Without Words," *Psychology Today*, September 1968, pp. 53–55.

3. Scott T. Fleishmann, *Employment Relations Today*, Summer 1991, pp. 161–162.

4. Roswitha Rothlach, "Anglo-German Misunderstandings in Language and Behavior," *Industrial and Commercial Training* 23, no. 3 (March 1991), pp. 15–16.

5. Om P. Kharbanda and Ernest A. Stallworthy, "Verbal and Non-verbal Communication," *Journal of Manageriat Psychology* 6, no. 2 (April 1991), p. 49.

6. Larry H. Hynson, Jr., "Doing Business with South Korea-Park II: Business Practices and Culture," *East Asian Executive Reports* 13 (September 15, 1991), p. 18.

7. Sandra G. Garside and Brian H. Kleiner "Effective One-to-One Communication Skills," *Industrial and Commercial Training* 23, no. 7 (July 1991), p. 27.

8. Paul Ekman, *Emotions Revealed: Recognizing Faces and Feelings to Improve Communication and Emotional Life* (Henry Holt and Company, 2004).

9. R. P. Harrison, *Beyond Words: An Introduction to Nonverbal Communication* (Englewood Cliffs, NJ: Prentice Hall, 1974), p. 25.

10. Pam Belluck, "For a Creative Boost, GO Blue," *Houston Chronicle*, February 6, 2009.

11. Geraldine E. Hynes and Marius Janson, "Using Semiotic Analysis to Determine Effectiveness of Internet Marketing," Proceedings of the 2007 Annual International Convention of the Association for Business Communication. Available at www.business-communication.org.

12. S. Burbinster, "Body Politics," *Associate & Management*, April 1987, pp. 55–57.

13. John L. Waltman, "Communication Redundancy and Business Communication," *Journal of Business Communication* 21, no. 4 (Fall 1984).

14. P. Ekman and W. Friesen, "The Repertoire of Nonverbal Behavior," *Semiotica* 1 (1969), pp. 49–98.

15. Alex (Sandy) Pentland, Honest Signals: *How They Shape our World* (MIT Press, 2008), pp. 10–40,105.

16. Edward T. Hall, *The Hidden Dimension* (New York: Doubleday, 1966).

17. Loretta A. Malandro and Larry Barker, *Nonverbal Communication* (Reading, MA: Addison-Wesley Publishing,1983), pp. 226–230.

18. Phillip L. Hunsaker, "Communicating Better: There's No Proxy for Proxemics," in *Reading in Business Communication*, ed. Richard C. Huseman (Hinsdale, IL: Dryden Press,1981), p.52.

19. Lynn Cohen, "Nonverbal (Mis)communication Between Managerial Men and Women," *Business Horizons*, January-February 1983, p.15.

20. Elizabeth Woyke, "Work Life: What Do Men Want? A Thermostat," *BusinessWeek*, May 29, 2006, p.11.

21. "Press the Flesh, not the Keyboard," *The Economist* 364, issue 8287 (August 24, 2002), p.50.

22. Woyke, "Work Life: What Do Men Want? A Thermostat."

23. Lynn Pearl, "Opening the Door to Rapport," *Agri Marketing* 30, no. 2 (April 1992), p.97.

24. Stephanie Armour, "Business Casual Causes Confusion," *USA Today*, July 16, 2007. http://jobs.aol.com/article/a/business-casual-causes-confusion/20070716104409990002 (retrieved July 17, 2007).

25. *Ibid.*

26. Louis V. Gerstner, Jr., *Who Says Elephants Can't Dance? Inside IBM's Historic Turnaround* (New York: HarperCollins, 2002), p.185.

27. Patricia Buhler, "Managing in the 90s: Are You Really Saying What You Mean?" *Superzrision* 52, no. 9 (September 1991), p.19.

28. Paul Ekman and Wallace V. Friesen, "Detecting Deception from the Body and Face," *Journal of Personality and Social Psychology* 29, no. 2 (1974), p.295.

29. John L. Waltman, "Nonverbal Interrogation: Some Applications," *Journal of Police Science and Administration* 11, no. 2 (June 1983), p.167.

30. Jeff Gammage, "Good Liars May Be Wired Differently," *Houston Chronicle*, January 29, 2006, p.2D.

31. Charles J. McClintock and Raymond G. Hunt, "Nonverbal Indicators of Affect and Deception in Interview Situations," *Journal of Applied Psychology* 5, no. 3 (1975), p.420.

32. Sam Gosling, *Snoop: What Your Stuff Says about You* (Profile Books, 2008), p.13.

33. Paul Ekman, Wallace Friesen, and Klaus R. Scherer, "Body Movement and Voice Pitch in Deception Interaction," *Semiotics* 16, no. 11 (1976), p.26.

第 9 章　跨文化管理沟通

> 当每个人都一样时,美国将真正消亡。
>
> ——詹姆士·T. 埃里森(James T. Ellison),美国历史学家

你是否认为自己有一天会被派往海外工作？不同层次的人都可能被派往国外,这取决于你工作的公司、其海外业务规模以及东道主国家的规章制度。海外业务额有限的公司宁愿派一些新员工去这些地点。这一点本章稍后将更详细讨论。但不管是否打算在跨国公司工作,文化敏感性都是管理成功的重要品质。

9.1　基本原理

你必须熟悉跨文化商务沟通规则,原因至少有三个:

首先,在过去 30 年间,我们目睹了国际贸易额的急剧增长。在 2008 年全球萧条到来前的 30 多年里,美国的国际贸易连年大幅增长。1990—2006 年,贸易额年增长 6% 以上。2008 年的进出口贸易总值超过 4.38 万亿美元,其中进口超过 2.52 万亿美元,出口近 1.86 万亿美元。[1]但世界经济在 2008 年进入倒退阶段,世界贸易组织预测 2009 年的全球商品贸易总额将下降 9%。经济萧条的直接原因是需求的大幅度下降和信用紧缩。全球国际贸易的下降速度非常一致,这很可能是垂直专业化(Vertical Specialization)或全球供应链引起的。从某种程度上说,这是因为各国不仅在产品方面专业化,而且在生产过程的步骤方面也专业化,因此,一台美国生产的拖拉机的钢材可能来自印度,并在墨西哥进行印压,最后才卖到中国。因此,一个国家需求的变化影响几个国家的贸易流量和经济状况。展望未来,这种互相依存可能是复苏的关键。一旦需求开始再次增加,垂直专业化和开放的贸易体系会促进全球经济更快地复苏。[2]

尽管目前全球遭遇经济危机,但是很多国家都是将国际贸易作为国内生产总值的贡献因素。美国过去 8 年变得越来越"开放",即进出口增长超过国内生产总值的增长。2008 年,美国国际贸易占其国内生产总值的 30% 以上。[3]但到目前为止,美国还不是全球化程度最高的国家。在过去 40

年间,瑞士经济研究会(KOF Swiss Economic Institute)每年根据经济、社会和政治等24个因素对全球158个国家的国际化程度进行排名。谁是第一名呢？比利时。[4]除了货物和服务的国际化程度很高外,比利时的外商投资也最多。此外,比利时是一个深受外国思想、信息和人员影响的国家。自从20世纪70年代以来,美国的国际化指数一直在上升。2009年,美国的全球化排在第29位,主要原因是其经济活动的全球化而不是社会和政治的全球化。

你必须熟悉跨文化商务沟通的第二个原因:即使不去海外开展业务,你也可能发现自己为另一个国家的公司工作。例如,在美国,外国公司的直接投资从1966年的90亿美元增加到2008年的414万亿美元以上。2007年外国投资者的消费增长67%,2008年增长90%。增长最多的是制造业,几乎占所有投资支出的一半,交通、设施、采矿、金融保险、房地产和银行业的支出也很可观。外国投资者的绝大部分支出用于收购现有的美国企业而不是在美国建立新公司。2007年在美国投资最多的国家是加拿大、英国、澳大利亚、西班牙、德国和阿拉伯联合酋长国。[5]

这里举几个外国公司拥有海外业务的例子:六元汽车旅馆由法国公司雅高酒店管理集团(Accor SA)拥有;酸奶制造商达能公司由达能集团拥有,它也是一家法国公司。德国公司汉高(Henkel),拥有制造Dial香皂、Renuzit空气清新剂和Armour Star罐装肉的Dial公司。英国帝亚吉欧(Diageo)上市公司拥有黑牌(Johnny Walker,也译为尊尼获加牌)苏格兰威士忌酒、贝利牌(Bailey)爱尔兰冰淇淋利口酒、宝狮牌(Smirnoff)伏特加酒;英国公司拥有法国牌芥末、加拿大干红(吉百利史威士股份有限公司(Cadbury Schweppes PLC))和贝氏堡宠物公司(Pillsbury)。迪拜市政府完全拥有的附属公司包括巴尼斯(Barneys)和洛曼(Loehmann)服装店。如果你留意一下周围,你会发现还有很多其他例子,例如密苏里州圣路易市郊区的一个主要的购物广场为德国房地产控股公司派拉蒙(Paramount)所有。

我们以为是美国本土的产品实际上可能是国外生产的,例如德雷尔(Dreyer)大冰淇淋、普瑞纳(Purina)狗食、雀巢即溶咖啡以及奇巧(Kitkat)糖棒等是世界上最大的食品公司雀巢生产的八千多个品牌中的几种,但雀巢总部在瑞士。另一方面,我们以为是"外国的"产品实际上可能是美国本土的。菲利普·莫里斯(Philip Morris)在美国生产Grey Poupon芥末;米其林轮胎是在南卡罗来纳生产的;依云(Evian)饮用水由可口可乐公司供给。确实,我们已经迎来了经济全球化。

学习跨文化商业沟通的第三个理由是你越来越有可能与非美国本土居民一起工作或为他们打工。美国劳动部人口普查局的数据显示,2000年13%的劳动力为非美国本土人,新增劳动力包括来自亚洲和拉美国家的工人。目前,美国大约有700万来自亚洲国家(中国、日本、菲律宾、印度、越南、韩国、印度尼西亚和泰国)的工人,但增长最快的民族或种族是拉美地区的工人。2008年,全美国有超过2 000万拉美裔工人。美国人口局预测,到2016年,这一数字将达到2 700万,增长30%。相比之下,非拉美裔的白人工人的增长率为1.4%。[6]因此,管理者将来领导的劳动大军将非常不同。

此外,工人常常将与文化相关的行为带到工作中。例如,伊斯兰教要求穆斯林每天祷告五次,其中多数祷告时间都很灵活,但是日落祷告一定要在黄昏进行。戴尔(Dell Inc)和伊莱克斯家居用品公司(Electrolux Home Products)对在美国工厂工作的穆斯林实行"标签"政策(Tag-out),每次允许几个员工离开工作岗位进行祷告。由于美国劳动力日益多样化,沟通行为中的这些文化对业界员工互动的成功产生重要影响。

总而言之,不管你是否刻意从事国际业务,你都必须是位有跨文化意识的沟通者。遗憾的是,不同公司和国家给予即将委派海外员工的培训的质量参差不齐。据估计,30%—50%的美国管理者在海外表现欠佳,原因是他们没有做好适应外国文化的充分准备。[7]据圣达特流动性重新安置公司(Cedant Mobility Relocation Firm)的一项调查,84%的公司声称他们为员工提供跨文化训练,但不足50%的员工利用这些训练机会。[8]另一方面,日本和澳大利亚的公司却因向派往国外员工提供优质训练而闻名。

本章不会涵盖在世界各地担任跨文化管理沟通者所必须知道的一切知识,这一宏伟目标是任何图书馆里数以千计的书本和文章的主题,不可能压缩成一章来探讨。相反,我们的目的是介绍管理者要成功进行跨文化商务沟通所必须学习的各种问题、关注焦点和风俗习惯。此外,我们还就管理者现在以及未来几年可以做什么提出一些建议,帮助他们为开展全球业务做好更充分的准备。

9.2 什么是文化

在探讨跨文化沟通之前,我们需要先了解一下"文化"一词的意思。虽然对这一术语的定义很多,而且复杂程度各异,但是古尔德(Gould)对文化定义做了清晰、直白的说明:

> 文化是我们赖以成长的一切。从孩童时起,我们就学习周围的人可以接受的行为、习惯和态度,这些是通过口头、非言语和书写形式传输给我们的。随着时间的推移,我们逐渐习得我们赖以发展成熟的社会里的知识、信仰、价值观、风俗和道德观,我们感到舒服的共识体系由此而产生,我们知道期待什么,也知道别人对我们有何期待。[9]

根据这一定义,文化包括我们所接触的宗教体系、教育制度、经济制度、政治制度、娱乐渠道、规范衣着打扮的风俗习惯、礼仪标准、食物及其制作和招待方法、送礼习俗、道德、法律体系、人与人沟通的数量和质量、问候习惯、一般礼节、旅游方式以及人们生活中变得想当然的很多其他方面。

马尔科姆·格拉德威尔(Malcolm Gladwell)在其最新的畅销书《局外人:成功的故事》一书中探讨了文化在个人行为中的重要性。他的结论是:"文化遗产是强大的力量,源远流长,代代相传,即使产生这些文化的经济、社会和人口条件早已消失,这些文化依然完整无缺,同时指导我们的态度和行为,因此,如果没有文化,我们将无法理解我们所处的世界。"[10]无论你是否喜欢,文化无所不包,经久不衰。

当我们承认一个人的文化无处不在、国与国间的文化差别很大时,我们就可以更全面地理解管理者在跨文化环境中工作所面临的困难。来自另一个国家的人可能在美国商人感到很奇怪的文化中感到很舒服。然而,我们必须进行调整,学会在不确定性、不寻常事件和习惯中生活。如果我们想在竞争非常激烈的全球市场上取得成功,我们不得不学习像别人一样看待事物和接受事物。

9.3 跨文化神话

在讨论跨文化商务沟通的各个方面之前,我们必须消除几个神话,地球村(Global Village)概念、历史的终结观点(End of History View)和大一统(Universality)神话是三个值得探讨的理论。

地球村概念是马歇尔·麦克卢汉(Marshal Mcluhan)1967年在《媒介即讯息》(*The Medium is the message*)一书中提出的。该概念提出,沟通和交通技术的发展将最终使世界缩小成一个快乐的大地球村。有人相信,地球村的概念已经实现了,因为现在我们可以立刻就知道发生在地球最遥远地方的事件。[11]

其他人则相信,我们离实现地球村的概念还很远。他们争辩说,沟通和交通技术的巨大发展只是拉大了世界各个民族间的距离,而这种距离只是强化了这些民族间被感知的差异。[12]

根据后一种观点,有人建议,我们能否看到地球村概念的实现,责任在于你们——今天的学生。为了在全球市场取胜,你们必须适应其他文化,必须赢得和保持跨文化拍档的信任,换言之,你们必须跨越文化鸿沟。[13]伴随着每个成功的国际商务活动(参与各方均取得成功),我们都朝着地球村概念的最终实现迈进了一步。

第二个被广泛讨论的理论是由弗兰西斯·福山提出的历史的终结观点。他断言,冷战的结束意味着战争思想的结束。1989年德国统一后,他预言,一个相对和谐的世界将因自由民主而团结在一起。福山的观点多少仿效地球村概念,他的理论包括这样的思想:随着我们融为一体,全球的重要冲突将成为过去。[14]遗憾的是,当苏联挣扎着适应西方的文化和思想时,他的这种关于和平世界的虚幻愿景也就灰飞烟灭了。

我们必须清楚的另一个神话是"大一统神话",该神话经常为那些在外国短暂停留的人所推崇。最初,他们注意到自己文化与东道国文化的所有差异,接着,他们开始留意两者的相似之处,在最终离开时得出这样的结论:在不同的肤色背景下,我们都是一样的,是人类大家庭里的兄弟姐妹。

米尔顿·J.贝内特(Milton J. Bennett)描述了跨文化敏感性(Intercultural Sensitivity)的六个阶段[15],称这种信仰为"最小化"(Minimization)。他说,寻求相似之处是一种减轻恐惧感使我们彼此更有好感的一种方法。文化本来应该揭示信仰、价值观和风俗习惯等方面的差异,但是短暂访问没能为这些人提供这种更深层的文化洞察。为了举例说明,我们可以看看一项在几个国家进行调查的部分结果,受访者被问到的一个问题是:"你同意还是不同意这一说法,即绝大多数人是可以信任的?"认同程度如下所示:

美国	55%
英国	49%
墨西哥	30%
德国	19%
意大利	1%

有人可能会说,语言的不同可能是造成某些误差的原因,但即使考虑一定误差,我们对基本的

信仰还是存在很大的差异。

基本信仰差异的另一个例子是2004年发生在明尼苏达的一个事件,当时一个赫蒙族的猎鹿人被裁定杀了五个猎鹿人,伤害了另外三个人。事情是这样的,这些猎人发现了这个人出现在私有土地的一个观鹿蓬里,因而指控他非法侵入并命令他离开。他没有离开,而是向他们开火了。大约有6 000赫蒙族人生活在明尼阿波利斯,他们是来自老挝的难民,其社会组织以家族体系为基础,他们不理解私有财产的概念,他们想在哪里打猎就在哪里打猎。这一悲剧事件显示,我们真的不是生活在不同肤色人种都一样的世界,大家都是人类大家庭里的兄弟姐妹。我们有很大的不同,而如果我们想彼此做生意,我们就必须承认、理解和接受这些差异。

9.4 我们彼此各异的某些方面

有关文化差异的最详尽研究是吉尔特·霍夫斯泰德(Geert Hofstede)在一家总部设在美国的跨国公司进行的。他收集了该公司分布在全球40多个国家的员工的116 000份问卷。他对调查结果进行了大规模的数据分析,结果揭示了民族文化的六个因素,即权力距离(Power Distance)、不确定性规避(Uncertainty Avoidance)、个人主义与集体主义(Individualism/Collectivism)、男性气质与女性气质(Masculinity/Femininity)、高语境与低语境(High and Low Context)、一维时间与多维时间(Monochronic/Polychronic Time)[16],如表9-1所示。

表9-1 霍夫斯泰德的文化差异因素

权力距离大 ⟷	权力距离小
不确定性规避强 ⟷	不确定性规避弱
集体主义 ⟷	个人主义
男性气质 ⟷	女性气质
高语境 ⟷	低语境
多维时间 ⟷	一维时间

权力距离表明社会接受机构和组织中权力分配不均这一事实的程度,反映在社会上权力大和权力小的成员的价值观上。菲律宾、委内瑞拉、墨西哥和南部斯拉夫国家是权力距离大的国家;而丹麦、新西兰、奥地利和美国是权力距离小的国家。

在权力距离大的文化中,管理者拥有比下属大得多的权力,人们通常毕恭毕敬地用头衔和姓氏称呼该管理者,而该管理者喜欢控制性策略,言行举止像个独裁者。然而,在权力距离较小的文化中,管理者拥有的权力与下属差不多,人们经常直呼其名,他会用平等的沟通策略进行管理。

航空业为我们提供了权力距离如何影响生意的绝佳例子。1988—1998年,韩国航空公司飞机的失事率高得惊人:每100万次中有4.79次失事。该数字是同期美国主要商务航空公司失事率的17倍。人们对韩国航空公司的高失事率做了几项调查和研究。最终,有人想到运用霍夫斯泰德的权力距离进行解释。他们的发现非常有趣,坐在驾驶舱内的副驾驶非常害怕说出任何质疑机长能力的话语。由于韩国文化中根深蒂固的权力距离,副驾驶们不敢说出自己的观点,所以只能扮演卑屈的角色。一个韩国飞行员透露:"机长掌控一切,想做什么就做什么,想什么时候做就什么时候做,想怎么做就怎么做,其他人都静静地坐着,无所事事。"幸运的是,由于韩国人认识到文化的重要性及其与航空业的关系,他们进行了大刀阔斧的改进。韩国航空公司的飞行人员接受再培训,因此,自从1999年以来,他们保持完美无瑕的飞行记录。[17]

不确定性规避与社会感受到的不确定和模棱两可情况威胁的程度有关。社会可以通过提供更稳定的职业、建立和遵循正式规则、不允许奇怪的想法和行为、相信绝对真理和专门技术来避免这些不确定和模棱两可的情况。希腊、德国、英国、葡萄牙、比利时和日本的不确定性规避很强,而新加坡、丹麦、美国和瑞典的不确定性规避很弱。

比利时和丹麦比邻,两国人民看起来也很像。但是,在不确定性规避方面,两个国家却因历史、政治、宗教、文学和其他文化因素的不同而非常不同。本章前面提过,比利时是158个国家中全球化程度最高的国家,你认为全球化排名与不确定性规避、尊重规则和计划、在任何情况下都坚持按章办事之间有什么关系?不确定性规避可能是绝大多数跨文化管理者必须对付的一个主要因素。他们需要挑战现状,实施变革,而不确定性规避是变革的主要障碍。这些管理者应该记住,使用平等的沟通策略让人们参与,并强调变革的好处,这会大大减少抵触。

在集体主义和个人主义方面,个人主义使人联想到组织结构松散的社会架构,在该架构中人们只要照顾自己和直系家庭即可。另一方面,集体主义的特征就是紧密的社会架构,在该架构中人们区分内集团和外集团。他们期待内集团(亲戚、家族和组织)照顾他们,也正因为如此,他们相信自己必须对内集团绝对忠诚。美国、澳大利亚、英国是个人主义国家;而危地马拉、巴基斯坦、哥伦比亚、尼日利亚、日本和委内瑞拉是集体主义国家。

个人主义和集体主义文化间巨大的社会心理差别从语言上可见一斑。例如,汉语没有一个词表示"个人主义"(Individualism),最接近的一个词可能是"自私"(Selfishness)。日语里,表示无条件限制自我的"我"字很少用在谈话中。相反,日语里有很多表示"我"的词语,因观众和语境不同而不同。这反映了东方人的信念,即当与不同群体互动时,人变成不同的人。[18]

来自个人主义和集体主义文化的管理者在很多方面有冲突。例如,在谈判中,来自集体主义文化的管理者不想作决定,他们必须先进行协作,必须先达成共识。但来自个人主义文化的管理者很难进行协作,他们想和"决策者"对话,他们不能理解为什么另一方要花那么多时间交换观点。

男性气质与女性气质作为一个因素,指的是社会上主流价值的"男性化"程度,根据霍夫斯泰德的观点,男性气质包括果断、获得钱物、不在乎生活质量等。这些价值被标记为"男性的",因为在几乎所有的社会里,男性在这些价值上得分更高。日本、奥地利、委内瑞拉和墨西哥是最男性化的社会。相反,女性化文化重视家庭、孩子和生活质量。丹麦、瑞典和挪威被认为是女性化文化的国家。

请看下面的比较。在美国对男性的评判至少部分取决于他们赚钱的能力,这种评判通常排除了照顾孩子的美国传统女性价值观。然而,在芬兰的赫尔辛基,正在开会的一个男人可能被叫去照顾在隔壁大楼托儿所里的孩子,没有人会认为这是本末倒置。尽管美国1993年通过了《家庭休假法案》(The Family Leave Act),但是休完法定假期的男性远远少于女性。

跨文化沟通者必须铭记的第五个文化差异是该文化是高语境文化还是低语境文化。这些术语是爱德华·T.霍尔(Edward T. Hall)在1977年最先使用的。[19]在高语境文化中,大部分信息来自自然语境、环境或个人的内化。在这样的文化中,人们从非言语沟通或身体语言中,从沉默、面部表情和肢体动作中寻求意思表示。日本和沙特阿拉伯是高语境国家,讲汉语和西班牙语的国家也是高语境国家。

在低语境文化中,人们期待绝大部分的信息来自词语等明确代码。在这样的文化中,沟通者强调直接收发准确信息,通常表达得非常清楚。加拿大和美国是低语境文化。正如有人所担心的,如果没有人提醒低语境文化和高语境文化在方法上的差别,那么双方的谈判可能充满危险。[20] 合同在高语境文化和低语境文化中的价值也有很大不同。美国的商业交易取决于文件,而不是握手和私人关系。

最近一项研究比较了东西方公司网页上的"关于我们"一栏的特点,结果表明低语境和高语境文化价值体现在很多微妙而重要的方面。研究者发现,西方公司在其网页上"关于我们"一栏,通过直接说明他们的业绩、地位、在业界的排名和利润来展现其鲜明形象。相比之下,高语境的东方公司则使用间接方法来进行自我推销,如描述其历史传承、与地位高的其他公司的关系和与东道国的联系等。[21]

根据霍夫斯泰德的研究,文化差异的第六个方面是一维时间和多维时间。在一维时间文化中(如德国、美国和绝大多数其他西方国家),人们谈论节省时间、浪费时间、抽出时间和花费时间,我们用十亿分之一秒来计算时间,阅读季度利润,把未来三五年的计划定义为"长期"计划。时间是线性的。

在多维时间文化中(如西班牙、拉丁美洲和绝大多数亚洲国家),时间就是时间。这些文化可以追溯到几千年前。时间由事件而不是时钟来计算。因此,迅速行动失去了价值,而且"迟到"是地位的标志,例如在厄瓜多尔,政客、军官和商人比蓝领工人不准时。曾有这样一个故事,厄瓜多尔前总统卢西奥·古铁雷斯意识到长期迟到给该国造成 25 亿美元的损失,因此他开始了一项全国运动,以促使国人认识到遵守时钟时间的重要性。但是,他的发言人在去电视台录制室宣布这一决定时却迟到了。[22] 这个例子说明,文化是何等根深蒂固,何等难以改变。

在多维时间文化国家里,"长期"思维需要几代人甚至几个世纪,相比之下,此时此刻并不重要。多维时间文化中的人们更加耐心,对管理和计量时间没多少兴趣,与一维时间文化的人相比,他们更愿意等待回报。对他们而言,时间是灵活的、自然演变的。多维时间文化的经济一般都不如一维时间文化成功这一事实,并不能构成他们改变的必然理由。

考虑到当今市场的全球化和公司跨国经营的速度越来越快,有人提出,世界各地的公司开始变得越来越相像。有一个理论声称,随着公司变得越来越相像,组织文化可能主宰或减弱大文化的影响。但到目前为止的研究并不支持这些新观点。劳伦特(Laurent)发现,在跨国公司工作的不同国籍的员工保持甚至强化了他们的文化差异。德国工人变得更德国化,美国工人变得更美国化,瑞典工人变得更瑞典化。[23] 这一发现说明:为了获得生意成功,我们必须接受甚至重视文化差异。

跨国公司展示其文化敏感性的一个方法就是其招聘实践。例如,百事可乐在 2006 年任命卢英德(Indra Nooyi)为首席执行官,卢英德是一位出生于印度的女士。自 2001 年以来,百事新招募的人员中有一半是女性或少数族裔。管理者的部分奖金来自他们如何招募和留住这些人员。12 位最高层管理者中有 6 位是女性或少数族裔。百事辩称,一个多元化的领导集体可以帮助公司更好地理解全球消费者的不同口味。[24]

了解了世界各地人们各不相同并且某些因素差异很大后，现在我们把注意力转移到跨文化沟通者获得成功的实际方法上。具体说来，本章下面将讨论语言差异、具有非言语敏感性、做一个良好的跨文化沟通者，以及为国际商业任务或职业做好准备等方面的问题。

9.5　应该学习当地语言吗

国际商务旅行者必须面对的第一个抉择就是是否学习即将访问国家的语言。学过第二语言的人们证实，学外语是一项漫长、复杂而枯燥的任务。此外，要学习的语言的难度各不相同。有些语言有很多微妙的差别，非本族语者很难掌握。另外，一个国家里存在很多方言，这会使学习过程变得更为复杂。

美国国务院的数据显示，尽管美国是个移民国家，但仅有10%的美国人会说第二门语言。相反，欧盟一半以上的人能讲两门语言，28%的人能讲三门语言。

哪些语言最重要呢？根据美国教育部的数据，汉语、阿拉伯语、波斯语、韩语、日语、俄语、印地语和乌尔都语是对美国未来至关重要的语言，尽管美国高中生中不足1%的人正在学习这些语言。相反，在中国，学生从三年级开始就必须学英语。[25]

如果只在一个国家短暂停留，比如只是建立合作关系或签订合同，绝大多数人认为不需要学习该国语言。由于英语是全世界承认的商务语言，因此，人们将要接触的人很可能会说英语。即使他们不会说英语，他们也可以使用口译员。然而，在选择口译员时必须非常小心，因为口译员的能力和忠诚度差别很大。

随着停留时间的延长，学习该国语言和智慧的需要随之增加。绝大多数权威专家同意，如需要长时间驻留，那么学习该国语言所花费的时间和努力是值得的。此外，熟悉当地语言能帮助熟悉当地的文化、价值观、传统和商业实践。管理者对文化的理解越多，他们越有可能在该环境中取胜。

学习并学好当地语言的一个优点就是避免公司在广告和产品标签方面遇到翻译灾难。例如，派克钢笔公司不经意地在拉丁美洲登出这样的广告：派克墨水可以预防不必要的怀孕。类似地，奥的斯工程公司在一个俄罗斯贸易展的海报上声称，其石油设备可以改善人们的性生活。

有时候，当把口号和产品名称翻译成其他语言时效果会适得其反。例如，百事的口号"Come alive with Pepsi"（喝百事可乐，活出真精彩）在德文中的意思是"与百事一起，从坟墓中复活"；大众汽车的"Body by Fisher"（费雪车体公司）在佛兰德语中变成了"Corpse by Fisher"（费雪的尸体）。也许关于产品名称最著名的困境就是Chevrolet's Nova（雪佛兰—诺瓦）汽车，该词在西班牙语中表示"不动"。福特的"Fiera"（费尔拉）卡车也有类似的经历，这个名称的西班牙语意思是"丑陋的老太婆"。

最后需要提醒的是语言的使用。有些人选择一条中间路线，只学一些常见的与某个特定环境相关的具体陈述。这些人应该记住，在某些语言尤其是东方语言中，同一个词语可以用来表示很多不同的东西。声调的变化表示特定的意思。有时候，一知半解比一窍不通造成的后果更严重。

9.6 对非言语信息的敏感性

不管外来管理者是否选择学习当地的语言,他们应该尽可能多地学习该文化中常见的非言语信息。第8章概述了商务环境中传递意义的非言语行为的范围。不同文化对问候、衣着、空间、触摸、姿势、肢体动作和礼仪的阐释千差万别。有些生意仅仅因为一个看起来并无恶意的美国肢体动作而丢失了,因为这个动作在另一个国家被理解为一种严重的伤害。

9.6.1 问候

从业务开始接触起,人们就应该意识到,问候方式可能因文化而异。虽然,在世界绝大多数地方握手是一种相当标准的问候形式,但是所用的力度却可能不同。用力紧握在美国被用来表示温暖和信心,但在习惯轻握的文化看来可能太咄咄逼人。

在日本,年纪稍长的商人还习惯鞠躬,有时既鞠躬又握手,以表示对双方文化的尊重。注意:鞠躬有不同的程度,各种程度都有重要意义。在世界的其他地方,传统的问候方式可能是拥抱、亲吻或把手做成祈祷状。[26]

提到问候方式,请注意:不同文化对名片的处理方法也各不相同。在日本,人们用双手将名片递给接收者,信息对着接收者。另外,人们也不会立即将名片收起来或在上面乱涂乱画,而是仔细研究,然后在开会过程中将名片摆放在桌上。最后,在任何非英语国家里,在名片的背面用第二语言印上信息被认为是一种周到的做法。[27]

9.6.2 衣着

虽然西装在世界绝大多数地方被认为是可接受的商务会议服装,但是参加晚间娱乐活动时,西装不一定是可接受的服装。在热带地区,男性即使在正式场合穿着瓜亚贝拉衫(Guayabera)或宽松的棉质衬衣外加一条宽松的裤子都是可以接受的。

在衣着问题上,我们即使不参加商务会议或正式的社交活动也应该小心。在世界的某些地方,旅游和娱乐服装的标准比美国保守。在很多阿拉伯和东方国家里,人们认为在街上或神圣的建筑物里暴露双腿、手臂、肩膀或头部令人不快。

9.6.3 空间、触摸和姿势

在商务和社交活动中保持的空间、习惯的触摸和采取的姿势在全球各地差异很大。据说美国人有多达4英尺的不容陌生人侵犯的空间距离。而在阿拉伯国家和拉丁美洲,人们说话时几乎是面对面、鼻子贴鼻子。有人说,阿拉伯人与你沟通时想靠得很近,这样才能闻到你的呼吸和体味。而在美国,人们想尽办法避免闻到彼此的味道。

在有些国家,如伊朗、巴勒斯坦、中国、印度尼西亚等,两个男人手牵手走在街上象征友谊深厚,这是可接受的。然而,就在这些国家当中,有相当一部分认为男人和女人手牵手走在街上是不可接受的。人们会对这种情感的公开展示皱眉头。

在触摸话题上,管理者对碰触的地方应该小心。在泰国,人们认为头部是神圣的,不应该碰触,也不能将任何物体从头上递过。在汤加,触摸别人的头部可能被处以死刑。商人们应该注意绝不要跷起二郎腿,也绝不要向后靠在办公椅上,双脚架在桌子上。

9.6.4 肢体动作

在塞尔维亚、伊朗和斯里兰卡,上下点头表示"不"。美国人表示"过来"的手势,在意大利、希腊和一些非洲国家表示"再见"。"竖起拇指"在美国表示"一切都好",而对澳大利亚人来说,则是一种猥亵行为。当"V"形胜利标志反过来掌心朝着自己时,意思完全相反,在英国,这变成了一种污辱。在埃塞俄比亚,用一个手指指着表示"过来"的手势仅用于对小孩和狗。

前面的这些例子说明,我们在国际交往中使用的肢体动作可能相当危险。一个友好无害的肢体动作可能变成一个活生生的污辱。在一个国家明显表示一个意思的东西在另一个国家可能表示相反的意思。为了在竞争日益激烈的全球市场上取得成功,我们必须具有跨文化的敏感性。

9.6.5 食物

当我们讨论食物时,如特殊场合用什么食物来庆祝,怎么吃,甚至什么可以吃等,我们对文化多样性会有最强烈的意识。任何一个旅行者都有吃"异国情调的"食物的故事,而且经常伴随着价值评判。

东道主希望访问者与他们分享带给他们无穷乐趣的美味佳肴。他们很难想象或理解,同样的这些美味可能给那些与他们经历不同的人带来恐惧和反感。

因此,在沙特阿拉伯或哈萨克斯坦,宴会的贵宾可能被邀请品尝羊眼睛,在中国可能被邀请品尝鱼翅,在非洲的某个地方被邀请品尝烤猩猩爪子,在日本被邀请品尝雕花的活鱼。虽然美国商人可能不愿意尝试这些菜肴,但是如果拒绝就会显得非常粗鲁。

另一方面,到美国来的访问者经常批评美国人日常消耗太多加工食物以及爆米花和果冻等零食。在世界绝大多数地方,玉米是动物粮食。此外,美国人喜欢一天到晚吃零食,而不是正儿八经坐下来吃大餐,这也被认为是欠优雅的。例如,日本人不在街上或站着时吃东西。

巴基斯坦有个谚语可体现,在建立跨文化关系时,分享食物非常重要:喝第一杯茶时,你还是陌生人;喝第二杯时,你成了客人;到喝第三杯时,我们已经是一家人了。

9.6.6 礼物

1977 年的《反海外腐败法》(Foreign Corrupt Practices Act)规定,在从事业务过程中行贿是违法的,违法公司可能被处以高达 200 万美元的罚款,参与行贿的个人可能被处以高达 10 万美元的罚款和最高 5 年的监禁。尽管有这些严厉的处罚措施,跨国公司还是愿意冒险。2003 年 4 月,美国联邦检举人对两名代表埃克森美孚(Exxon Mobile)的执行官提出指控。他们被控在 20 世纪 90 年代中期行贿哈萨克斯坦的官员以换取石油合同。据称,款项包括哈萨克斯坦共和国高官存放在瑞士银行账户里的 2 050 万美元、总统的一架新的"湾流"(Gulfstream)喷气式飞机、总统官邸网球场的经费以及四辆用于总统女儿的电视网络的带有圆盘式卫星电视天线的卡车。指控还列出了快艇、珠宝、毛皮大衣和雪上汽车等。埃克森美孚否认支付过任何不合适款项。

另一个关于国际贿赂的生动例子涉及总部设在得克萨斯州休斯敦的一家工程和建设服务公司KBR。在2007年以前，KBR是哈里伯顿公司（Halliburton Company）的一个下属公司。KBR被控在1995年至2004年间，动用了超过180万美元贿赂尼日利亚政府官员，以获得价值超过60亿美元的合同。2009年2月，KBR在该案中认罪并同意支付4.02亿美元的罚款。此外，法院指派监督员监督KBR的国际业务，为期三年，为此，每年该公司要支付300万—500万美元。KBR原来的母公司，哈里伯顿公司同意支付大部分罚款以及另外的1.77亿美元，以解决证券交易委员会提出的民事诉讼。KBR承认授权行贿，以赢取在尼日利亚的邦尼岛建立液化天然气设施的合同。[28]

为什么美国公司要冒险违反《反海外腐败法》呢？在一个向官员赠送礼物、费用、佣金和"方便费"等被视为正常做法的文化中，反行贿法律有时就成了想要在这里做生意的公司的一种竞争劣势，因为争夺赚钱合同的其他国家并没有反行贿限制。[29]

送礼的做法在全世界千差万别，在某些国家是普遍的也是意料之中的，而在别的国家则不被认同。例如，虽然在日本送礼很重要，但是在德国、比利时或英国却被认为是不合适的。[30]服务做得好给小费在美国是很普遍的，而在中国、丹麦、意大利和法国则不然。

即使在习惯送礼的国家里，礼物的性质和价值也可能有很大不同。如果一个人被邀请到别人家里吃饭，虽然送花是妥当的，但是在很多欧洲国家要避免送菊花，因为菊花与葬礼相联系。在日本，白花传递同样的信息，而在巴西和墨西哥则是紫色花。[31]

还需记住的是：礼物的数量和形状可能很重要。在日本"4"让人联想到霉运，而肯尼亚则是"7"，但是"7"在捷克共和国则被认为是幸运数字。三角形在韩国等国家和地区被认为是消极的形状。[32]

最后，让我们讨论一下对带有公司标志的礼物的理解。虽然有人可能将这类礼物理解为建立和维持业务关系的象征，但也有人会认为赠与者太小气了，不愿自己花钱买礼物。

尽管前面的讨论并不详尽，但目的是说明跨文化沟通者的不确定性总是存在的。不管一个人是否选择学习他国语言，但是非言语失误（Nonverbal Slippage）的不确定性总是存在的。最后，跨国公司的成功与否取决于：公司成员如何努力培养跨文化敏感性，从而避免上述危险。

9.7 良好的跨文化沟通者应具备什么条件

虽然下面的描述并不详尽，但却形象地说明了良好的跨文化沟通者具备的某些最重要品质和特点。如果你能够避免上述隐患，能够与跨文化拍档维持和谐的关系，那么你就是一名良好的跨文化沟通者。

第一，如果你能够避免民族优越感（Ethnocentrism），你就是个良好的跨文化沟通者。前面提到，贝内特（Bennett）设计了培养文化敏感性的六阶段发展模式（见表9-2）。他指出民族优越感的三个阶段，即否认、防卫和最小化。一个具有民族优越感的人可能会承认存在文化差异，但认为自己的国家是世界上最好的，其他国家不如自己国家，原因就是这些国家与自己的国家不一样。不管是什么理由,具有民族优越感的人建立的是仇恨。另一方面,贝内特确定了民族相对论的三个阶段,即接受、适应和融合。一个持民族相对论观点的管理者承认、尊重文化差异,并能找到方法让工作场所适合所有人。[33]

表9-2　贝内特跨文化敏感性的六个阶段

民族优越感	民族相对论
1. 否认:感知不到差异	1. 接受:认识并探索差异
2. 防卫:敌视其他文化	2. 适应:移情能力
3. 最小化:差异是表面的	3. 融合:认识并接受差异

第二,如果你对自己的国家是非防卫性的,你就是个良好的跨文化沟通者。例如,如果来自另一个国家的人批评美国离婚率高、滥用毒品、歹徒枪战、虐待儿童、青少年怀孕、艾滋病、政客腐败等问题,美国人不应该防卫性地否认这些问题的真实性。虽然你不能完全解释这些问题的根源,但是直接讨论这些问题及采取的措施是适宜的。

第三,如果你对世界的其他文化感到好奇,而且敢于面对,你就是个良好的跨文化沟通者。你必须对自己国家以外的人和地方产生真正的兴趣。跨文化管理者意识到在世界各地并不总是可以得到在家里一样的享受,从而愿意尝试新食物和生活方式,而不是即刻进行谴责。

第四,如果你是设身处地为人着想、善解人意且避免使用评判性言论,你就是个良好的跨文化沟通者。做到这些,你就能通过另一个文化中的伙伴的眼睛较客观地看待世界,就能理解别人开始看起来很奇怪的行为和风俗习惯有着在当地非常合理的、长期存在的理由。你不会将自己的文化方式强加在别人身上,这些方式对他们而言也许并不可行。

第五,如果你有耐心,你可以成为良好的跨文化沟通者。你要学会在模棱两可中生活,你知道会有意想不到的事。会议并不总是按计划进行;商店并不总是在公告的时间内营业,便利设施并不总是随时可得。虽然你的大部分应对行为是安全处理意想不到的事件,但是有时候你也得利用自己的勤奋,想出预期方案的替代方案。如果一种沟通方式证明太不可行,你就得寻求另一种方式。

第六,如果你真诚地善待与你相处的其他国家的人,你就是个良好的跨文化沟通者。一个良好的跨文化沟通者真心喜欢和尊重其他国家的人,这不能伪装。

9.8　培养跨文化管理者

跨国公司中雄心勃勃的管理者在其职业生涯中的某个时间可能需要在海外工作。哥伦比亚大学商学院最近的一项研究证实,成功的执行官必须有在多元环境和多国工作的经验才能成为21世纪的首席执行官。[34]在当今的数码商务世界中,为什么管理者和执行官必须到国外访问才能成为信息灵通的公民呢?互联网上不是一切都有了吗?很可能不是。如果要了解与我们不同的人、理解和欣赏我们不熟悉的习俗和信仰,最好的办法就是浸淫到新环境中。马克·吐温一百多年前就说:"旅行对偏见、固执和心胸狭窄是致命的。"

2002年有300万—500万商人在海外工作,预计国际劳动力的规模将随着国家间合作的加强而增加。³⁵ IBM是一家大公司,有2/3的员工在海外工作,包括外国人和美国公民。首席执行官彭明盛(Sam Palmisano)在IMB 2007年年度报告中写道,IBM是一个"全球整合型企业……它依据合适的成本、合适的技巧和合适的商务环境在世界任何地方实现其运作和功能"。各个公司首先派遣最好的员工执行国际任务,如开发新市场、维持现有运作、培养能为公司出谋献策和形成公司业务全球观念的高潜能员工。³⁶ 另外,对300家《财富》1 000强企业人力资源专业人士的调查显示,一半的受访公司选择最好的员工承担国际任务。³⁷

世界银行的经济学家、《让他们的人进来吧》一书的作者兰特·普里切特(Lant Pritchet)认为,全球所面临的跨国境雇用运动的压力将会持续增加。价格低廉的沟通技术使更换工作地点在心理上更容易接受,因为当一个人可以与本国总部保持联系时,更换工作地点给他带来的压力会小一些。

为了胜任海外任务,你可以做几件事情。正如前面所提的,要学习另一门语言,还应该研究本组织、社区以及周围大学在多文化沟通方面的培训和教育机会。在社会方面,你可以考虑让一名海外留学生住到家里,这种经历不仅帮助该学生适应美国文化,而且让你洞察该学生所属国家的文化。最后,要跟上世界商业、政治和经济的发展。阅读诸如《基督教科学箴言报》(*Christian Science Monitor*)和《金融时报》(*Financial Times*)等受国际关注的报纸。在日益全球化的市场上,你的跨文化专长将带来竞争优势。

与此同时,在国内可以做什么呢?没有机会得到海外经历的管理者仍然可以培养跨文化敏感性。毕竟,成功管理多元化员工对所有机构,而不仅仅是对跨国组织价值重大。哥伦比亚大学的商务教授迈克尔·莫里斯(Michael Morris)指出,当管理者试图公平对待和尊重所有员工时,他们常常面临各种陷阱。一个极端是,管理者可能采用大一统的方法,对所有员工一视同仁;另一个极端是,管理者可能会采取区别对待的方法,根据员工的文化调整对待方法。这两种做法都可能给员工对公平的感知带来负面影响。"在一个多元化的工作场所,如果公平问题没有处理好,则会产生破坏性后果,包括员工士气低落、产量下降、团队之间互相敌对和分裂等。"³⁹

莫里斯提出了管理者可以创造更公平工作环境的十个方法:

(1) 依赖多民族战略,而不仅仅是良好意愿。例如,管理者可能实施导师项目,以确保所有员工发展重要的关系。

(2) 为每个员工提供建设性反馈,从而让他们可以学习和成长。

(3) 确保让所有文化团队都得到机会。

(4) 确保让所有文化团队感知到他们得到了公平对待。

(5) 为进行业绩评价的主管人进行文化能力培训。

(6) 监督文化界限,以避免产生小组间的竞争。

(7) 通过让员工意识到产生冲突的根本原因是文化差异而不是个性差异来管理误解。

(8) 对某些文化团队成员所面临的障碍保持敏感,同时灵活对待绩效评估,从而创造公平的竞争环境。

(9) 就像管理者请教那些有技术专长的人解决IT问题一样,请教那些有文化专长的人。

(10) 在多元化讨论中包括所有员工和文化。

2008年,妇女、非本土美国人和有色人种占美国新增劳动力的70%,因此,在招聘和保留多文化工人以及进入多文化消费市场等方面,文化能力变得越来越重要。管理多样性是每个管理者所面临的挑战。

本章小结

由于国际市场的风云变幻和国内外市场竞争的日益激烈,公司必须在国际上越来越活跃才有可能生存和繁荣。这些趋势和发展表示,今天的学生极有可能成为明天的国际商人。为了成为成功的国际商人,他们必须成为成功的跨文化沟通者。

文化是无处不在的,是使人们感到舒服的普遍认识体系。但文化是千差万别的。要取得成功,国际企业必须理解和接受这些差异。世界还没有成为一个全球大家庭,不同肤色的人表现也不会都一样。国际商人应该努力跨越世界各个民族间存在的文化鸿沟。

如果只是到另一个国家进行短期商务旅行,很可能不需要学习该国语言。但如果停留时间长,学习该国语言就是个好主意,这样商人就不需要依赖口译员,同时也减少某些公司在广告和产品标签方面碰到灾难性翻译错误的可能性。最重要的是,学习该国语言能够洞察当地的文化。

不管是否学习当地语言,国际商人在非言语方面应该尽可能敏感,他们应该了解问候礼仪和着装标准,应该意识到某些文化对空间、触摸、肢体动作和姿势的处理方法不同,应该耐心接受别人对时间的理解,对饮食冒险采取开放的态度,熟悉送礼的礼仪。

一个良好的跨文化沟通者应当摒弃民族优越感,在谈到自己国家的问题时,不会采取防卫性的态度,应该对其他人感到好奇,并能勇敢面对可能遇到的各种条件,对其他文化中的伙伴的感情要设身处地,做到充分理解并避免品头论足,对模棱两可充满耐心,对不可预测的事情做好心理准备,善待与自己打交道的其他国家的人。

最后,打算接受国际任务或职业的管理者,应该抓住一切机会做好准备。他们可能考虑学习当地语言,并考察现有的社会和学术项目。此外,他们需要跟上世界商业、政治和经济的发展,抓住随之而来的机遇。没有机会接受国际任务的管理者仍然可以培养文化敏感性,这样一来,他们就确保员工感知到工作场所是公平、公正和尊重差异的。

小组讨论案例

为索诺拉工厂做准备

你是一家大型汽车制造公司的人力资源培训专家。你的公司将很快完成在墨西哥索诺拉(Sonora)的一个工厂的建设,该工厂将专门生产你们公司非常流行的微型汽车——护花使者(Chaperone)。

最初,新工厂的所有管理人员将从美国各地调任。今后,监管人员将从生产线上的墨西哥当地人中提拔,公司希望这些监管人员将最终至少提升到中层管理层。

然而,目前公司面临着双重问题。首先,公司需要确定从美国调任索诺拉工厂的管理者的选拔标准。其次,公司需要培训这些人员,使他们能在不同的文化中运作。

由于你拥有国际商业证书和人力资源管理学位,老板认为这项工作正适合你,虽然你对墨西哥的了解仅限于三四年前到那里的海边度过两次假而已,老板对你的能力确信无疑。

老板希望两天后一份备忘录形式的三页纸提案出现在他的办公桌上。第一页包括调任索诺拉的管理者的选拔标准,老板说,你不必担心他们的技术是否符合要求,其他人会就这方面对候选人进行筛选。相反,你应该关注的是他们作为良好的跨文化管理者和沟通者应该具备的资格以及公司应如何评估他们的资格等。

备忘录的另外两页应该概述调任者应该接受的培训计划,至少应该包括语言、重要文化差异、非言语敏感性、管理哲学和两个国家的组织文化等。

项目

以小组为单位,写一个备忘录,为该国际业务奠定成功的基础。你们的选拔标准应该能够选出最具成功潜力的候选人,培训计划应该确保他们具有取得成功的可能性。

尾注

1. U. S. Department of Commerce, International Trade Administration, "Top U. S. Trade Partners," http://www. ita. doc. gov/td/industr/ otea/ttp/Top_Trade_ Partners. pdf (retrieved June 19, 2009).

2. "Globalisation and Trade: The Nuts and Bolts Come Apart," *The Economist*, March 28, 2009, pp. 79 – 81.

3. Source: U. S. Bureau of Economic Analysis, www. bea. gov (retrieved June 22, 2009).

4. KOF Swiss Economic Institute, "KOF Index of Globalisation 2009," http: / / globalization. KOF. ethz. ch/static/pdf/press_release_2009_en. pdf (retrieved June 19, 2009).

5. Peter S. Goodman and Louise Story, "U. S. for Sale: Foreigners Invest Big as Dollar Droops," *Houston Chronicle*, January 20, 2008, p. A16.

6. Charlotte Huff, "Powering Up a Hispanic Workforce," *Workforce Management*, May 18, 2009, pp. 25 – 26.

7. C. Glenn Pearce, Ross Figgins, and Steven Golen, *Business Communication Principles and Applications*, 2nd ed. (New York: John Wiley&Sons,1988), p. 626.

8. Deedee Doke, "Perfect Strangers: Cultural and Linguistic Differences Between U. S. and UK Workers Necessitate Training for Expatriates," *HR Magazine* 49, 1z (uecemner 2004). Retrieved from OCLC FirstSearch Database (October 10, 2005).

9. Norm Sigband and Arthur Bell, *Communication for Management and Business*, 4th ed. (Glenview, IL: Scott Foresman,1986), pp. 69 – 70.

10. Malcolm Gladwell, *Outliers: The Story of Success* (New York: Little, Brown and Company 2008), p. 175.

11. Dale Level and William Galle, *Managerial Communication* (Piano, TX: Business Publications, 1988), p. 379.

12. Sigband and Bell, *Communicating for Management and Business*, p. 67.

13. *Ibid*.

14. Samuel P. Huntington, *The Clash of Civilizations and the Remaking of World Order* (Simon & Schuster, 1996), p. 31.

15. Milton J. Bennett, "A Developmental Approach to Training for Intercultural Sensitivity," *International Journal of Intercultural Relations* 10 (1986), pp. 179 – 196.

16. Geert Hofstede, "Motivation, Leadership and Organization: Do American Theories Apply Abroad?" *Organizational Dynamics*, Summer 1980, pp. 42 – 63.

17. Gladwell, *Outliers: The Story of Success*, pp. 177 – 223.

18. Richard E. Nisbett, *The Geography of Thought: How Asians and Westerners Think Differently...and Why* (New York: The Free Press, 2003), pp. 51 – 56.

19. Edward T. Hall, *Beyond Culture* (Garden City, NY: Anchor Press/Doubleday, 1977).

20. Phillip Harris and Robert T. Moran, *Managing Cultural Differences*, 5th ed. (Houston: Gulf Publishing, 2000), p. 36.

21. Yong-Kang Wei, "Projecting Ethos through 'About Us': A Comparative Study of American and Chinese Corporations' Websites," Unpublished paper presented at First Annual General Business Conference, Sam Houston State University, Huntsville, Texas, USA, April 18, 2009.

22. James Surowiecki, "The Financial Page: Punctuality Pays," *The New Yorker*, April 5, 2004, p. 31.

23. A. Laurent, "The Cultural Diversity of Western Conceptions of Management," *International Studies of Management and Organization* 13, no. 1—2 (Spring-Summer 1983), pp. 75 – 96.

24. Jia Lynn Yang, "On the Radar: Pepsi s Diversity Push Pays Off," *Fortune*, September 4, 2006, p. 32.

25. Simon Winchester, "How America Can Maintain Its Edge," *Parade*, December 21, 2008, p. 8.

26. M. Katherine Glover, "Do's and Taboos: Cultural Aspects of International Business," *Business America*, August 13, 1990, p. 4.

27. *Ibid*.

28. Tom Fowler, "KBR Pleads Guilty in Bribery Case," *Houston Chronicle*, February 12, 2009, p. D1, D4. See also, "Two Charged in KBR Case in Nigeria," *Houston Chronicle*, March 4, 2009, p. B1.

29. "Bribery Has Long Been Used to Land International Contracts," *Alexander's Gas & Oil Connections* 8, 11 (June 3, 2003). http://www.gasandoil.com/goc/features/fex32399.htm (retrieved December 20, 2003).

30. Glover, "Do's and Taboos," p. 4.

31. *Ibid*.

32. *Ibid*, p. 2.

33. Bennett, "A Developmental Approach to Training for Intercultural Sensitivity," pp. 184 – 186.

34. Rosalie L. Tung, "Attitudes and Experience of Expatriates on International Assignments," Paper presented at Pacific Region Forum on Business and Management Communication, January 22, 1998. Retrieved from http://www.cic.sfu.ca/forum/TungMarch181998.html.

35. "New Study: Facing Increased Uncertainty and Volatility on World Stage, Employees on International Assignment Often Feel Left on Their Own," *News Aktuell-DPA Firmengruppe*, May 15, 2002.

36. C. Brooklyn Derr and Gary R. Oddou, "Are U.S. Multinationals Adequately Preparing Future American Leaders for Global Competition?" *International Journal of Human Resource Management*, no. 2 (February 1991), pp. 227 – 245.

37. "KPMG Survey: Majority of Companies Select Top Employees for Overseas Assignments, However Fail to Successfully Repatriate," PR Newswire Association, Inc., October 25, 2000.

38. Michael Mandel, "Globalization vs. Immigration Reform: Can We Have Free Flow of Goods and Capital without Free Flow of Labor?" *BusinessWeek*, June 4, 2007, p. 40.

39. Michael Morris and Kwok Leung, "Justice for All? Progress in Research on Cultural Variation in the Psychology of Distributive and Procedural Justice," *Applied Psychology: An International Review* 49, 1 (2000), pp. 100 – 132.

第4篇

人际沟通策略

第10章　冲突管理
第11章　管理谈判
第12章　面谈

第 10 章 冲突管理

> 困难是为了激励,而不是为了阻碍。人类的精神因为冲突而强大。
> ——威廉·埃勒里·钱宁(William Ellery Channing),美国废奴主义者和唯一神教派牧师

世界似乎充满冲突。中东、太平洋沿岸和非洲局势的持续紧张使全球和平的可能性变得很渺茫。即使在公司层面上,冲突也很普遍,表现为频繁的合并、收购和不友好接管等。

在公司内部,关系也很紧张。工作场所暴力是女性在岗死亡的第一大原因,是男性在岗死亡的第二大原因。而且工作场所暴力事件正以惊人的速度增加。[1]管理者必须采取干预措施,包括解决冲突的训练等,以保护员工免受暴力的伤害。

对美国管理协会执行官的一项调查显示,管理者可能花费多达20%的时间来处理冲突。[2]对工作程序意思的理解不同可能引起冲突,对优先权的争议即两个项目中哪个应该提取有限的项目发展基金也可能引起冲突。冲突还可能使长期的愤怒成为关注焦点并导致工作的停滞。

上述调查还要求管理者描述所介入的冲突类型。一位管理者描述了这样的情境:四个电脑程序员想参加一个培训研讨会,但只有一个人的经费。另一位管理者描述他和另一个同事都想同时休假,他们的经理说不行,并要他们自己订出一个时间表。在这两个情境中,冲突都必须得以解决。

组织冲突(Organizational Conflict)是传统组织结构的自然组成部分,因为不同单位之间经常存在固有的对立。冲突的增加与组织的层级水平、工作标准的提高和工人数量的增加等因素正相关。[3]事实上,组织冲突如此普遍,以至于超过75个大学附属中心、研究所、协会和社团都在从事该领域的研究。其中一个机构叫冲突解决协会,共有6 000多名成员,包括冲突解决和协作式决策领域的调解员、引导者、教育者和其他人。冲突解决协会在全美20个州有分会。

越来越多的公司也新增了帮助员工在没有外部干涉的情况下快速解决问题的政策,这些政策融入公司文化中,并采用了各种不同的方法来解决冲突,包括热线电话、同行评估小组、调停、仲裁等。目前的研究显示,大约10%的美国雇主已经实行了这些内部机制。[4]

10.1　冲突的益处

　　冲突通常有着否定含义。然而,如果处理得当,冲突可以转化为积极事件。冲突要求管理者分析目标,促进员工间的对话,还有助于形成创造性的解决方法。如果没有冲突,员工与组织将停滞不前。

　　工作场所的代沟冲突是冲突可以产生积极影响的一个例子。在美国历史上,首次出现了四代人一起工作的现象。由于每代人对工作方式和工作哲学看法不同,冲突的可能性很大。年长的工人认为"工作"是一个地方,一个在特定时间所去的地方,比如朝九晚五。而年轻工人则认为"工作"是你做的事,可以是随时随地的,这些年轻人在信息随时可得的数码世界中长大,因此婴儿潮时期(1946—1964年)出生的工人很容易认为,21世纪出生的年轻人工作不如自己努力,因为这些年轻人9:30才到办公室,而他们自己8:30就到办公室了。但他们没有意识到,这些年轻人可能在家还穿着睡衣时就已经在电脑上或黑莓手机上干活了。对21世纪的年轻人来说,绝大多数工作场所的时间安排显得很愚蠢。如果婴儿潮时期出生的人能认识到当今的很多工作都可以在不同时间内完成,那么他们就可以从年轻人崇尚最高效率的做法中获益。[5]

　　冲突还可以培养创造性。冲突通过强迫人们摒弃传统思维方式,克服个体的心理扭曲和偏见,从而促进自由思维(Unstructured Thinking)。有人认为,这是找到解决棘手问题的良好而新颖的替代方法所必需的。[6]

　　此外,研究显示,如果下属的反对和抵触是公开的,而不是微弱甚至被动的,那么决策的质量更高。一项研究表明,如果下属抵触情绪很强,出现优质决策的概率是45.8%;如果下属抵触微弱或不存在,出现优质决策的概率只有18.8%。[7]

　　因此,以一帆风顺为荣的管理者,其效率不一定有他们自以为的那么高。一帆风顺可能反映冲突受到压抑。如果允许冲突爆发,冲突可能存在潜在益处。事实上,冲突的伤害可能不如压制大。

　　那么,是什么引起冲突呢?冲突什么时候发挥作用,什么时候不发挥作用呢?可以用什么方法加以解决呢?有没有哪个方法是最好的?下面的讨论将回答这些问题,但我们先要阐释沟通与冲突的关系。

10.2　沟通与冲突的关系

　　与其他的很多术语一样,冲突既有通俗意义又有一长串特殊的定义。快速回顾这些定义将有助于描述冲突的性质。卡茨和卡恩声称,当两个系统(包括个人、小组、组织或国家)直接互动时,尽管一方进行抵制,但另一方的行动还是倾向于防止或迫使某些结果的产生,双方就处于冲突中。[8]另一位作者声称,冲突是指个体的条件、做法或目标是天生不可调和(Inherently Incompatible)的情境。[9]第三个定义把冲突呈现为一种对价值的争夺或对有限资源、权力和地位的要求,在冲突中,对手试图中立、伤害或消灭对方。[10]

这三个定义有助于确定冲突的性质，表明沟通在冲突中的作用。第一个定义用"互动"这个词，暗示某种类型的沟通互动。第二个定义使用"天生不可调和"这个词组，第三个定义则使用了"对价值的争夺"。沟通是管理者决定某事是否天生不可调和的方法，而对价值的争夺正是通过沟通行为进行的。因此，有效沟通的能力可能立即消除冲突。然而，沟通不力则可能产生看起来天生不可调和的情境，对价值的争夺也可能随之而来。结论就是：沟通行为可能引起冲突，也可能解决冲突。

让我们审视冲突的具体特点以及沟通的相应含义。下面是与沟通相关的四个公理。[11] 对这些公理的回顾显示：有效沟通可以使冲突成为一个具有建设性的积极过程。

冲突至少包括两方。因为冲突至少包括两方，所以沟通是必要的组成部分。只有沟通才能产生或解决冲突。因此，管理者应该理解可能产生冲突的沟通互动的类型和冲突产生后最有用的沟通模式。事实上，良好的沟通者可以将冲突表面化并将其变成建设性过程。

冲突由感知的互斥目标引起。客观事实或个人的价值和看法可能导致互斥目标的存在。然而，关键因素是介入各方认为目标是互斥的。通常，通过沟通，介入各方看到事实上目标并非互斥。但只有通过沟通，冲突各方才能确定存在一个能满足各方目标的上级目标。再次，冲突的积极性质很明显，因为如果没有冲突，各方就可能不知道上级目标。

冲突涉及具有不同价值观和看法的各方。为了说明冲突各方可能存在不同的价值体系，我们以一位曾经是工会成员的一级主管与一位大学毕业刚两年的年轻工程师的价值观差异为例。当这两个员工考虑实施电脑化的生产控制体系时，其价值观差异可能导致潜在冲突。主管认为电脑系统太复杂，而且会取代部分员工的工作。然而，年轻工程师仅仅把电脑系统当成工程技术的挑战而已。在这个例子中，价值观影响了人们对事物的看法。

选择性关注原则（Selective Attention Principle）指出，人们倾向于感知他们认为重要和令人愉悦的东西，回避不重要和不愉快的东西。下面的例子显示，感知的不同如何导致主要冲突的出现。[12]一家纺织作坊允许冲突的发生，最终导致了工人的大规模调整。作坊在雇用员工时告诉他们，作坊每年给员工自动加薪；在 9 个月和 18 个月后给值得奖励的员工增加绩效奖金。然而，员工们理解为他们在所有这三个阶段，即 9 个月、12 个月和 18 个月后都自动加薪。当他们没有得到加薪时，很多人离职了，因为他们认为雇主没有信守原来的加薪承诺。在这个例子中，员工和雇主之间的看法差异导致了观点的冲突。

当冲突各方有不同的价值观或看法时，可从两方面看出沟通的重要性：第一，两人将冲突暴露出来或进行沟通，可能最终使两人拥有相同的价值观，并且变得更为友好[13]；第二，随着两位管理者间的沟通日益顺畅，看法差异会减少，从而最终减少冲突的可能性。第 1 章提到组织中的文化越来越多样化。这种多样性会引起冲突，但也是激动人心和富有成效的。因为如果处理得当，多样性的观点将产生更有创意的结果。

只有每一方都对输赢感到满意时，冲突才会中止。对输赢的追究似乎主宰着我们的文化。例如，法庭使用对抗制诉讼模式，而政党努力赢得竞选。体育中输赢的竞争是如此激烈，以致观众间的争斗频频发生。我们文化中普遍存在着输赢态度，因此人们很难想象，在冲突的情境中会出现双赢的结果。这个问题使我们想起了前面讲到的公理，即冲突源于互斥的目标。然而，良好、精确的沟通可以告诉我们，"赢"和"输"并不是唯一的选择。

10.3 冲突的来源

当管理者感知到工作场所的冲突时,他们可能认为这是由不可调和的个性引起的。"大家为什么不能和睦相处呢?"他们恳求道。但管理者应该理解,冲突往往来自比个性差异更深层的东西。了解了冲突的来源后,管理者能更好地选择恰当的沟通策略。冲突的最主要原因或来源经常是组织的层级体系或做事方式。

组织内部的权限可能催生冲突。例如,所有银行的信贷和储蓄部门都是互相依存的。只有储蓄部门筹措了足够的资金,信贷部门才能借出资金。同样,如果信贷部门没有顾客,储蓄部门也有很大压力。这两个部门在银行内部有着共同的目标(利润和银行的持续运作),但是它们的互相依存也可能引起关于各自职权的冲突。储蓄部门想提供高利息取悦顾客,但是信贷部门想提供低利息取悦顾客。当这两个部门的互相依存成为中心议题时,就出现了这样的冲突:谁的职权优先考虑、谁的责任与银行创造利润的目标更相关。

组织内部有限资源的分配问题是冲突的另一个来源。如果资源充裕,很少会出现冲突,但这种条件几乎不存在。当资源有限而一个以上的人或团体想分享时,冲突就出现了。最明显的冲突发生在做年度预算计划时。资金通常很有限,因此有必要确定哪个部门可以得到多少金额。在每个管理者看来,他们自己的目标是最重要的,因此,分配给一个部门的资金可能看起来像是从另一个部门夺走的。各个部门争夺预算分配的相依性可能变成冲突的主要来源。

组织冲突的第三个来源是不同的目标。例如,在制造业中,质量保证管理者和生产管理者可能会出现摩擦。质量监控的目标是零瑕疵,而生产的目标是及时完成顾客的订单。互相冲突的目标和角色也解释了公司的销售人员为什么通常忽视会计人员关于费用表格和收据的要求,或为什么值班长(Shift Foreman)不让其工人参加人力资源部提供的员工发展培训。为了减少职能部门间的这些传统冲突,高级执行官必须提醒其管理者公司的总体目标、使命和愿景。

10.3.1 冲突和感知

关于冲突和感知的关系,我们已经进行了简单的讨论。当双方意识到现有条件或误解彼此的真正立场时,感知的冲突就会出现。

显然,如果人们不能确认潜在的冲突情境,那么冲突不会马上出现。然而,对一个情境的不准确或不符合逻辑的感知往往引起不必要的冲突。一个不准确感知的例子就是管理者的表扬。马瑞兹激励机构(Maritz Incentives)最近的一项调查发现在工作场所对赞美的各种不同观点:55%的员工说他们的努力从没有或很少得到老板的感谢。另一方面,只有16%的监管人员说他们从不表扬下属,34%的监管人员说他们每天表扬下属的直接汇报,45%的监管人员说每周或每月表扬下属。[14]很容易看出这一感知差异是如何引起冲突的。

图10-1的方格显示为什么不准确的感知导致管理过程中的冲突。假设两位管理者在讨论一个议题,每位管理者存在两种可能性:每个人都准确或不准确感知潜在冲突的存在。这就引起图示的四种可能性。方格显示,准确的相互感知只存在于四种可能中的一种。当然,情况不总是如

此,大量未被实际情况证明的冲突也可能出现。

图10-1 感知的准确性与冲突

此外,两位管理者可能意识到对某个政策的严重分歧,但也许这并不会引起担忧或影响彼此的关系。例如,对预算分配的竞争,不需要将其私人化。

个人感受到的冲突可能表现为害怕、威胁、猜疑和敌对等。大家看看这个例子,银行出纳员在被解雇当天打电话谎称有炸弹袭击,目的是可以和旧同事们一起喝茶聊天。没有人知道工作场所这些报复性行为造成多大的财政损失,但是每个人都同意,缺乏沟通导致了绝大多数的员工破坏事件。"当你无法沟通或害怕说出心里话时,报复是一种沟通方式。"工作场所关系专家威廉·伦丁(William Lundin)如此解释。[15] 菲尼克斯(Phoenix)公司的一位管理顾问称:平常约有30%的工人想"报复老板"。工作场所的暴力事件持续上升,劳工部的数据显示,每周全美国有十几个工人在工作时被残杀。[16]因此,正如我们防范自然灾害一样,我们必须防范工作场所暴力。

那么,管理者如何避免工作场所暴力和敌对行为呢?维持沟通机制很重要,这个机制允许员工:(1)理解他们的绩效是如何评估的;(2)知道改变或不改变自己行为的后果;(3)讨论自己的问题;(4)探讨解决问题的不同选择;(5)缓和愤怒情绪。如果管理得当,发泄敌对情绪有治疗作用,而不一定有害。小组讨论以及上下级的定期会晤可以作为发泄敌对情绪的方式。高效管理者甚至在成为敌对沟通焦点时也不会自我防卫,非防卫式的沟通是处理私人感受到的冲突的关键。

管理者以条件、感知和感情为基础的可见行为,可能是冲突,也可能是尝试建立相互目标。冲突的最明显表现就是图10-2所示的处于连续体两端的公开挑衅和一体化解决问题方法。因为通常表现出来的不是完全的公开挑衅,也不是完全满意的解决问题方法,所以使用了连续体。然而,目的在于尽可能接近一体化的解决问题方法。余下的讨论显示,管理者在试图解决冲突时,沿着连续体可以有大量的冲突管理办法。

$$\text{挑衅} \longleftarrow \overset{\text{冲突}}{\text{——————————}} \longrightarrow \text{一体化的解决问题方法}$$

图10-2 表现冲突的方法

10.4 冲突解决策略

既然我们已经看到了冲突与管理沟通的关系,讨论了建设性冲突,回顾了冲突的各种来源,我们便可以确定解决冲突的策略。处理冲突的管理沟通策略可以分为很多种。为讨论方便,我们使用图10-3所示的体系。该图表明,在冲突过程中,管理者可能强调人际关系、任务生产或两者的结合。这里提出了五种可能的策略:回避(Avoiding)、通融(Accommodating)、强迫(Forcing)、妥协

（Compromising）和解决问题（Problem Solving）。[17]

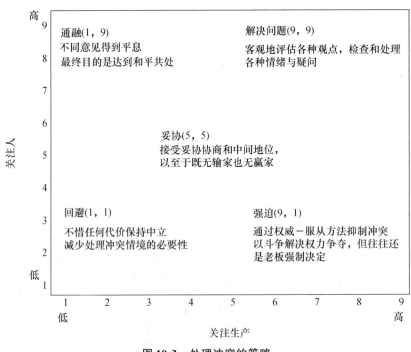

图 10-3　处理冲突的策略

在讨论这些策略时，应该记住管理沟通的权变理论（Contingency Approach）。不同的冲突情境需要应用不同的策略，所以有效的沟通要求管理者根据具体情况采取相应的策略。

10.4.1　回避

回避或退缩策略对生产和人员都很不关心。使用这种方式的人将冲突看成是一种绝望、无助的经历。使用回避或退缩策略的管理者不是经受冲突带来的紧张和沮丧，而是简单地摆脱这些情境。这种回避可以是身体上的，也可以是心理上的。使用该策略的人会回避不同意见和紧张局面，不会在争议中偏向某一方，几乎不会对达成的任何决定承担责任。这一冲突管理方式是美国管理者中第二受欢迎的方式。[18]

回避不需要很生动。当谈话开始变得具有威胁时，很多管理者通过忽视某个评论或迅速改变话题来回避。回避的另一个方法是把对问题的责任推到更高的管理层。第三种回避的方法是使用简单的"我正在研究这件事"，希望对方会淡忘这件事。

该策略频繁应用于政策过多的大型官僚机构中。管理者不是尝试解决冲突，而是简单怪罪于"政策"。对自己的沟通能力缺乏信心的管理者可能希望问题自行消失。然而，这通常行不通。事实上，从冲突中退缩与建设性解决冲突负相关，更与了解上级的感情和态度、进行积极公开的沟通、获取上级的帮助以及计划的充足性等负相关。因此，回避冲突的管理者在这些关键的管理领域不能有效运作。[19]

10.4.2 通融

在冲突的第二种解决办法通融中,管理者试图通过取悦每个人来解决冲突。使用这一方法时,管理者强调与同事维持关系,不强调达到建设性目标。由于管理者想获得他人的接受,他会屈服于与自己愿望冲突的他人愿望,使用该方法的管理者认为,冲突是具破坏性的。

进行通融的典型尝试可以包括:在气氛紧张时,提议停下来喝喝咖啡;用幽默打破僵局;转换话题;举行一些诸如办公室生日晚会等表现集体精神的仪式。由于这些努力很可能会减少感知的冲突,所以比简单的回避更有益。这种感知的冲突的减少很可能产生短期效果,甚至是一定的长期效果。然而,仅仅因为某个人没有敌对或消极情绪,并不意味着产生冲突的直接原因已经解决了。事实上,通融是一种伪装,随时可能瓦解并对进展形成障碍。因此,研究显示,通融更多地被用于业绩差或业绩平平的组织,而不是业绩表现良好的组织。另外,通融与公开积极的沟通以及参与制定目标等负相关。

10.4.3 强迫

强迫是第三种冲突管理策略,使用者是那些不惜一切代价完成生产目标、不考虑他人需要或接受性的管理者。对于这样的管理者,输是破坏性的,因为输被看成是降低身份、软弱和丧失自我形象的表现。无论如何,管理者必须赢,赢会让他激动,带给他成就感。所以,强迫就不足为奇地成为管理者使用的头号冲突管理策略。[20]

一个以强迫策略为特征的情境很可能会引起未来的冲突。管理者用来描述组织中冲突情境的语言经常反映出这种方式可能产生的消极效果:对立、斗争、战斗、征服、肉搏、强制和粉碎等。这些语言和形象会造成长期的感情伤害。[21]

虽然强迫能解决眼前的冲突,但长期的影响很可能包括生产力的丧失。冲突情境中的强迫与计划的充足性、监督的有效性以及参与制定目标等因素负相关。强迫策略的主要困难在于:当员工感知到冲突的最终结果是将他们置于一个输赢状况中输的一方时,他们通常不愿意计划或执行计划。

有趣的是,虽然强迫策略的用途有限,这一点几乎毫无疑问,但是管理者认为强迫是他们处理冲突时最喜欢的备用策略。[22]一时的顺从被错误地理解为对这些情形的长期解决方法。

10.4.4 妥协

妥协是解决冲突的第四种策略,认为妥协比无所作为强。该方法介于强迫和通融之间。由于妥协使双方都有所收获而不是一方的胜利,所以很多参与者认为该方法优于刚刚讨论的其他方法。

当下面两个条件之一存在时使用妥协方法:(1) 参与双方都不认为自己有权力将事情"强迫"给对方;(2) 一方或双方都认为,为获胜而花费金钱、时间或精力并不一定值得。妥协通常与谈判密切相关(谈判是下一章的主题)。

然而,这里有几个很重要的观点。第一,妥协可能使双方都觉得自己是赢家,也可能使他们感觉像输家。卷入冲突的员工之间的工作关系可能会变得消极,信任感可能会丧失。虽然介入双方很可能以合作的态度进入谈判,但妥协的结果可能产生竞争感。

第二,拥有最多信息的一方处于更有利的位置。信息权可能限制员工间的公开沟通,这一情境反过来会导致一边倒的妥协。

第三,最不关切一方(Least Interested Party)原则,即对结果最不感兴趣的一方在谈判中处于更有利的位置。结果,一个不关心公司福利的员工在妥协中可能产生较多的影响。

10.5 解决问题:双赢策略

到目前为止,管理冲突似乎没有一个完全可接受的、富有成效的策略。一切都是从输的角度讨论的。值得庆幸的是,事实并非如此。将要讨论的第五个策略——解决问题,是管理冲突的一个双赢策略。这一复杂、高效的方法要求熟练的策略性管理沟通,但却收益丰厚。因此,接下来的讨论将以该策略为中心,让我们先描述一下该双赢策略,然后再探讨实施的具体技巧。

10.5.1 策略描述

该策略的关键在于采用了共同解决问题的办法而不是斗争的方法。与使用强迫或妥协策略的管理者不同的是,致力于这种解决问题方法的管理者相信:良好的、彼此可接受的解决方法是可能的。各方致力于解决问题而不是打败对方。

下面的例子清楚地描述了解决冲突的方法,该例详细记录了威斯康星州召开的一次探讨监狱改革的会议。

该州的9名监狱高官一起开会设计一个理想的惩教机构。在讨论过程中,有一位成员提议废除狱卒的传统制服。该小组接着就该不该穿制服的问题进行了漫长的争论,有一位成员建议通过投票的方式民主解决该议题。结果,6人反对穿制服,3人赞成穿制服。获胜的成员看起来很开心,而输了的成员有的不高兴,有的不愿意继续讨论。

在场的一个小组顾问建议大家再看一看具体情境。接着,他询问那些赞成穿制服的人他们想实现什么(确立目标),那些官员声称,惩教机构中劳教过程的一部分就是教会人们如何建设性地处理与权威的关系。当被问到为什么反对穿制服时(分析问题),另外的小组成员说,制服给狱卒贴上了标签,狱卒先要消除犯人对他们的刻板印象,然后才谈得上一对一地对待犯人,而制服增加了他们工作的难度。小组顾问接着问整个小组,什么方法适于实现这些复合目标——教会人们对待权威,同时避免人们对传统制服形成的刻板印象的问题(产生解决方法)。在解决问题的过程中,该小组确定了十个可能的解决方法,包括监狱人员使用姓名牌、穿不同颜色的休闲服、监狱主管穿制服而与犯人持续接触的狱卒不穿制服等。在讨论了各种选择后,小组决定选择第三种解决方法(选择最佳解决方法)。

在第一次讨论时,小组处于明显的冲突中,而投票只是部分地解决了冲突。在顾问引导的讨论中,小组转向了解决问题,最终达成了一致和双赢的解决方法。[23]

10.5.2 实施该策略所需的信念

我们提议,解决问题策略是最理想的策略,但是,想有效使用该策略的管理者必须持有一系列的信念。

信念一：合作胜于竞争

管理者首先必须相信，合作比竞争好。美国管理似乎是建立在竞争基础之上，所以有时很难想象合作是一种切实可行的可能性。[24]这种竞争可能出自达尔文的适者生存概念：自我形象软弱的管理者可能害怕灭亡。由于缺乏信心，这个人感到与公司其他人存在竞争。

竞争在激发员工取得更大成就方面也有重要作用。然而，随着技术的发展，员工越来越专业化，员工之间越来越需要互相依赖。很少有任务是能够不与很多员工合作就能完成的。作为整体的小组，其效用大于所有个体员工之和，因此需要合作。但这并不是说要避免不同意见。

只要不同意见不会妨碍小组的进程，这些意见就可以引发新见识和创造力。进入冲突情境时，管理者必须相信他人的意见是有益的，他必须愿意倾听。当今工作环境对团队合作的强调使合作成为必要。

信念二：各方都可信任

第二个信念是卷入冲突的其他各方都是可信任的。信任他人的管理者不会隐瞒或扭曲相关的信息，也不害怕陈述可能使他们遭受攻击的事实、主张、结论或感想。

一位研究者比较了不同的解决问题小组。半数的小组被指示信任他人，公开表达他们的观点，自由分享信息，努力建立高水平的互信。其他的小组则被指示以相反的方式行事。研究发现，高度信任的解决问题小组会：

- 更公开地交换相关主张和感想；
- 更清楚地认识目标和问题；
- 更广泛地寻求各种不同的行动方法；
- 更有力地影响解决方法；
- 更满意为解决问题所付出的努力；
- 有更强的动机去实施结论；
- 认为彼此更亲密更像一个团队；
- 更不想离开自己的小组加入别的小组。[25]

信任行为能引起互惠。信任的暗示很可能会激发别人的信任行为。相反地，当管理者不信任他人时，不信任的暗示会激发另一方的不信任行为。所以最好假定别人是可以信任的，在找到相反的证据前，不要改变这种观点。

信念三：地位差异可以降到最低

管理者必须拥有的第三个信念是冲突情境中各方的身份差异可以降到最低。权力或地位差异把两个个体分为我们与他们，妨碍了冲突的解决。地位更高的管理者可能经受不住诱惑，而把使用地位所赋予的权力作为强行解决问题的理论基础。如果这种情况发生，则参与各方不是面对问题、互相平等对待，而是倒退到输赢方式，而且结果更没有成效。不依靠地位的管理者会花时间倾听有关的每个当事人的声音。第7章"创造倾听氛围"一节为希望将感知的权力最小化、鼓励与上级和同级沟通的管理者提供了理念。

信念四：可以找到彼此接受的解决方法

管理者必须持有的最后一个信念是彼此接受的理想解决方法是存在的,而且是可以找到的。除非双方都相信这是可能的,否则就会采用输赢策略。除非双方对找到一个彼此接受的答案充满信心,否则冲突的解决可能极度令人沮丧和旷日持久。这不是说双方都达到同一目标,相反,双方以彼此能接受的方式达到各自不同的目标。

这四个信念中的每一个——合作、信任、平等地位和彼此接受的目标都是很重要的。实施有效的双赢冲突解决策略的管理者必须相信这些概念。但是仅仅相信这些概念还不够,管理者还必须以战略方式使用恰当的沟通技巧。下一部分描述这些技巧以及实施这些技巧的恰当方法。

10.5.3 实施解决问题战略

在实施解决问题策略时应该遵循具体的步骤。但是,在讨论这些步骤之前,必须先明确关键的沟通原则：

- 使用中立的而不是带感情色彩的词语。"我还是喜欢我的方法"比"你的主意没有用"好。
- 避免不留修改余地的绝对陈述。"我认为这是……的方法"比"这是唯一的方法"好。
- 提开放式问题。
- 避免指示性问题。该原则对有地位差异的情况尤为重要。
- 重复关键词语,确保各方在毫无误解的基础上进行沟通。
- 使用各方都能清楚理解的词语。
- 允许对方完成陈述,不要打断别人。
- 使用有效的倾听技巧,尤其是重新措辞,确保别人的主张被完全理解。
- 注意设施安排的重要性。例如,坐在大桌子前可能使人产生防卫情绪。

如果管理者能够使用刚刚列出的沟通原则,同时遵循下列顺序,那么他们应该能够成功地解决冲突。

实施解决问题策略的第一步就是充分重视以下环境条件：

审视和调整冲突条件。之前我们明确了组织中固有的冲突源,包括目标和资源等。如果管理者能够明确这些条件,就可相应地调整条件,促进合作。

审视和调整感知。管理者应该通过现实测试,调整和改正自己的感知。"我是不是实事求是地看待情况和行为？"随着个体对条件的了解越来越多,而且由此产生的印象得到他人感知的证实时,个体的感知会变得更准确。

审视和调整态度。由于理想的结果取决于信任、相互性和合作,如果各方互不信任、彼此敌对和互相竞争,那么成功几乎是不可能的。相应地,一个人应该尽可能地明确冲突各方的态度和感情。最好的策略常常是从最容易解决的问题开始的。一旦较容易的问题解决了,人们便会用更积极的态度去面对较复杂的冲突情境。由此产生的信任会使合作沟通变得更容易。

一旦确定和调整了环境条件和感知,你就可以开始真正地解决问题。约翰·杜威(John

Dewey），一位生活在20世纪初期并从事写作的美国教育家，率先在其《我们怎样思维》(*How We Think*)一书中提出这一过程。一百多年后，这一理性的解决问题过程仍成功地应用于当代业务中。该过程流行的原因在于解释了"我们怎样思维"。第13章我们将更多地了解这一解决问题的过程，以及如何将其运用于会议和团队项目中。现在，让我们探讨解决问题的五个步骤。

定义问题。在冲突情境中对问题的陈述往往比看起来困难得多。人们倾向于在清晰定义问题之前讨论解决方法。正因为如此，我们倾向将问题陈述为解决方法而不是目标。这会引起模棱两可的沟通，很常见的做法是各方在对问题没有清晰定义的情况下专注于问题的解决方法，结果可能使冲突加剧。第二，管理者应该以小组目标的形式而不是个人想法的形式陈述目标。第三，问题的定义必须具体。一个有用的策略是清楚地写出问题陈述，以便每个人都能看到并达成共识。另外，小组也可对以问句形式提出的问题达成共识。

分析问题。管理者又一次倾向于跳过这一步骤。他们可能争辩说，毕竟他们与问题共存，再花时间沉溺于问题中有何意义呢？杜威的回答是，通过探索问题的深层根源，通过考察问题的历史、起因、影响和程度，人们不仅可以找到针对症状的解决方法，还可以针对问题的根本原因来提高成功的可能性。

想出各种备选方法。各方应该提出潜在的解决方法。一个想法可能激发其他想法。在开放信任的环境中进行沟通的员工越多，就越有可能产生有效的解决方法。当然，在头脑风暴过程中如果某个想法受到批评，信任就消失了。一旦有人说"这是个很糟糕的想法，根本行不通"，谁愿意冒险提出别的想法呢？在这个步骤中，管理者应该避免对解决方法过早做出评判。

制定良好解决方法的标准。这些标准或基准可能已经到位并可供使用。否则，组织的行政官必须向解决问题的管理者具体说明一个良好的解决方法看起来应该如何实施。偶尔，管理者被期待制定自己的标准。理想解决方法的一般标准包括：必须是有成本效益的，必须是可以很容易或很迅速实施的，必须是合法的，必须是与组织的使命或价值观一致的。

使用独立制定的良好解决方法的标准评估各种备选方法。这实际上是最容易的一步。到这时候，对问题的关注是统一的，已经形成了公开沟通的环境，介入各方都积极参与。当想出的备选方法与你的标准列表相符时，最佳解决方法似乎就自动出现了。

10.6 冲突与成功的管理

组织动态的基本特点导致了冲突。[26]因此，管理者必须学会理解和管理冲突。正如本章所解释的，沟通是冲突管理的基础。由于冲突在组织生活中无处不在、至关重要、然而经常又是很麻烦的一个方面，因此，有效的冲突管理已经成为商业和工业训练项目的主要任务。[27]不管是计划从事管理工作的大学生，还是有着几年经验的实践管理者，都有必要不断寻求冲突管理的建设性沟通策略。

本章小结

管理者可能花费至少 20% 的时间处理某种形式的冲突，因此，了解冲突的原因和解决冲突的建设性方法非常重要。因为错误的沟通是冲突背后的一个组成因素，因此有效的管理沟通是解决问题的关键。

冲突可以是建设性的，也可以是破坏性的。"冲突"一词暗示带来消极结果的对立位置。然而，如果管理得当，冲突可以成为积极的力量。一个重要的管理角色就是能够区分破坏性冲突与建设性冲突。

管理者可以使用这五种策略中的一种来解决冲突：回避、融通、强迫、妥协和解决问题。前四种策略被称为输赢或双输策略，因为冲突中的一方或双方都会输。然而，第五种策略被称为双赢策略，因为冲突双方都是潜在的赢家，因此，有效的管理者应该努力采取双赢策略。

当管理者相信合作、信任对方、将地位差异降到最低以及有双方都能接受的理想解决办法时，解决问题的策略就可以实现。这些信念是成功的先决条件，但是除非运用合理的沟通原则将这些信念付诸行动，否则不能取得令人满意的结果。在实施双赢策略时必须遵循一系列的步骤：审视和调整条件、感知和态度；确定问题的定义；分析问题；想出备选方法；根据标准评估备选方法，确定最佳解决方法。

当管理者使用战略性沟通技巧、相信存在解决冲突的双赢策略并遵循正确的行动顺序时，就可以产生解决冲突的建设性方法。

小组讨论案例

案例 10-1　工作责任的冲突

琳达·西姆斯是一家生产公司的会计部经理，而乔斯·马丁内斯是该公司的信贷部经理。这是一个发展迅速的公司，会计部的员工(11 人)经常忙得不可开交。

由于会计部就在信贷部隔壁，信贷部的行政助理露丝·兰金有时候会整理西姆斯分派给她的日记账分录工作(Journal Entries)。

公司过去六个月的发展尤其迅速，这就使每个人都比平常更忙碌。随着销售量的增加，信贷部感受到需要更快处理申请的压力，兰金能帮助西姆斯从事会计部额外工作（Accounting Overflow）的时间少了。

西姆斯向马丁内斯抱怨，会计部比信贷部更需要兰金。马丁内斯的回答是："如果我不能让信贷申请及时在流水线上移动，那么很快就不需要会计部了，因为公司即将破产。"

问题

1. 冲突的原因是什么？
2. 请为该情况写一个问题陈述。

3. 如果你是西姆斯,在该情境中你将如何与马丁内斯接触?
4. 西姆斯最初使用的是什么方式?
5. 西姆斯可以怎样获得马丁内斯的合作而不是引起他的防范?

案例10-2 团队成员间的冲突

瓦特来特广告联盟(Waterlite Advertising and Associates)的广告经理罗德·爱德华兹有两位助手:一位是为公司争取客户的业务员吉娜·里斯;另一位则是广告撰稿人明娜·帕特尔,她负责为客户实际设计广告。

通常,里斯和帕特尔的工作关系密切,因为在所有的客户关系上她们都是作为一个团队工作的。里斯获得客户并与之讨论他们的需要;然后,她告诉帕特尔谈话的内容和客户的需要,所以帕特尔能设计出合适的广告。一旦帕特尔完成了广告,里斯就将广告展示给客户。如果广告取得成功,通常是里斯得到称赞和承认,因为是她与客户接触。

过去,帕特尔并不在乎里斯得到的承认,因为帕特尔知道是自己设计了广告。但帕特尔上一次设计的广告为公司带来了一个100万美元的合同,爱德华兹立即因里斯为公司带来客户而给里斯加薪,却没给帕特尔任何认可。

自然地,这引起了里斯和帕特尔两人之间的摩擦,她们的关系开始恶化。在里斯加薪四天后,她们的冲突达到了高潮。里斯借了帕特尔的订书机(只是一件小事)但忘了还回去,帕特尔当众大吵大闹,并且过后几天都拒绝和里斯说话。

这个问题引起了爱德华兹的关注,因为部门的生产力正在下降。为了开发广告,两位助手必须作为团队工作。

爱德华兹把两个员工叫进办公室,并立即开始训斥她们。他坚持认为,她们要融洽相处并开始着手下一个广告,他期待广告在第二天中午前完成。里斯和帕特尔没有解决问题就走出了爱德华兹的办公室。第二天,她们还是完成了一些工作,但是她们的亲密关系却再也没有恢复。

问题
1. 爱德华兹使用了哪种冲突解决策略?他本应该使用哪种策略?
2. 这是一个破坏性冲突的例子,它可以发展成建设性情境吗?
3. 爱德华兹本应该采取什么步骤来形成双赢策略?

尾注

1. National Institute for Occupational Safety and Health, Centers for Disease Control and Prevention, U.S. Department of Health and Human Services, "Homicide Alert," no. 94–101. Retrieved from http://www.cdc.gov/niosh/94-101.html (December 22, 2003).

2. Warren H. Schmidt, "Conflict: A Powerful Process for (Good or Bad) Change," *Management Review* 63, no. 12 (December 1974), p. 5.

3. Ronald Corwin, "Patterns of Organizational Conflict," *Administrative Science Quarterly* 14, no. 3

(December 1969), pp. 507 – 520.

4. Association for Conflict Resolution, Frequently Asked Questions. Retrieved June 2, 2009, from http://www.acrnet.org/about/CR-FAQ.htm.

5. Tammy Erickson, "The Four Biggest Reasons for Generational Conflict in Teams," Harvard Business Publishing—for Managers, February 16, 2009. Retrieved March 24, 2009, from http://blogs.harvardbusiness.org/erickson/2009/.

6. L. Putnam and S. Wilson, "Argumentation and Bargaining Strategies as Discriminators of Integrative and Distributive Outcomes," in *Managing Conflict: An Interdisciplinary Approach*, ed. A. Rahim (New York: Praeger Publishers, 1988).

7. L. R. Hoffman, E. Harburg, and N. R. F. Meier, "Differences and Disagreements as Factors in Creative Problem-Solving," *Journal of Abnormal and Social Psychoiogy* 64, no. 2 (1962), pp. 206 – 242.

8. Daniel Katz and Robert L. Kahn, *The Social Psychology of Organizations*, 2nd ed. (New York: john Wiley & Sons, 1978), p. 613.

9. Clagett G. Smith, "A Comparative Analysis of Some Conditions and Consequences of Intra-Organizational Conflict," *Administrative Science Quarterly* 10, no. 3 (1965—1966), pp. 504 – 529.

10. K. W. Thomas, "Conflict," in *Organizational Behavior*, ed. S. Kerr (Columbus, OH: Grid Publishing, 1979), pp. 151 – 181.

11. Charles E. Watkins, "An Analytical Model of Conflict: How Differences in Perception Cause Differences of Opinion," *Supervisory Management* 41, no. 3 (March 1974), pp. 1 – 5; and J. L. Hocker and W. W. Wilmot, *Interpersonal Conflict*, 2nd ed. (Dubuque, IA: Wm. C. Brown, 1985).

12. Lewis Benton, "The Many Faces of Conflict: How Differences in Perception Cause Differences of Opinion," *Supervisory Management* 15, no. 3 (March 1970), pp. 7 – 12.

13. Robert Zajonc, "Attitudinal Effects of Mere Exposure," *Journal of Personality and Social Psychology Monograph Supplement* 9, no. 2 (June 1968), pp. 1 – 27.

14. "Does the Boss Say Thanks?" *St. Louis Post-Dispatch*, September 19, 2003, p. C9.

15. Carol Vinzant, "On the Job: Messing with the Boss's Head," *Fortune*, May 1, 2000, p. 329.

16. L. M. Sixel, "Preparing for Violence," *Houston Chronicle*, April 19, 2007, p. D1.

17. This diagram is based on the works of R. R. Blake and J. S. Mouton. "The Fifth Achievement," *Journal of Applied Behavioraz Science* 6, no. 4 (1970), pp. 413 – 426; J. Hall, *How to Interpret Your Scores from the Conflict Manaxgement Survey* (Conroe, TX: Teleometrics, 1986); R. W. Thomas, "Conflict and Negotiation Processes in OrganizationS," in *The Handbook of Industrial and Organizational Psychology* 2, ed. M. D. Dunnette and L. Hough (Palo Alto: Consulting Psychologists Press, 1992), pp. 651 – 718; and K. W. Thomas and R. H. Kilman, *The Thomas-Kitman Conflict Mode Instrument* (Tuxedo, NY: Xicom. Inc., 1974).

18. E. Phillips and R. Cheston, "Conflict Resolution: What Works?" *California Management Review* 21, no. 4 (Summer 1979), p. 76.

19. W. A. Donohue, M. E. Diez, and R. B. Stahl, "New Directions in Negotiations Research," in *Communication Yearbook* 7, ed. R. N. Bostrom (Beverly Hills, CA: Sage Publications, 1983), pp. 249-279.

20. Phillips and Cheston, "Conflict Resolution: What Works?" p. 76

21. Gareth Morgan, *Images of Organization* (Newbury Park, CA: Sage Publications, 1986).

22. Jay W. Lorsch and Paul R. Lawrence, eds., *Studies in Organizational Design* (Homewood, IL: Irwin-Dorsey, 1970), p. 1.

23. Alan C. Filley, *Interpersonal Conflict Resolution* (Glenview, IL: Scott Foresman, 1975), p. 33.

24. N. J. Adler, *International Dimensions of Organizational Behavior* (Boston: Kent Publishing Co., 1986).

25. D. E. Zand, "Trust and Managerial Problem Solving," *Administrative Science Quarterly* 17, no. 1 (1972), pp. 229-239.

26. Daniel Robey, *Designing Organizations* (Homewood, IL: Richard D. Irwin, 1986), pp. 176-201.

27. Linda L. Putnam, "Communication and Interpersonal Conflict," *Management Communication Quarterly* 1, no. 3 (February 1988), pp. 293-301.

第 11 章 管理谈判

> 我们不能跟那些持有"我的就是我的,而你的是可协商的"观点的人谈判。
>
> ——约翰·肯尼迪,美国第 35 任总统

谈判是管理的有机组成部分。成功的管理者经常需要谈判,从而获得更高的预算和更好的购买价格,为自己和下属赢得更高的工资,为重要任务争取更多的时间,得到更为有利的年度目标,甚至在跳槽时得到更高的薪水。然而,也有许多管理者对谈判望而却步。谈判时感觉不自在的原因或许是以前谈判失败过,或许是根本不理解谈判这一动态过程。遗憾的是,大多数谈判知识都来自有限的个人经历。

管理者应该利用个人生活中提供谈判机会的各种情境,从这些经历中学习和改善谈判技巧,然后将其运用到管理职位上。个人经历包括买车、出售旧货以及与孩子们谈判家务和补偿办法等。通过培养个人能力,管理者可以避免工作场所的无效谈判。无效谈判会降低组织生产力,降低相关人士士气,还会使其他团队产生敌对情绪。[1]

另外,男女在谈判中是有差异的。总的来说,由男性提出的谈判次数是女性提出的次数的四倍。这种差异在商务活动中有着重要影响,尤其在薪酬、升职及表彰等方面。琳达·巴布科克(Linda Babcock)和萨拉·拉谢弗(Sara Laschever)在《女人不提要求》(*Women Don't Ask*)一书中写到:卡耐基·梅隆大学的女性 MBA 毕业生中仅有 7% 的人在找工作时会与未来的雇主谈判薪水问题,而男性 MBA 毕业生中有 57% 的人会谈判薪水问题。与未来雇主谈判薪水的人最终可以将薪酬平均提高 4 053 美元。总体来说,男毕业生的起薪比女毕业生平均高 7% 以上。[2]巴布科克和拉谢弗认为男女毕业生谈判风格的不同是造成起薪差距的主要原因,而这种差距又是造成男性与女性在职业生涯中持续不断的薪酬差异的主要原因。

11.1 谈判与关系网

建立关系网技巧与管理谈判技巧相关。因为在绝大多数业务情境中,谈判是一个过程,而不

是一件事或一次性交易,因此,在谈判时维持人际关系至关重要。从策略上讲,谈判意味着长期思维和发展关系网;意味着平衡各种关系与结果、合作和竞争;也意味着使用关系网帮助我们取得谈判成功。

研究再次发现,在谈判中,管理者使用关系网的方法存在性别差异。要求加薪或升职时,女性更有可能仅依赖自己的工作业绩。相反,男性将自己的业绩与其他人进行对比,觉得加薪有保障时就会提出这种要求。男性使用人际交往能力和关系作为实现个人目标的杠杆。女性往往不太注重结果,而更关心维护信誉。女性常常等候别人对她们进行称赞。女性的这些倾向在谈判桌上是有害的。[3]

建立关系网是一种技巧。与所有技巧一样,练习和准备能够使其日臻完美。建立关系网与优势相结合,可以变成求职、谈判和面试的重要工具。有效建立和利用业务关系可以对成功产生重大影响。人们乐于指导自己喜欢的人,并将被指导者的职业成功居功于自己。

谈判时,管理者应该在对业务关系有利的事情和对管理者及其组织有利的事情之间取得平衡。处于管理职位的人与其他管理者建立关系网也很重要,可以确保在谈判时你与行业和公司的标准保持一致。

11.2 谈判与冲突

在讨论谈判的动态过程之前,我们应该首先确定"谈判"一词的含义。第10章中讲到冲突的解决方法中的三个策略:输赢、双输和双赢,并且提出双赢策略是解决冲突的最佳途径,还分析了成功实施双赢策略必须具有哪些理念。然而,双赢并非总是可得的。当双方都认为在某一情境中一方将有得失,并且与另一方的得失互为交换条件时,解决问题的最佳途径就是谈判。因为在这种情况下,一方无法轻易确定另一方的需求或期望的结果是什么,而且双方不一定完全互相信任。

输赢情境每天都发生在管理者的生活中。当管理者想到"谈判"一词时,可能经常会想到劳资双方的集体谈判(Collective Bargaining),或体育经纪人为了获得某运动员而进行的谈判。这些谈判一般被称为"第三方谈判"(Third-party Negotiations)。研究表明,管理者越来越多地参与到第三方谈判中。[4]然而,本章着重讨论的是任何管理者每天都可能碰到的日常谈判。比如,为了给员工争取额外办公空间的谈判,为提高预算额的谈判,为争取其他部门更多支持的谈判等。高效管理者赢多输少。

每个谈判者有两个普遍的关注点。谈判各方必须平衡谈判的关注点,从而使谈判结果满足谈判各方的关系需要。[5]然而,关注程度因情境而异。在某些情境中,赢是唯一要紧的,而在别的情境中,关系的价值可能超过赢的需要。在两个对立的极端间,存在获得赢的结果的同时损害关系的可能,这会影响输的一方履行协议的意愿。管理者将来可能需要与对方合作,如果关系受到破坏,那么未来的交易会有争议。例如,当某个下属要求加薪时,管理者必须权衡维持最低成本预算的需要和维持与下属关系的需要。如果下属的业绩受到高度肯定,那么管理者需要做出让步,从而确保下属未来的持续优秀表现。

管理者对谈判过程所采取的方法可以参照第10章(图10-3)所示的谈判风格,这种风格平衡这些关注点,管理者对生产的关注可以通过对人的关注来平衡。理解合适的谈判策略可以帮助管理者取得成功。

11.3 谈判的策略模型

研究谈判过程的最佳方法是第 2 章中提到的管理沟通策略分析法。

图 11-1 显示了第 2 章的管理沟通策略基本模型。用第 2 章的洋葱类比法,我们需要将洋葱一层层剥开,最终形成一种策略。我们将首先讨论文化与氛围(即第一层)。接着,将讨论信息发送者(即管理者)、谈判的目标或目的以及信息接收者(即谈判对手)的风格(即第二层)。为了形成系统的谈判策略,必须分析谈判各方的风格,此外还需要分析时间、环境、渠道及信息内容,这些是洋葱的第三层。虽然这些要素将在下面分别讨论,但是管理者在制定谈判策略(即模型的核心)时必须同时考虑这三个层次,因为它们是互相影响的。本章最后描述洋葱模型核心(即第四层)中的六种谈判策略。

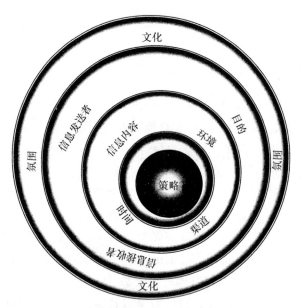

图 11-1　管理沟通策略模型

11.4 第一层:文化及氛围

本书多次提到,文化是任何沟通情境中的重要因素。"首先寻求理解别人,然后寻求被别人理解"是史蒂芬·科维(Stephen Covey)提出的《高效人士的七个习惯》中的第五个习惯。[6]管理者必须回顾并分析需要谈判的情境和围绕每个谈判情境的文化/氛围,然后管理者就可以开始找出替代办法来解决谈判的需要。真正的理解需要双方交谈与倾听。管理者不必同意对方观点,但必须理解对方的立场。此外,管理者可以在不同的情况下表现出移情,并评价事实与由文化或氛围引起的情感的差别。

在谈判时,必须考虑国家和组织文化。有些文化偏爱断言式甚至是命令式的谈判风格,而有些文化偏爱较为含蓄的风格;有些文化鼓励人们长时间地耐心谈判,而有些文化喜欢快速解决问题;有些文化中的初始承诺(Initial Offer)一般被定在与期望结果较为接近的水平,而有些文化中的初始承诺与期望结果相去甚远;有些文化中谈判前与对方建立个人关系很重要,而有些文化中只需大致了解一下对方情况即可。因此,为了进行成功的谈判,管理者必须十分了解对方国家的文化。

组织文化很大程度上决定了在组织中谁拥有权力及决策的范围,没有人希望与没有决策权的人谈判。在与集权型组织文化中的人谈判时更要注意决策者是谁,在官僚型组织中,数目繁多的政策及程序可能会降低灵活性,导致真正可谈的东西很少。当然,大多数组织并没有集权或官僚到毫无谈判价值的地步。管理者面对的挑战是确定什么可以谈以及跟谁谈。这种挑战不仅是由组织中的政治结构决定的,也是组织文化即氛围决定的。

11.5 第二层:信息发送者、接收者及目的

下面,我们来看洋葱模型的第二层中的要素——谈判者的个人风格及目的。正如生活中有人外向健谈,有人内敛沉默一样。在谈判中,有些管理者一开始就充满自信、积极乐观,而有些管理者则一开始就感觉自己会失败,认为机会渺茫。谈判者必须相信自己,这样才有可能成功。美国铁路先驱哈里曼(E. H. Harriman)是个信心十足的人,他曾经对一位年轻的金融家说:"就是坐在谈判桌上面对 14 个对手,我都有办法对付。"[7]管理者可以通过了解谈判过程并为谈判做适当准备来增强自信。此外,通过正确的谈判练习取得积极的结果也能带来更大的信心。

在谈判中,自信的管理者能创造力量。然而,仅仅有自信还不够;在谈判过程中,你的行动和外表也必须显得很自信。首先,不要让人觉得你打算打持久战。最糟糕的一些做法包括:脱掉外套、卷起袖子、倒上一杯咖啡,或看起来你做好开长会的准备。此外,不要给人留下很疲惫不安的形象。当对手看起来很疲惫时,对方的希望和信心就会大增。大多数讨论过程中,谈判双方会相互密切注视。整洁的外表说明你做事有条理,不易被人利用,谈判成功的可能性会因此而增加。第 8 章曾讨论过非言语信息,本章后面将再次提到这方面内容,但是请记住:一些说明你感到紧张的习惯,如用手指敲桌面或玩笔,会让人觉得你很紧张脆弱。

谈判可能通过电话进行,这种媒介有些缺点:电话谈判限制了管理者读取身体语言的能力;电话谈判可能导致信息被误解或看起来像是权宜之计;电话谈判可能让信息接收者措手不及,因为他还没有做好谈话准备,因此,谈判结果可能使竞争变得更激烈。

谈判过程中不可避免地会有压力,通常这种压力来自任何谈判都固有的两种未知因素。第一种未知因素是不知道能否达成协议,第二种未知因素是无法知道谈判需要多长时间。知道这种压力的存在及其原因有助于大大减轻这种压力。

11.5.1 目的

谈判的目的很简单:最大化自己的利益。谈判目的是制定谈判策略时最先要考虑的几个关键

因素之一。谈判目的可以理解为"知道自己想要什么",更恰当的一种解释是"知道什么是可以合理期待的"。显然,"想要"及"期待"这两个词差别很大,除非已经能清楚地区分两者的差异,否则可能导致混淆及失败。

在某些情况下,谈判是没有用的。比如,一位生产经理曾在个人薪水谈判中获得成功,但是现在市场状况很糟糕,公司也受到了影响,没有人获得加薪。如果这位经理在此时与公司谈判薪水问题,他非但不能获得加薪,而且还可能会招来厌恶,因为他提出要求时公司正处于难关。

如果时机成熟而且对方也愿意投入谈判,那么需要确立谈判目标。下面的讨论提出三种策略:确定最大支持结果(Maximum Supportable Outcome,MSO)、最小接受结果(Least Acceptable Outcome,LAO)和谈判协议最佳替代方案(Best Alternative to Negotiated Agreement,BATNA)。

11.5.2 确定最大支持结果及最小接受结果

最大支持结果指谈判者在开始时能够提出的最高合理要求,如果最大支持结果超出合理范围,那么谈判会立即终止。

最小接受结果是指谈判者所能接受的最小结果。如果谈判结果比谈判者的最小接受结果还小,那么最好终止谈判。所以,计划非常重要,这样谈判开始前就能确定最小接受结果。

当然,最小接受结果和最大支持结果都反映主要、次要、短期和长期的考虑因素。通常结果很复杂,而且包含不止一个因素。

既然最小接受结果和最大支持结果是谈判中的准则,那么进入谈判之前必须清楚地了解这两个术语的含义。如果谈判开始后再修改这两个结果,那将是个重大错误(可能也是最常见的错误),说明你已被对方过度影响。

请记住,在讨论最小接受结果和最大支持结果时,这两个词的内容在谈判过程中对对方来说是相反的。比如,一家服装分销公司的销售经理与一家服装店的采购经理为100套西服的价格进行谈判,表11-1说明了这两位经理对上述两个词的不同理解。

在研究下面的材料时,记住这两个"相反的术语"很重要。某个结果对某个人来说是合心意的,而对另一个人来说则是不合心意的。与其他沟通形式一样,在谈判时记住个人感知和参照系很重要。

表 11-1　内容相反的术语

销售经理	服装价格	采购经理
最大支持结果(MSO)	150 000 美元	最小接受结果(LAO)
最小接受结果(LAO)	115 000 美元	最大支持结果(MSO)

11.5.3 确定最小接受结果及最大支持结果

因为最小接受结果和最大支持结果原则在谈判中非常重要,因此需要仔细思考以确定这两个结果是多少。最小接受结果或许最容易确定,低于这一点由于存在潜在损失,所以什么都不能接受。实际上,如果谈判者在这一点上同意对方的条件,一般不会出现损失。

最小接受结果既有客观性又有主观性,它是谈判情境周围各种事实因素及其价值的结合。由于其主观性,所以没有万能的公式来套用。因此,谈判者要将"什么是可接受的"及"什么是想要的"区别开来。

在具体确定最小接受结果之前,如能制定一张决策表将很有用,这样能保证这一决策过程既系统又客观。表11-2是如何确定某工作机会的最小接受结果的例子。

任何有助于谈判者思考决策过程的表格都有用。当然我们都希望得到谈判结果的另一端,即最大支持结果,最大支持结果是谈判者能够合理到达的离最小接受结果最远的一点。

最大支持结果和最小接受结果之间的区域是成交域(Settlement Range)。[8]不管谈判双方是否意识到,他们都有一个成交域。为了取得谈判成功,谈判者必须说服对方接受其最大支持结果。然而,此最大支持结果可能超出对方的最小接受结果之外,即使此谈判者改变其最大支持结果意愿以更小的结果成交,但成交的可能性或许不复存在,因为对方会认为差别太大,根本没有必要再谈下去。但是反过来,最大支持结果也不能提得太低,因为一旦说出最大支持结果,就不能再做调整,谈判也将止于此。

最大支持结果的确定还反映了"覆水难收"的原则,即一个人只有一次机会陈述其初始位置,因此充分利用这次机会至关重要。当谈判者后来才更仔细地认清形势并意识到自己的最大支持结果定得太低时,已经不可能扭转方向,更无法提出更高的要求。

然而,什么是最大呢? 最大是谈判者能够支持的任何数目,因此在为自己提出的数目找到合适理由时需要一些创造性。在确定最大支持结果时,应当学会另辟蹊径,不要局限于某一两方面而疏忽了其他可能的组合。比如,一位市场经理与公司副总裁谈判,要求增加一位市场部员工。增加该职位与增加该职位所带来的薪水要求相比,后者的难度可能更大。市场经理怎样才能说服副总为新增员工提供8万美元的年薪呢? 或许,他可以把副总的注意力引到新增职位的积极作用上,如可以增加销售量等,这样副总就不会太在意薪水问题了。准备一个参考列表,向上级概要说明同意该职位的薪水要求会带来的益处;同时准备一个不公开的列表,列出可能对市场经理的谈判地位产生消极影响的可能反应。有了这两个列表,生产经理就能应对有关薪水要求的批评了。

表11-2 确定最小接受结果

项目	相对重要性	最小接受结果
年薪	4	68 000美元
位置	3	离家500英里以内,在湖边
公司规模	1	《财富》500强
工作职责	5	至少20%的工作需使用电脑
社会氛围	2	部门里有几名年轻的单身员工(像我一样)

11.5.4 确定谈判协议最佳替代方案

至此,我们已经知道,如果要达到谈判目标,你必须确定最小接受结果和最大支持结果。但有时,带着底线谈判不如制定一个确实可行的谈判协议最佳替代方案更有效和有益。谈判协议最佳替代方案是哈佛大学的罗杰·费舍尔(Roger Fisher)和威廉·尤里(Bill Ury)两个人的发明,最先出现在他们"原则性谈判"(Principled Negotiation)系列丛书中(该系列的第一本书是《谈判力》

(Getting to Yes))⁹。该术语的基本意思是如果谈判出现僵局,谈判各方必须确定是否存在替代方案。如果没有替代方案,那么你离开谈判桌时将会两手空空。所以在开始谈判之前,你必须确定你的谈判协议最佳替代方案。

举个例子,有个经销商提出用1 000美元买你的旧汽车,而你决定在报纸的分类广告栏目登广告,以1 200美元卖出你的车(最大支持结果)。现在你的谈判协议最佳替代方案是1 000美元,因为你知道如果没有个人购买你的车,你可以将其卖给经销商。但是请等等,还有其他可能性,包括以750美元将车卖给妹妹,因为你和妹妹之间的关系价值,这可能是也可能不是比卖给经销商更好的一个选择。因此,找到谈判协议最佳替代方案需要权衡很多不同的因素。

谈判协议最佳替代方案防止你接受太不利的条件或拒绝你应该接受的条件。如果所提议的解决方法比你的谈判协议最佳替代方案好,那么该方法就是你的最大支持结果,你应该接受。如果协议不如你的谈判协议最佳替代方案,你应该重开谈判。但是,谈判协议最佳替代方案不同于最小接受结果。相反,谈判协议最佳替代方案是如果得不到最小接受结果时你会选择的方案。当谈判双方有类似的谈判协议最佳替代方案时,那么谈判达成协议的时机就成熟了。与继续争执相比,通过谈判协议最佳替代方案来解决问题可以节省很多时间和金钱。在美国,大约90%的法律诉讼在庭外解决,因为律师们知道各方的强处和如何在法庭上取胜。因此,当谈判有可能崩溃时,双方应该亮出各自的谈判协议最佳替代方案,看看彼此是否相似。

11.6 第三层:时间、环境、内容及渠道

剥开了洋葱模型(图11-1)的最外面两层后,让我们看看第三层中的另外四种更为具体的策略因素。

11.6.1 时间

时间是策略的主要成分。¹⁰考虑时间因素时要回答两个问题:(1) 何时谈判;(2) 谈判时如何最好地利用时间。第二个问题的答案也有助于我们了解出价及还价的最佳时机。首先,让我们看看应当何时进行谈判。

为了最好地利用时间,防止出现大的挫败,应当尽量在感觉身体健康平静的时候进行谈判。虽然存在许多个体差异,但有一点是共同的,即大多数人上午11点钟时效率最高。¹¹

尽管最理想的状态是能够选择最佳的谈判时间,然而这并不总能实现。所以,精明的谈判者总是时刻准备着进入谈判,绝不失去任何谈判机会。餐厅里的邂逅、电梯里的偶遇、看似随意的电话,都是谈判的机会。约翰·伊利奇(John Ilich)是包括《以谈判制胜的完全傻瓜指南》(*The Complete Idiot's Guide to Winning through Negotiation*)在内等关于"权力谈判"畅销书的作者,他这样说:"绝不放过任何谈判机会,但同时在不能确定是否是机会时也绝不要谈判。"¹²

在谈判中,要问的主要问题是:"我何时最强?我的对手何时最弱?"显然,这个问题的答案因时而异。假设一位经理想在员工中实施灵活工作时间制,与上层管理者就此事进行谈判的最佳时机或许是取得某项重大成就后或其他部门改变工作作息之时,时机把握得好可极大地增强一个人

的谈判力。

第二个问题是在谈判中如何更好地利用时间。一般来说,临近最终期限时容易做出大的让步并达成协议。[13]越来越近的最终期限会迫使双方说出真实想法,从而在谈判的最后时刻抛开欺骗性行为。有很多重要的研究都证明了最终期限在谈判中的力量。[14]

既然最终期限这么重要,谈判者需要注意以下几条原则:

不要泄露自己真实的最终期限。如果谈判一方知道了另一方的最终期限,那么谈判就会中断,直到另一方在最终期限的压力下做出让步。如果最终期限非常紧急,那么明智的做法就是设法将期限延长,而不是受制于人。

要有耐心。耐心也可以说是忍耐。[15]谈判者在回答问题、提供信息、做出决策时要从容,要学会控制自己的防御性反应,同时当受到对方的口头攻击时,要尽量避免做出攻击性回应。耐心带来的时间可以使谈判者有机会整理并理解问题,试探对方的强弱及权衡风险。此外,你的耐心还会给对手造成压力感,尤其在他们的最后期限临近时其压力越大。

善用时间。大多数美国人的时间意识很强,通常会在某一时间段结束之前要求对方让步,或者甚至自己让步。因此,你可以在午餐或晚餐即将开始之前要求对方让步,因为人都喜欢在休息前有成就感。哪怕是这样的一个小小举动,如果时机得当,也能给谈判者带来优势。

11.6.2 环境

除了时间之外,谈判时的物理环境也具有战略重要性。接下来将讨论物理环境的两个方面:地点及布置。

通常,谈判地点的选择很重要,因为选址会直接影响谈判双方对谈判地点布置及交流时心理氛围的控制程度。如果谈判在谈判一方的所属区域内举行,那么这一方就有权负责谈判场所的布置工作,这与体育比赛中的主场优势相似。在谈判和体育比赛中,主队胜出可能性都更大。如何为谈判准备会议室或办公室呢?首先,要防止电话等干扰因素。如果谈判中不该受干扰的时候有电话打入,可能造成重大损失。其次,避免坐在表示从属或平等的位置上。如果谈判在会议室里进行,最好坐在桌子的主位上;如果是在你的办公室里举行,则坐在自己的位子上。另外,还应准备合适的设备,如活动白板、电脑或写字台,这样可以说明你的诚意。另一方面,如果谈判双方的关系是最重要的,这种显示力量的安排则不太重要。围着圆桌坐并表示彼此互相尊重给管理者提供了更多力量,因为管理者选择了对他人表示同情的环境。事实上,由于这种策略是建立在双方彼此信任的基础上,所以更可能引起让步。

谈判前观察房间的布置及对方的位置可以给你带来许多有用的信息。图 11-2 总结了房间内几种可能的安排。一位研究人员对几种社会环境中美国人的座位偏好进行了观察及问卷调查。在随意交谈中,如果是方桌或长方形桌,人们通常喜欢做成直角;如果是圆桌,人们通常喜欢挨着坐。他还发现,合作型关系的人喜欢并排坐,而竞争型关系中最常见的是面对面坐,这样双方被宽阔的空间隔开。他还发现,坐得相距较远时,人们的交谈比并排坐或面对面坐时要少。[16]

谈判中其他非言语因素也能起作用。比如,可以利用距离来获得力量。著名人类学家和作家雷·伯德威斯特(Ray Birdwhistell)发现,当双方处于竞争状态时,坐得太近会令人有威胁感。[17]因此,如果一位经理想给对方制造压力感,可以离对方近些。此外,目光接触也可以成为谈判中的有

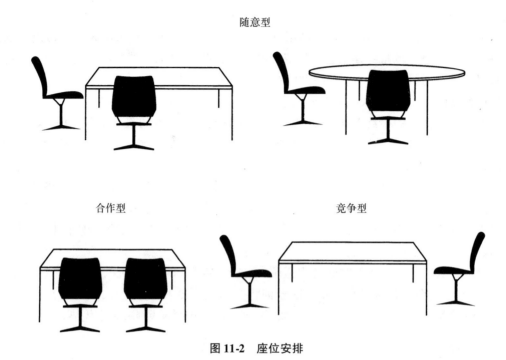

图 11-2 座位安排

力"武器"。研究表明,人在竞争型接触中会避免直接的视觉接触,原因在于视觉接触会带来压力。[18] 他们认为,在竞争型关系中目光接触太有威胁感或霸气,或过度暴露他们希望隐藏的目的。[19] 在这同一领域,其他研究人员也发现,人撒谎的难度在被注视时比没有被注视时大得多。[20]

如果不能在自己的地盘谈判,你可以争取在中立区域谈判。因此,虽然让上级管理者到下级管理者的办公室里谈判不合适,但是可以建议双方在会议室里谈,以避免干扰,比如说:"我知道您很忙,工作总会被打断,咱们到会议室里谈好吗?这样可以保证几分钟内不受干扰。"另外,午餐时会面也是个使谈判地点中立的好方法,因为对方在吃午饭时多半较放松,这样可以削弱他的地位优势。

如果你不得不在对方的办公室里谈判,也不要立刻就扮演一种从属角色。一般来说,对方会坐在自己的位子上,而你则坐在没有扶手的直背椅上,或者更糟糕的是,你坐在一把低矮的临时椅子上。在这种情况下,你可以通过站起身、边走边说来迅速消除对方的地点优势,因为这一细小的非言语技巧可以使你俯视对方。

11.6.3 信息内容

信息发送者、接收者、目的、时间、环境等因素都有助于为谈判真正的精髓(信息)搭建舞台。谈判围绕着双方为了其真实目的及偏好而决定是否透露的信息量而展开。谈判者决定透露多少信息量不仅是基于自己的标准,同时还基于在交谈前和交谈过程中对方的行为、开放度和诚信度上。

虽然非言语信息非常重要,但在谈判中,最主要的沟通方式还是语言信息。此处讨论的语言信息的主要类型有做出让步、提出问题及回应问题,但首先还是来看看初始信息。

初始信息

谈判应直接讨论关键问题,还是应首先进行友好、中立的交谈?回答是,这取决于谈判的整体时间有多长,双方之前的关系如何,以及当时的总体氛围是友好还是敌对。

在美国,广为接受的做法是首先就中立性话题进行泛泛交谈,然后很快进行重要问题。在西欧许多国家也是如此,但是在墨西哥、阿拉伯国家及大多数亚洲国家,谈判之初的中立性交谈时间一般更长。

让 步

前面提到,在谈判前确定最小接受结果和最大支持结果至关重要,但是不宜在谈判开始时就宣布自己的最小接受结果和最大支持结果,最好应首先确定对方的最小接受结果,然后从自己的最大支持结果向自己的最小接受结果及对方的最大支持结果移动。这一过程的完成通常需要一系列的让步。

何时及如何让步取决于你能从问题中获得多少信息,这是我们的下一个话题。在谈判中,相等原则(Principles of Equality Rule)可以成为让步的准则。准则一:谈判者通常都期望双方让步的数量离各自的起点一样多。准则二:牺牲要相等。根据这一准则,判断是否"相等"要看相对于自己的期望结果,谈判者让步了多少,换句话说,看谁牺牲得更多。

不妨设想一下,两位管理者正就几个部门的重组问题进行谈判,此前另一位管理者刚刚离职,还未找到人接替。因此,离职管理者所在部门的职责被委派给余下的这两位管理者。在谈判中,两位管理者认为他们两人让步的次数和幅度必须相同。但是,当谈判的内容是工作职责、汇报关系及预算时,很难量化让步的次数和幅度。因此,做这些让步时的态度非常重要,成功的谈判者会使用积极的语言,以确保对方多次让步且让步幅度较大。

问 题

做出让步与提问及应答问题紧密相关。多罗茜·利兹(Dorothy Leads)在她《问得好》(*Smart Questions*)一书中讨论了问题的力量。[21]利兹表明,人们对问句的关注胜于对陈述句的关注,因为另一方知道,他们除了倾听,还必须做更多,即必须做出回应。虽然有时候闭合式问题是合适的,但是在谈判过程中,开放式问题往往能获取更多有用信息。正是通过这些问题,成功的谈判者才能确定何时让步,让步多少。

谈判者的提问可能会无意间引起对方情绪的波动与敌意,因此,在提问之前应当做好铺垫。一种方法是:如果可能引起尴尬,可以解释为什么提出这样的问题。

提问有五个目的:

(1) 引起注意:"变化发生在什么时候?"或"你知道……吗?"

(2) 获得信息:"这两者间有何不同?"或"这一点的价值何在?"

(3) 澄清疑惑:"我还是不明白你的目的是什么,其他还有什么对你来说至关重要?"或"我们已经解决的条款是什么?"

(4) 刺激思考:"你能不能告诉我你对第二项的看法?"或"还有其他备选方案吗?"

(5) 得出结论或进行总结:"你会如何总结你的建议?"或"你做好行动准备了吗?"或"我们成交了吗?"

一般来说,提前准备若干问题是个不错的做法,然而有些人太专注于提问,甚至会忽略倾听。另外,在实际谈判过程中,很少有人能想起所有该问的问题。事先准备可以帮助克服上述这两种可能出现的情况。

如果想从对方那里得到某个答案,那么应当提出诱导性问题。诱导性问题可以引导回答问题的人一句接一句地回答,直至提问人的逻辑清晰地显现出来。下面是一系列诱导性问题。

成本中包括了研发费用吗?在哪里?不同工作之间是如何分派研究任务的?你刚才说这项工作不需要探讨,那为什么要将研发费用包括在我们的费用中?

在这个例子中,提问人可能知道问题的答案,也可能不知道,但是他能将对方诱导至原先计划好的结论中。

当不需要将对手引向某一特定方向时,可以使用开放式问题,即有"如何""为什么"或者"什么"等疑问词的问题,比如:"你觉得我们应如何缩小差距?""为什么 A 计划比 B 计划好?""您的建议是什么?"等开放式问题可以使人自由表达自己的想法。这些类型的问题就是利兹认为的聪明问题。

第三种问题是反问,反问的目的并非是寻求回答,而是为了追求效果。这种问题可以把对方的注意力吸引到某一特定事物上。比如,"你觉得副总裁对那种事会怎么说?"或"你真的想让我们相信那个吗?"

一般来说,应当避免使用两极型问题、二选一问题及强迫型问题。比如,"你想要个带计算机的靠角落的办公室,还是想要个不额外配椅子的更大的桌子?"这个问题需要拆成两个问题来问,否则容易引起误解,对方甚至可能说两个都要。同样,强迫选择型问题会使对方感到紧张,可能会因此而中止谈判。另外,明智的谈判者会避免接二连三地提问,因为对方需要时间做出反应,而且提问人需要倾听对方的回答。

最后一种利用问题的有效方法是当对方离题时通过提问将谈判引回正轨。比如,一个简单的提问"我们应当怎样把你说的与……联系起来"可以使对方的话转向更为切题的方向。

总而言之,不要为提问而提问,应当谨记问题的目的,仔细倾听以寻找最佳提问时机,然后用合适的语言提问以满足主要需求。

回答问题

谈判是一种提问与回答问题的游戏。要提出目的性强的问题,必须事先做好准备且注意力要高度集中,回答问题也同样如此。或许为回答问题应做的最重要的准备就是进行头脑风暴,并提前将最可能出现的问题写下来,还可以在谈判前请同事"唱黑脸",问些刁钻的问题。可以说,答案准备得越多,谈判中回答得越好。

回答问题时记住两条放之四海皆准的原则:(1) 没完全明白问题之前绝不要回答;(2) 利用时间想好答案再说。除了应用这两条原则,你还可以有两种选择。第一,你可以完整而准确地回答问题,但是由于在谈判中并不总建议大家直截了当,因此第二种选择是回答问题时不要完全开诚布公。[22] 比如，在找工作过程中进行薪酬谈判时，不要直接回答这种提问："你的期望薪水是多少？"或许最好的办法是这样反问："你们对这份工作一般付多少薪水？"这样一来，如果你的最大支持结果和谈判协议最佳替代方案低于对方的下限，你就不会过早地暴露自己的底线。

如果你不想回答，也可以有几种选择。第一，你可以选择只回答问题的一部分。比如，在回答"要使这个项目在5月1日前完成需要什么？"这个问题时，你可以列举完成这个项目所需的所有条件，而不谈时间问题。询问人得到完整细致的信息后会以为已经得到解答。同时，这样回答还可使你避免说出破坏性信息。

当你不想回答时，另一种选择是请对方将问题说得更清楚些，即使问题已经相当清楚。因为人在澄清问题时经常会有意无意地改动问题，甚至会提示如何作答。而且，对方重述问题可以带来额外的时间供你思考如何回答。此外，还可以请对方澄清问题的某一部分，从而使他的注意力从问题的其他部分转移到这一部分，最后你可能只需回答部分问题就行了。

第三种选择是答非所问。在这种选择中，真正被回答的问题与实际被问的问题非常相似，以至于询问人觉得你已经回答了他的问题。比如，当被问到最好将哪一个预算项从明年的申请中删去时，你可以回答说通货膨胀影响了预算中的所有方面，然后举出具体例子证明通货膨胀的影响。然后你还可以有一种选择方法，即用问题来回答问题。比如，你可以说："你认为通货膨胀对整个公司哪一部分的影响最大？"这种策略或许可以使询问人的注意力从原来的问题上移开，或许达不到这种效果，但不管怎样通常都比直接回答要好。

第四种选择是从积极方面回答消极问题。在薪酬谈判时，通常都有这样一幕，对方问："你觉得自己从事这份工作的最大弱点是什么？"显然，面对这样的问题，完整精确的回答将对自己不利，积极的技巧性回答可能是："嗯，有时我工作太投入了，会加班到深夜，这样对我的家人真的很不公平，所以我要学会平衡好家庭和工作的关系。"这样回答将使对方失去谈判优势，因为对方很难责怪一位既努力工作又顾家的员工。

回答问题的关键所在是要机智。经验的积累会使回答问题变得容易，但谈判前预先的演练及准备是不可替代的。

11.6.4　渠道

过去，面对面的谈判被认为是唯一可行的渠道，但如今已不再如此。当今的谈判者在制定谈判策略时必须考虑几种沟通渠道。

不管谈判是面对面，还是通过电话或电子技术，书面媒介通常都起着关键作用。[23] 最常见的是许多谈判结束之后都有意向书，毕竟交谈完五分钟后的记忆总要比五天后的记忆清晰。意向书或意向备忘录可以确保双方对所有重要项目都已达成共识。

写意向书或意向备忘录的人会占有优势，因为他在阐释谈判的意义及措施上会反映出自己对谈判讨论的理解。这种写作并不是要剥削对方或给对方设置圈套，而是简单地将达成的一致意见用自己的方式呈现出来，而不是将这个机会留给对方。

当然，在写意向书时语气不能太强，好像不相信对方似的。做到这一点很容易，比如，一位管理者招待了来自外地办事处的几名员工，她上交了400美元的消费收据，但后来她的工资单上显示公司并没有给她报销这笔费用，于是她找到主管。经过长时间的谈判后，主管同意报销其中的300

美元。谈判结束后,这个管理者给主管发了这样一封简短的电子邮件:

> 日期:2010 年 3 月 11 日
> 收件人:克里斯·艾文森
> 发件人:帕特·哈罗德
> 主题:消费收据
> 　　感谢您花时间与我一同坐下来讨论因招待圣保罗来的工程师而产生的费用问题。期待在下个月的工资单中收到 300 美元。

这样一封简短的电子邮件不仅向对方确认了谈判结果,而且建立了良好关系。

管理者们还可以采用书面通信的方式来弱化某一个问题或缓和高度情绪化的情境。可以用通信的方法重提某一问题,并很有策略地表明这一点并不重要。通常,打印出来的话比面对面沟通的可信度更高,因为有些人更相信自己看到的,而不只是听到的。而且,用心写成的备忘录不会像面对面交谈那样情绪化。

最后,当需要解释某一复杂问题时,管理者还可以用书面通信来表明观点。仅用口头陈述的方式来表述一个带有图表的复杂观点是非常困难的,而书面陈述或者图表将有助于陈述这样的观点。而且,如果对方没有这些手段,他们将很难进行反驳。如果认为面对面沟通是唯一渠道,那么实际上就大大限制了自己的选择范围。

11.7　第四层:核心策略

现在我们来看管理沟通策略模型(见图 11-1)的核心部分。管理者如何表现,看上去怎样,如何将最大支持结果传递给对方,对对方的风格做何反应,如何利用时间,如何建立环境条件,如何提问及回答问题,这些都构成了谈判策略,管理者会有意无意地将上述各类变量整合在一起并制定谈判的核心策略。下面几段中讨论的六种策略或许有助于将沟通的不同方面系统地整合在一起。这里并不是说哪一种方法更好,事实上这六种方法代表了特定场合中最合适的策略。[24]

11.7.1　意外策略

意外策略(Surprise)是指在谈判中出乎对方意料地提出一个目标或做出让步。比如,与副总裁就预算项目进行谈判的管理者可以突然请求给自己换个头衔。这个意外可以让对方措手不及,因此,这种附加的请求可能会被批准,尤其是这些请求并不增加额外开支时。

在次要问题上迅速让步是另一种形式的意外策略。对谈判主要焦点之外的问题做出让步,目的在于促进对方也相应做出让步。如果对方面临时间的压力,意外策略将尤其有用,因为可以促使对方很快让步。

11.7.2　虚张声势策略

玩扑克牌时,你可能牌不好却下大赌注,希望通过虚张声势(Bluffing)达到吓唬对方的目的。

同样,这种策略也可偶尔用在管理谈判中。虚张声势,即在不使用谎言或完全的误说的前提下制造出假象。在谈判中这是一种公平的游戏,因为双方都在努力最大化自己的利益。保留信息与提供错误数据之间是存在差别的。比如,如果某人与他人谈判,想购买一张办公桌,下面两种说法就有所区别:"我想花不超过 900 美元"和"我只有 900 美元可花"。这个人可能想花费不超过 900 美元,但如果需要的话,他还有额外的资金。

11.7.3　堆叠策略

如果某一观点与另一观点有联系时,可以使用堆叠策略(Stacking)。比如,一位公关经理与行政副总裁就某一新策略进行谈判时可以使用这种方法,"我刚才在《财富》杂志上看到,ABC 公司最近改变了股东大会的召开方法,我的建议跟 ABC 公司采用的方法很像"。这样,公关经理的方法便堆叠在 ABC 公司的策略之上,有助于建立他的可信度。

立法者在陈述法案时有时也会使用堆叠法。他们会将某一有争议的条目作为"附加条款"(Rider)附加在已经获得广泛支持的条款后面。管理者在谈判中将不受欢迎的条件与受欢迎的条件捆绑在一起,这也是一种堆叠。比如,让某人换岗(不受欢迎的)的同时给他升职(受欢迎的)。

11.7.4　既成事实策略

其实,既成事实策略(Fait Accompli)也是一种虚张声势,例如,"好吧,这一点已经没问题了"。你可以陈述某一条件,并且表现得似乎这一条件已经被对方接受。这样做的原因是当你把某一问题说成是协商过的最后决定时,对方可能会没有或几乎没有异议就接受。假设某一问题已经讨论了一段时间,但尚未达成一致的协议,此时你可以用问题已经解决的口吻写一份关于此次谈判的意向书。房地产经纪人利用既成事实法将顾客迟疑不决的条款写进合同,可以偶尔促使固执的顾客购买其房屋。细节一旦被写下来,经纪人就会要求顾客签名,而顾客经常都会照做。

11.7.5　"要么接受,要么放弃"策略

做出一副"要么接受,要么放弃"的姿态,使对方相信这是你能提供的最佳条件,说明这是你愿意做出的最大幅度的目标调整,提出"要就要,不要拉倒"的条件时(实际上是一种最后通牒),你会有被拒绝的风险,从而可能没有机会对条件再做改善,甚至会失去继续谈判的可能。如果你的条件被拒绝,可以继而提出另一个不同的条件,但这样一来,你将失去可信度,所以这种策略只能使用一次。

11.7.6　屏障策略

谈判中,屏障(Screening)是指谈判者在谈判过程中使用的第三方,你就像对方与最终决策者之间的屏障。比如,假设你正在与一个承包商进行谈判,你可以说,承包商提出的某些条件必须得到公司其他人的同意。如果条件得不到批准,为了使生意做下去,对方可能意识到必须做出让步。实际上,第三方是不存在的,但这样做可以延长思考时间,并削弱对方的进攻优势。此外,对方还会感到有两个对手而不是一个,觉得谈判因为"障碍"或"屏障"的存在而更为艰难。

谈判者经常使用屏障策略,但这样也存在一个严重的缺点:你会给人一种权力不够的印象。

可以在与下属进行薪酬谈判时偶尔使用这种方法,但同时你很快会显得决策权不够,这样别人对你的尊敬会减少,你对别人的影响力也会减少。

如果可能的话,尽量不要让对方使用第三方屏障策略,而应努力直接找到决策者,因为屏障会过滤掉部分沟通信息,导致你的谈判策略被弱化。

上述六种策略只是六种建议,大家还可以将它们整合使用,甚至可以与其他策略一起使用。每一种策略都有优缺点及风险,这取决于本章讨论的洋葱模型中的各种变量因素,制定适当的谈判策略并非易事。好的谈判策略需要有分析能力、对沟通的理解和一套良好的技巧及创造性。然而,学完了本章之后,你应该可以充满自信地进入谈判。

本章小结

谈判是解决冲突的一种适当的妥协工具。在谈判之前,管理者为了了解谈判范围,应当确定自己的最大支持结果(MSO)及最小接受结果(LAO),确定这两种限度时必须深思熟虑,这样才能在谈判时既显得可信又能保护自己的最大利益。管理者必须能用令人信服的证据支持自己的最大支持结果,也必须能承受自己的最小接受结果。另外,为了避免谈判陷入僵局而确定谈判协议最佳替代方案(BATNA)也是明智的。

谈判者还需要考虑何时谈判、谈多久、何时还价等问题。由于对方的最终期限临近时谈判更易取得成功,因此,本章提出了几点关于最终期限的建议:(1)尽量不要暴露自己的最终期限;(2)要有耐心;(3)善用时间。聪明的谈判者还应追求最有利的物理环境,不让对方在这方面占有优势。

谈判时还需要考虑语言问题。谈判者应该使用通俗易懂的语言,尽量做到清晰、具体、不卑不亢。谈判过程中提出问题通常有五种目的:吸引注意力、获得信息、澄清观点、刺激思考、得出结论或进行总结。在提问题时,要思考使用开放式问题、诱导性问题而不是闭合式问题。在回答问题时,谈判者必须仔细思考如何回答并且完全明白问题意思之后才回答,从而保护自己的利益。本章对如何根据自己的利益回答问题提出了几点建议。

谈判的渠道选择也很重要。选择何种渠道取决于具体情况。在谈判结束后需精心准备意向书或意向备忘录,因为它可以给准备方带来优势。

在谈判中可以运用六种核心策略:意外策略,即出乎对方意料地提出一个目标或做出让步;虚张声势策略,即制造假象但同时又不撒谎;堆叠策略,即为了增加观点可信度,将某一观点与其他观点联系起来;既成事实策略,即在达成任何协议之前表现得好像条件已经被接受;"要么接受,要么放弃"策略,即让对方知道这是最后出价;屏障策略,即在谈判中利用第三方。

角色扮演场景

雇用协议

背景:寻求新职位的管理者可能发现需要取得一致意见的远不止是公平的报酬、福利和工作职责。现在,公司想保护自己的商业秘密、发明和客户等。为了做到这些,他们要求新执行官和管理者签订雇用协议以保障公司的利益。

指令:学生两人一对谈判下列雇用情境中的条件。一人扮演求职者,另一人扮演招聘官,谈判者需确定谈判的每个话题的最大支持结果、最小接受结果和谈判协议最佳替代方案。

公司:生物分析公司是一家科学软件开发公司。公司的主要客户是医药公司、研究和开发实验室和大学。产品是支持科学研究的软件程序。

职位:市场主管。

职责:管理负责发现客户、销售生物分析公司的产品和管理账户的市场部。

谈判话题

1. 竞业禁止条款(Noncompete Clause):主管离职后,在特定时间内不得为类似公司工作,也不能在某些地区工作;在职期间,不得为竞争对手工作。

2. 发明条款(Invention Clause):雇员为公司工作期间所开发或发明的一切归公司而不是雇员所有。

3. 禁止招揽客户条款(Nonsolicitation of Clients):主管离职后,在特定时间内不得寻求与前客户开展业务。

4. 禁止招揽员工条款(Nonsolicitation of Employees):主管离职后,在特定时间内不得吸引前同事到新公司工作。

5. 保密协议(Confidentiality Agreement):主管离职后,不得向外人透露公司的私有业务或技术数据,比如正在研发的产品、配方、测试结果和销售策略等。

给求职者的谈判提示

• 关于竞业禁止条款,尽量缩短你不能效力于竞争对手公司的时间。作为筹码,你可以说,你关于一个公司的有用知识只持续有限的时间,比如离职后的几个月。

• 关于禁止招揽客户,提问你离开公司后可以或不可以联系的是哪些客户。

• 将谈判集中在值得争取的条件上,例如,竞业禁止条款和禁止招揽客户条款规定的持续时间会限制你未来赚钱的能力。

小组讨论案例

案例11-1　采购部和应付款部秘书问题

索尔和拉提莎都是一家机床厂的管理人员。拉提莎是采购部主任,领导着四名采购代理人及一名秘书。索尔是应付款部的主任,领导两名员工,应付款部的秘书还同时在应收款部工作,所以实际上应付款部只相当于有一名兼职秘书。

索尔三年前大学毕业,拉提莎五年前大学毕业,两人都有商科学位。他们都很有抱负,两人之间总在竞争。下面的讨论发生在拉提莎的办公室里,索尔的办公室在走廊的另一边。拉提莎非常忙,桌上铺满了文件,现在离正常下班时间还有45分钟,但是看起来拉提莎不能按时下班。

由于接近月底,所以最近什么事都很忙乱。拉提莎和索尔两人都有很多事必须在接下来的几天里完成。

问题

1. 分析下面的对话,找出哪些方面可以改进以使对话取得好的效果。

索尔:"拉提莎,我明天能不能借你的秘书用几个小时?我们的工作落后了,我注意到你的秘书好像不太忙。"

拉提莎:"什么叫'不太忙'?我们有很多工作要做。"

索尔:"毕竟你有一个秘书,而我们得和应收款部合用一个秘书。"

拉提莎:"抱歉,我们真的太忙了。"

索尔:"你看让她加加班,由我们部门出加班费行吗?"

拉提莎:"她可能会,你可以问问她。"

索尔:"能不能请你问问她?这样可能更好,因为你是她的上司。"

拉提莎:"你直接跟她谈吧。别忘了,你得付加班费。"

索尔:"我觉得还是你跟她说吧。"

这时,电话响了,于是索尔走出了拉提莎的办公室。

2. 回到图11-1,看图中哪些主要变量影响了本案例中的沟通。

案例11-2 购车谈判

最近,雷吉·布兰查德的运货车被一辆违反停车标记的汽车撞坏了。肇事者的保险公司将赔偿布兰查德的货车损失。一周以来,布兰查德一直在物色新货车,并临时租用了一辆。下面的场景描绘的是布兰查德和推销员凯利的对话,凯利想卖一辆新货车给布兰查德。

凯利:"您好,先生。有什么需要帮忙吗?"

布兰查德:"在最近一次车祸中,我的运货车被撞坏了,现在临时租了一辆,想尽快买一辆。"

凯利:"您原来的货车是什么款式的?"

布兰查德:"2005年款的,就像这辆(手指向一辆便宜的货车),这种车每英里费用低,而且性能也不错。"

凯利:"我知道您现在的感受,失去这样一辆货车一定不好受,而且保险公司赔的钱又不够买一辆跟以前一样的货车,是吧?"

布兰查德:"对,没错。"

凯利:"车祸怎么发生的?"

于是,布兰查德开始解释那个人是如何闯过停车标志,如何将货车撞坏的。在他的叙述过程中,凯利不停地点头表示赞同。

凯利:"那个可恶的老家伙一定是眼花了,竟然没看见您的车在路口。"

布兰查德:"哈哈,你的话没错。"

凯利:"现在不用担心了,因为您来对地方了,而且还来得很是时候。"

布兰查德:"听起来不错,这一款多少钱?"

凯利:"这款车最近非常好卖,不光车好,而且在这种质量级别的货车中价格也很便宜,我可以给您 37 000 美元的价格。"

布兰查德:"说实话,对这种车型来说好像太贵了。"

凯利:"噢,但这款车有几个很棒的特点,其中包括我们 1 970 美元的消费者保护计划(微笑),这个计划包括油漆护理、货车下方的声音防护罩、三年防锈保证,还包括一张我们汽车俱乐部计划的会员卡,商务人士可以从中获得一些很棒的优惠条件。"

说最后一句话时,凯利把手搭在了布兰查德的肩上。

布兰查德:"是吗?"

凯利:"你打算出多少?"

布兰查德:"我不太肯定,但根据我旧货车的账面价值以及我当时花费的数额,我打算花不超过 30 000 美元。"

凯利:"像我刚才说的,我可以以 37 000 美元把车卖给您。我们已经把标价降低了 2 500 美元,平时一般都卖 39 500 美元(停顿)。如果您愿意花 30 000 美元,那再花 7 000 美元也不会多很多。而且,我们是本市唯一一家提供消费者保护计划的经销商,我们觉得物超所值。告诉您,真的很划算。"

布兰查德:"那好吧,既然这样,我想 37 000 美元也算合理,让我考虑考虑吧。"

问题

凯利是使用何种谈判风格说服布兰查德买车的?

1. 说明布兰查德在谈判之初怎么做来改善他的处境。
2. 讨论布兰查德在谈判过程中应采用的谈判策略。

尾注

1. D. G. Pruitt, *Negotiation Behavior* (New York: Academic Press, 1981).

2. Linda Babcock and Sara Laschever, *Women Don't Ask: Negotiation and the Gender Divide* (Princeton, NJ: Princeton University Press, 2003).

3. Barbara Safani, "Nuances of Negotiation," *Insider's Guide to Job Search*, http://www.teglaloroupepeacefoundation.org.

4. Deborah M. Kolb and Blair H. Sheppard, "Do Managers Mediate, or Even Arbitrate?" *Negotiation Journal*, October 1985, pp.379-388.

5. Roger Fisher, William Ury, and Bruce Patton, *Getting to Yes: Negotiating Agreement Without Giving In*, 2nd ed. (Boston: Houghton Mifflin Co., 1992).

6. Stephen R. Covey, *The 7 Habits of Highly Effective Peoyle* (Simon & Schuster, 1989).

7. John Rich, *The Art and Skiil of Successful Negotiation* (Englewood Cliffs, NJ: Prentice Hall, 1983), p.33.

8. Michael Sehalzki, *Negotiation: The Art of Getting What You Want* (New York: Signet, 1981), p. 33.

9. Fisher et al., *Getting to Yes*.

10. Peter J. D. Carnevale and Edward J. Lawler, "Time Pressure and the Development of Integrative Agreements in Bilateral Negotiations," *Journal of Conflict Resolution* 30, no. 4 (December 1986), pp. 636 – 659.

11. David D. Seltz and Alfred J. Modica, *Negotiate Your Way to Success* (New York: New American Library, 1980), p. 52.

12. Rich, *The Art and Skill of Successfull Negotiation*, p. 22.

13. Herb Cohen, *You Can Negotiate, Anything* (New York: Bantam Books, 1980), p. 92.

14. Jeffrey Z. Rubin and Bert Ri Brown, *The Social Psychology of Bargaining and Negotiation* (New York: Academic Press, 1975), p. 122.

15. Gerald I. Nierenberg, *Fundamentals of Negotiating* (New York: Hawthorn, 1973), p. 150.

16. R. Sommer, "Further StudieS of Small Group EcologY," *Sociometry* 28, no. 2 (1965), pp. 337 – 338.

17. R. L. Birdwhistell, *Introduction to Kinesics* (Louisville, KY: University Of Louisville Press, 1952).

18. P. A. Andersen and J. E. Andersen, "The Exchange of Nonverbal Intimacy: A Critical Review of Dyadic Models," *Journal of Nonverbal Behavior* 8, no. 12 (1984), pp. 327 – 349.

19. M. Cook, "Experiments on Orientations and Proxemics," *Human Relations* 23, no. 1 (1970), pp. 62 – 76.

20. R. V. Exline, I. Thibaut, C. Brannon and P. Gumpert, "Visual Interaction in Relation to Machiavellianism and Unethical Acts," *American Psychologits* 16, no. 3 (1961), p. 396.

21. Dorothy Leads, *Smart Questions, A New Strategy for Successful Managers* (McGraw-Hill, 1987).

22. Linda L. Putnam and M. Scott Poole, "Conflict and Negotiation," in *Handbook of Organizational Communication*, by E. Jablin, L. Putnam K. Roberts and L. Porter (Newbury Park, CA: Sage Publications, 1987), pp. 549 – 599.

23. Joseph E. Byrnes, "Ten Guidelines for Effective Negotiation," *Business Horizons*, May-June 1987, pp. 7 – 12.

24. These strategies are partially drawn from Roy J. Lewicki and Joseph A. Littere, *Negotiation* (Homewood, IL: Richard D. Irwin, 1985).

第 12 章 面谈

> 耐心是做生意最需要的品质;很多人宁愿你聆听他们的故事而不是批准他们的请求。
> ——切斯特菲尔德勋爵(Lord Chesterfield),英国政治家和作家

管理者进行各种不同的面谈:绩效评估、雇用、劝说、离职、解决问题和提供信息等。无论何种情况,其过程是一种密集的沟通交流,目的是获取或分享某些预定的信息。但是成功的管理者必须避免伴随该过程的特殊沟通管理障碍。本章从接见者的角度审视面谈,提出克服特殊障碍的方法和进行最常见的面谈的指导方针。

12.1 有效面谈的障碍

第2章讨论的所有沟通动力在面谈中都会出现,但有六个障碍尤其相关:(1) 有关人员的不同意图;(2) 偏见;(3) 混淆事实与推断;(4) 非言语沟通;(5) 第一印象的影响;(6) 组织中的地位。

12.1.1 障碍一:不同意图

管理者不能总以为所有参与者应该对面谈中交流的信息持一致意见。事实上,接见者与被接见者很少持一致意见。一个明显的例子就是招聘面试。尽管面试官想了解应聘人的所有优缺点,但是应聘人(被接见者)只向面试官展示其优点。

意图的不同可能出现在三个层面上:在第一个层面上,双方可能都有意识地打算进行清晰准确的信息交流,这一类型在绩效评估面谈中尤其实用;在第二个层面上,有一方不想披露某些相关信息,这经常发生在离职面谈中,雇员不愿透露离职的真正原因;在第三个层面上,双方都不想透露某些相关信息,如将被晋升的雇员在与上级面谈中讨论薪水时,就可能属于这种情况。雇员可能不会透露可接受的最低工资,而接见者也不表明可能支付的最高工资。图 12-1 描述了这三个层面的意图。

本章稍后将要讨论的技巧性提问将帮助克服这一障碍。倾听对方、理解其观点也会帮助减少

该障碍。然而,关键是记住,在面谈过程中对方的目标并不总是与管理者的目标相同。

图 12-1　不同的意图

12.1.2　障碍二:偏见

偏见是一种障碍,它扭曲了人们的感知,使人只看到或听到自己想听或想看的东西。[1]最普遍的一种偏见是光圈效应(Halo Effect),当管理者允许一个特点或总体印象影响对另一个特点的评判时,他们就成了光圈效应的牺牲品。[2]工作的某一方面可能影响管理者对员工其他方面的印象。例如,如果一名员工总是迟到,管理者可能因为员工的这一缺点影响对其专门技能等其他不相关特点的印象。这种偏见为绩效评估面谈带来障碍。[3]

另一种偏见是近因效应(Recency Effect),当最新信息过度影响所有较早信息时,就出现了近因效应。其他的偏见类型有仁慈或严厉。在这些情况中,接见者把一切都看成是积极的或消极的,而没有进行区分。[4]

某些问题也可能使面谈出现微妙的偏见。例如,接见者提出这样一个有圈套的问题:"当研究已经证明市场营销研究部几乎没有价值时,消费者部还应该继续大力支持市场营销研究部吗?"问题显然带有偏见,让人很难做出肯定的回答。本章稍后将讨论在提问时如何使用恰当的措辞。

管理者的偏见往往受同事观点的影响,例如,人们经常听到下面这类陈述:"帕特里克只会制造麻烦,而赛姆金斯就很容易相处共事。"聪明的管理者会自己对下属做出判断,而不是受他人观点的影响。

研究发现,如果努力尝试,人们可以控制自己的偏见。[5]因此,在进行面谈之前,管理者应该审视可能影响主要目标的任何偏见,然后在面谈中尽量保持客观。

12.1.3　障碍三:混淆事实与推断

在面谈中,管理者实际上接触的事实很少,必须以被接见者的话语和动作为基础进行推论。有时候,管理者对面谈的结论基本上有把握,但有时就不太肯定。[6]当对结论不肯定时,就可能出现问题。表 12-1 列举了由于话语、事实和推论不相符而引起的某些问题。

管理者必须进行合理的推断,避免匆忙得出没有根据的结论。本章后面讨论的很多技巧有助于克服这一障碍。要避免混淆,最简单的方法就是记住:事实是可以被衡量和证实的,而推断只是观点或判断,推断在定义上是主观的。

表 12-1　事实与推断

话语	事实	可能的推断
"我喜欢销售办公设备。"	纪录显示,这个人已经卖了两年的办公设备,但在此之前失业六个月	这是这个人能找到的唯一工作
"我在大学里学得不错,参加了一些课外活动。"(当被要求完整描述大学的活动时)	当被问到成绩时,这个人倾向于回避讨论这些活动并转换话题	这个人在大学里学业不好,几乎不参加课外活动
"我不喜欢部门里的气氛。"(申请转换工作的人)	这个人的绩效考核成绩不好	这个申请者是一个爱惹是生非的人

12.1.4　障碍四:非言语沟通

嘲讽的表情、皱眉、耸肩或冷漠的表情都是重要的非言语信息,但阅读这些信息的人在进行诠释之前必须小心。非言语信息在面谈中可能成为问题,原因是面谈通常都很短很紧张。[7]如果一个人在一个二十分钟的面谈中有几分钟瘫坐在椅子上,那么他的行为比在四个小时的会议上瘫坐几分钟更为显眼。由于时间很紧,非言语信号影响更大。

初始效应(Primary Effect)使在紧张的时间里准确阅读非言语信号变得更为复杂,初始效应指一个信息压倒其他信息。在很短的时间内,非言语信号更容易压倒其他信号。[8]当一个人对评判候选人没有一个非言语信号的基线时,情况尤其如此。细心的接见者会意识到,可以使用被接见者的非言语信号评判回答问题的诚实程度。研究显示,经过训练和练习,我们可以提高辨别非言语欺骗的能力[9],这在第 8 章非言语信号暴露欺骗行为的讨论中有更详细的阐述。

12.1.5　障碍五:第一印象的影响

管理者可能很快形成第一印象,该印象将影响他在接下来的面谈中看到的一切。如果面谈时间很短,这一强烈的第一印象将影响他的总体印象,因为他没有时间找出与之相反的数据。此外,研究显示,接见者更容易受负面信息而不是正面信息的影响,而且负面信息在面谈中出现得越早,负面影响越大。[10]再者,接见者的印象更容易从正面转向负面,而不是从负面转向正面。[11]

该障碍也可称为"假设检验",意思是接见者先形成一种假设,然后寻求信息支持这一假设。令人担忧的是,任何不支持假设的信息将会被忽略。[12]

第一印象的影响非常普遍,管理者应该努力限制其产生的影响。解决方法很简单:等考虑了第一印象以外的其他证据之后,才谨慎地进行价值评判。同时,必须意识到,短暂的面谈促使管理者做出不成熟的决定。

12.1.6　障碍六:组织中的地位

也许最普遍的沟通障碍来自等级差别。[13]在任何面谈情境中,参与各方都知道谁主宰权力平衡*。[14]虽然级别高的人鼓励开诚布公,但是级别低的人可能害怕这种坦率。担心有权人做出的反应是人之常情,所以往往很难开诚布公。

---

* Balance of Power,或译为均势——译者注

有几条建议可以避免这种情况。一方面,管理者应该承认,在与上级沟通时,员工几乎总是想留下最佳印象。有效的管理者应该努力创造公开、支持性的沟通氛围,将权力差别降到最小。当管理者听到来自下属的令人不快、尖酸刻薄或毫无根据的话语时,管理者应该检查自己的防御性行为,并保持开明、公正的心态。

12.2 促成有效面谈的问题

有效的面谈要求透彻的分析和详尽的计划。我们相信,下面的七个问题可以处理好大多数的偶然情况。

12.2.1 问题一:面谈的目的是什么

首先,考虑面谈的目的。你是想获取总体信息、收集具体数据,还是劝说某人接受一个主意?面谈的目的决定了面谈形式。然而,目的并不总是很清晰,或者面谈不止一个目的。以招聘面试为例,面试官既想收集应聘人的总体信息,同时又想了解他的具体技巧,同时还努力向应聘人展示加入公司的好处。因为可能同时存在几个目标,所以明确面谈的目的并确定重点非常重要。

12.2.2 问题二:进行面谈的最佳地点是哪里

时间和地点对面谈的成功会产生重大影响。管理者应该选择一个双方都方便的时间。管理者还应该允许有充分的时间,所以双方都不会感到很匆忙。在安排系列面谈时,管理者应该意识到首因效应和近因效应的影响,即人们一般对一系列事件中的最初事件和最后事件有正面的记忆,这种心理现象尤其会影响雇用决定。

隐私也是个首要的考虑因素。隐私确保了保密性并将干扰降到最低。很多管理者发现,在工作区域或办公室以外的地方进行面谈可以最大限度地减少干扰。记住:中立的场景也会减少很多面谈中出现的地位障碍。

12.2.3 问题三:开始面谈的最佳方法是什么

这个问题和下一个问题密切相关。开场白为接下来的提问奠定了基础。面谈的开场白通常有两个目的:(1) 确定沟通气氛;(2) 解释面谈的目的。

管理者与被接见者一见面,面谈的气氛就已确定。这时候,非言语沟通发挥关键的作用。友好的问候、握手或微笑会打破沉默,帮助被接见者放松心情。首先提出一个中性话题进行友好交谈,也会使每个人感到轻松。不管面谈的目的是什么,总是应该由管理者来建立友好气氛,这会使被接见者感到安全,并确保双向沟通的顺利进行。

接下来,管理者应声明面谈的目的。典型的开场白包括:
- 简述手头的问题或任务。
- 征求意见或请求帮助。
- 承诺参加面谈的奖励或回报。
- 请求对方为面谈投入一定的时间。

除了说明面谈的目的,管理者应该确保被接见者同意该目的,以鼓励对方采取参与的态度,激发对方参与面谈。因此,尽管开场白在面谈过程中占用的时间最短,却是关键的一部分,并为面谈打好基础。

12.2.4 问题四:最佳的提问策略是什么

面谈中并不总能计划好确切的问题及问题顺序。然而,在面谈前确定提问策略能帮助管理者达到面谈的目的。其中的一个策略就是结构化面谈(Structured Interview),即接见者按顺序写出初步问题,这对缺乏经验的接见者或对每个问题都必须以同样方式和顺序向每个被接见者重复的情境可能会有效。[15]

由于结构化面谈限制了接见者的灵活性,很难适应各种独特的场景,所以有些案例就要求非结构化面谈(Unstructured Interview)。在这里,接见者有清晰的目标,但没有预先准备具体的问题。在非结构化形式中,接见者引出讨论,让最初的回答带出下一个问题。如果被接见者帮助确定面谈的方向对面谈很重要时(如某些评估面谈或某些咨询会),这类面谈就尤其有用。此外,这类面谈有利于社交活动中信息型面谈中的信息流通。

结构化与非结构化面谈的折中就是半结构化面谈(Semistructured Interview)。在这种形式中,接见者准备了一系列关键问题,以保证面谈结束时已涵盖了所有要点。同时,这又保持了灵活性,因为提问的顺序不完全是预先计划的。很多人认为,这是富有经验的管理者面临绝大多数情境时采取的最合适形式。

12.2.5 问题五:问题的最佳顺序是什么

对于半结构化面谈,建议用漏斗式或反漏斗式提问顺序。漏斗式顺序以宽广的开放式问题开始,渐渐过渡到有限制的问题。反漏斗式顺序以闭合式问题开始,逐渐过渡到开放式问题。图12-2 显示了这两种顺序。

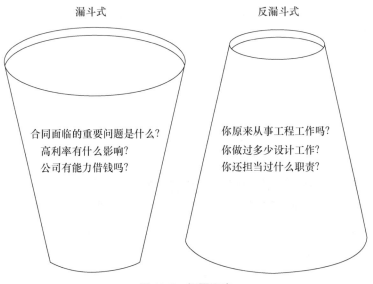

图 12-2　问题顺序

哪种策略适宜取决于具体的情境。[16]当被接见者能够也愿意自由交谈时,如在工作选拔面试中,漏斗式顺序的效果最好。当被接见者不愿参与或对管理者很敌对时,反漏斗式顺序的效果最好。举例说明:在离职面谈时,管理者可以从具体、实际的问题开始,再慢慢过渡到诸如工作场所需要进行哪些改变等普通问题。

12.2.6 问题六:问题的最佳类型是什么

第7章已经讨论了不同的问题类型,下面再予以回顾。

面谈问题分为三种不同的措辞类别:开放式问题与闭合式问题,首要问题与次要问题,中立式问题与指引式问题。使用连续体能最好地解释开放式问题与闭合式问题。开放式问题对回答的类型没有任何限制。而处于连续体另一端的是闭合式问题,它要求具体而简短的回答。看看下面这两种问题的例子:

开放式问题	闭合式问题
1. 你上一个工作怎么样?	1. 你不喜欢上一个工作的哪一部分?
2. 告诉我更多关于尼罗河项目的事情。	2. 尼罗河项目完成了百分之几?
3. 丹佛分部的状况如何?	3. 你完成丹佛分部的季度报告了吗?
4. 谈谈你自己。	4. 你去过洛杉矶吗?

管理者经常在应该提开放式问题的时候提闭合式问题。他们应该自问:是想寻求一般反应,还是具体答案;是想索取信息(开放式)让被接见者感到舒服(开放式),还是想尽快得到一个具体观点或承诺(闭合式)。对这些战略问题的回答帮助一个人决定什么时候使用开放式问题,什么时候使用闭合式问题。

问题的第二类是首要问题与次要问题。首要问题引入面谈的主题,而次要问题进行跟进,进一步探究对首要问题的反应。当首要问题没能获取所需的所有信息时,次要问题就尤为宝贵。

下面的对话是使用首要问题与次要问题的一个例子。

接见者:你最近的一份工作是什么?(首要问题)
被接见者:我监督 AP 部。
接见者:什么是 AP 部?(次要问题)
被接见者:就是负责所有……的应收账目部。

在该例中,次要问题为接见者引出了额外信息。

次要问题的一个很微妙的形式就是试探。表 12-2 列出了七种试探形式。注意:在轻松的面谈中,尽管这些试探获得了额外的信息,但是它们看起来也许不像提问,而像谈话的一部分。这些试探很微妙,但很有效。

表 12-2　七种试探形式

试探形式	试探定义	试探示例
1. 简单表明理解	甲表明兴趣和理解，从而鼓励乙说下去。	"所以，我先对他说，你要不要喝杯咖啡……我想可以打破沉默。"
2. 中立的措辞	甲在没有影响信息（持偏见）的情况下从乙引出更多信息。	"我不知道……现在的孩子似乎逍遥法外。" "嗯嗯。"
3. 沉默	甲不说话但注视着乙，时间在 10 秒以内。	"哇……我过的是什么日子呀。" 沉默——2 秒钟。 "我是说，他们让我这样工作，我一点私人时间也没有。"
4. 重复	甲将乙说的最后一部分转化为一个问题，通常使用几乎相同的词语。	"我不敢肯定我是否还能承受更多，我已经筋疲力尽了。" "你筋疲力尽了？"
5. 澄清	对于不理解的东西，甲试图让乙给出定义或进一步解释。	"我告诉你，降低投票年龄是不恰当的。" "哦……为什么？" "嗯，首先，这增加了产生政治阴谋的可能性。"
6. 详细阐述	甲要求乙提供与所说的内容直接相关的新信息。	"局长，我真担心明天的游行。" "你的担心是什么意思？" "嗯，我想可能会有麻烦。" "哦……有什么迹象表明我们会有麻烦？"
7. 总结	甲试图将乙过去几分钟所说的主要观点串起来。	"最后，汉克，薪水问题，我们的工作酬劳太低。" "让我看看我有没有领会，拉尔夫。首先，你说工作很脏，没有仔细计划，最后你们的报酬太低，对吗？"

次要问题帮助获取完整而准确的信息，而且也确立了面谈的积极沟通气氛。对次要问题和试探的有效使用有助于表明管理者有兴趣倾听。开始时，被接见者可能不知道对方需要多少信息，或不知道管理者是否真的对他的评论感兴趣。然而，重要问题和试探的使用有助于建立积极而开放的气氛。

第三类是中立式问题和指引式问题，也可以用连续体来考虑，一端是中立式问题，另一端是指引式问题。由于中立式问题没有暗示问题的答案，问题不会引导被接见者以某一方式进行回答。处于连续体另一端的指引式问题引导被接见者给出特定的答案。指引式问题的一个经典例子就是法庭上的反问："难道……不是真的吗？"在现实中，即使是使用疑问语气，这种极端的指引式问题可能被认为是乞求一致而不是真正的问题。[17]

下面列出中立式问题和指引式问题，以示差别：

中立式问题	指引式问题
1. 你更喜欢哪种汽车?	1. 你难道不认为别国汽车比美国汽车好?
2. 你对分权管理有什么反应?	2. 你反对分权管理,对不对?
3. 你对联合有什么看法?	3. 当然,你反对任何形式的联合?
4. 你觉得我们应该雇用更多员工吗?	4. 我想我们不应该雇用更多员工,你认为呢?

熟练使用指引式问题非常有用,因为这些问题可以使面谈沿着正常轨道进行,并可以在劝说中有效使用。在劝说中,指引式问题将被接见者指向一个特定的方向,帮助他考虑某个概念的好处。

12.2.7　问题七:结束面谈的最佳方法是什么

到了结束面谈时,与其他很多沟通一样,总结主要信息、确保理解无误很重要。结尾也提供机会来安排跟进活动和表示谢意。不管被接见者是求职者、不满的顾客还是忠诚的下属,表达良好祝愿总是适宜的。所以应以共识、感谢和握手结束面谈。

到目前为止我们概述了面谈的障碍和面谈过程中管理者最常问的问题。接下来我们关注管理者面临的三种具体的面谈情境以及针对每种情境的恰当策略:招聘面试、绩效考核面谈和社交面谈。

12.3　招聘面试

为某个职位选择最有资格的人选是一个主要的管理职责。在挑选员工时要使用很多筛选工具,包括申请表和能力个性测试等,但最常见的是面试。

虽然人力资源部的成员经常筛选应聘者,但是通常由应聘者的未来经理做最后决定。将能胜任的应聘者与合适的工作匹配的能力促使组织走向成功。做出良好的雇用决定也会降低人员调整成本,这一成本可能相当惊人。美国劳工部估计,公司更换一个员工的花费相当于新员工年薪的1/3。根据哈佛商学院的一项研究,75%以上的人员流动是由于面试和招聘时判断有误。[18]对组织和应聘者而言,管理者都有责任确保应聘者和职位匹配。

管理者可以通过与同行和熟人的联络来寻找潜在应聘者,从而为自己创造优势。如果某个应聘者是受人信任且具有资质的,那么由于省却了搜索过程,可以为公司节省至关重要的管理费用和宝贵的时间。《商业周刊》撰稿人史蒂芬·贝克(Stephen Baker)认为,诸如领英(LinkedIn)和脸谱(Facebook)等社交和专业网站的日益流行,使社交活动变得空前容易。在线的朋友网络已经成为求职者在公司内外的强大关系网。此外,每一次握手或每一次交换名片都可能变成一次在线的友谊邀请,使我们的专业网络无限延伸。[19]

但是,招聘面试的优势没有被完全利用。虽然研究显示,面试的可靠性和有效性都很低,但是并没有足以替代的其他形式。[20]这是管理者有机会对申请者做出个人评判并直接提问的唯一方式,这在其他各种测试中是无法实现的。

12.3.1　计划

与所有的沟通情景一样,招聘面试也需要计划,只是更具体一些。

职位要求

管理者的第一步是确保对工作要求有一个清晰的理解。这有助于管理者避免过分重视无关信息。面试官如果熟悉将要补缺的工作的各个细节(如详细的工作描述和工作名称所提供的细节),那么其雇用选择决定的可靠性也将提高。[21]如果没有现成的详细工作描述,面试官也许有必要进行工作分析。

在分析工作性质时,注意不要将上一个持有这份工作的人与候选人进行比较,这种比较会误导你对候选人的印象。另外,很多担任现职的人会略微改变工作的性质以适应个人的能力和兴趣。人事变动时是分析某项工作现在及未来需要何种资格员工的最佳时机。

时间

时间也是计划过程的重要部分。每个面试分配的时间各不相同。一般而言,分配较多时间比较少时间好。

时间选择由于其对比效应而变得很重要,即前面的面试可能对后面的面试产生影响。一个水平一般但跟在几个很差候选人后面的求职者,可能会比跟在其他一般候选人后面给人留下更好的印象。减少这种效应的一个办法是避免面试一长串候选人而中间没有休息。

此外,各个面试之间应该允许有足够的时间,并安排好时间表,这样疲劳才不会成为一个影响因素。面试官疲劳时,被面试者的得分可能比其他应聘者更低。在计划面试时,这些策略是有价值的考虑因素。

申请者预审

在面试前,面试官应先审阅申请书和个人简历,以便计划具体问题。记住:面试的目的是得到书面材料不容易揭示的信息,包括动机和个性特征等。显然,如果面试包含的内容与文件出现的材料一样的话,那就是浪费时间。但你也可以用面试来澄清书面材料中不一致的地方或填补空白。简而言之,用文件作为面试话题的跳板。

12.3.2 法律关注

到目前为止,几乎所有的管理者都熟悉1990年的《美国伤残人士法案》和1964年的《民权法案》,后者于1972年由《平等就业机会法案》(Equal Employment Opportunity,EEO)进行修订。遗憾的是,关于招聘面试的法律限制的知识经常被误用。管理者抑或由于害怕触犯法律而在提问时变得过分谨慎并遗漏宝贵的信息,或是忽视了法律限制。虽然下列段落不是对就业法组成部分的完整讨论,但有几个建议可能对你的招聘面试有帮助。

当讨论《平等就业机会法案》时,管理者首先想到的很可能是什么是合法或非法问题。为了回答这一问题,人们必须知道真实职业资格(Bona Fide Occupational Qualification,BFOQ)的概念,即任何构成工作表现的有效标准的特点。种族、年龄、出生地所在国、宗教、性别、民族背景或婚姻状况通常都不是评判别人的基础。

实行平权法案(Affirmative Action Programs)的公司有义务确保:积极考虑招募被称为被保护群

体的成员(40岁以上人士、伤残人士、少数民族和女性通常归入这一类别)就业。[22]人们经常混淆平等就业机会法案与平权法案,因为两者的目的有些相似之处。然而,平等就业机会法案是寻求一个平等的竞争环境,所有人都有平等的机会凭借资格获得就业。平权法案的义务是加倍努力识别和招募来自受保护阶层的人士。[23]

通常,教育、经验、能力和技巧是真实职业资格的基本因素。管理者应该分析每个工作。在绝大多数情况下,管理者可以遵循这样的指导方针,即确保不忽视《平等就业机会法案》的条件。最好的建议是只问与真实职业资格相关或与做出客观的雇用决定直接相关的问题。

还要记住:与求职者的随意谈话也应该遵循这里提出的指导方针。例如,假设求职者被招待吃午饭,不要将这与真正的社交场合混淆,也不要闲聊家庭或宗教,这些可能会被求职者误解为不相关的非真实职业资格的问题,万一工作机会没有兑现,这些将是未来争议的依据。

表12-3列出了招聘面试过程中合法与非法问题的指导方针。这些相同的考虑因素也适用于申请表格。如果一个人同样具有取得工作成功的平等可能性,但却没有得到获取工作的平等可能性,就构成了歧视。[24]管理者有责任确保不出现歧视。

表12-3 招聘面试的问题指导方针

问题焦点	非歧视问题	可能存在歧视的问题
姓名	在其他工作中你有没有用过别的名字?	你在改名之前叫什么?
出生地和住所	你目前住在哪个州?	你在哪儿出生?
	你已在锡达菲尔斯(或某一个州)住了多久?	你的父母在哪个国家出生?
身体特征,包括种族	你身上有没有什么记号或伤痕?	你是亚洲人吗?
出生地所在国或祖籍		你来自墨西哥,对吧?
		你与赫尔摩莎的曼纽尔家族有关系吗?
性别和生活		你有几个孩子?
		你结婚了吗?
宗教		你是犹太教徒吗?
		如果我们雇用你,你想在什么宗教假日休息?
国籍	你的签证允许你在美国工作吗?	你是德国人吗?
组织	你属于任何慈善机构吗?	你是德国认可委员会的成员吗?
		你曾经是天主教学生俱乐部的成员吗?
逮捕和犯罪记录		你多久被逮捕一次,出于什么原因(除非与工作表现相关)?
身体能力或局限	工作需要举和扛,你觉得有问题吗?	你有残疾吗(类似地,避免关于残疾的种类和严重性的问题)?
教育	你拿到注册采购管理员(CPM)资格证书了吗?	你有工商管理硕士学位吗?(或教育成就与某一工作所需技巧没有关系时的类似问题)
财务状况		你有没有虚报过你的工资?
		你的净价值大约是多少?
		你的房屋按揭是多少?

12.3.3 招聘面试过程

在招聘面试过程中,管理者试图尽可能多地发现候选人与潜在工作成功相关的信息。最好的方法就是意识到先前讨论过的各种障碍和建议策略。另外,为了完全有效,管理者应该熟悉选拔面试特有的某些条件。下面的指导方针有助于管理者尽可能提高招聘面试的可靠性和有效性。

使用恰当的提问策略

研究显示,问题的形式和顺序对面试的结果产生深远的影响。[25]绝大多数面试是以管理者试图让被面试者感到舒服而开始的。个人简历是一个很好的指引,可以从中选出候选人背景中的某个强项,帮助被面试者在面试开始时感到舒服。[26]通常,最好是使用半结构化面试,确保有一个明确的方向,但允许随着面试的开展而准备更多的问题。表 12-4 是你作为面试者可以提的问题。

表 12-4　问题选择

开场白
你为什么希望加入我们公司?
你为什么觉得自己有资格做这份工作?
告诉我你过去的经历。

确定动机
你为什么想换工作?
是什么驱使你进入这一行业的?
你希望从现在起五年内你的职业方向如何发展?十年后呢?
什么是你的理想工作?

确定经历
你从前在部队里做什么?
你打算如何改进我们的运作?
谁或什么事对你影响最大?为什么?
你最喜欢/最不喜欢上一份工作的什么方面?为什么?
对于该职位,你最大的优点/缺点是什么?
你最喜欢/最不喜欢与哪种人共事?
到目前为止,你最大的成就是什么?
你熟悉什么设备?
你为什么这么频繁地换工作?
你职业生涯中最大的危机是什么?
你为什么辞去上一份工作?
我能看看你工作的例子吗?

评估教育背景
描述一下你所受的教育。
你为什么选择你的专业领域?
你参加过什么课外活动?
你获得过什么荣誉?
你的分数反映你的全部能力吗?为什么没有?
你最喜欢/最不喜欢什么课程?为什么?
对于该工作你接受过特别培训吗?

设计面试问题时,请记住开放式问题和闭合式问题、首要问题和次要问题、中立式问题和指引式问题之间的不同,知道每一种问题的优缺点,这样,你就能有效地实施提问策略。招聘面试通常使用开放式问题,但也使用闭合式和指引性问题作为试探。

成功运用于招聘面试的一类特殊问题是行为问题。基于过去行为预示将来行为的假设,这些问题询问一个特定行动的具体情况。管理者可以使用行为问题试探出"我是一个喜欢与人交往的人"和"我是一个有团队精神的人"等概括背后更多的信息。很典型地,行为问题这样开始:"告诉我当你有一次……的时候。"接下来问与职位相关的情境或品质的问题,从而要求申请者提供证据"证明"自己的回答。使用行为问题可以有效地了解被面试者的领导才能、冲突管理、对付难缠顾客、设定目标、团队合作以及其他诸如此类的能力。

在某些招聘面试中越来越流行的另一类特殊问题是解决问题的问题,其目的是挖掘创造性才能,因为创造性才能是以员工获得竞争优势的公司必不可少的。据华盛顿大学的万德拉·休伯(Vandra Huber)教授称,微软、波音、IBM、西南航空和惠好公司(Weyhauser)等都属于使用情境问题或解决问题的问题的20%—30%的公司之列。[27]这里是微软在面试中使用的一些问题:

- 估计美国加油站的数量。
- 如果你能够去掉50个州中的任一个,会是哪个州?为什么?
- 为我设计一个浴室。
- 如果你有一个装了200条鱼的鱼缸,而99%是孔雀鱼,你要去掉多少条孔雀鱼才能使剩下的鱼里有98%的孔雀鱼?[28]

显然,这些问题的答案并不像候选人用于确定问题和找出解决方法的过程那么重要。关于理性的解决问题过程的步骤描述可以在第10章和第13章中找到。

不要说太多话

在招聘面试中,如果管理者对申请者的反应是赞许的,那么他会比对申请者的反应是否定时说得更多。[29]换句话说,如果面试者被申请者打动,那么面试者就倾向于多说少听。

不管何种原因,只有极力推荐职位时,大量谈话才会有用。与雇用决定相关的信息是通过倾听而不是讲话获得的。因此,注意不要说得太多。一个良好的经验是,在招聘面试过程中,管理者的谈话应只占全部时间的30%。

做记录

考虑到面试过程中揭示的信息很多,指望面试者无论时间长短都能准确记住这些信息是不现实的。一项研究显示,半数的面试者不能准确回忆一个持续20分钟的面试中最关键的信息。[30]因此,要在面试结束后立即记笔记或进行总结。其中的一个做法就是使用一套评估体系(Rating System)。这将极大地降低匆忙做出错误决定或让一两个消极特征占据主导地位的可能性。另一个做法是制作一个常规表格,记录每个候选人在相同领域的情况或对相同问题的答案。

12.4 绩效考核面谈

管理者被定期要求进行绩效考核面谈。四十多年前,梅尔(Maier)提出了绩效考核面谈的几个目的[31],现在这些目的仍大致相同。[32]

- 让员工知道自己的位置。
- 表扬好业绩。
- 向下属传达需要改进的地方。
- 在现有岗位上培养员工。
- 培养和训练员工胜任更高职位。
- 评估作为整体的部门或单位,其中每个人构成整体的一部分。

尽管绩效考核面谈的潜在益处似乎很明显,但是人们普遍承认,组织中很少使用绩效考核面谈,而且效果不佳。这种矛盾的存在有几个原因,包括有些管理者不喜欢扮演评估者的角色;有些管理者害怕评估过程带来的不自在会破坏他们与下属的工作关系[33];另一个原因可能是管理者没有受过绩效考核面谈的足够训练。[34]下面的信息应该鼓励管理者进行绩效考核面谈。

12.4.1 目的

绩效考核面谈可以满足两个目的:(1)可以关注员工过去的绩效以确定增长点;(2)可以关注未来的活动和制定促使员工提高绩效的目标。这里有一个关键的相关问题:管理者在同一个面谈中既讨论目标、改善绩效、个人发展,又讨论加薪吗?对于该问题,现有研究结果显示,管理者不应该将具体的发展话题和薪酬讨论放在同一个面谈中。通常薪水审核的重要性会主宰面谈,不论是管理者还是员工都没心思以积极的方式讨论改进计划。[35]相反,两个面谈分开会更合适。这需要更多的时间,但通常能从员工处获得更积极的反应。

类 型

根据工作性质和员工的不同,绩效考核面谈可以分为三种类型。[36]第一类是发展评估面谈(Developmental Appraisal Interviews),用于高绩效高潜力的员工,他们拥有自由支配的工作,这使他们有机会改进绩效。

第二类是绩效维持面谈(Maintenance Interviews),用于在一段时间里表现稳定而令人满意,但由于能力、动机或工作性质的限制而不可能改进的员工。在这种情形下,员工着重维持现有的可接受水平的绩效。

第三类是绩效补救面谈(Remedial Interviews),用于低绩效或边缘员工,目的是试图将绩效提高到可接受水平。这一类包括两个过程:评估与发展。首先评估现在与过去的绩效,然后决定他们可以如何发展。

每种面谈都要求不同程度的评估和发展。发展和补救面谈更强调发展,维持面谈更强调评估。绩效考核面谈并不总是达到同样的目的,因此,应实施不同的沟通策略以满足评估或发展的既定目标。在实施恰当的策略时,与其他面谈形式一样都需要计划。

12.4.2 计划

根据第2章所示的洋葱模型,计划过程中三个需要分析的领域是时间安排、环境和信息内容,即时间、地点和内容,如模型的第三层所示。

时间安排

正式的评估最常以年度为基础进行。一年一次似乎是现实的时间框架;然而,也要在需要时为员工提供反馈。

在有更频繁反馈的情况下为什么还要进行一年一度的正式考核呢?首先,年度考核帮助克服第2章讨论的各种沟通错误。正式的考核还为系统审视下属与管理者间可能形成的不同假设提供了机会。即使是对非常满意的员工进行定期的"行动方向的修正"也是很有意义的。另外,某些情境如完成一个重大项目或绩效格外差时,都需要正式的反馈。在决定绩效面谈时间时,要考虑全局。

一旦选定时间,应提前通知面谈的员工。提前通知所需的时间可以从几小时到几星期不等,取决于员工和相关工作的类型。无论何种情况,避免"你一有机会就到我办公室来"的通知方式,因为这剥夺了员工为面谈做好心理准备的机会。

环境

一旦确定了必要时间安排,就要考虑面谈的最佳地点。管理者趋向于将绩效考核面谈安排在自己的办公室,而没有意识到这一环境令人畏惧,对于不习惯长时间待在管理者办公室的员工来说尤其如此。通常,面谈的最佳地方是中立、安全和私人的地点,可以将双向互动最大化。

信息内容

一旦确定了面谈的时间和地点,就要着重关注面谈的内容。不管具体的面谈目的是什么,审视你的期待和目标。回顾下属工作的各个方面,以便进行全面审核。此外,回顾以前的绩效考核面谈笔记和最近的绩效项目。你可能还需要从观察员工绩效的其他管理者处获取信息。所有这些程序使管理者有机会列出面谈必须讨论的具体项目。

为了给下属准备面谈的机会,让他们在面谈前完成自我评估表。管理者可以使用标准的绩效评估表格或与表12-5类似的独立表格。

表 12-5　员工自我评估清单

本表格的目的是帮助你准备绩效考核面谈。
准备讨论自上次绩效考核面谈以来你的具体成就或问题。
留出时间回顾自上次面谈以来的工作,回答下列问题:
1. 你解决了哪些不同寻常的问题?
2. 你认为自己在知识、技巧和经验方面的强项是什么?
3. 你认为自己在知识、技巧和经验方面的弱点是什么?
4. 你对哪些工作关系感到欣慰?
5. 你对哪些工作关系感到需要加强?
6. 你是否曾以优异的成绩完成某些特殊任务或熟练地处理突发事件?
7. 确定如果有管理者的正确帮助,你可以改进工作的一两个领域。

员工参与过程的机会越多,越有可能促成坦诚而宝贵的沟通。研究显示,以绩效自评为基础的绩效考核面谈比严格以管理者准备的评估为基础的面谈更令人满意。[37]为了使绩效考核面谈能给员工反馈并确立目标,应该创造信任的环境。下一部分描述创造信任环境的过程。

12.4.3 过程

虽然参与双方互相认识,会谈的目的也已确定,但还是有必要以热情友好的方式开始。说明会谈的目的以确保双方都认同也是很好的做法。

一旦确定了面谈的气氛,就要选择面谈方法。面谈通常包括三种方法,即告诉—劝说型(Tell and Sell)、告诉—倾听型(Tell and Listen)以及解决问题型(Problem Solving)。[37]告诉—劝说型在没有讨论的情况下告诉对员工的期待,然后向员工阐明意见。使用这一方法的人假定:如果员工知道自己的弱点是什么,他们会愿意改正。遗憾的是,这可能增加员工的防御心理,任何批判都可能使员工感到压抑。这种方法通常对对工作了解甚少的下属(如一名新员工)比较合适。然而,这一方法的可能性有限,因为绝大多数员工通常有话要说。

第二种方法,告诉—倾听型,包含了倾听的元素。正如第7章所强调的,倾听是学习的关键技巧。告诉员工他们的工作干得很好,同时倾听他们说出实现这些业绩的原因。员工的反应很可能显示行为背后的原因。

第三种方法是解决问题型,拓展了第二种方法。解决问题方法基于这样的假设:双向沟通可促成彼此可接受的绩效改进计划。与前两种方法相比,该方法使下属更自由,也更负责;但是,必须有合适的气氛让下属表达自己。

12.4.4 支持性环境

表12-6在吉布斯(Gibbs)经典著作的基础上区分了促成支持性环境而不是戒备性环境的沟通过程。[39]

每个类型的沟通中的实例都有助于形成评估面谈的有效沟通策略。

表12-6 支持性与戒备性氛围

戒备性氛围	支持性氛围
评估型	描述型
控制型	问题导向型
中立型	移情型
优越型	平等型
确定型	探讨型

评估型与描述型

指责下属的沟通自然会导致戒备性氛围。应避免对另一个人进行道德评价或质问个人价值观和动机。描述型沟通提供具体的反馈,但不对他人进行评判。下面的例子显示绩效考核面谈过程中可能出现的不同情况。

注意:评估型例子中的话语一般不太具体,并且对接受者的个性进行推断。这些类型的评论导致员工产生戒备心理。

评估型	描述型
你不能再犯这么多愚蠢的错误了。	用了新系统我们每轮还是有三个错误。
贝蒂,你又缺心眼又鲁莽。	贝蒂,有人说被你的幽默感冒犯了。
延误明摆着是你的错,因为你没有按指令行事。	对指令似乎有些混淆。

控制型与问题导向型

问题导向型沟通确定了一个共有的问题并寻求解决方法。控制型沟通试图对另一个人做点"什么",如强迫改变行为或态度等。问题导向型传达了对员工处理问题和形成有意义答案的能力的尊重。下面是控制型沟通和问题导向型沟通的一些例子:

控制型	问题导向型
要减少错误,你可以这么做。	你认为要减少错误可以做些什么?
那个项目你肯定有问题。	我们这个项目有问题。
不要老是这么消极。	你认为我们怎样才能想出更积极的方法?

以问题为导向的评论,通过使用开放式问题和以合作的方式表明对解决问题的关注,为双向沟通创造了更多的机会。倾听也是解决问题方法的一个很有用的副产品。

中立型与移情型

中立表明对员工福利缺乏关注,而移情表明管理者理解下属的问题,分享他的情感,接受有关的情感价值。比较下面的例子:

中立型	移情型
那真的不算什么问题。	听起来你对此真的很关注,给我讲讲更多的情况。
每个人在某个时候总得面对它。	这可能是个很棘手的情况。我告诉你我以前看到别人是怎么处理的,然后你可以告诉我你的反应。
哦,每个人都有权发表意见。	我想我们有不同看法。让我们进一步讨论这个问题,比较不同的观点。

在评估面谈中,当管理者愿意倾听、征询员工对某事的感受、试图理解和接受员工的感情时,管理者会移情。如果说话者被匆忙拒绝进行进一步沟通,或倾听者表现出对信息缺乏兴趣,那么他不可能移情。

优越型与平等型

管理者与下属的心理距离越小,进行富有成效的评估面谈的可能性越大。管理者通过言语和非言语微妙地显示他们在地位、财富、权力、智力甚至是心理特征上的优越性,从而经常抑制员工。下面是一些显示优越性和平等性的言语沟通例子:

优越型	平等型
与这个问题打了十年交道后,我知道如何处理它。	这个解决办法以前奏效过,所以在这里应该也可以。
我的酬金比你高,所以做这样的决定是我的责任。	我负有做决定的最终责任,但我很想得到你的建议。
你这一层次的人不应该对我面临的问题感兴趣。	我想和你分享我所面临的情况。

管理者通过非言语和言语沟通模式显示优越型和平等型。坐在大桌子后面、把脚放在桌子上、看起来漠不关心和显得很忙碌都是优越型的信号。显示优越性只会增加员工的戒备心理,减少双向沟通。

确定型与探讨型

确定型的管理者经常以某种口吻说话,似乎他们的决定是不可改变的。这种独断的方法使员工感到提出新观点或新解决方法是徒劳的。探讨型显示管理者愿意接受别人质疑,以找到最佳解决办法。探讨型激发热情,对员工提出了挑战,如下面的例子所示:

确定型	探讨型
我知道问题是什么,所以没有太多理由进行讨论。	我有一些看法,但最好是讨论一下。
这是将要采取的方法。	让我们对这种方法试一段时间,看看会怎样。
我想这事在 6 月 1 日前完成。	为了确保 6 月 1 日前完成,需要做些什么?

有效沟通策略的这五个因素(描述、问题导向、移情、平等和探讨)是减少戒备心理和培养信任的主要因素。一旦培养了信任,管理者必须向下属提供反馈。

12.4.5 提供反馈

绩效评估对员工的过去表现进行反馈。通过积极的反馈,绩效评估面谈能够使管理者激发员工向更高水平的绩效迈进。如果管理者能记住下列原则,下属就会把反馈当成建设性批评而不是消极批评。

(1) **确定具体行为**。确定具体明确行为的陈述比模糊抽象的陈述更容易被接受。例如,"你似乎丧失了自信心"是相当抽象的,最好是说"自从上次水压维修后,你没有再申请新项目。我想知道为什么"。

(2) **避免对动机、意图和感情进行推断,除非你能举出具体行为支持你的推断**。例如,"你已经失去了对这个工作的兴趣"的陈述,严格说来是个推断,不会促成建设性的绩效面谈。

(3) **将反馈重点放在数量有限的可观察行为上**。员工每次只能对几个反馈陈述采取行动。如果一个人要应对很多事情,那么安排几次面谈很可能会更好。

(4) **反馈时间应紧跟被讨论的行为**。与推迟反馈相比,立即反馈几乎总是对接受者产生更大影响。因此,有些员工需要的不仅仅是年度面谈。

(5) **做出反馈是为了帮助员工,而不是使你感觉好受些**。避免在感情不受控制时做出反馈。经历困难情况的管理者可能会问:"对于收到大量负面反馈的员工该怎么办?我该怎样在积极的环境中继续进行反馈?"同时,反馈信息的组织方式很重要。另一个需要考虑的因素是:不管具体情况要求做出多少负面反馈,通常都可以使用肯定陈述;然而,不建议使用老的"三明治"方法。

在三明治方法中,管理者将一个否定陈述置于两个肯定评论中间。但是,绝大多数员工很快就能识别出管理者想控制局面的企图,结果该策略通常达不到预期目的。现在建议的程序是几乎无一例外地将支持性反馈置于面谈的开始。这一策略可以帮助建立一个积极的初始气氛,员工更容易接受对需要改进领域的透彻分析。[40]

在以积极方式组织反馈时,确定目标是一个很宝贵的过程。在确立有助于营造积极气氛的目标时,下面的讨论指出几个需要考虑的含义。

12.4.6 确立目标

绩效评估面谈应该是建设性的。不要纠缠过去的失败,而要聚焦于员工改进和发展所能采取的行动。绩效目标帮助将焦点放在未来。当这些目标清晰时,绩效考核面谈就与下属对面谈过程的满意度正相关。[41]

当管理者考虑了时间、质量、数量和优先权等因素时,他们就清楚地陈述了目标。考虑下面的例子:

在未来60天里,你每天留出20分钟会见员工,陈述在生产和工作进度方面对他们的期待。对于工作进度不符合标准的员工,你将每天进行劝告,如果产量继续维持原状,而你不能对员工进行劝告,我们将改变你的监督责任。[42]

注意,这项活动得到清晰陈述:质量根据生产和工作进度进行陈述;数量根据产量和会见频率确立。这些都是监督员优先考虑的因素,如果没有达到条件,监督员可以被降级。

为了确保目标或行动计划清楚无误,写下双方同意的活动。这使双方能够对陈述进行回顾,保证双方清楚所有的意思。行动计划指导员工未来的活动,以完成已确立的目标。如果由于目标没有实现而导致人员或责任变化,清晰陈述的期待可以减少诉讼的风险。下一节将探讨如何避免绩效评估过程中频繁出现的潜在法律问题。

12.4.7 法律关注

根据司法统计局,1990—1998年在联邦法庭立案的雇用诉讼案增加了两倍多。国会宣布《1991年民权法案》第七条授予雇用案件使用陪审团的权利后,在联邦法庭和州法庭立案的雇用案件和平均赔偿金额均持续上升。不管结果如何,各个公司都必须在法律程序方面分配大量的人力、物力。[43]

过去20年间,绩效评估引起的诉讼案急剧增加。[44]作为应对,公司试图通过改善绩效评估过程来降低风险。方法包括两个主要成分:(1)一套法律绩效评估体系;(2)程序的一致性。对绩效评估的实施形式、工具和程序进行年度评估以确保预期结果的有效性,这样可以进一步降低风险。法律、规定和操作的变化需要更频繁的更新。

法律绩效评估体系必须经过多次测试。第一,雇主必须能够显示,他们的"选择"程序没有不合比例地排除受保护团体,除非是需要"安全有效"的绩效。第二,评估使用的工具必须能够评估绩效,因为评估工具关系到员工责任的重要方面(请回顾本章前面解释的 BFOQ 概念)。第三,为了避免管理者的偏见,绩效评估应该以精确、客观的标准为基础。第四,评估应该由日常观察员工表现的直接管理者进行。第五,管理者必须接受过充分培训,能够进行恰当的绩效评估。[45]如果雇主不能通过这些测试的任何一个,他们将很难在诉讼时证明他们的做法不带歧视性。

带偏见和不准确的评估不是不合法,但如果给受保护团体带来不利后果,那就变得不合法了。据研究估计,大约50%的绩效加薪和晋升来自不带歧视的绩效评估。如果雇主能够提供正当法律程序和员工申诉渠道,那么他们就能在变成诉讼前解决冲突。[46]正当法律程序的关键因素是处理员工申诉的方法一定要一致。

管理者负责监督绩效评估过程,他们必须平衡组织的需要和下属的需要。如果管理者能够公平而不带偏见地进行绩效评估,他们就能实现评估目的,减少组织面临诉讼的风险。管理者可以通过社交渠道获取宝贵信息,从而提高实施绩效评估和其他任务的技巧。

12.5 社交面谈

关于管理面谈策略的讨论需要我们关注第三个应用:社交面谈。社交和专业网络提供了极好的智力和职业管理资源。管理者都很清楚,知识就是力量,分享知识培育了有益的关系。社交活动包括投入时间和精力将管理者的潜在回报最大化。对社交面谈的目的、形式、潜在结果有清晰的认识可以增强对社交面谈的投入力度。

12.5.1 目的

社交面谈的主要目的是通过信息面谈建立关系。正如我们在上一章所见,社交技巧在谈判中非常有用。但是,如果管理者的目的仅仅是让自己得到某些东西,那么他们在社交活动中往往会失败。他们的动机可能让别人一目了然,从而阻碍成功的沟通。社交活动是个双行道,如果参与者的目的是在互惠的关系中分享信息,那么就能成功。

由于参与者处于各种不同的环境中,社交技巧会随着时间的推移而改善。参与者学会如何帮助他人,如何建立长期关系。参与者通过自己的专长或咨询专业人士来提供帮助,诸如与其他参与者分享相关事件或文章的信息等简单活动都是帮助形式。通过帮助别人,管理者证明,他们是值得维持的联系人,也为进行后续活动交代了原因。这些活动加强了专业联系,在新加入者需要帮助的时候,可能带来互惠作用。

有效的社交活动包括通过信任建立起来的有意义的联系、关系和气氛。根据佩帕代因大学 Graziadio 商管学院最近的一项研究,年收入超过20万美元的成功专业人士将社交网络列为职业和晋升的一个关键因素。[47]社交活动使参与者分享经历,形成最佳做法,随着参与者进入不同社交网络,这些最佳做法将继续改善。随着联系人数量的不断增加,参与者建立起巨大的、互利的、长久的关系网。

12.5.2 如何开展社交活动

社交团体和活动的数量是无穷无尽的。在社交活动中交换信息最常使用的渠道是脸谱(Facebook)和领英(LinkedIn)等电子媒介和面对面互动。社交活动可发生在正式或非正式环境中,运用恰当的社交礼仪可以改善沟通。

管理者可以通过与不同专业群体接触获得关于其职业、公司和行业的宝贵知识。公司内部富有影响力的联系人包括导师、同事和其他专业人士。外部联系团体包括专业协会和针对少数族群、妇女和行政主管的专门团体。互联网搜索可以发现个体群组特定活动的大量网址。与大学校友、前上司、旧同事的社交活动以及随意聚会增加了个人的资源库。成功的社交活动需要计划、确定目标和跟踪结果。

成功的社交活动的基本步骤包括:确定可以培育互惠互动的社交团体;加入专业协会,参加地方和国家级会议;志愿充当演讲人、委员会委员和/或官员;了解并推销你的长处但不是你的头衔;展示热情、自信和诚恳的态度;仔细倾听,确定可以为他人做贡献的机会;在每一次活动中与几个新联系人见面并相处;确保随时带着名片;跟进新旧联系人。

通常,重要关系是在工作环境以外建立和维持的。每次对话和活动都创造了社交和职业发展机会,认识到这一点非常重要。[48]第一印象会留下永久的印迹,所以外表很重要。在社交活动中身体语言的法则与在其他面谈环境中同样关键。社交团体对成员有一套可接受的标准和期望。

社交礼仪是以成员必须礼尚往来的黄金法则为基础建立的。团队的目的就是分享信息,认识到这一点同样重要。其他社交礼仪的指导原则是:不要求职;迅速回电话和电邮;总是按承诺做出反应;认识到参与者的时间限制;平等对待所有参与者;了解时事;乐于助人,心存感激;保守参与者的秘密。

这些因素以及其他因素创造了发展互惠关系的环境,互惠关系可以带来职业发展。社交活动也要求参与者心胸开阔、有备而来、持之以恒和充满耐心。这些特点与清晰的目标相结合就能得到成功的结果。[49]

12.5.3 结果

随着管理者知识的增加,其职业发展的很多优点作为事情的自然转折而出现。随着时间的推移,你的可信度增强,你被公认为是所从事领域的专家。随着你对公司和行业知识的增加,你赢得了来自同事和更高管理层的尊敬。通过有影响力的介绍,你增加了内部和外部联系资源库。增加潜在客户基础的机会出现了,你可能得到了咨询机会。你可能与那些能帮助、支持和加快你职业发展的人取得联系。

晋升决定建立在几个因素的基础上:绩效、形象、风格和网络。研究显示,60%的晋升决定建立在组织内部的社交活动基础上。[50]这一发现强化了下面的观点,即公司内部的可见性和沟通可以加快职业发展。管理者产生新主意和解决问题的能力可获得上级管理层的关注。社会趋势预测家和商业顾问梅兰妮·霍华德(Melanie Howard)认为:"专业社交活动已经成为高级执行官成功的关键,由于有效社交能增强影响力和解决问题能力,所以那些擅长社交活动的人更有可能升到所在领域的顶端。"[51]自我完善是一个持续的过程,社交活动可以对其做出巨大贡献。与关键人物建立牢固关系的管理者正迈向成功。建立牢固关系的一个关键因素是有效沟通。

本章小结

本章列举了进行面谈的一般原则,接着将这些原则应用到两个特定情境中。面谈这一术语包括很多有时间限制和明确目标的日常互动。面谈是获取和分享信息的机会,但是一些特殊的沟通障碍使这一过程变得很困难,意识到这一点很重要。第一,接见者和被接见者可能有不同的动机。第二,当人们只看到和听到自己想看和想听的东西时,个人偏见就会产生。第三个障碍是事实和推断问题。第四个障碍是非言语沟通问题,因为一个非言语行为可能导致错误的结论。最后两个障碍是第一印象和组织地位的强大影响。

为了克服这些障碍,管理者应该问七个问题。绝大多数面谈建议采用半结构化形式。这意味着有些问题在面谈前就应该确定,而其他问题取决于面谈的进展。漏斗式或反漏斗式顺序都可以使用。在讨论问题的措辞时,审视了三类问题——开放式问题和闭合式问题、首要问题和次要问题、中立式问题和指引式问题。在正确的时候使用每一种问题都是合适的。同时,还列举了七种试探形式。如何在不同情景中使用恰当的问题需要进行战略分析。

最后考虑的是结束面谈。管理者和被接见者都应该清楚面谈要点、未来行动和美好祝福。

所有管理者在职业生涯中都要进行招聘面试和绩效考核面谈。因此,他们必须清楚这些面谈的几个方面。招聘面试要求制订计划,以确保管理者对职位空缺有清楚的理解。在招聘面试中的法律关注是独特的,所以有必要了解合法问题的一般指导方针。

恰当的提问策略非常重要,管理者可以利用大量的潜在问题评估申请者的动机、教育背景、经验和适合性。每种问题都有一个特定目的。在招聘面试中应该避免的最普遍问题是不倾听而谈得太多以及记录不足。

绩效考核面谈非常关键,然而遗憾的是,绩效考核面谈经常没有进行或效率低下。因此,我们可以通过将面谈安排在恰当的时候、在合适的地点进行以及讨论相关话题等来提高面谈的有效性。如果绩效考核是公平、一致、客观和不带偏见的,那么可以避免法律问题。

在评估绩效时,战略沟通是必不可少的,否则可能激起下属的戒备行为。战略沟通使管理者营造一个支持的和非戒备的环境,有利于采取解决问题的方法。这种沟通应该包括描述型、问题导向型、移情型、平等型和探讨型的信息。这些特点在进行反馈和确立目标时也应该具备。

社交活动是建立在信息面谈的基础上的。社交活动的主要目的是通过互惠关系分享信息,这种关系是通过社交和专业渠道建立起来的。遵循社交活动的基本步骤和礼仪可带来更成功的结果,从而加速职业发展。

小组讨论案例

案例12-1 克恩和寡言的护士

克恩是中西部一家大型多国制造公司的安全部部长。公司有六个主要制造厂,每个厂都有自己的工业护士。

克恩每年和这些护士进行两次正式的个人面谈,目的是发现他们是否有些重要的担忧或者是否可以在某些方面帮助他们。由于这些护士是向每个厂的人事经理而不是向克恩汇报,所以这种面谈不是绩效考核。通过面谈克恩从这些护士那儿得到了很多宝贵的信息,似乎也和他们发展了积极的关系。只有一个护士詹姆士没有真正向克恩敞开胸怀,说得也不多。有好几次克恩想从詹姆士那儿获取信息,但一般情况下,克恩得到的只是一个字的或者表面的回答。例如,几个月前,所有工厂都开始实施一个监控到护士室看病的员工数量和类型的新项目。克恩问詹姆士新项目是否一切正常,詹姆士只是耸耸肩说:"是"。

这事令克恩担忧,因为詹姆士是个仅有两年经验的年轻护士,他很可能遇到了一些问题,需要一些帮助。克恩甚至问厂里的其他几个员工,詹姆士是否天生就很沉默,但每个人都说他相当外向而且容易结交。克恩变得很沮丧,因为在她二十五年的经验中,在让别人开口说话方面她未曾碰到过这么大的麻烦。

问题

1. 克恩可能使用了哪些不正确的面谈策略?
2. 你会给克恩什么建议?

案例12-2　这是骚扰吗?

杰克·辛普森刚刚被任命为盖里丹承包公司的人力资源部部长,便迎来了一个非同寻常的上午。日程的第一项就是和公司总裁的行政秘书玛利亚·约翰逊进行离职面谈。约翰逊只是告知辛普森她要辞职,没有说明原因。从约翰逊过去几年的业绩看,辛普森相信她是一个称职、热情和投入的员工。尽管辛普森对她的工作量不甚了解,但是他看不出她辞职的明显理由。他定下了这次离职面谈,希望找出她辞职的原因。

辛普森日程的第二项是和盖里丹承包公司总裁赖安·罗斯的面谈。罗斯想在辛普森当天迟些时候面试秘书接替者之前和他谈谈。辛普森以前没有进行过总裁秘书面试,但他已打算在与约翰逊面谈时得到灵感。辛普森相信罗斯也会告诉他期待什么样的秘书接替者。

然而,当辛普森和将要辞职的行政秘书约翰逊8:30在一个安静的会议室坐下来时,人力资源部部长的耳朵开始发烫。约翰逊解释,在过去的六个月里,她被罗斯性骚扰,她正考虑起诉盖里丹承包公司(尤其是罗斯)。

为防止事态继续扩大,辛普森需要了解更多的内容。另外,他掌握的事实越多,他与总裁讨论这件事的准备就越充足。辛普森应该对秘书使用什么面谈策略?

问题

1. 你将建议使用哪一类问题?用什么顺序?
2. 你认为这个面谈的主要障碍是什么?为什么?
3. 辛普森可以做些什么来确保获知事实?

案例 12-3　动机与绩效考核

过去三年里,塞缪尔·琼斯在一家地方银行的会计部为上司唐纳卖力地工作。在此期间,他从未受过工作上的任何批评。事实上,只是在最近他才接受了第一次所谓的年度绩效考核。尽管在前两年里他每年都加了薪,但这是他第一次正式接受评估。第一年他从唐纳处收到一个备忘录,说明加薪的数额。第二年,唐纳甚至没有告知他加薪的事儿。相反,琼斯只能从自己的工资存根中算出来。

在经受了第一次正式评估之后,琼斯感到震惊。唐纳告知琼斯,他工作的努力程度只是平均水平,在承担的任务中他并不总是显示足够的动机。自从琼斯三年多前开始在那儿工作以后,唐纳对琼斯的工作就说了这么多。

唐纳独自一人在办公室里处理重要事情,远离员工的活动。琼斯的有些同事把这看作老板有信心让他们做好工作和独立承担责任的信号。但琼斯相信,唐纳只是在逃避责任,对与员工打成一片不感兴趣。琼斯相信他的老板认为:"我有我自己的问题,你们的问题不要来找我。"

琼斯与银行里的其他几个上司有健康的关系,他们都不只一次地告诉他,他的表现在中等以上。因此,唐纳"平均水平"的评价让琼斯感觉受到伤害。就动机而言,琼斯不明白需要什么动机。在他工作出色时从未得到奖赏,不管是口头的还是其他的。因此,他很迷惑,不知道什么水平的努力和表现才能得到应有的承认。

问题

1. 列出唐纳可以满足的琼斯的某些需要,以提高琼斯工作的努力程度。
2. 列出一些工作绩效因素,为得到该员工的更好表现,唐纳必须确保这些因素的出现。
3. 为了最有效地使用绩效评估,唐纳可以做些什么?
4. 如果可以的话,琼斯可以做些什么来增加上司的反馈量?

尾注

1. Susan T. Fiske and Steven L. Newberg, "A Continuum Of Impression Formation, from Category-Based to Individuating Process: Influences of Information and Motivation on Attention and Interpretation," in *Advances in Experimental Social Psychology*, vol. 23, ed. Mark P. Zanna (New York: Academic Press, 1990), pp. 1–74.

2. Kevin R. Murphy and Douglas H. ReynoldS, "Does Zrue Halo Affect ObServed Halo?" *Journal of Applied Psychology*, May 1988, pp. 235–238.

3. Elaine Pulakos, Neal Schmitt, and C. Ostroif, "A Warning about the Use of a Standard Deviation cross Dimensions within Rates to Measure Halo," *Journal of Appuead Psychology*, February 1986, pp. 29–32.

4. Terry L. Leap and Michael D. Crino, *Personnel/Human Resource Management* (New York: Macmillan, 1989), p. 332.

5. Fran E. Kanfer and P. Karoly, "Self-Control: A Behaviorist Excursion into the Lion's Den," *Behavior Therapy* 3, no. 2(1972), pp. 298–300.

6. James R. Walsh, "Selectivity and Selective Perception: An Investigation of Managers' Belief Structures and Information Processing," *Academy of Management Journal*, December 1988, pp. 873—896.

7. S. L. Ragan, "A Conversational Analysis of Alignment Talk in Job Interviews," in *Communication Yearbook*, vol. 7, ed. R. M. Bostrom(Beverly Hills, CA: Sage Publications, 1983), pp. 502–516.

8. R. L. Birdwhistell, *Kinesics and Context*(Philadelphia: University of Pennsylvania Press, 1970), p. 97.

9. J. K. Burgoon, D. B. Buller, and G. W. Woodall, *Nonverbal communication: The Unspoken Dialogue*(New York: Harper & 1989), p. 76.

10. Loren Falkenberg, "Improving the Accuracy of Stereotypes within the Workplac," *Journal of Management* 16, no. 1(March 1990), pp. 107–118.

11. K. J. Williams, A. S. DeNisi, B. M. Megfino, and T. P Cafferty, "Initial Decisions and Subsequent Performance Ratings," *JournaL of Applied Psychology* 71, no. 2(1986), pp. 189–195.

12. M. Snyder and B. H. Campbell, "Testing Hypothesis about Other People: The Role of the Hypothesis," *Personality and Social Psychology Bulletin*, 1980, pp. 421–426.

13. H. J. Bernardin and Richard Wg Beatty, "Can Subordinate Appraisals Enhance Managerial Productivity?" *Stoan Management Review*, Summer 1987, p. 69.

14. R. I. Lazar and W. S. Wilkstrom, *Appraising Managerial Performance: Current Practices and Future Directions*(New York: Zhe Conference Board, 1977), p. 46.

15. G. Johns, "Effects of Informational Order and Frequency of Applicant Evaluation upon Linear Intormatlon-Processing Competence of Intervmwers," *Journal of Applied Psychology* 60, no. 3(1975), pp. 427–433.

16. C. D. Tengler and F. M. Jablin, "Effect of Question Type, Orientation, and Sequencing in the Employment Screening Interview," *Communication Monographs* 50, no. 2(1983), pp. 243–263.

17. Charles Stewart and W. B. Cash, *Interviewing: Principles and Practices*, 5th ed. (Dubuque, IA: Wm. C. Brown, 1988) p. 21.

18. Elizabeth Bradley, "Hiring the Best," *WIB, Magazine of the American Business Women's Association*, July-August 2003, pp. 12–15.

19. Stephen Baker, "What's a Friend Worth?" *Business Week*, June 1, 2009, pp. 32–36.

20. Terry L. Leap and Michael D. Crino, *Personnel/Human Resource Management*(New York: Macmillan, 1989), p. 245.

21. Michael M. Harris, "Reconsidering the Employment Interview: A Review of Recent Literature and Suggestions for Future Research," *Personnel Psychology* 42, no. 4(1989), pp. 691–726.

22. Jeanne C. Poole and E. Theodore Katz, "An EEO—AA Program That Exceeds Quotas—It Targets Biases," *Personnel Journal*, January 1987, p. 103.

23. James R. Redeker,"The Supreme Court on Affirmative Action:Conflicting Opinions," *Personnel*,October 1986, p.8.

24. "Employment Discrimination:A Recent Perspective from the Burger Court," *Industrial Management*,September-October 1986, p.3.

25. Stewart and Cash,Jr. ,*Interviewing:Principles and Practices*, p.133.

26. Fredrick M. Jablin and Vernon D. Miller,"Interviewer and Applicant Questioning Behavior in Employment Interviews,"*Management Communication Quarterly* 4,no. 1 (1990), pp.51-86.

27. Wendy Kaufman, "Job Interviews Get Creative," *All Things Considered*, National Public Radio,August 22,2003,www. npr. org/display_pages/features/feature_1405340. html.

28. William Poundstone, *How Would You Move Mount Fuji:Microsoft's Cult of the Puzzle* (New York:Little,Brown & Company,2003).

29. C. W. Anderson,"The Relation Between Speaking Times and Decision in the Employment Interview,"*Journal of Applied Psychology* 44,(1960), pp.267-268.

30. R. E. Carlson, D. P. Schwab, and H. G. Henneman III, "Agreement among Selection Interview Styles,"*Journal of Industrial Psychology* 5,no.1(1970), pp.8-17.

31. R. F. Maier, *The Appraisal Interview:Objectives and Skills* (New York:John Wiley & Sons, 1958), p.3.

32. Robert D. Bretz,Jr. , George T. Milkovich,and Walter Read,"The Current State of Performance Appraisal Research and Practice:Concerns,Directions,and Implications,"*Journal of Management* 18,no. 2(June 1992),pp.321-352.

33. R. M. Glen,"Performance Appraisal:An Unnerving yet Useful Process,"*Public Personnel Management* 19,no.1(1990),pp.1-10.

34. B. Dugan,"Effects of Assessor Training on Information Use,"*Journal of Applied Psychology* 73 (1988),pp.743-748;and Timothy M. Downs, "Predictions of Communication Satisfaction During Performance Appraisal Interviews,"*Management Communication Quarterly* 3, no.13(1990),pp.334-354.

35. Michael E. Stano and N. L. Reinsch,Jr. ,*Communication in Interviews*(Englewood Cliffs, NJ: Prentice Hall,1982),p.101.

36. L. L. Cummings and C. P Schwab,"Designing Appraisal Systems for Information Yield,"*California Management Review* 20,no.1(1978),pp.18-25.

37. B. E. Becker and R. J. Klimoski,"A Field Study of the Relationship Between the Organizational Feedback Environment and Performance,"*Personnel Psychology* 42,no.3(1989),pp.343-358.

38. Maier,*The Appraisal Interview*,p.22.

39. Jack R. Gibb, "Defensive Communication,"*Journal of Communication*,September 1961,pp. 141-148.

40. Douglas Cederblom,"The Performance Appraisal Interview:A Review,Implications,and Suggestions,"in *Readings in Organizational Communication*, ed. Kevin L. Hutchinson(Dubuque,IA:Wm. C. Brown,1992),pp.310-321.

41. M. M. Greller, "Evaluation of Feedback Sources as a Function of Role and Organizational Level," *Journal of Applied Psychology* 65, no. 1(1980), pp. 24–27.

42. Judith Hale, "Communication Skills in Performance Appraisal," *Industrial Management*, no. 22 (March-April 1980), p. 19.

43. Robert J. Grossman, "Law in the Slow Lane," *HR Magazine* 45, no. 7(July 2000), pp. 62–70.

44. Peter A. Veglahn, "Key Issues in Performance Appraisal Challenges: Evidence for Court and Arbitration Decisions," *Labor Law Journal* 44, no. 10(October 1993), pp. 595–606.

45. Giovanni B. Giglioni, Joyce B. Giglioni, and James Bryant, "Performance Appraisal: Here Comes the Judge," *Catifornia Management Review* 24, no. 2(Winter 1981), pp. 14–23.

46. N. B. Winstanley, "Legal and Ethical Issues in Performance Appraisals," *Harvard Business Review* 58, no. 6(November-December 1980), pp. 186–192.

47. Paula Ketter, "Social Net-What?" *T + D* 63, no. 2(March 2009), p. 22.

48. Judy Estrin, "Networking It's the Way to Grow," *T + D* 62, no. 10 (October 2008), pp. 100–101.

49. "Networking & Professiolnal Etiquette," n. d., www.career.caltech.edu/rcsources/handouts/Networking%,20Handouts.pdf(June 1, 2009).

50. "Need to Know Networking," *Personnel Today*, March 24, 2009, p. 19.

51. Melanie Howard, "Social Networking: An Old Process in a New Form," *Market Leader*, no. 44 (Quarter 2, 2009), pp. 66–68.

第5篇

小组沟通策略

第13章　管理会议和团队

第14章　发表正式演讲

第13章　管理会议和团队

> 群体思维导致"软弱和迟疑的决定,或者更准确地说,导致犹豫不决。当你把最英勇的战士、最无畏的飞行员或最大胆的战士一起叫到办公桌前时,你得到的是什么?得到的是他们全部的恐惧"。
>
> ——温斯顿·丘吉尔,第二次世界大战期间对会议的描述

会议是一个重要的组织沟通过程,在协调工作职责方面非常有用。事实上,90%的美国公司和100%的《财富》500强公司都使用某种形式的小组结构,他们的这种需要取决于任务的复杂性和互相依存性,因为在当今的组织中一个人很难有足够的决策和解决问题的知识。当代的监管环境显示了这种依存性和高成本决策。政府对行业的运作方式和内容的规定经常要求律师、行业关系管理者、税收专家、会计和政府专家在决策前进行讨论。

从更广的角度很容易看出,为什么在后现代商业环境中采用团队作为一个关键的人事结构。正如第1章讨论的,当今的工作场所节奏很快。传统的等级管理已被灵活、合作和具有使命感的管理者代替,他们期待下属和同事全身心投入手头的任务或项目。

管理团队和团队工作所需的会议需要特殊技巧。一个工作小组被贴上团队的标签,并不意味着该小组能够自动作为一个团队运作。作为团队的领导,你必须使用各种不同的沟通策略将团队的效率最大化。本章描述这些关键的战略考虑。但是首先,我们先简单回顾一下会议和团队的职责范围。

会议的职能包括发布信息、了解事实、解决问题、决策和协调等。会议分为团队会议、员工会议、营销会议、委员会会议、特别会议等,任何会议都有其目的,例如与会成员分享信息、获得主意、解决问题、协调努力、做出决定和建立工作关系等。员工坐在一起倾听管理者发布公告的聚会不是真正的会议。

管理者使用信息发布会议告诉员工重要的新决定或公司活动、回答问题,或者帮助他们了解如何完成所要求的任务。其根本目的是传达公司理念,并让员工接受。如果这类会议能让员工审视和阐明公司利益,并将其与个人利益结合在一起,那么会议就成功了。

管理者召集了解事实会议的目的是利用若干员工的技术专长，获得用于计划和决策的事实。例如，一位销售经理可能召集所有的销售代表了解业务条件、竞争、顾客需求和投诉等信息。一位在某一具体操作中遇到问题的生产经理可能召集懂得某一情况的所有关键人物。

在解决问题和决策的会议中，团队成员发挥各自的特殊专长，目的是形成解决问题的办法。这种会议不仅仅是了解事实，还要确定具体事项、讨论备用行动的可能得失。

在协调会议中，各个项目团队互通各自的进展，并计划共同努力的每一步。不管目的如何，会议是一种管理方法；然而，管理者必须谨慎使用会议，将利益最大化，将成本最小化。

这里举一个会议实现既定目标的突出例子，即2005年9月飓风卡特琳娜造成灾难性破坏后由得克萨斯州休斯敦市市长比尔·怀特领导的卡特琳娜工作组会议。每天早上，他主持由社区领导、公司执行官、教堂领袖、紧急服务职员和部分官员组成的会议，讨论如何为从新奥尔良和其他墨西哥湾岸区逃到休斯敦寻找庇护所的数以千计的被疏散者提供服务。四十人围坐在一个大房间里的一张长桌边，另外几十人围坐在后面。怀特市长拒绝长篇大论和哗众取宠，相反，他要求与会者提出问题，帮助形成应对计划。由于怀特市长在应对危机时使用了有效的方法，既确保了对被疏散者的人道主义援助，又维持了该市的正常运作，所以，2005年11月休斯敦市民再度选举比尔·怀特担任市长，支持率高达91%。[1]

13.1 团队工作的优缺点

不管是参加一个团队还是领导一个团队，管理者都应该清楚团队工作的优缺点。

13.1.1 团队的优点

团队的优点之一是群体决策可能比个人决策质量更高。但是，在使用团队之前，你应该分析问题的性质。团队会更好地解决没有单一解决办法的问题或解决办法很难客观验证的问题。[2]这些问题要求非程序化的决定。非程序化的决定是不常见情况的结果，这些情况需要创造力、洞察力以及共享对问题的看法和观点。[3]群体尤其是异质群体，能带来更多不同的信息和更广泛的选择办法。

团队的第二个优点是当团队成员有机会参与讨论时，他们更有可能对所展示的信息或所做的决定承担义务。换言之，他们成为决策的"主人"。55年前柯赫和弗伦齐进行了一项经典研究，调查工人对工作中技术变化的抵制。当工人参与实施变革的讨论时，抵制明显低于不让工人参与的情况。[4]每个参与讨论的工人都增加了对结果的拥有感和对解决办法或项目工作的责任感。

最近一项对员工留职因素的研究也得出类似结果。当被问及什么改进措施能给公司留住员工的能力带来最大变化时，42%的受访执行官选择"赋予工人参与决策的权利"，相反，只有6%的受访者选择"更有吸引力的补偿计划"作为降低员工跳槽的有效工具。

会议的另一个优点是降低沟通问题出现的概率。当一组人同时听到同样的信息时，曲解的可能性降低了。参与者的提问能够澄清信息，每个参与者有机会听到答案和提出更多问题。反馈增加了，作为沟通障碍的时间相应缩短了。

一个老故事显示团队工作的另一个好处。有个人在乡间开车时迷路了。当他想看地图时，汽车偏离了道路,开到了壕沟里。虽然他没有受伤,但汽车却陷进了泥里,因此,这个人走到附近的农庄寻求帮助。

"沃里克可以帮你把车从壕沟里拉出来",农夫指着田里的一头老骡子说。那男人迟疑地看着憔悴的骡子,但他想他并不会吃什么亏。两个人和沃里克来到了壕沟处。

农夫把骡子拴到了汽车上,他一边扬鞭一边吆喝:"拉啊,弗雷德!拉啊,杰克!拉啊,泰德!拉啊,沃里克!"骡子不费什么力气就把汽车从壕沟里拉出来了。那男人很惊奇,他向农夫道谢,拍着骡子问道:"为什么你在叫沃里克之前要叫那么多名字呢?"

农夫咧嘴笑道:"老沃里克几乎全瞎了。只要它相信自己是团队的一分子,他就不介意拉车。"

13.1.2 团队的缺点

我们已经看到,团队工作可以改善质量、生产率、创造力、忠诚度和献身精神,甚至是留职率。但团队有消极的一面。当理查德·霍尔写下"花在会议上的时间不是花在其他活动上的时间"时,他将问题陈述得很清楚。[7]虽然就参与者的基本工资而言,会议的每小时成本已经很高,但是,为了确定会议的真正成本,人们还必须加上工资税、额外福利和间接费用等。为确定会议的真正成本,参与者的基本工资很可能需要翻一番。会议成本经常不受关注,原因是会议并非预算性项目。会议是可以阻碍或促进工作群体效率的隐形成本。

除了成本高之外,团队可能做出质量低劣的决策。强求一致的压力、不成熟的决策、隐秘的议程、广泛的冲突、捣乱和主宰的个人、缺乏计划、领导不力等很容易降低会议的效率。[8]本章稍后将详细讨论这些因素和相应的管理技巧。

会议的一个普遍缺点是经常被滥用。组织经常形成"会议"的管理风格。管理层每件小事都得开会。一般而言,对那些通过已确立的程序即可解决的日常决策或重复程序决策不需要开会。遗憾的是,只是因为"我们这个时间总是开会"而使会议开得太频繁了。滥用会议可能令员工觉得开会是件令人讨厌的事,所以他们会逃避开会。因此,员工可能错过真正重要的会议或不能区分关键会议和无用会议。

另一个问题是,如果没有要求与会者在会前收集事实,会上进行决策或提供信息,那么开会可能是浪费时间。管理者必须分析每个会议,从而确定是否需要开会。还有另一个毫无价值的会议模式,那就是管理者向小组汇报最新事件或展示一个进展报告,而没有提供提问或互动的机会。显然,通过备忘录或电子邮件分享信息也许比开会更有效率。

13.1.3 群体思维

欧文·贾尼斯在进行了广泛的分析后,写了《群体思维的受害者》(*Victims of Groupthink*)一书。[9]群体思维是群体取得一致意见的趋势,而这仅仅是因为群体以总体朝着某一特定方向发展,群体成员感到有义务继续沿着同一思路前进。虽然群体可能正在追求一个错误的结论,但是群体还是没有改变方向,因为害怕冒犯某个群体成员。这是内聚性的一个极端形式,在群体具有高度的团队精神、期盼达成共识或和谐时尤其可能发生。

群体思维可能带来灾难性后果,因此显得特别重要。有人说,挑战者号航天飞机的灾难就是群体思维的后果[10],还有其他很多灾难都不同程度地归咎于群体思维。[11]

基于贾尼斯的概念,卑尔根和克尔克描述了管理者应该留心的群体思维症状[12]:
(1) 幻想群体的每个人都拥有相同观点,强调团队配合。
(2) 相信群体不可能犯错误。
(3) 相信应该避免分歧,不要质问错误假设,为了群体和谐应该压抑个人疑问。
(4) 倾向于彼此安慰,忽视或至少不重视这样的警示:人人同意的计划行不通或很难成功。
(5) 倾向于将压力引向任何对群体共识提出强烈挑战的持不同意见者。
(6) 盲目乐观,促使成员过度冒险。

在决策会议中,有效的管理者应该提防群体思维症状,并采取恰当的行动。或者更准确地说,他应该采取行动确保不会形成群体思维。下面三项行动有助于避免群体思维的倾向。

(1) 不要太早决定。在分析问题过程中,不要过早承诺或过早锁定一个位置。如果管理者开始讨论时这么说:"这是我的看法"或"这是最好的解决办法……但我想听听你们的意见",他很可能阻碍了开诚布公的讨论,促成过早形成一致意见。

(2) 欢迎批评。这说起来容易但做起来难。人很自然地会为自己的观点辩护,但是聪明的管理者将鼓励员工"反击"。对一个主意的批评不应该被当作对另一个人自我价值的批评。当批评不能在群体内部产生时,也许可以从一个不太受地位和从众压力影响的局外人处获得。

(3) 使用"唱反调"的人(或"魔鬼代言人")。如果群体的某个成员被要求对其他人表达的观点提出不同意见,那么这将确保有不同选择。当群体的其他成员知道持不同意见者是在扮演"唱反调"角色时,这一程序效果最好。否则,他们可能会认为这是个应该被忽视的煽动者。另外,同一个人不能在每次会议中都故意唱反调,不断提出对立观点会给这个人压力,也可能给这个人的形象带来负面影响。

13.2 会议的战略考虑

我们已经看到,会议有优点和缺点,而群体思维又增加其复杂性。表13-1列出七个战略考虑,为管理者在考虑各种可能性时提供帮助。

表13-1 会议的战略考虑

1. 我们应该开会吗
2. 谁应该参加
3. 会前安排
4. 领导风格
5. 决策形式
6. 处理干扰
7. 跟进行动

13.2.1 战略考虑一:我们应该开会吗

开会的理由有好有坏。正如我们所看到的,最好的理由是让每个人对一个复杂的问题或任务提出看法。开会的一个坏理由是向别人显示你有权力召集大家或成为关注的焦点。另一个坏理由是社交的或娱乐的——开会是逃离办公桌、与会计部的比尔一起讨论足球比赛，或被看到与一些有影响力的决策者在一起的机会。经常，一个非正式的群体谈话会比正式会议更好。处理前一种情况的一个好方法是让参加会议的每个人都站着。[13]这一策略确保了大家的参与、对会议目的的关注和会议的简短性。

13.2.2　战略考虑二：谁应该参加

一旦你决定召开会议，你需要选择会议的参与者。需要考虑的因素包括：(1) 邀请多少人；(2) 这些与会者将代表谁；(3) 与会者在会议中的功能；(4) 他们的团队能力。

第一，选择便于管理的群体规模。记住，规模扩大会限制个体参与沟通的程度。研究显示，随着小组的扩大，沟通变得扭曲，成员间压力增加。然而，群体规模的缩小也会丧失作用，因为小的群体可能只进行表面讨论，回避有分歧的话题。

但理想的规模是多大呢？菲利对工作群体进行了广泛的研究，他相信最佳规模是5人左右。但是如果问题更复杂，那么相对大一些的群体（12—13人）已证明更有效。另一方面，小的群体经常更快、更有建设性。通常，群体越大，个体参与的倾向性越小。

有时候，也许没办法将群体人数限制在5—7个成员，在这种情况下，管理者可以将大群体细分成小群体。决策的改进和信息更准确分享可以证明，协调几个群体所花的时间和精力是值得的。

第二，选择成员时需记住的最重要的一点是：团队应该反映问题所影响的组织的成员。例如，如果关注的是一个部门问题，那么应该包括该部门的成员。如果问题涉及两个部门，那么团队成员显然应该从两个部门抽取。如果可能，成员还应该包括权威人士，这些人将从时间、人事和财政资源等方面执行所采取的行动。但是，在选择群体成员时，会议议题的显著性应该比组织地位更重要。

第三，应考虑与会者在团队里的潜在作用。安排解决问题的会议时，应包括对问题的不同方面很熟悉的人，同时包括认真执行解决方案、确保决议实施的人。简而言之，对话题的兴趣是选择团队和工作小组成员的首要条件。

第四，考虑与会者的团队能力。对任务的了解不足以成为参加会议的资格。与他人共事的能力对于跨职能团队和虚拟团队也许更是一个关注点，因为这两者均涉及特殊的沟通挑战。如果团队成员太被动、太老练或太拘谨，就不能以令人满意的方式与他人合作。他们害怕疏远彼此。[15]另一方面，团队成员可能太激情澎湃、太顽固不化或太咄咄逼人。在团队环境中，他们可能不能合作或让步。显然，群体必须具备在团队中工作和解决问题所需的技巧。[16]

如果管理者难以找到具有团队能力的员工，那么需要进行培训。团队合作是一种可以习得的技巧，不是与生俱来的天赋。了解群体动力来自研究和实践。本书的第三篇（理解信息的策略）和第四篇（人际沟通策略）提供了参加会议所需的程序技巧，包括合作、倾听、给予建设性反馈、谈判、让步和其他冲突解决策略。

13.2.3　战略考虑三：会前安排

会前安排分为三类：准备会议议程和其他合适的材料、将物质环境最大化和决定座位安排。

材料

在考虑会议材料时,首先想到的可能就是议程。议程不仅仅是列出会议话题的清单,还是会议运作的蓝本或工作文件。俗话说:"有计划就能完成。"因此,议程值得管理者特别关注。详细的计划已经是成功的一半。然而,会议一定要按照议程进行。当别人试图在会议期间引入新因素时,请参考书面议程。[17]

不管是哪种会议,议程都需要表明:什么、为什么、什么时候和谁。管理者经常省略会议的一个或几个因素,但是每一个因素都非常重要。例如,如果议程的每个话题的时间框架都包括在内,那么会议就不太可能开得很长,而更有可能处理所有话题。如果每个话题的预期结果非常具体,那么与会者更有可能达成既定目标。图13-1 显示了一个议程模板。

备忘录			
日期: 收件人: 发件人: 主题:会议通知和议程			
日期: 开始时间:　　　　　　　　　　结束时间: 地点: 议程:			
话题	时间	领导	预期结果
A B C D E			

图13-1　会议公告和议程模板

什么　人们首先需要知道会议是关于什么的,即讨论的话题,这样他们才可能确切知道将要讨论什么。议程要把这一点说清楚。例如,"维护"不如"紧急发电机的维护状况"表达得完整。一个更完整的描述使与会者能够收集特殊信息或准备与讨论有关的问题。

每个人都知道议程很重要,但是半数的业务会议没有议程。也许制定议程所花的额外精力似乎不值得,或者是没有议程仅仅反映出没有计划。也可能在许多公司中,议程通常都不会出现在日常活动中。如果是两三个员工聚在一起的小型非正式会议或只关注一个话题的讨论,可以不需要议程。但是,有些管理者认为小型会议从不需要议程。议程需要计划的时间——这是效率低下的管理者很少拥有的一种资产。很多管理者宁愿花更多时间召开效果很差的会议也不愿花时间制订计划。很多情况下,管理者可能期盼从成员中收集对议程内容的信息,在这种情况下,应该系统地进行,确保输入信息的有序性。几乎没有领导喜欢开会时出现意外。

为什么　参加会议的人需要知道每项议程的目标。这要描述清楚,以便与会者能够朝着这一目标努力。不能清楚说明小组讨论的目标会导致与会者焦虑和绕着弯说话。当人们不知道他们为什么参加会议时,他们会感到忧虑。

什么时候 确定时间包括几个战略因素。第一，一天中的什么时间对所有与会者都是最佳的？快速浏览一下组织的日程，如果还有很多其他活动需要关注，那么早上一开始就开会不好；而午饭后人们则很难保持清醒。

第二，会议应持续多久？如果会议日程没有留出足够的时间，那么关键问题只会泛泛而谈。但是记住，人们高度珍惜时间，痛恨浪费时间或滥用时间。一定要在会议通知上列出会议的开始和结束时间，使与会者能够计划一天的工作。

虽然不可能订出一个适用于所有会议的标准时间限制，但是对会议长度可以有一些基本原则。最有效的会议不超过一个半小时，超过这个时间长度，人们就需要休息、喝咖啡和呼吸新鲜空气。单一目标的简短会议可以定在一小时以内，这应该是管理者想要的时间长度。另外，还可以给每项议程定个时间限制。但会议经常开得没完没了，原因就是没有人确定明确的时间参数。

"什么时候"还适用于发出议程的合适时间。如果议程在最后一分钟才到达，那么议程和任何支持性材料的目的就丧失殆尽。但是材料也不能送得太早，否则与会者会忘记。经验法则是会议越长（相应地与会者所需的安排和准备就越长），议程和支持性材料所需的提前通知的时间越长。通常，与会者需要提前两到三天通知做好会议准备。

谁 通知与会者其他将要参加会议的人不仅仅是一种礼貌行为，这一信息使与会者能完成自身的受众分析。知道谁会参加，使与会者准备其他与会人员可能要求的材料和信息。

列出与会者也迫使会议管理者思考可能的群体动力（Group Dynamics）。例如，一个言语上占主导地位的人会不会试图控制整个群体？各种专长的正确组合是否到场？这些问题的答案将会影响会议的结果。

环境设施

一旦选择了与会者，派发了会议议程和支持性材料，以下问题就出现了：开会的最佳地点在哪里？应该考虑哪些设施安排？环境很重要。这里，几个简单的指导原则将促使会议开得富有成效：

- 使用桌椅的摆放可以满足群体需要的房间。
- 房间大小要和群体大小相匹配。在拥挤的房间里，所有成员挤在狭窄的桌子旁开会，这样会导致令人不快的交谈气氛，阻碍做出决策。封闭而不舒服的会议室经常会造成紧张情绪，而紧张是冲突的首要起因。然而，一个能容纳四十五人的房间对于一个五人群体来说会显得冷清和令人不安。
- 保证有舒适的椅子、通风和照明。但是，请记住：过分柔软、舒适的椅子会影响注意力的集中，甚至会拖延会议。
- 如果需要视觉辅助，确保有足够的空间。如果你知道将使用设备、书写材料等，确保这些都准备好。心中要想着受众。因此，如果与会者彼此不认识，提供位置卡可能会有帮助。
- 最重要的，应安排在会议室而不是会议领导的办公室开会，创造这种环境的原因是，强调与会者是为了特定的目的、在特定的时间、在中立的场所开会。所创造的氛围紧急而严肃，有助于使会议不偏离主题。

座位安排

指定了会议的合适设备后,管理者应该考虑使用几种可能的座位安排中的哪一种。根据不同的情况,可以有一种以上的安排。然而,有几种安排应该避免。第一种是避免使用狭窄的长桌,这会使与会者几乎看不到彼此。目光接触可以用来获取注意和控制某个与会者。因此,这种座位安排使领导无法使用所有的非言语技巧。

第二种要避免的安排是将与会者分成不同的派别。例如,如果两个群体是自然对立的,不应该安排他们对着坐。相反地,要把两个敌对的与会者分开或安排在不能轻易看到对方的位置上。

有几种座位安排能使会议开得富有成效:领导坐在桌子的一头、圆桌、围成圆圈或 U 形。[18]当领导坐在桌子的一头时,他更容易控制会议,因为所有的沟通都倾向于流向桌子的一头。然而,当与会者多于六七人时,这种安排就失去了有效性。随着群体的扩大,私下讨论将会增加,目光接触很难保持。

当会议规模变大,达到 10—12 人时,建议用 U 形安排。管理者坐在 U 形中间,可以与所有与会者保持目光接触;同时,群体的私下沟通也不太可能。U 形安排的一个变形就是椭圆形桌子。例如,美国总统与内阁(最高官员)开会时,每个人都坐在椭圆形桌子旁,总统坐在中间,正好与副总统相对。其他成员按照优先级别就座,职位越高的人坐得离桌子中心越近。

与其他安排相比,使用圆桌或圆圈安排的管理者对群体的控制较少,因为管理者的主导地位没那么强,与会者倾向于对着彼此而不是对着领导说话。从某种意义上说,一张桌子就是一条沟通线,因为桌子的外形决定了沟通的流向。因此,想寻求真正参与的决策形式或想尽量减少地位差别时,圆桌是最佳选择。图 13-2 显示了不同的座位安排。

图 13-2　座位安排

回顾起来,有三种主要的会前安排需要分析,包括准备什么材料、使用什么环境布置和如何安排座位。这些因素不能保证会议有效,但是对这些方面的战略分析将会增加会议的有效性。

13.2.4　战略考虑四:领导风格

组织所面临的问题千差万别、纷繁复杂,没有哪种领导风格可以适用于所有情况。因此,领导者应该有灵活性,要分析具体情况以确定适合不同情况的领导风格。

在分析不同情况以确定最有效的风格时,管理者需要考虑三个因素:群体、会议的目标和管理者个人感到最舒服的领导行为类型。[19]图 13-3 显示这三个因素如何运作。

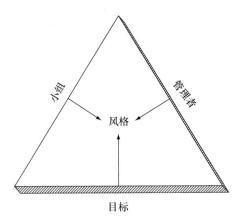

图 13-3 确定领导风格

每个群体各不相同,但都需要一位有着一定人际关系导向的领导者,因此,严格控制通常是不合适的。当小组很成熟并知道话题时,需要的控制就少一些;而一个新的不成熟的群体则需要一位能提供更多控制和方向的领导者。

常规或结构化的会议可能需要更多的领导控制和任务导向;但是,解决抽象问题或需要有创造性解决方法时,可能需要更民主、更自由的方法。一个高度情绪化的任务需要更少控制,而对于非敏感目标,可能最好多一些控制。

最后,管理者应该清楚什么领导行为类型让自己感到最舒服。这种意识能帮助管理者监控自己的行为并保持行为的灵活性,而不是重复使用同一行为。增加自己的管理工具储备是当今飞速发展和日新月异的工作环境对管理者的一个要求。

领导项目团队

管理项目团队要求特殊的领导技巧,其中之一就是选择能够自由而诚恳沟通信息的团队成员。客观评估项目团队成员的一个非传统工具就是社会网络分析(Social Network Analysis, SNA)。社会网络分析从调查开始,了解受访者向谁寻求建议或信息,最常与谁联系,组织中谁是他们最宝贵的联系人等。

将调查结果进行分析并设计出揭示员工社会网络和联系的"社交图"。从这些社交图中,项目领导就能确定"向心性"的人。向心性是根据一个人在社交网络中的位置衡量其相对重要性的工具。因此,当选择项目团队或分析功能异常的团队时,管理者应该考虑个体是否具有很高的向心性。这些人在团队和组织中控制信息流和合作,填补潜在的沟通鸿沟。

使用社会网络分析方法评估项目团队的一位经理是 XO 通信公司的 IT 运作部副总裁史蒂夫·兰德尔(Steve Randle)。XO 通信公司总部设在弗吉尼亚,是美国企业和政府的最大通信服务供应商之一。兰德尔报告说,"有高向心性员工的团队将能够在组织内部得到所需的资源,更乐意与需要参与项目的其他群体及时分享信息。只要计划更周密,我就可以预期得到更好的结果"[20]。

下面是一些可以帮助管理者将项目团队效率最大化的其他策略:

- **做一个促进者**。管理团队是激励成员做到最好,而不是对成员进行监控。确定了团队的目标和责任后,还应该避免微观管理的倾向。

- **支持团队**。提供资源、进行干预和解决内部冲突,为他们提供所有需要的信息,更重要的是,鼓励他们彼此信任。记住,人们不能在真空中工作。
- **委任**。管理者有时不愿承认自己没有能力包揽一切。管理者不要试图管理一个会议或项目的所有方面,相反,应该信任员工,委任他们去执行任务。这也会让员工尊敬领导者,同时保持团队士气。
- **寻求多样性**。正如第10章讨论的,与同质群体相比,异质群体经历更多冲突,但经常产生更优质的结果。合作、灵活性、对不熟悉观点和工作风格保持开放等因素都很重要,必须加以强调。[21]

13.2.5 战略考虑五:决策形式

分析任务、群体和个人偏好,这有助于确定适合会议的决策形式。一个正式计划是必不可少的。不要掉入这样的陷阱:以为与会者聚在一起并知道会议目的,一切就自动到位。经验和研究表明,当管理者不能使用组织形式时,成员的讨论和决策尝试是随意和无组织的。[22]

下面是会议的三种方法。每一种是否适宜取决于会议的目标、与会者和领导。

理性的解决问题过程

1910年,约翰·杜威(John Dewey)描述了理性的人解决问题的步骤。[23]绝大多数人将这称为解决问题的六个阶段:(1)定义问题;(2)分析问题;(3)头脑风暴可能的解决方法;(4)确定解决问题必须达到的标准;(5)选择最佳解决方法;(6)实施解决方法。这一过程在第10章中作为优秀冲突解决策略介绍过。

在会议中使用这一过程时,循序渐进的方法非常关键。人们倾向于在确切定义问题前就开始讨论解决方法,甚至是实施解决方法。然而,在寻求解决方法之前让每个人都同意正在讨论的问题非常关键。这样做的方法之一就是将问题写在活动挂板上,让每个人都看得到。同样的方法可以运用于每个步骤,确保会议的进展和关注焦点。

对问题的定义和范围取得一致后,群体应该花时间全面分析问题。你可能再次碰到抵触,尤其是成员对问题非常熟悉时。然而,探讨问题的原因、影响、程度和历史可能帮助群体避免达成只针对问题症状而不是根本原因的解决方法。

第三个步骤头脑风暴可能的解决方法,在众多商业著作中受到了广泛的关注。亚历山大·奥斯本(Alexander Osborn)是一名广告经理人,是他率先将头脑风暴描述为促进决策产生的一个特殊技巧。[24]

头脑风暴的目的是激发新想法,而不是评估或分析这些主意。如果能够坚持下面三个原则,群体就能成功地集思广益,产生尽可能多的主意:

- 不管质量好坏,所有人可以自由表达主意。所有主意,不管多么不寻常,都要记录。
- 在表达完所有主意之前,不允许批评所产生的任何主意。
- 鼓励对原先表达的主意进行详细说明和综合。头脑风暴的主要优点在于一个主意又会创造另一个主意。虽然优质主意相对于总数的比率并不高,但是解决方法经常只需要一个创造性主意。

在头脑风暴指令下，工作时间较长的群体通常比个人能激发出更多的主意。绝大多数的群体不断提出新主意，而个人单独思考时越到后面能提出的主意越少。[25]

第四个步骤也很重要。群体必须理解和尊重一个"良好的"解决方法所要求的标准。上层管理者有时会将这些标准强加给群体。其他时候，决策团队可能形成自己的标准。典型的标准是：一个解决方法必须是有成本效益的、合法的、及时的、切合实际的，并与组织使命或价值观相一致的。

在第五个步骤，理性决策过程中，选择最佳解决方法是自动的，只需将标准和头脑风暴得来的解决方法进行比较，就能得出最佳解决方法。第三个步骤的主意如果符合第四个步骤的标准，就是最佳解决方法。遵循这一过程，可以使群体避免选择权威人士或主宰讨论的人喜欢的解决方法。毕竟，最佳解决方法是通过理性选择出来的。

作为最后一个步骤，群体应考虑如何实施解决方法。当今的商业环境强调持续的质量改进，所以，监控新解决方法运行情况的体系一定要到位，这一点很重要。监控体系可以监测到实施过程的弱点和缺点，以避免造成重大破坏，从而避免抹杀团队的成绩。

商业活动中广泛使用的另外两种决策形式是以杜威的经典过程为基础的，它们分别是提名小组技巧（或名目群体法、名目团体法）和德尔菲技巧。

提名小组技巧

使用提名小组技巧（Nominal Group Technique，NGT）时，会议领导指示每个与会者列出与讨论的问题和解决方法相关的优缺点。在预定时间后，与会者出示他们的优缺点列表，这些列表都被张贴出来，每个人都可以看到。接着成员被再次要求独立工作，从高到低排出这些优缺点。完成这一步后，编出一个主列表。与会者可以根据主列表中的信息讨论议题。当群体遵循这一程序时，他们产生了小组讨论的基础，这一基础反映了所有与会者独立工作时产生的观点。

提名小组技巧有几个优点，管理者在计划会议时应予以考虑。其中一点就是所有与会者可以表达他们的观点而不用害怕权力更大或声音更响的小组成员。这一程序还可以确保遵循理性解决问题的每一步骤。最后，可以节省时间，因为与会者可以在会前产生初始列表。提名小组技巧因此结合了小组与个人创造性的优点。[26]

德尔菲技巧

德尔菲技巧（Delphi Technique）是一种与典型会议有很大差异的独特的小组解决问题的过程。典型的互动会议或提名小组技巧都要求群体成员的物理空间临近性（Physical Proximity），与这两者不同的是，德尔菲技巧不要求参与者见面。当团队成员由于在地理上很分散或者他们的日程安排排除了共同的会议时间时，这一技巧就很有用处。德尔菲技巧通常用于专家特别会议和只在网络上见面的虚拟团队。

德尔菲技巧使用一份征集参与者对某一话题的专家观点的初始问卷。收集了这些观点之后，所有成员收到列有其他人意见的第二份问卷，并被要求根据几个具体标准对这些观点进行评估。紧接着是第三份问卷，汇报第二轮的评价结果、平均评价和任何共识。这时，参与者被要求根据平均评价或共识修改他们原先的评价。最后一轮问卷包括了所有评价、共识和遗留问题。

德尔菲技巧的优点是不需要物理空间临近性,避免群体决策的一些可能缺点。声音最大或地位最高的人没有机会控制群体,因为每个人的观点都被收集。另外,协调者可以保证决策过程没有遗漏关键步骤或忽视重要观点。

范德芬和迪贝克在一个研究中证实提名小组技巧和德尔菲技巧的价值。[27]他们比较了通过普通小组讨论、提名小组技巧和德尔菲技巧等达成的群体决策的有效性,还比较了参与者对这三种技巧的满意度。他们的结论是,使用提名小组技巧和德尔菲技巧达成的决策质量比使用普通小组讨论满意度更高,尽管如此,参与者还是喜欢普通的讨论技巧。这一偏好对管理者意义重大。管理者应该考虑决策形式,使群体的效率最大化。

13.2.6 战略考虑六:处理干扰

最令人生气的行为之一就是某一团队成员不断扰乱信息传递。这个人也许对群体动力不熟悉或是带着与规定议程冲突的隐匿议程(即私人目标)来参加会议。捣乱行为可能包括不断扮演小丑、主宰谈话、试图改变谈话方向或对别人横加指责等。这些捣乱行为需要得到解决,否则团队成员关系会迅速恶化。

会议前

管理者可以从预防的角度将干扰最小化。约翰·琼斯(John Jones)提出了七个战术,如果管理者相信某个人将在会议上捣乱,他就可以提前使用这些战术[28]:

(1)会议前,要求干扰者合作。
(2)会上给这个人一个特殊任务或角色,如张贴别人的观点等。
(3)会前(可能与一个第三方协调人一起)找出你们的差异,以便和所有其他成员形成统一战线。
(4)将对会议过程的频繁讨论包括在会议中。
(5)将主宰者的项目从议程中去掉。
(6)警告这个人捣乱的后果。例如,告诉他:"我已经知道有几个人对你很生气,打算在会上反对你。"
(7)组织同盟支持你对付捣乱行为。

会议中

尽管最好的方法是预防,但管理者仍需要有在会议过程中控制捣乱行为的选择余地。下面是一些策略:

(1)在处理情绪化谈话时,确保一次只有一个人说话。在允许别人说话之前,应先开宗明义,并保证每个人轮流发言。一个事半功倍的技巧就是转向议程的下一个项目,当情绪冷静下来后,这个人可以接着说。[29]你也可以站起来,走到活动挂板旁边或随意站在有关各方旁边。这将以非言语方式帮助控制局面。

(2)当与会者对讨论不投入时,就出现了不太明显的捣乱行为。解决方法之一就是运用前面提到的德尔菲技巧确保与会者的投入。当与会者在会前需要时间准备具体问题的答案时,在会上可要求他们提供答案。

（3）另一个选择是讨论敏感问题时,让与会者在便笺上写下答案,以书面形式匿名向你提交这些反馈,然后你把这些反馈读给群体听。因此,与会者有机会以"安全的"方式表达观点。

（4）在会议过程中不断提问,以帮助与会者持续投入。当问题措辞正确并挑选合适的观众时,可以形成参与的气氛。当问题是开放式的、简短、不带偏见、容易理解并与话题直接相关时,最有可能激发参与。

管理者在提问时要考虑四种可能选择。[30]当问一个一般性问题（Overhead Question）时,群体的任何人都可以回答。比较好的主意就是以一般性问题开始,并继续下去,直到被迫改变为止。某些个体主宰讨论或有人不参与讨论时则可能需要直接问题（Direct Question）,即直接提问某个人。直接提问时,要保持平衡,不要不停地问一个人或所谓的专家。

反向问题（Reversed Question）原先是群体成员所提的问题,领导者接着将问题指向提问者,请他自己回答。当与会者显然很想做出陈述但又不太肯定是否合适时就可以这么做。最后一个选择是接力问题（Relay Question）,即某个群体成员的提问被领导者接力给群体:"玛丽提的问题很有趣。她的问题有什么好答案吗?"接力问题使你有机会保持所有群体成员间的沟通持续进行。

13.2.7　战略考虑七:跟进行动

在会议结束时,重新分析目标以确保这些目标已经达到,做一些适当的跟进安排,评估会议过程,以确定将来的会议是否可以改善和如何改善。确定目标是否达到的一个方法就是回顾理性的解决问题过程,保证遵循了每个步骤。如果群体定义了问题,审视了问题的各个备选方法,那么就可以假定原有目标已经达到。

确定目标是否达到的另一个简单方法就是用几句话写出决议或总结讨论内容。这一清晰的陈述使与会者能够进行回顾并确保理解无误。对所达成决议的总结将使任何个体的误解或不同意见表面化。

一个很好的主意就是在会议结束时指出存在的差异,这就承认了:不同意见并不总是不好的。另外,不同意见很可能对将来的讨论至关重要。会议结束时对差异的清晰理解应该使未来的会议进行得更加顺利,并有利于避免不必要的会议。

恰当的会后跟进也是团队管理的一个重要成分。在会议结束前,清楚地陈述每个成员下一步要采取的步骤;如有必要,宣布下一次会议的有关事项。一个很好的做法是,对达成的协议和与会者未来将要采取的行动进行书面确认。可以使用备忘录或电子邮件提醒大家会议的结果,同时还可以将相关情况告知其他感兴趣但没有参加会议的人。

书写跟进备忘录时要强调正面的内容,这样与会者就能看到自己的劳动成果。把跟进备忘录或电子邮件变成会议记录,可以确保跟进行动,并确定未来行动的责任。有些公司按一定标准跟进备忘录表格,如图13-4所示,可以使备忘录简短而准确。

```
会议主题 _____
发件人姓名 _____
会议地点 _____
出席者 _____
主要结论 _____
未来行动 _____
下次会议 _____
```

图 13-4　会议跟进备忘录

在会议中,发生的很多事情被永远丢失了。因此,管理者可能需要更详尽的会议记录。对于同一话题的未来会议,以会议记录作为开场白尤其有用。传统的会议应包括行动项目、决定和公开议题等会议总结。

- 行动项目。行动项目是分派给与会者完成的任务。必须记录任务、负责人、达成一致的任务完成日期。
- 决定。必须记录所有可能影响群体未来选择的决定。
- 公开议题。应该记录会上提出来但没有解决的新议题,以便在未来的会议中继续讨论。

会议记录必须记录议程中每一话题的这三项结果。此外,还应该记录该话题的所有重要观点。与会者很高兴将他们的观点以一种人人可见的方式展示出来。传统的会议记录通常分发给所有与会者。出于政治或公司文化的原因,管理者可能想汇总信息,将其分发给更多的人或张贴在内部网站上。

管理会议的最后一步就是评价会议本身,这是一个重要的自我发展活动。评估的一个极端形式就是对会议进行录像,然后逐步评估,这对于在相当长时间内定期开会的项目团队来说尤其值得。事实上,你的组织可能要求所有项目管理者在与新的专家团队开始新项目时都这样做。

图 13-5 的评估表介绍了可以用来评估会议的工具。

下面是一系列有关会议的陈述,圈出能最好描述你刚刚参加的会议的等级的数字。		
	（1）清晰定义了会议目标。	
非常同意	5　4　3　2　1	强烈不同意
	（2）使用了系统方法解决问题。	
非常同意	5　4　3　2　1	强烈不同意
	（3）所有参与者都投入会议。	
非常同意	5　4　3　2　1	强烈不同意
	（4）干扰得到有效处理。	
非常同意	5　4　3　2　1	强烈不同意
	（5）确立了会议的恰当形式。	
非常同意	5　4　3　2　1	强烈不同意
	（6）安排了恰当的会前细节(议程、房间等)。	
非常同意	5　4　3　2　1	强烈不同意
	（7）时间得到很好安排。	
非常同意	5　4　3　2　1	强烈不同意
	（8）不开会也可以达到确定目标。	
非常同意	5　4　3　2　1	强烈不同意
	（9）会议的目标已经达到。	
非常同意	5　4　3　2　1	强烈不同意

图 13-5　评估表

本章小结

团队是当今的一种普通人事结构,团队会议有优点也有缺点,缺点包括群体迷思等,管理者对此应该熟悉。为了有效使用会议,需要审视几种可能性。管理者面对的第一个也是最重要的考虑是已确定的目标。如果目标是程序化决定或承担义务不会带来特殊问题,那么也许不需要开会。

一旦开会的需要变得很明确,就需要着重考虑谁应该参加。选择与会人员的标准应该包括:邀请多少人、他们代表谁的利益、他们的知识和权威以及他们的团队能力。

接下来,管理者必须进行会前安排,包括四个方面:什么应该列入议程、什么样的附加材料应该附在议程上以及应该为会议做哪些环境安排(包括座位)。忽视任何一个问题都可能引起遗漏,降低会议的效率。

安排就绪后,管理者需要选择适合具体情境、群体和目标的领导风格。选择恰当的领导风格将有助于形式的选择。团队领导需要特殊技巧。

本章列出了会议的三种决策形式:理性解决问题的方法、提名小组技巧和德尔菲技巧(德尔菲技巧可用于虚拟会议或地域上很分散的群体成员)。这三种形式都有其内在的优点和不足。

不管选择了哪种形式,会议过程都可能出现干扰。但是,如果管理者采取预防措施,包括事前与潜在的干扰者谈话或为他们在会议期间安排特别任务等,那么干扰是可以预防的。一旦干扰发生,战略沟通可以用来控制局面。

最后,管理者作为会议领导,责任还应该包括会后跟进。这种跟进的形式可以是传统的会议记录、简短的备忘录或电子邮件,以及确保各种承诺得以落实。另外,会议的正式评估有助于确定未来的会议可以改进的方面。

小组讨论案例

案例13-1 区域关系

杰里·布莱尔是一家全国电子特许零售商店的地区经理。这个特许经营店在美国东部有两百多家商店。作为区域经理,布莱尔负责一个有八间商店的城区和该州的其余地方,那里另有六家商店。

区域经理是管理者即商店主人和波士顿公司办公室之间的联络员。区域经理的责任包括监控个体商店,以确保他们遵守特许协会的规定;处理管理者的抱怨;接受产品订单;介绍新产品和管理地区广告项目。

布莱尔已经在这个公司工作了七年。之前,他在获得市场营销学位后,在一家家庭娱乐零售店干了三年。

布莱尔负责协调该地区所有十四间商店的广告宣传活动。活动的一个主要部分包括商店的营业时间。传统的营业时间是从上午十点到晚上八点,星期一到星期六。全国办公室要求每周至少营业40小时。然而,最近有几个经理,尤其是市中心的那些经理,强烈要求改变营业时间,他们认为下午六点钟后,生意就很少了,所以要求提早关门。与此同时,郊区的商店想营业到更晚,因为晚上生意更多。然而,根据特许协议的规定,一个地区的所有商店应该维持同样的营业时间。

这个问题受到商店管理者越来越多的关注,也成了布莱尔访问时经常讨论的一个话题。现在,布莱尔决定召开一次所有经理的会议,以便使他能够系统分析商店营业时间的问题。

问题

1. 布莱尔应该在会议中使用哪一种领导风格?为什么?
2. 你会建议使用哪种会议形式?
3. 你预计这次会议会有什么特殊问题?
4. 哪些初步安排对这次会议尤其重要?
5. 你认为布莱尔开会是个好主意吗?还是他应该自己决定营业时间?

案例 13-2 不偏离会议主题

韦斯(Waith)制造公司的数据处理部正准备在新的麦迪逊工厂实施新的电脑生产信息系统。项目被分成两部分:一部分包括在新工厂安装新的电脑网络,开发新的数据程序;第二部分则是将工厂的网络挂到公司内联网上,这样,所有部门都能访问生产报告。

阿朗佐·门多萨是负责开发和实施该项目的系统分析员。珍妮特·德劳拉是门多萨手下在工厂这边工作的一个主要程序员。比尔·辛吉是负责内联网的另一个主要程序员。门多萨安排了与德劳拉和辛吉的一系列每周进展会议,以确保项目按计划进行,同时也可以让大家讨论关键问题。在项目按计划实施之前一个月,门多萨召开了一次特别会议,目的是确定最后的系统切换所需的一系列实际任务。会议期间,门多萨概括了整个项目最后一天还需完成的主要任务。

他接着等待德劳拉和辛吉提供信息。德劳拉开始说话,谈到了她负责部分刚刚出现的几个问题。门多萨打断了她,说那些问题将在定期的进展会议上讨论,因为这次会议的目的仅仅是确定最后的切换任务。德劳拉生气了,沉默了几分钟。辛吉提出,切换列表中要增加几个项目,并谈了头两个任务。他接着说,谈到的第二个任务使他想起了界面程序中的一个当前问题。这时,门多萨粗鲁地打断了他,并且说,这次会议只讨论切换任务。德劳拉和辛吉在会议的余下部分都没怎么说话。

问题

1. 你觉得应该做些什么让会议不偏离主题?
2. 门多萨本可以使用什么技巧来避免干扰主意的自由表达?
3. 德劳拉和辛吉本可以做什么来改善沟通?

尾注

1. Rick Casey, "The Katrina Coffee Klatch," *Houston Chronicle*, September 14, 2005. p. 1B
2. H. Simon, *The New Science of Management Decision* (New York: Harper and Row, 1960).

3. P. S. Goodman, E. Ravlin, and M. Schminke, "UndCrStanding Groups in Organizations," in *Research in Organizational Behavior*, vol. 9. eds. I. B. M. Staw and L. L. Cummings (Greenwich. CT: JAI Press, 1987), pp. 121 – 173.

4. Lester Coch and John R. P. French, lr., "Overcoming Resistance to Change," *Human Relations* 1, no. 4 (1948), pp. 512 – 532.

5. "Korn/Ferry International Executive Quiz," n. d., wwwekorn-ferry. com (April 9, 2006).

6. Adapted from James WQ Moore, *Some Folks Feel the Rain: Others Just Cet Wet* (Nashville, TN: Dimensions for Living, 1999).

7. Richard H. Hall, *Organizations*, 5th ed. (Englewood Cliffs, NJ: Prentice Hall, 1991), p. 180.

8. M. E. CiSt, E. A. Locks, and M. S. Taylor, "Organizational Behavior: Group Structure, Process, and Effectiveness," *Journal of Management* 13, no. 2 (1987), pp. 237 – 257.

9. I. L. Janis, *Victims of Groupthink* (Boston: Houghton Mifflin, 1972).

10. G. Moorhead, R. Ference, and C. P. Neck, "Group Decision Fiascoes Continue: Space Shuttle Challenger and a Revised Groupthink Framework," *Human Relations* 44, no. 4 (1991), pp. 539 – 550.

11. T. Hensley and G. Griffin, "Victims of Groupthink: The Kent State University Board of Trustees and the 1977 Gymnasium Controversy," *Journal of Conflict Resolution* 30, no. 4 (1986), pp. 497 – 531.

12. C. Von Bergen and R. J. Kirk, "Groupthink: When Too Many Heads Spoil the Decision," *Management Review*, March 1978, p. 46.

13. Robert Towensen, *Up the Organization* (Greenwich, CT: Fawcett, 1970), p. 171.

14. A. C. Filley, R. E. House, and S. Kerr, *Managerial Process and Organizational Behavioral*, 2d ed. (Glenview, IL: Scott Foresman & Company, 1976).

15. P. Slater, "Contrasting Correlates of Group Size," *Sociometry* 21, no. 1 (1958), pp. 129 – 139.

16. J. M. Levine and R. Moreland, "Progress in Small Group Research," *Annual Review of Psychology* 41 (1990), pp. 585 – 634.

17. K. G. Stoneman and A. M. Dickinson, "Individual Performance as a Function of Group Contingencies and Group Size," *Journal of Organizational Behavior Management* 10, no. 1 (1989), pp. 131 – 150.

18. J. R. Hackman and C. G. Morris, "Group Tasks, Group Interaction Process and Group Performance Effectiveness: A Review and Proposed Integration," in *Advances in Experimental Social Psychology*, vol. 8, ed. I. L. Berkowitz (New York: Academic Press. 1975), pp. 1 – 50.

19. N. Shawchuck, *Taking a Look at Your Leadership Style* (Downers Grove, IL: Organizational Research Press, 1978).

20. Brad Johnson, "Secrets of Successful IT Teams: Socially Connected Employees," *CIO*, May 9, 2008, www. cio. corn/article/print/354814 (retrieved June 5. 2008).

21. Liz Hughes, "Do's and Don'ts of Effective Team Leadership," *WIB, Magazine of the American Business Women's Association*, January-February 2004, p. 10.

22. David R. Weibold, "Making Meetings More Successful: Plans, Formats, and Procedures for

Group Problem-Solving," *Journal of Business Communication* 16, no. 3 (Summer 1979), p. 8.

23. John Dewey, *How We Think* (Boston: D. C. Heath, 1910).

24. Alexander F. Osborn, *Applied Imagination* (New York: Scribners, 1957).

25. Marvin E. Shaw, *Group Dynamics*, 3rd ed. (New York: McGraw-Hill, 1981), p. 57.

26. Andrè L. Delbecq, Andrew H. Van De Ven, and David H. Gustafson, *Group Techniques for Program Planning* (Glenview, IL: Scott, Foresman, 1975).

27. A. H. Van De Ven and A. L. Delbecq, "The Effectiveness of Nominal, Delphi, and Interacting Group Decision-Making Processes," *Academy of Management Journal* 17, no. 4 (December 1974), pp. 605 – 621.

28. John E. Jones, "Dealing with Disruptive Individuals in Meetings," *1980 Annual Handbook for Group Facilitators*, ed. J. William Pfeiffer and John E. Jones (San Diego: University Associates, 1980), p. 161.

29. D. J. Isenberg, "Group Polarization: A Critical Review and Meta-analysis," *Journal of Personality and Social Psychology* 50, no. 4 (1986), pp. 1141 – 1151.

30. Lawrence N. Loban, "Question: The Answer to Meeting Participation," *Supervision*, January 1972, pp. 11 – 13.

31. "3M Meeting Network: Articles and Advice," n. d., www. 3m. com/meetingnetwork/readingroom/meetingguide_minutes. html (June 12. 2006).

第 14 章 发表正式演讲

> 准备一个好的即兴演讲通常花费我三周以上时间。
>
> ——马克·吐温,美国幽默家和作家

当今的管理者发现,演讲技巧对于各种不同的情境都是非常重要的。他们随时可能需要发表产品报告、营销状况报告、说服上级管理层接受新产品设计的游说报告、财务报告、表彰节约成本运动优胜者的餐后演讲等。

有几个原因促使演讲能力变得日益重要。[1]第一,随着组织变得越来越复杂,管理者经常被要求发表建议和对众多的人做出解释。第二,产品和服务也变得越来越复杂。公众可能要求对它们的功能或设计做详细解释。

不管主题是什么,演讲是一种关键的沟通形式,通常是就某一重要主题对着一群决策者进行,这些决策者应该拥有及时和可以理解的信息,这一点非常必要。[2]为了使演讲有效,管理者需要了解必要的策略。为了有助于迎接这些挑战,本章描述了计划、组织和发表正式演讲的各个步骤。

14.1 计划演讲

开始思考演讲时,考虑演讲的目的、演讲时长和观众。

14.1.1 目的

计划有效演讲的第一步就是确定目的。商业演讲的目的通常是告知、说服或激发行动。有些演讲有多个目的。例如,当一位工程销售代表向客户的销售管理小组展示一个产品设计时,他想告知观众产品的技术特征,也希望该小组订购该产品。

在有些情况下,确切的目的很容易确定;但在其他情况下,由于演讲者和观众有两个不同的目标,所以目的可能不太清楚。例如,观众想知道新制造厂最有成本效益的位置,但是演讲者想让观众接受对经济发展有着特殊需要的某个位置,也就是说,观众想被告知,而演讲者想劝说。

小组内部的目的也可能不同。设想一个由五人构成的观众：一位副总裁、一位生产主管、一位财务经理、一位市场营销经理和一位人事经理。假设他们都在参加这样一个演讲，即比较三个月前在试验市场推出的两个产品的相对成功率。对每个观众而言，"相对成功"是什么呢？由于个人职责的不同，每个人会从不同的角度看待产品。市场营销经理可能会从市场份额考虑，财务经理可能只看成本因素。演讲者应该强调哪一类信息呢？

不同观众的权力和地位也会影响目的。开始时一位成员的观点可能与另一位成员不同，但是权力大的人会很快影响权力小的人。在前面的例子中，副总裁可能只是说，最重要的考虑因素是两个新产品所需的生产设备扩张问题。突然"相对成功"的定义又变了。尽管告知观众的目标没有变，但是满足这一目标所需的信息由观众决定。

确保目的清晰的最好方法就是写出目的陈述，这一举动不仅迫使你思考目的，而且书面陈述可以提交给同事或潜在观众，等他们做出反应。反馈可以帮助你清晰、准确地定义目的。图14-1将帮你写出目的陈述，仅需在空白处填写。

| 我想告诉你_____ |
| (内容) |
| 所以你将_____ |
| (目的) |

图14-1　你的演讲目的

一旦你清晰定义了目的，你就要考虑成本和时间，以确定合理的开支是多少。一个五分钟的演讲可能牵涉数百小时，花费数千美元，而另一个演讲则只需要最小的努力。与任何管理沟通一样，管理者必须做出战略决策。

14.1.2　演讲长度

有时候管理者别无选择，因为在会议期间给予他们的时间是固定的。在这种情况下，关键是不要超过规定时间。观众可能要听好几个这样的演讲，如果很多演讲者都超时，观众对违规者的建议将越来越不能接受。

即使演讲者对演讲的长度有一定选择，绝大多数人的演讲时间太长而不是太短。记住，人们的注意力很难保持20分钟以上。当演讲超过15分钟时，可以使用回顾、问题和图表等将其分成几个部分。历史上最振奋人心的公众演讲者之一、美国总统富兰克林·德拉诺·罗斯福建议，演讲时应该"真诚、简短和坐着。"

观众的理解并不一定能与演讲者的理解持续相同时间。一个演讲者能滔滔不绝地讲一个小时，这并不意味着其他人仍在倾听和理解。为了提高效率，观察观众的非言语和言语反馈，以便评估他们的理解。[3]这一反馈很可能显示，演讲最好简短。

14.1.3　观众分析

有效管理者在分析目的的同时，还开始分析观众。在任何沟通过程中，人们很自然地倾向于以自我为中心。一个口头演讲咨询小组注意到，管理者准备的信息经常不能告诉听众他们想听和需要听什么,相反,管理者只关注演讲者的兴趣。[4]

最成功的演讲是心中想着特定的观众,并根据观众的知识、态度和好恶组织演讲。很多演讲从技术上说做得很好,但却失败了,原因就是演讲者没有预计观众的反应。

尽管观众分析是"讲前"准备的一部分,但是演讲者还应该准备好现场分析。在演讲过程中,内容可能需要修改,以反映出预先无法得到的观众因素。例如,如果你发现一个需要特别信息的关键决策者在最后一分钟决定来参加演讲,那么你就得修改演讲内容。尽管如此,如果在演讲前对观众做了彻底分析,那么最后一分钟的修改应该很少。

本章后面提供的观众分析指导表有助于分析观众。一旦你回答了所有问题,让另一个人也回答一遍,比较一下答案也许有好处。当演讲非常关键而演讲者对观众又知之甚少时,这种反馈尤其关键。

比如说,如果你已经非常了解一个内部演讲的观众,那么彻底的分析就不必要。例如,一位每季度向银行董事会汇报的内部审计员可能不需要每季度做一次独立分析。然而,定期审视观众,可能会提醒演讲者观众所具有的某些特征。演讲者可能很容易忘记,各个董事的兴趣、技术知识或态度各不相同,因此,对观众的快速分析将帮助演讲者重新定位。

14.2 组织演讲

第二个步骤就是组织演讲。每个演讲都有引言、主体和结尾,这三个部分在下面分别进行描述。在很大程度上,你的目的和观众将决定你如何组织演讲。

14.2.1 引言

演讲最关键的部分就是引言。演讲应该以一个抓住观众注意力的陈述开始。

演讲者常以幽默或老生常谈的方式开始。由于传递的信息的严肃程度各异,这些经受时间考验的开场白也许并不全都合适。

尽管演讲常常以道歉开始,但是演讲者应该尽量不用。用"我知道你们不想来这里""我知道已经很晚了"或"我不是个很擅长演讲的人"开始演讲,并不能增强演讲者的可信度,反而可能影响观众对会议的感知。相反,要用有冲击力的肯定陈述开始演讲。赢得业界观众注意力的策略如下:

- 令人震惊的陈述。"如果我们的成本继续按照过去五年的速度增长,那么我们最便宜的衬衫也要150美元以上。今天,我将提出降低成本的四个策略……"
- 假设性陈述。"假如我们再也得不到生产XY115的银,将会发生什么?我将向你们展示该金属的一个可行替代品。"
- 某个历史事件或故事。"就在八年前的这个星期,我们购买了博尔丁(Bordin)分部,这是我们的第一次大收购。这个演讲将回顾我们的收购进展情况。"
- 设问。"2010年的通货膨胀率是多少?能源问题会不会继续?本演讲将概述我们需要市场预测计划的原因。"

- 提及某个当前事件。"2月19日星期二,米尔维尔(Millville)发生了化学火灾,5人丧生,15人受伤。为了避免在运作中发生这类灾难,我们需要增加安全培训的预算。"
- 引用。"国家卫生部长说'当今的头号健康问题是酗酒,每十个美国人中就有一个有饮酒问题。'这个严重问题是我们需要员工援助计划的众多原因之一。"
- 个人轶事。"前几天,一个长期客户告诉我,她之所以长期在我们这存钱是因为这里什么都没有变过。这使我想起我们在混乱的经济中保持稳定的名声,但我也开始思考,我们是否变得停滞不前了。"

不管选择哪种策略,演讲者的第一个目标就是形成富有活力和引人入胜的开场白[5],开场白的成功将会为余下的演讲定下基调。接下来,演讲者应该清楚说明目的——告知、说服、激发行动、激励、介绍、祝贺等。即使议程上或会议主持人已经揭示了演讲目的,但还是要在引言中重申目的,以避免混淆。

第7章对倾听的讨论显示,要长时间保持注意是很难的。告诉你的观众接下来是什么和为什么,你在鼓励他们做出努力。因此,引言的第三部分应该树立观众的倾听动机。演讲者解释观众将要听到的内容的重要性以及这些内容与他们的兴趣和需要如何相关。一个普遍错误就是只关注内容对演讲者的重要性。虽然像"我深切关注这一点"这样的陈述会增加演讲者的可信度,但并不总是能让观众关注。这时候,最好使用"你们"这个词,如"听了我的演讲后,你们将能够……"。关注给观众带来的好处是可以帮助建立演讲者的可信度,而演讲者可信度在劝说型演讲中尤其重要。

在有些情况下,给观众一些打岔的指示是适宜的。例如,你可以要求他们写下问题,在你讲完之后提问。但遗憾的是,在小会上,观众经常用问题打岔。重要的是,不要让观众控制你的演讲。另一方面,你可以要求与会成员做出反应,并在整个演讲过程中保持对话。有效的演讲者通常避免"我讲,你们听"的综合征,因为这种做法常常使听众丧失兴趣。

引言部分一个可选小节是建立听众对演讲者的信任。显然,如果观众对演讲者非常熟悉,这可以省略。然而,对于外部观众或新观众,重要的是让他们感知到,演讲者是该话题的专家。仅靠会议主持人来达到这一目标是有风险的。相反,在你的开场白中,你可以描述你所进行的研究、你对该话题的投入程度、你的职位头衔甚至是增强你的可信度的逸事等。

最后一个小节是预告你将要涉及的要点。预告主要观点将会使你的演讲结构清晰,帮助观众不偏离主题。你甚至可以列举要点,这样观众在倾听时就可以进行"倒读数"。这种预告是引言和演讲主体间的过渡。

表14-1总结了演讲引言的各部分:引起注意的开场白、目的陈述、激发倾听、关于问题/参与的基本原则、建立演讲者的可信度(可任选)、预告要点。接下来,我们将描述组织演讲主体的策略。

表14-1 引言的各部分

吸引注意力
陈述目的
激发倾听动机
打岔的指示(可任选)
演讲者可信度(可任选)
预告要点

14.2.2 劝说型演讲

前面已提到,演讲的目的可以是告知或劝说。应该根据目的组织演讲主体。本节展示劝说型演讲主体的组织结构。下一节涉及信息型演讲主体的组织结构。

豪厄尔(Howell)和博尔曼(Borman)讨论了三种模式,为劝说型情境提供了有意义的策略:解决问题模式(Problem-solving Pattern)、说明情况并证实模式(State-the-case-and-prove-it Approach)和心理渐进模式(Psychological-progressive Pattern)。[6]

第一种模式,解决问题,在讨论相对复杂的问题时尤其有效,尤其是当观众不知道大部分的事实或可能对信息有敌对情绪时。使用这一方法,演讲者带领观众经历一系列步骤,首先是对问题的定义,其次是对问题的探索(包括检查原因和影响),再次是列举和评估代表性解决方法,并在恰当时候推荐最佳解决方法。

使用这一计划的管理者必须对情况的所有方面充分准备。观众也许不熟悉问题、起因、潜在补救方法或目标以及合乎逻辑的解决方法。解决问题模式是商业演讲中最常见的论述模式。

劝说的第二种组织模式,说明情况并证实模式相对简单,包括通过支持性论述直截了当地形成中心议题。通常,每个支持性因素都由一个论点或主题句开始,紧接着是论证。典型的模式包括一个介绍,紧接着是主题陈述;接着每个支持性论点都有恰当的说明和支持。演讲以总结结束,重复命题。

解决问题模式是归纳的组织方法。说明情况并证实模式则是推理的,以一个普遍结论开始,然后加以证实。说明情况并证实模式适合于组织熟悉和经常讨论的话题。熟悉话题的观众不需要全面探讨话题。这一方法也用于法庭上辩护。

第三种组织策略,心理渐进模式包括五个步骤:(1) 唤起;(2) 不满;(3) 满足;(4) 形象;(5) 行动。使用这一模式时,管理者首先要使用恰当的方式吸引注意力,接着是展示问题的性质和紧迫性,如可以陈述立即引起观众关注的具体情境的困难、紧张局势或痛苦等。然后,演讲者将建议与问题联系在一起,所以决策观众能够理解,演讲者所提的建议是可行的解决方法。

通常,演讲者需要从理性和情感方面打动观众。因此,管理者应该帮助观众看清建议意见将如何补救等具体情况。基本上,心理渐进模式是口头演讲的一种解决问题方法,最适合于革新或引起变化的演讲。这是电视广告的典型结构。

一位城市管理者要求市议会增加 30 万美元预算用于购买除雪设备,这是一个心理渐进模式的显著例子。请求是在 6 月做出的,因为新预算从 7 月 1 日开始。

> 大家还记得今年 2 月我们因为街上的冰雪不得不取消市议会会议的事吗?不仅是我们取消了会议,我们有些人还不能去上班,孩子们不能上学,在有些情况下,就连购买食品都难。(唤起)

> 这不仅仅是不方便,更是一个潜在的危险情境。紧急救护可能成为问题。值得庆幸的是,当时没有发生紧急情况。再者,这种情况让公司员工丧失工作时间,使我们的城市看起来效率低下。我们的市政工程经理已经和我们共事 15 年,由于设备的短缺,他对这种情况无能为力,因此极度沮丧。(不满)

这个问题可以通过多购买4台扫雪机来解决,明尼阿波利斯的卡斯特制造厂给了我们特价,这家工厂有着20多年生产扫雪机的经验,他们还提供免费送货和所有水压系统的3年保修,对主要刀刃和所有配件提供8年保修。换句话说,这次购买将在长时间内满足我们的需求。

随着扫雪机的增加和除雪问题的解决,人们将认为市议会是有着长期计划远见和能力的群体,而不是只做出短期反应的群体。(满足和形象)

我请求你们在明年的预算中多批准30万美元,所以我们可以多购买4台扫雪机,这可以成为城市工作设备预算的一部分(行动)。这一行动将解决明年和今后很多年的除雪问题。

劝说的变量

正如前面的讨论所示,不同的劝说方法适合不同的场合或情况。然而,要使劝说真正有策略,你的努力和最终成功应该由几个变量进行调控。这些变量分为发起者、信息、接收者和语境(见图14-2)。[7]第2章讨论的洋葱模型为每个变量提供了背景信息。语境是洋葱模型的第一层,也就是最外层;发起者和接收者变量是洋葱模型的第二层,信息变量出现在第三层。

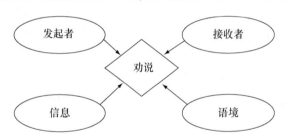

图14-2 劝说变量

与劝说信息的发起者相关的各个变量中,最重要的很可能是演讲者的可信度。发起者可信度包括能力和可靠性,教育、职业和经验,对证据的引用,以及所提倡的位置(换句话说,发起者要求多大程度的态度改变)。发起者是否受欢迎很可能影响劝说的成功性。此外,发起者与观众的相似度常常影响劝说的成功性。在某些研究中,甚至是身体魅力也被与说服力联系在一起。

几个信息变量可以促成劝说努力的成功。信息的顺序是一个变量。劝说者应该采用直接还是间接方法?研究显示,对敌对的观众,间接方法通常最好。另一个因素是在说明对观众的预期时应该直率还是含蓄?尽管绝大多数的研究显示直率通常是最好的,但是有些证据支持对非常睿智、受过教育或对主题非常熟悉的观众使用含蓄方法。

在接收者变量中,人们可能会考虑接收者的可说服性。有些人就是比别人容易被劝说。接收者容易被劝说是否有相关的个性特征?研究结果对这个问题的回答不一致。例如,有些研究显示,自尊与可说服性是正相关的,而其他研究则显示负相关。一种可能的解释是,某些个性特征产生了加强或阻碍劝说的效果。例如,聪慧的接收者会更好地理解劝说信息,但他们也能更好地看出信息中的弱点,提出抗辩。

接收者是否容易接受请求是个复杂的因素。成功的劝说演讲者会进行广泛的观众分析,计划以最有可能打动听众的方式提出请求。在选择演讲材料时,应该考虑观众的人口统计状况、知识水平和态度。例如,一位管理者劝说由工厂工人组成的观众接受新的生产过程时,应该强调该过程对工人的好处(如安全状况改善),而不应该是对公司的好处(如利润增加)。计时员工可能将管理层的专门术语"效率"理解为"下岗"或将"质量"理解为"更多工作"。

语境变量包括首因和近因效应(Primary and Recency Effects)、媒体和持续效应(Persistent Effects)。一般说来,劝说信息的顺序与成功无关,然而,有些证据显示,首因效应更可能在有趣、有争议和熟悉的话题中出现,因此,劝说敌对观众时,从最强烈的理由开始。而近因效应在相对无趣、无争议和不熟悉的话题中出现,所以,劝说移情观众时,慢慢过渡到最强烈的理由。

关于现在可用的各种媒体,研究显示,观众在面对面的情境中比信息通过电话或录像等媒体过滤时更容易被说服。唯一的例外是书面语言——观众倾向于相信自己在书里、电视上或互联网上读到的东西。但电子或视听媒体似乎是缓冲器。一个脱离实体的声音或电视图像可能具有戏剧效果,但是最有力的演讲者在展示个案时,更喜欢直接面对观众。这种现象有助于解释为什么政治候选人会花费大量的时间、金钱和精力四处访问,向选民演讲,而不仅仅借助媒体报道。

语境的最后一个变量是劝说信息的持续性。通常,劝说效果会随着时间减弱。因此,为了取得最好效果,发布劝说信息的时间应该尽可能靠近决策或行动的时刻。因此,政治家通常将广告预算的绝大部分放在选举前的一周。

尽管没有人能做出一个保证百分百成功的劝说计划,但是管理者在制定劝说策略时应考虑上述变量。如果你做到了这些,那么你会发现劝说的成功率将大大提高。

14.2.3 信息型演讲

我们已经看到,管理者通常使用前面几页所描述的方法来形成劝说型演讲的主体。但如果演讲的目的仅仅是描述或告知,该怎么办？在这些情况下,最好是以确定的顺序组织信息。要做到演讲清晰,就要求某一主题以一种方式而不是另一种方式陈述给听众,主题本身就能说明什么是最佳方式或安排。下面列出适合每个序列话题的一些可能安排和例子:

- 空间的或地理的:对我们新设施的布局描述。
- 政治和经济类别:针对不同社会群体的我们产品线的销售。
- 重要性:员工一揽子福利的改变。
- 时间:我们公司的历史和未来。
- 优点和缺点:市场上传真机的各种机型。
- 比较和对比:在行业中我们在竞争对手中的位置。
- 结构和功能:我们公司新加入的管理层。

信息型演讲的典型情境是管理者必须解释新的工作程序或过程。讲解指令可能是一种挑战。错误的策略是仅告诉员工要做什么,然后以"有什么问题吗？"结束演讲。听众会由于怕显得不合作或不够聪明而迟疑着不提问,他们会回到各自的任务上去尝试新程序,结果可能会出错。与其冒被老板批评的风险,他们宁愿寻求同事的帮助,因此常常使问题和错误变得更加严重。

一种更好的策略是使用"告知—展示—实施"的方法。首先,管理者解释新程序的步骤,并与现有程序进行比较。如果任务很复杂,管理者应该将步骤分成不同的小组或阶段。例如,与其描述一个包括12个步骤的程序,演讲者不如描述三个阶段,每个阶段包括四个步骤。将一个大的信息体分解成很多小单元可以让听众觉得没那么可怕。"告诉"观众新程序后,管理者向观众"展示"怎么做,可以亲自演示,也可以使用模型。很多观众通过视觉比通过听觉学得更快,所以演示通常非常有效。最后,管理者让员工自己尝试新程序。管理者在观察员工的努力时,应给予员工慷慨的反馈和鼓励,因为积极强化是学习的强大动力。

不管主题如何划分或以何种顺序展开演讲,重要的是有一个明确的战略计划。平稳过渡是计划清晰无误的关键。不同单元之间应该存在桥梁或连接,这样观众就可以看出组织计划。演讲者转到新单元时,这个连接可以是总结的形式,说明将要讨论新单元,或对比刚才展示的内容和将要讨论的内容。另一个方法是重复关键词或短语进行强调。表14-2列出了难度不同的四个层次的过渡例子。明智的信息型演讲者会自由使用这些过渡,让观众不偏离主题。

表 14-2 过渡类型

功能	例子
显示不同主意间的关系	和,此外,也,或,然而,另一方面,比较而言,更有甚者
列举主意	第一,首先,我的第二点是,最后,总而言之
概括主意	既然我们讨论了它的特点,现在我们转而关注其好处。
强调注意	如果你没有记住别的,请记住这一点:

14.2.4 证据

不管演讲者的目的是告知或是劝说,演讲主体均依赖证据。信息的类型和所需的相应研究很大程度上取决于需要两种证据中的哪一种:事实还是观点。事实证据是使用经验证据对某事的客观描述,没有诠释或评判。观点证据是应用诠释或评判而不是事实。

人们经常期望商业演讲者提供事实,特别是数据作为其主要观点的证据。观众尊重"给出数字"的演讲者。然而,研究持续显示,诸如产品特征的事实本身不具说服力。观众可能重视理性思维,但会在情感的基础上做出决定。

神经科学与心理学的最近一项研究突显了决策中情感的重要作用。[8]具体说来,对投资者决策的实证研究支持了这种观点:在进行股票交易时,个体没有理性思维和考虑所有已知信息。专业投资者和业余投资者都让其情感支配投资决定。一位非常成功的美国理财经理、蒂尔森资产合伙公司(Tilson Capital Partners)的创始人惠特尼·蒂尔森(Whitney Tilson)认为,过分自信是最常战胜理性的情感。另外,任务越困难(如预测股票价格),过分自信的程度就越高。过量交易就是一个例子。蒂尔森报告了一项对美国一家大型贴现经纪公司7.8万投资者的研究,该机构的年均成交量是80%左右。最不活跃的20%的投资者,其年均成交量为1%,年均回报率是17.5%,同期,标准普尔指数(S&P)的成交量为16.9%。最活跃的20%的投资者,其年均成交量超过100%,其回报率仅为10%,蒂尔森总结说,投资者总是习惯非理性地追求业绩,尽管这并不奏效。[9]这里需要记住的一点是:依赖事实证据的商业演讲者应该知道,事实证据在说服以特定方式行事的人方面具有局限性。

当观点作为证据形式时,演讲中可能使用三种观点:个人观点、门外汉观点和专家观点。虽然所有管理者很可能时不时用个人观点支持演讲,但是使用个人观点支持能否成功,很大程度上取决于管理者给观众的可信度。当引用普通人(非专家)的观点时,管理者使用门外汉观点。这种观点来源在营销或人事问题演讲中很普遍。

当引用权威提供证据时,管理者使用专家观点。当客观事实很难发现或演讲者不为观众所知时,这一证据形式效果很好。然而,所选的专家必须是受人尊敬的、客观的,并拥有真正的技术专长。例如,一个棒球手可能是棒球专家,但可能不是油漆质量或广告的专家。

不同演讲策略需要不同证据。心理渐进模式通常要求更少的事实信息,更多的情感吸引。因此,该模式更强调个人观点而不是经验信息。在绝大多数情况下,说明情况并证实模式和解决问题模式要求广泛的事实。在后两种情况下,只有当管理者有很高的可信度时,才建议使用个人观点;而当对专家的权威没有疑问时,专家观点非常宝贵。

观众根据实效性和来源对事实或观点证据做出评判。个人观点是最弱的证据类型,除非演讲者有很高的可信度——权威、权力、可靠性和技术专长。因此,管理者的明智之举是引述所进行的研究的细节,包括获取证据的时间和地点等。在演讲者不为观众所知的情况下,证据的可信度对演讲者的可信度非常关键。

总结而言,任何演讲的主体都是最长最复杂的部分,必须进行仔细安排,组织模式对观众必须是透明的。演讲目的(是信息型还是劝说型)决定了演讲者对演讲主体部分主要观点的组织。选择了主要观点并以逻辑顺序排列后,每个观点应该用证据(观点或事实)进行支撑和发展。表 14-3 是劝说型和信息型演讲主体最常见组织模式的总结。

表 14-3 要点的顺序选择

劝说目的	信息目的
解决问题	空间的/地理的
说明观点并证实	政治/经济类别
心理渐进	重要性
	时间
	优点/缺点
	比较/对比
	结构/功能

14.2.5 结尾

演讲的结尾应该对演讲目的和按一定顺序组织的要点进行简短总结。演讲结束时,要向观众表明演讲已经结束。不要展示新信息或留下没回答的问题,还要向观众重复信息的重要性,与开场白中所述一致。如要求观众采取某种行动,要将对观众的期待说清楚。给观众留下一个强有力的"最后思考"或挑战。不管结尾的具体性质如何,都应该强烈而清楚地表达出演讲者要结束演讲了。但演讲者常常只是以"哦,就这样,谢谢大家倾听"草草结束。观众除了受你的第一印象影响,也会受你的最后印象的影响。

表 14-4 总结了演讲结尾的各部分。

表 14-4　结尾的各部分

目的陈述
要点
信息的重要性
号召行动(可任选)
最后思考/挑战

14.2.6　问题

为了进行适当的补充和说明,演讲者在演讲结束后请求观众提问。在小组可能受约束而提问对展开对话又很重要的情况下,演讲者可能想让一个观众先准备好提问,以鼓励别人提出更多问题。

在回答问题时,有几个建议很有帮助:
- 如果原来的问题不是每个人都听得到,重复一遍。
- 不要老让一个人提问。
- 从各个领域的观众而不是某个部门或某个观众处选择问题。
- 不要说"这是个好问题"来对问题进行评判。这样的反应无意地告诉其他人,他们的问题不好。
- 不要用"正如我前面说的""哦,很显然"或"任何人都知道其答案"等来回答。这样的反应诋毁他人。
- 回答问题时看着整个小组,而不仅仅是提问的人。
- 你回答完后,不要问:"这是否回答了你的问题?"因为这样显得你很犹豫不决。如果你的回答没有让他们满意,他们很可能会让你知道的。
- 不要用手指指着请人提问,这是责备的姿势,可能显得很专横。
- 如果你对一个问题没有答案,最好是承认。
- 允许有足够时间回答所有问题。

14.3　准备视觉辅助

除了最不正式的商业演讲,视觉辅助对其他所有演讲都是必需的。视觉辅助是保持观众注意力和投入的另一种方法,因为口头语言在沟通中充其量是有限的,而且因为声音是转瞬即逝的,倾听者可能错过信息,而重听的机会可能永不出现。然而,视觉支持可以帮助克服这些局限。此外,视觉辅助可以阐明复杂的信息。你可以在演讲的引言、主体和结尾成功地使用视觉辅助。

14.3.1　标准

好的视觉辅助给观众留下积极印象,也证明了花时间准备演讲是必要的。有效的辅助要符合演讲者、观众和房间的需求。有效视觉辅助的四个标准是:

(1) 可视性。视觉辅助必须容易阅读。有些演讲者试图利用印刷材料制作视觉辅助;这些材料效果通常很差,因为视觉辅助的文字应该比普通的印刷文字更大更黑。另外,技术图纸不能很容易地利用,图纸上的很多线条会由于太模糊而看不清。对观众来说,最令人气愤的莫过于被告知在他们看不见的视觉辅助上有重要的东西。应该进行艺术加工,去除不必要的线条,加重画面中的必要线条。应该使用可读的而且一致的字体,尤其是在使用幻灯片时。通常,无衬线字体是合适的,如宋体(Calibri)、楷体(Arial)和海维卡体(Helvetica)等。注意不要使用太多的大写体、粗体和斜体,因为这些字体都比句子中的正常字体更难阅读。[10]

(2) 清晰性。清晰性指的是观众从视觉辅助中理解的东西。使要点容易辨认。颜色是让观众对视觉辅助的重要部分集中注意力的一个好方法。尽管数据显示,观众只记住听到的20%,而记住看到的80%,但是他们必须能够理解看到的内容才能记得住。[11]设计幻灯片时,应该使用基本的单一背景颜色,为文本选择浅颜色,避免繁杂的背景、分散注意力的颜色组合和低对比度的颜色组合,如红色上面加黑色或深蓝上面加中蓝等。[12]

(3) 简练性。在确定了视觉辅助的内容后,要寻求将其简化的方法。除了与将要沟通的具体观点相关的内容外,别的任何东西都不要出现在视觉辅助上。用剪贴画、边界线甚至是公司的标志装饰幻灯片都会分散注意力。绝大多数幻灯片都包含了额外的设计元素,这些元素可能色彩缤纷,但与演讲者的信息毫不相关。此外,滥用模板会给人缺乏创意的感觉。

(4) 相关性。有些图表原来是用于其他目的的,不要只是因为它便于使用或很漂亮就使用它。如果仅仅是为了给人留下印象,那么令人印象深刻的视觉效果可能会产生相反的效果。例如,《PowerPoint 指南》(Guide to PowerPoint)的作者玛丽·蒙特(Mary Munter)和戴夫·帕拉蒂(Dave Paradi)建议,在幻灯片演示中,不要使用任何3D图表或图画效果,因为这些对观众来说是不必要的也是令人困惑的。[13]

在准备视觉辅助时要记住几个原则,这些原则不是魔术方程式,却是有用的指导原则。第一,带有文字的视觉辅助不应超过六行。第二,每行不应超过六个单词。为了满足头两个原则,演讲者需要使用一个以上的视觉辅助或设计一些重叠效果,以构建更复杂的视觉辅助。在 PowerPoint 演示文稿中,在一张幻灯片上堆砌太多的文字会把观众的注意力从倾听分散到阅读上。应该避免完整的句子,除非你想引用整个篇章。把幻灯片当成广告牌,只是因为你有空间并不意味着你一定要填满它。对于幻灯片,少比多好。第三,应该使用着重技巧,使每次只显示一行或一列数据,以便将观众的注意力集中在讨论的焦点上。简单的着重技巧包括用铅笔或激光笔指着,用一张纸遮住活动挂图,每次只露出正在讨论的项目,或使用 PowerPoint 演示文稿的"新建"功能。在 Power-Point 演示文稿中,你可以通过按 Ctrl-P 键将光标从箭头变成铅笔。然后,你可以使用光标来给需要着重的数据或词语画圈或加下划线。Ctrl-E 键将光标变成橡皮擦,Ctrl-A 键将光标变回箭头。

除了可视性、清晰性、简练性和相关性外,视觉辅助的时间也影响其有效性。由于视觉辅助是用来补充言语信息的图表信息,所以两者应该同时展示。视觉辅助应该等到使用时才出现,讨论结束后立即消失,这样才不会分散观众的注意力。很多管理者常犯的一个错误是:视觉辅助使用完后,却不及时收起或关掉,比如活动挂板或者幻灯片用完后仍然开着。[14]演讲过程中隐藏幻灯片的一个简单方法就是按键盘上的 B 键(屏幕变黑),再按一次 B 键回到放映状态。类似的,W 键让屏幕变白。

14.3.2 类型

视觉辅助的有效性标准是通用的,但演讲者还是必须根据不同情况选择特定的视觉辅助类型。虽然选择受观众规模和类型的影响,但是很多商务演讲者传统上使用投影片(Overhead Transparency)。因为房间的灯光是一直亮着的,而且演讲者面对着观众,投影仪使演讲者和观众的关系尽量接近。此外,几个技巧可以确保材料的灵活展示:覆盖视觉材料,然后在演讲过程逐步展示某些部分,使用覆盖图展示附加细节及移动幻灯片等。这些简单的办法对于内部的、不正式的或简短的会议效果很好。

只有当没有足够时间准备别的东西时,才使用白板或活动挂板作为即兴演讲工具。演讲者在板上写字时,必须背对观众。而当演讲者转过身去、目光接触消失时,观众的注意力可能会减少。手写的视觉辅助看起来不怎么专业。但是,图表或流线图有时候是解释正在讨论的复杂过程的一个生动方法,或在头脑风暴过程非常有效。

当然,用于商业演讲的最常见视觉辅助是电脑生成的图表,如微软的 PowerPoint 演示文稿。在引进 15 年左右的时间里,演示文稿已成为标准。一位作家把没有使用演示文稿的演讲比喻成没有放番茄酱的炸薯条。在繁忙的公司环境中,缺席的观众索要幻灯片复印件,认为这些视觉辅助包含了演讲的所有相关信息,这一做法已是广为人知的事实。演示文稿流行的另一个原因是该软件方便用户使用,也许最重要的是,该软件是几乎全球通用的。一项调查发现,超过 90% 的受访公司在内部演讲时使用 PowerPoint 图表。[15]事实上,很多公司已将演示图表软件融入它们日常的内部沟通和决策过程中。[16]

然而,最近有人强烈反对在商业演讲中使用 PowerPoint 演示文稿,或更确切地说,滥用演示文稿。爱德华·塔夫特(Edward Tufte)是世界上视觉信息演示的权威之一,他谴责这一软件,因为它迫使用户将数据扭曲得无法正常理解。他争辩道:因为每张幻灯片只能容纳 30—40 个单词,又因为一张典型的幻灯片只能被观看大约 8 秒钟,所以观众无法将信息充分地融会贯通。塔夫特批评 PowerPoint 演示文稿设计准则中重风格轻实质的方法,指出要点句(bullets)和多层要点的官僚作风不仅为观众过分简化了主意,还破坏了演讲者的可信度。演讲者越来越依赖 PowerPoint 演示文稿作为支撑,用其代替详细的技术报告,这种做法已越来越引起人们的担忧。[17]

滥用 PowerPoint 演示文稿的一个悲剧性例子就是 2003 年哥伦比亚号宇宙飞船的坠毁事件。哥伦比亚号事故调查委员会(CAIB)报告说,美国航空航天局(NASA)的工程师们受命评估飞行使命中机翼的可能损伤程度,他们将调查结果用令人迷惑的 PowerPoint 演示文稿演示,文稿上挤满了要点句,几乎无法进行分析。哥伦比亚号事故调查委员会的报告称:"很容易理解为什么一位高级工程师读了这个 PowerPoint 演示文稿而没有意识到文稿谈论的是威胁生命的情况。"[18]

PowerPoint 演示文稿中,一种取代了传统的要点列表的做法越来越受欢迎。设计策略要求将"论断"以完整句子的形式置于幻灯片上方的标题框里,接着图像、等式或图表等支持论断的内容出现在幻灯片的内容框里。有时会加上带箭头的注标解释图像(见图 14-3)。这一设计至少减少了塔夫特提出的挑战,因为它形象地说明了幻灯片上各主意间的关系。[19]

塔夫特要求大家关注的另一个争议是 PowerPoint 软件中缺乏剽窃控制。他认为,演示软件应该与任何学术论文或研究报告保持同样标准。[20]不论好坏,PowerPoint 演示文稿已成为美国商业演示图表的标准。正因为如此,管理者需要遵循这里所列的原则,学会正确使用电脑生成的幻灯片。

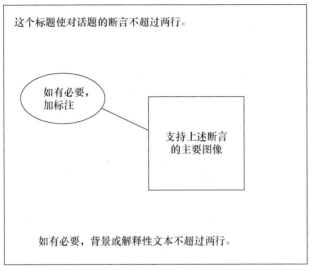

图 14-3 PowerPoint 幻灯片设计样板

散页材料是另一种形式的视觉辅助。这些书面材料不同于其他视觉辅助,由于每个成员都收到一份,所以这些材料可供演讲期间和演讲后参考。当主题要求有复杂的表格和图形、详细的规定、法律要点或公司政策时,散页材料尤其有用。经常可以在会前将散页材料分发给参与者,这样会上可以少花些时间进行回顾,可以直接进入演讲的讨论阶段。

如果计划在会议期间分发材料,那么材料中应仅包括所需信息,而且等到需要时才发。观众面前有太多材料会分散他们对言语信息的注意力,可能你在讨论某一话题时他们却被材料中的另一话题吸引。显然,这将降低信息的影响力。

14.4 发表演讲

现在真正考验人的时刻到了:发表演讲。由于做了充分准备,在演说过程中演讲者能够聚精会神于需要关注的几个因素。一个准备充分的演讲者已经分析了观众,并对不同成员有不同的期待。目的和观众已经做了分析,开场陈述已准备就绪,内容已经组织好了,结尾准备好了,视觉辅助也准备就绪。

14.4.1 演讲焦虑

怯场怎么办?大约60%的演讲者在演讲前经历某种程度的焦虑,知道这一点也许令你感到宽慰些。一项对3 000名美国人的调查显示,将要做演讲带给人们很大的恐惧;他们害怕演讲甚于害怕死亡。[21]针对这一话题,已故的娱乐节目主持人乔治·杰塞尔(Jessel)曾经说过:"人脑是个神奇的器官,一生下来就开始运作,直到你起身发表演讲才停下来。"

克服焦虑的最好解决办法就是准备。通常,你对一项任务的准备越充分,你的信心就越强,而信心增强相应地减少焦虑。当焦虑程度很高时,建议你进行完整的演讲彩排。每次彩排过后,你应该感觉放松不少。[22]

不管演讲者准备得多充分,还是可能有些焦虑。一点点紧张或焦虑是好事,因为可以让演讲者警觉,然而,如果焦虑很严重,可能影响演讲效果,那么可以使用以下几种技巧:

第一,考虑演讲的价值,并记住:你的演讲材料很重要。相信观众到场是为了倾听,相信他们有机会为你提供宝贵的建议。惠普前首席执行官卡莉·菲奥莉娜解释她在观众面前的镇定和说服力时如是说:"不管是对着两个人、十个人还是几千人说话都没关系。我就把这当成和一个人说话。每次沟通都是一种对话。"[23]

第二,坐着闭上眼睛深呼吸几次对缓解焦虑情绪会有所帮助。双手放松垂放于体侧,聚精会神于一个令人特别愉快的情景(开满美丽鲜花的山谷、轻柔的云彩飘过天空、浪花拍打着沙滩),同时慢慢转动头部。[24]一分钟的放松抵得上一小时的忙乱准备。

第三,记住演讲开头的几句话。等讲出这些话语时,开始的一些焦虑应该会减弱。当然,即使已经记住了演讲时开场的几句话,最好还是准备笔记以增强信心。

第四,有计划的身体活动有助于减少焦虑。演讲过程中策略性的身体活动可以帮助控制由焦虑产生的高能量,可以做出恰当的手势,或走到手提电脑、活动挂板或屏幕前。

14.4.2 演稿

怎样安排和使用演稿才能最好地支持管理报告呢?传统上,有些人提倡要准备一个遵循所有"恰当"原则的精确大纲;另一些人则主张,5×8英寸的卡片是必不可少的。很多演讲者使用PowerPoint演示文稿作为提示。每个人都应找到自己的最佳方法。

好的演稿可以助你取得演讲成功。书写清晰、简练的笔记使演讲者更容易与观众保持目光接触。由于需要与观众保持目光接触,所以建议使用演稿而不是图表。站着背对观众,从屏幕上念演讲稿是一种普遍的非职业演讲风格。

尽管演稿是非常宝贵的来源,但演稿经常变成了心理依赖。为了确保其不成为心理依赖,记住下列的几点"不要":

- 不要因为紧张而漫无目的地扭曲、折弯、抚平或折叠演稿。这种行为不能减轻演讲者的焦虑,只会增加观众的焦虑。
- 不要因为害怕而盯着演稿。为了不看观众而朝下看可能成为一种坏习惯,使你从身心上与观众分离。
- 写演稿(或幻灯片)时不要用完整的句子。否则你会照着演稿念,而不是根据要点即席演讲。
- 不要向观众隐瞒你正在使用演稿的事实。为什么要和观众玩游戏呢?最好的方法就是公开使用演稿,当然只在必要时才用。

14.4.3 非言语因素

在发表演讲过程中,有几个非言语方面的因素需要考虑,包括目光接触、面部表情、姿势、手势和动作。演讲者本身也是所传达信息的组成部分,所以演讲者如何展示自己将直接影响信息表达。

第7章讨论的沟通的非言语成分既可以用于倾听也可以用于演讲。例如，就像目光接触对倾听整个信息很重要一样，目光接触可以用于补充信息的传递。有效的演讲者会注视不同的成员，通过使用目光接触令观众投入倾听。演讲者还可以利用面部表情来表示对信息的关注和兴奋，如微笑、迷惑地皱眉或扮鬼脸，都能补充言语信息。

回顾第8章，回想演讲者的姿势、手势和身体动作也可以增强口头话语的影响力。前倾的姿势可以表示强调或投入，走向某个观众可以从心理上让这个人和其他人进入信息中。要记住的最重要的一点是：身体动作是有意义的，必须用来增强信息，而不是分散对信息的注意力。

非言语沟通的另一个方面是邻近性（Proximity）。当观众超过7—8人时，演讲者通常需要站立，这一点很少有人会质疑。然而，很多管理报告涉及的观众只是会议室里不到七个人。后一种情况要求管理者分析小组成员、演讲目的和自身情况，以确定是站还是坐。

14.4.4　声音质量

对演讲很重要的其他非言语因素还有演讲者的声音质量。第8章讨论的各种主要非言语沟通声音要素中包括语速、音调和音量。

最佳演讲语速取决于你的材料。通常，陈述难以理解的内容时，语速要比陈述容易理解的内容慢。此外，强调一个主要观点和/或首要观点时，语速放慢，而提供次要信息时，语速加快。如果你感到紧张，尤其要努力放慢语速，因为紧张时，人的语速通常会加快。再者，如果听众理解你的方言或术语有困难，也需要放慢语速。最后，可通过声音变化吸引观众的注意力，因为语速一成不变的声音会显得很单调。

使用同一音调讲话的演讲者也会发现很难保证听众的注意力。大幅改变音调可以用于强调和引起兴趣。通常，不能改变音调是一种习惯。大声朗读三遍下面的句子，每次在黑体字上提高音调。很容易看出，音调对理解的影响很大。

  我从没说过他提升了**她**。（赞扬他，他有更好的洞察力。）
  我从没说过**他**提升了她。（我只是说她得到了提升，没说是谁提升的。）
  我从没**说过**他提升了她。（但我可能以几种方法暗示过。）

第三个声音质量——音量，可以使演讲更生动易懂，从而增强演讲效果。合适的音量取决于群体的规模和物质环境；然而，不管情况如何，音量的变化有助于强调和增加多样性。关于音量还要特别提醒的是：演讲者只是保持大声并不能获得注意或加以强调。事实上，有效的演讲者可能在观众注意力分散时降低声音，这样观众就得被迫静下来听他说。

你可以使用几个练习来准备你的演讲声音。一个简单而有效的技巧是从报纸的社论或运动版上选几段来朗读，就像是在演讲似的。这一战术使你关注声音质量。你应该注意电视新闻播音员和解说员等职业演讲者使用声音传达信息和情感的方式。

总而言之，研究显示，你给人的印象55%来自你的外表，38%来自你的声音，只有7%来自你说的内容。所以，当你宣布："今晚我很高兴来到这里。"而你却声音发抖，目光投向门外，并紧张地摸索着演稿，那么观众会认为你来到这里并不高兴。

14.4.5 练习

"熟能生巧"这个成语无疑可以应用在演讲上。练习是管理中的演讲必不可少的,因为在美国商界你必须学会即席演讲,而不是背诵记忆的内容或一字不差地朗读。遗憾的是,很多管理者省略了练习,因为他们认为自己太忙了或觉得练习并不重要。

然而,即使是繁忙的执行官,练习也是必不可少的。练习使你增强自信心,使你更加镇定,还可以改善你的措辞,所以演讲将更加流畅。此外,练习使你能确定演讲中的任何瑕疵或遗漏,应对注意力分散,并确保视觉辅助顺利融合。

李·艾科卡曾经说过,完美的练习创造完美(Perfect Practice Makes Perfect)。[25]练习不仅仅指坐在桌旁回顾基本大纲或幻灯展示,而要在尽可能模仿真实情境的情况下大声排练。另外,练习还要应用所有相关指导原则,以更好地准备演讲内容及演讲技巧。

练习时可以在同事中寻找一位可以扮演观众角色并提问的演讲同盟。通常,在练习中付出的任何努力可以使你的演讲成为出众的演讲而非平庸的演讲。

如果可能,练习过程应使用真正演讲时使用的房间及计划好的所有视觉辅助。这样做可以使你恰当地安排房间。例如,虽然半圆形的安排使演讲者与所有参与者很容易地进行目光接触,但这样的房间安排感觉像戏院。提前知道这些事情使你能够做出调整,避免最后一刻的焦虑。

使用视觉辅助进行练习,还可以帮助你估计演讲时间,习惯遥控设备。你还可以确定诸如电脑投影仪插头插到哪儿和调光灯放在哪儿等简单的事情。这些防患于未然的做法有助于避免在花了好多小时准备演讲后出现设备故障灾难。

最后,通过练习你可以将演稿的作用最大化。对主题完全熟悉并觉得不需要演稿的管理者在演讲过程中也可能出现灾难。排练有助于确定所需的演讲稿数量和详细程度。此外,需要讲得更慢、更大声或更清晰的见解可以另外做记号,还能避免在演讲过程中一直朗读 PowerPoint 演示文稿中的内容。

14.5 有效使用电子媒体

摄像机和麦克风随处可见。管理者需要学会使用这些装置,将其潜能最大化。遗憾的是,很多管理者仍然对这些视听演示装置采取抵制的态度。绝大多数人不想卷入自己不懂得规则的游戏中,因此,他们逃避摄像机或麦克风。

但是媒体提供了各种可能性,从公共服务公告到内部面向员工的信息型或劝说型信息等。管理者有时候还会受邀到地方电台或电视台进行信息型或劝说型演讲。虽然电视和电台是不同的沟通形式,但是它们都可以为你的信息带来回报和价值。

为了利用这些媒体,管理者需要知道摄像机和麦克风的特殊使用原则。第一个原则是说话时要认为观众就在现场。把麦克风和摄像机想象成一个友好可信的人。这一方法减少了不真诚、做作和沟通风格不恰当的可能性。

第二个原则是像一般谈话一样使用脸、手和身体动作,这样演讲就像面对面一样自然。正常的肢体动作帮助真诚地表达，还可以补充表达的意思。然而，必须有所警惕。咧嘴笑、皱眉、扮鬼脸和大幅度挥手等动作被摄像机放大，显得不够得体。肢体动作应集中在上半身，这样特写镜头中才可以看到。

第三个原则是使用脚本。看起来似乎是职业演员即兴演讲的东西很可能是由于有详尽的脚本。脚本是协调视、听、时间、内容和人力变量的方法。除了词语外，脚本还包括给职员制作的指令，使他们能清楚地看到自己的责任与整个节目如何融合。脚本帮助确定这个场合的结构、组织和时间。换句话说，脚本帮助所有各方知道顺序——如何开始、进展和结束。[26]

第四个原则与第三个原则紧密相连：准备和练习。我们已经看到面对面演讲中练习的重要性；然而，练习对电视或视频会议演讲尤为重要。所有的新刺激使人很难集中注意力，所以要做好预防分神的准备。

需要额外练习的另一个原因是严格的时间限制。媒体演讲是以秒计时的。在回应紧张的时间安排时，媒体演讲新手应抵制说得太快、尽量不要显得紧张。

需要广泛练习的另一个原因是媒体演讲要求更高水平的提炼，因为观众期待广播中的演讲者是优雅且职业的。同时，还要记住，每个细节都成了磁带上永恒的记录。

第五个也就是最后一个原则是关于出镜的服饰。关于这一点的建议是穿你想让别人看到的服饰，但是不要穿太耀眼的衣服。这里是一些提示：

- 不要穿大花纹。大花纹有频闪效应，看起来老是在动。
- 不要穿不协调或俗艳的颜色（尤其是红色），这些颜色在显示器上很容易扭曲。
- 不要穿黑色和白色。黑色吸收太多光线而白色反射太多光线。
- 不要佩带大的闪闪发光或晃动的珠宝。

卡耐基梅隆大学（Carnegie Mellon University，CMU）商务沟通中心主任汤姆·哈杜克（Tom Hajduk）教授研制了一个评估电视和视频会议演讲的沟通审核表（Communication Audit Form）。[27]这种审核表列出了发表媒体演讲的独特要求，总结在表14-5中。

表14-5 发表媒体演讲

声音冲击	非言语冲击	视觉形象冲击
保持正常音量（不要对着麦克风大喊）	避免白色、黑色、条纹和在电视上晃动的花纹	设计可以在30秒内阅读的干净整洁的视觉辅助
使用谈话速度（大约每分钟110个单词）	与摄像机保持目光接触	整个文本用40号或40号以上字号
声音表现出更多的热情和能量	笔直站立	避免要点句中过多的文字描述
吐字清晰	使用自然但较慢的齐胸肢体动作	标注图表的栏、行和各部分，以加速理解（避免插图说明）
保持流畅，避免填充性停顿（如嗯、OK、所以等）	慢慢移动，并保留在麦克风和摄像机的范围内	视觉辅助的右边留空。这样演讲者的图中图（PIP）不会遮盖视觉形象
在要点前停顿，加强戏剧效果	使用自然的面部表情和头部动作	指着文本摄像机上的视觉辅助或在电脑幻灯片上描画

这些原则应该有助于管理者充分利用摄像机和麦克风所提供的机会。这类演讲可以是富有挑战但又非常愉快的经历，既为你的公司提供宝贵服务，同时又为职业的自我发展提供巨大的机会。

本章小结

为了确保有效的演讲,管理者应该透彻分析目的、时间限制和观众,完成所有必需的准备,并使用合适的演讲技巧。对目的的透彻分析是指演讲者应该决定每个参与者是否都对演讲抱有相同的目的。

一旦清晰地确定了目标,就必须完成必要的准备。准备包括选择引言、适合劝说型和信息型演说的要点顺序和强有力的结尾。要点顺序由演讲目的决定,证据是对每个要点的支撑形式,证据可以是事实或观点。要点之间要有过渡,以确保完成后的演讲安排完整而连贯。

另外,还应该准备视觉辅助。视觉辅助帮助保持观众兴趣,准确表达主要观点。可视性、清晰性、简练性、相关性和时间安排对确保视觉辅助补充言语沟通非常重要。

演讲者的非言语和言语特征对有效而职业的演讲都非常重要。目光接触、面部表情、姿势、手势和身体动作都应该考虑。语速、音调和音量都影响演讲的冲击力。

演讲者应该在演讲结束后安排充足的时间提问和回答。当演讲的这一部分处理得好时,会得到观众的反馈,从而产生双向沟通。

现在越来越多的管理者面对一个特殊演讲情况,即在摄像机前或麦克风前演讲。适用于面对面演讲的绝大多数原则也适用于这一演讲形式。然而,处理非言语信号的几个附加原则和脚本的使用将帮助管理者通过电子媒体传递有效信息。

观众分析指导表

1. 我期待有多少观众?
2. 哪些人是最有权力或影响力的成员?
3. 他们对内容领域的知识是什么?
   ____高,也许比我更高
   ____和我差不多
   ____比我对主题的知识了解得少
   ____很可能连基本知识也没有
   ____参差不齐
4. 哪类证据最能给这个群体留下印象?
   ____技术数据
   ____数据比较
   ____成本数字
   ____历史信息
   ____概括
   ____示范
   ____故事和例子
   ____演讲者观点

5. 群体对主题的态度如何？
　　____尤其积极
　　____有点积极
　　____中立
　　____有点消极、不情愿
　　____绝对消极
　　____小组分化,有些积极,有些消极
6. 群体对我作为演讲者的态度如何？
　　____认为我可信,有知识
　　____中立,很可能没有意见
　　____认为我缺乏知识和可信度
7. 群体对我代表的组织态度如何？
　　____认为该组织可靠和值得信赖
　　____中立
　　____可能会质疑其能力和可靠性
8. 到我演讲时群体的状况如何？
　　____已经听了很多与此类似的演讲,可能很疲劳
　　____可能已经坐了很长时间,需要时间舒展一下身体
　　____这个演讲是独特的,所以应该很容易抓住他们的注意力
　　____这是日程上较早的一个项目,他们应该精力充沛
9. 演讲中需要考虑的最重要观众特征是什么？

小组讨论案例

练习 14-1

就办公室工效学的最新发展为题在班上准备一个十分钟的信息型演讲。从分析观众、选择主题和演讲顺序入手,讨论时应该针对这些因素:

- 你将如何介绍主题来抓住观众的注意力？
- 保持观众注意力的最佳视觉辅助类型是什么？
- 什么类型的支持性信息最能给观众留下印象？
- 在演讲结束时你将如何鼓励提问？
- 你应该使用什么样的结尾？

练习 14-2

选择一个你熟悉的电脑展示图形包或多媒体包。假设你是开发这一软件的公司的新销售代表。例如,PowerPoint 是微软的产品。三天后,你将在一家大公司向一群高级经理发表有关该软件

的最新版本的商业演讲。显然,你需要告知他们软件包的所有特点以及优于竞争对手和先前版本的地方,你需要劝说他们购买该软件。你将如何完成这些目标?

练习 14-3

从下列话题中选择一个来组织劝说型演讲:
- 测谎仪应该(或不应该)用于招聘过程。
- 测谎仪应该(或不应该)被企业用来威慑员工盗窃行为。
- 企业应该(或不应该)被允许随便对员工进行毒品检测。
- 最高执行官应该(或不应该)对公司的非法(或不道德)行动负刑事责任。
- 社会责任应该(或不应该)是当今首席执行官的一个主要关注问题。
- 管理者应该(或不应该)关心员工的个人问题。
- 应该(或不应该)制定一个国际道德规范法典。
- 成立工会对当今白领工人是(或不是)合适的。

选择了话题后,想象这一话题的演讲听众。在本章描述的三种劝说演讲模式中,哪一种最适合你的演讲?考虑到你选择的话题和想象的观众,你会使用哪一类证据劝说他们接受你的观点?

练习 14-4

选择下列情境之一,组织一个十分钟的信息型演讲。
- 观众是商业管理专业即将毕业的大四学生,讨论应聘面试时如何着装。
- 观众是商业经理人,讨论电视访谈时应如何着装。

尾注

1. S. Clay Willmington, "Oral Communication for a Career in Business," *Bulletin of the Association for Business Communication* 52, no. 2 (June 1989), pp. 8–12.

2. Robert J. Olnev and Anita S. Bednar, "Identifying Essential Oral Presentation Skills for Today's Business Curriculum," *Journal of Education for Business* 64, no. 4 (January 1989), p. 161.

3. Carol A. McFarland, "Teaching Students the Elements of Oral Business Presentations," *Bulletin of the Association for Business Communication* 43, no. 1 (March 1980). pp. 15–17.

4. Ernest G. Bormann, William S. Howell, Ralph G. Nichols, and George L. Shapiro, *Interpersonal Communication in the Modern Organization* (Englewood CliffS, NJ: Prentice Hall. 1982). p. 197.

5. Lawrence L. Tracy, "Taming the Hostile Audience," *Trailling and Development Journal* 44. no. 2 (February 1990), p. 35.

6. William S. Howell and Ernest G. Bormann, *Presentational Speaking, for Business and the Professions* (New York: Harper & Row, 1971), pp. 122–130.

7. Daniel J. O'Keefe, *Persuasion Theory and Research* (Newbury Park, CA: Sage Publications, 1990), pp. 130–188.

8. Baba Shiv, George Loewenstein, Antoine Bechara, Hanna Damasio, and Antonio R. Damasio, "Investment Behavior and the Negative Side of Emotion," *Psychological Scielice* 16, no. 6 (2005), pp. 435 – 439.

9. "Human Behavior: The Greatest Barrier to Trading Success," *Australasian Investment Review*, n. d., www. aireview. com (January 20. 2006).

10. Mary Munter and Dave Paradi, *Guide to PowerPoint* (Upper Saddle River, NJ: Pearson Prentice Hall. 2007), pp. 65, 94.

11. Donna Barron, "Graphics Presentations at Your Fingertips," *The Office*, July 1990, p. 32.

12. Robert P. Sedlack, Jr., Barbara L. Shwom, and Karl P. Keller, *Graphics and Visual Communication for Managers* (Mason, OH: Thomson South-Western, 2008), p. 71.

13. Munter and Paradi, *Guide to PowerPoint*.

14. James Wvllie, "Oral Communication: Survey and Suggestions," *Bulletin of the Associatior for Business Communication* 43, no. (June 1980), pp, 14 – 17.

15. "The Pros and Cons of High-Tech Presenting," *Presentations* 13, no. 4 (April 1999), p. 34.

16. Patricia L. Panchak, "Capitalizing on the Graphics Edge," *Modern Office Technology*, June 1990, p. 63.

17. Edward R. Tufte, *The Cognitive Style of PowerPoint: Pitching Out Corrupts Within* (Cheshire, CT: Graphics Press, 2006).

18. "Over-Reliance on PowerPoint Leads to Simplistic Thinking," *The New York times*, December 14, 2003, http://partners. nytimes. com. /2003/12/14/magazine/14POWER. html (retrieved January l2. 2006).

19. Michael Alley, "Teaching the Assertion-Evidence Design of Presentation Slides," from *Rethinking the Design of Presentation Slides: Assertiol-Evidence Structut*, wwww. writing. engr. psu. Cdu/slides. html (retrieved January 31, 2009).

20. Tufte, *The Cognitive Style of PowerPoint: Pitchinjg Out Corrupts Within*.

21. David Wallechinsky and Irving Wallace, *The Book of Lists* (New York: Willi am Morrow, 1977).

22. Kenneth R. Meyer, "Developing Delivery Skills in Oral Business Communication," *Bulletin of the Association for Business Communication* 43. no. 3 (September 1980), pp. 21 – 24.

23. Dave Clarke Mora, "Carly, Reconsidered," *Continental*, September 2003. pp. 31 – 33.

24. Mary Ellen Murray, "Painless Oral Presentations," *Bulletin of the Association for Business Communication* 52, no, 2 (June 1989), pp. 13 – 15.

25. Lee Iacocca, *Lee Iacocca Talking Straight* (New York: Bantam Books, 1988).

26. Evan Blythin and Larry A. Samovar, *Communicating Effectively on Television* (Belmont, CA: Wadsworth Publishing Co., 1985), pp. 92 – 96.

27. Tom Hajduk, "Communication Audit: TV/Videoconference Presentation," Communication Consulting Group, (2003), www. ccg-usa. com (vl1. 1) (retrieved October 2003).

附录 第3章的补充文章——技术辅助沟通

下面的文章是萨姆休斯顿州立大学的商务研究生在本书作者指导下撰写的。这些文章反映了对新兴技术的最新研究,每篇文章描述了一种不同的技术以及该技术在当今美国商界的使用。文章的作者还展望未来并追踪技术辅助沟通的趋势,提出与每种技术相关的最佳实践的指导原则。每篇文章的最后列出了参考文献和供课堂讨论的话题。这些文章是第3章的补充材料。

目录:

1. 商业中的短信与电子邮件 ⋯⋯⋯⋯⋯⋯⋯⋯⋯⋯⋯⋯⋯⋯⋯⋯⋯⋯⋯⋯⋯⋯⋯ 安娜·图里
2. 跨国公司中的即时信息沟通 ⋯⋯⋯⋯⋯⋯⋯⋯⋯⋯⋯⋯⋯⋯⋯⋯⋯⋯⋯⋯⋯ 史蒂芬·亨特
3. 美国公司中的播客 ⋯⋯⋯⋯⋯⋯⋯⋯⋯⋯⋯⋯⋯⋯⋯⋯⋯⋯⋯⋯⋯⋯⋯⋯⋯ 安托内特·哈维
4. 作为商务沟通工具的博客 ⋯⋯⋯⋯⋯⋯⋯⋯⋯⋯⋯⋯⋯⋯⋯⋯⋯⋯⋯⋯⋯⋯ 马修·奥儒克
5. 喂!——这里是印度:离岸外包对商业的影响 ⋯⋯⋯⋯⋯⋯⋯⋯⋯⋯⋯⋯⋯⋯ 安娜·图里
6. 电子商务中的实时聊天 ⋯⋯⋯⋯⋯⋯⋯⋯⋯⋯⋯⋯⋯⋯⋯⋯⋯⋯⋯⋯⋯⋯⋯ 安娜·图里
7. 视频简历 ⋯⋯⋯⋯⋯⋯⋯⋯⋯⋯⋯⋯⋯⋯⋯⋯⋯⋯⋯⋯⋯⋯⋯⋯⋯⋯⋯⋯⋯ 安娜·图里
8. 21世纪求职中的电子简历 ⋯⋯⋯⋯⋯⋯⋯⋯⋯⋯⋯⋯⋯⋯⋯⋯⋯⋯⋯⋯⋯⋯ 哈瑞尼·维姆拉帕蒂
9. 工作场所监控 ⋯⋯⋯⋯⋯⋯⋯⋯⋯⋯⋯⋯⋯⋯⋯⋯⋯⋯⋯⋯⋯⋯⋯⋯⋯⋯⋯ 安娜·图里
10. 在商业中使用电子感应器改善非言语沟通 ⋯⋯⋯⋯⋯⋯⋯⋯⋯⋯⋯⋯⋯⋯⋯ 马修·奥儒克

1. 商业中的短信和电子邮件

安娜·图里,萨姆休斯顿州立大学

短信也称为短信息服务(SMS),正迅速成为21世纪商务人员一种新的沟通方式。维基百科将短信定义为在绝大多数数码手机(和诸如掌中宝、有时甚至是台式电脑或手提电脑等其他移动设施)上可获得的服务。短信可以在手机之间、其他手持装置甚至是固定电话间发送。[1]这些短信也被称作文本信息、SMS 或信息。美国的年轻人似乎已将短信作为彼此沟通的最主要方式,他们的典型态度是电子邮件是老派的技术,只在与父母、祖父母和教授交流信息时才有用。另一方面,当代商业人士也被鼓励同时使用短信与电子邮件。因此,商界和业界的电子邮件似乎不会很快被取代。

短信的优点

短信有很多优点,其中最公认的优点是其速度、使用机会和得体性。由于发送的信息是即时传输的,所以短信速度很快,就像面对面交谈或打电话一样。相反,电子邮件是不同时或不实时的,时间上有滞后,尤其是当服务器在向成员发送电子邮件前积累了很多邮件时。

使用机会是短信的另一个优点。短信可以在任何时间、任何地点发送给任何人。因此,很多公司使用短信与在外旅行的员工沟通或在公司内部发布重要通知。不像电子邮件,短信可以直接发送到台式电脑上,可以得到立即的关注。[2]事实上,在一项研究中,450 名受访首席执行官和首席市场官中的 83% 宣称,短信是他们公司发送警告和通告的主要方式。[3]作为对这项技术的延伸使用,管理者可以设置他们的邮箱,当有重要信息进来时,可以发短信告诉他们,包括对信息的总结。

最后,发短消息是一种与某人接触的得体办法。绝大多数的即时短信设备都有这样的功能:有短信进来时设备会振动,防止干扰和冒犯。一种很便捷的运用就是老板在开会时员工急需与他沟通。由于短信没有电话那样具有干扰性,同时也比电子邮件"更加私人化",短信在双向沟通中非常方便。

短信的缺点

最常列举的短信缺点包括缺乏安全、结构和兼容性。员工滥用短信的可能是另外一个值得关注的问题。

首先,安全是短信的一个主要问题。因为短信是即时的,不允许有足够时间进行病毒扫描以完全控制病毒传播,因此计算机不受保护。不管病毒扫描仪有多快,它们保护计算机不受电子邮件病毒侵袭的能力比不受短信病毒侵袭的能力强。[4]

缺乏结构是短信的另一个缺点。电子邮件是以备忘录的形式设置的,而短信则没有固定格式。绝大多数短信都是使用缩写代码发送的超短信,这些代码用户需要学习才能解读。例如,一个以短信形式发送的经典小说《傲慢与偏见》梗概可能看起来像下面这样:

5 姐想嫁新人在城宾利 & 达西帅富

这个神秘的字串可以翻译成:

五姐妹想嫁人,他们将目光投向了城里的两个男人——宾利和达西,两人又帅又富。[5]

下面是文学色彩不太浓,但同样需要解码的另一字串:

#s lk gd…Inch@1/back 18r

短信一代知道其意思:"数字看起来不错。我一点钟吃午饭,迟些回来。"

这类信息令使用者很难理解和书写。也许更重要的是，一个用编码书写的短信可能引起严重误解和代价高昂的错误。

第三个缺点是不同短信系统之间缺乏兼容性。由于短信没有普遍使用的标准协议，互相竞争的短信系统不能彼此沟通。[6]例如，AOL（美国在线）发送的短信不能在MSN上显示，反之亦然。

最后，管理者可能不愿使用短信技术，因为他们害怕员工会滥用。即时信息（IM）是设计用于娱乐性"聊天"的，员工很可能将宝贵的工作时间用于私人交流。此外，从远处看，编写短信的员工看起来像是在工作。研究公司Radicati集团最近的一项研究显示，企业环境中的绝大多数员工更多地使用短信进行随意的公司内部沟通或私人交流，而不是与客户或商业伙伴沟通。[7]一大堆不紧急或私人短信还会分散忙碌员工的注意力。

展望未来

回顾了短信的优缺点后，公司可以决定使用短信技术是否会带来好处。很多已经采用该技术的公司增加了对这一沟通渠道的使用，但它们没有放弃电子邮件。相反，它们结合电子邮件使用短信来发送需要立即沟通的提醒或通告。[8]例如，一个员工可能给老板发送了一封重要的电子邮件，然后发短信提醒，告诉老板他发送了电子邮件。

最近在得克萨斯州东部针对银行和金融机构的11位官员的一项非正式调查结果显示了短信在当今商业中的地位：在过去两年左右的时间里，这些官员都一直用掌中宝和手机发送短信。然而，82%的官员说，短信不是他们工作时的主要沟通形式。他们在电子邮件和电话之余使用短信，而不是用短信代替电子邮件和电话。他们认为，短信在回答直接问题、请求、更新和确认等方面最有用。

即时信息在商业中使用的最佳实践还在继续完善中，但很可能会包括以下指导原则：

- 即时信息不应该代替电子邮件。
- 即时信息的使用应局限于需要立即沟通的短问题或通知。
- 使用者应该提示他们"忙碌"或"离线"，从而避免被分神的短信所淹没。
- 像其他商业技术一样，公司的信息技术部门应对即时信息软件进行标准化和控制。
- 除非加密，否则即时信息不应用于机密沟通。
- 公司应制定即时信息的清晰政策，并向员工传达。政策必须是可实施的，违规者将受到明确的处罚。[9]

总的看来，商业界人士会继续增加短信的使用。短信有很多优点，包括可移动性、方便和及时，越来越多的公司在员工和老板外出旅行时用短信与他们保持联系，或者信息需要立即接收时使用短信。除了方便，短信技术为商业人士提供了提高生产率和效率的竞争优势。但是，由于短信存在安全问题和其他问题，短信不太可能在最近的将来代替电子邮件，至少是用于商业目的的电子邮件。

讨论问题

1. 学生观察到了短信的哪些商业应用？
2. 短信技术在多大程度上影响了信息？

3. 短信可以如何影响工作环境中的其他沟通形式？
4. 管理者抵制使用短信作为沟通工具的主要原因有哪些？

尾注

1. *Wikipedia*, the Free Encyclopedia, http://en.wikipedia.org/wiki/Text_messaging.htm.

2. *CIO*, *Executive Summaries Text Messaging*, September 8, 2003, www.cio.com/summaries/communications/messaging/index.html(retreived January 3,2007).

3. *Customer Relationship Management*, June 2006.

4. B. J. Gillette, "AOL, MSN, Yahoo: Instant Message VS. E-mail," *trimMail's E-mail Battles*, November 4, 2005, www.e-mailbattles.com/2005/11/04/e-mail_aacaachjgd_hf/(retrieved January 3, 2007).

5. Lauren Barack, *School Library Journal* 52, no. 1 (2006).

6. *CIO*, *Executive Summaries Text Messaging*, September 8, 2003, www.cio.com/summaries/communications/messaging/index.html(retrieved January 3,2007).

7. www.instantmessagingplanet.com/enterprise/article.php/3423321. Updated April 6, 2005.

8. Deb Shinder, "Instant Messaging: Does It Have a Place in Business Networks?" Viewed online January 3, 2007 at http://www.windowsecurity.com/articles/Instant-Messaging-Business-Networks.html (retreived January 3, 2007).

9. *Ibid*.

2. 跨国公司中的即时信息沟通

史蒂芬·亨特，萨姆休斯顿州立大学

20 世纪 90 年代，软件开发商发布了一个称作即时信息的沟通工具。这个新的沟通方法允许用户通过一个普通的即时信息程序进行沟通。美国在线（America Online, AOL）是第一家成功吸引大量即时信息客户的公司。美国在线的绝大多数客户是年轻的技术控，这些年轻客户迅速让美国在线的即时信息取得成功。[1]

追随这些早期即时信息程序的第一代即时信息客户现已成为劳动力。他们带来了更高层次的技术舒适，这种技术舒适正在改变现代商业沟通的面貌。下面的研究结合了石油贸易工业的第一手研究和第二手研究。本研究将探讨即时信息的优点、缺点、未来应用以及有效使用即时信息的最佳管理实践。

石油贸易工业定期使用雅虎（Yahoo）的即时信息进行日常商业运作。[2]贸易商使用雅虎与交易对手和经纪人沟通。[3]运作经理使用雅虎检查在世界各地的油船的状况。为了收集即时信息在得克萨斯休斯敦市的小型国际石油贸易公司 Mabanaft 公司中的应用，我们进行了一项调查和几次访谈。Mabanaft 的高级经理授权对该公司在北美、欧洲和亚洲员工进行调查，完成并回收了 27 份调查，回应率为 60%，这些为分析提供了强有力的数据。

即时信息的优点

与其他沟通方法相比,即时信息有几个独特的优点,主要包括国际沟通、信息归档、改善沟通效率、实施方便等。

国际机构的沟通费用可能非常高昂。国际电话很贵,用于视频会议的硬件也很贵,而且要求有固定的地方。绝大多数免费即时信息程序有会议功能,可以让全世界的团队成员通过手机进行即时协作,它们也能在没有 IT 支持的情况下通过全世界的互联网连接获得聊天功能。我们的调查结果显示,Mabanaft 公司 57.7% 的员工经常使用即时信息与其他国家的同事沟通。即时信息在没有增加开支的情况下改善了国际协作。

保持信息的准确记录改善员工效率,在法律诉讼过程中也有好处。参照谈话文本使员工能够保持和理解谈话的动机。在法律诉讼中,这些档案可能会保护组织免受错误指控。绝大多数即时信息程序有信息归档选项。这些档案很容易建立,所需的服务器空间也比电子邮件小得多。[4] 归档在石油贸易中尤其重要,因为通过即时信息程序的报盘和接受报盘具有法律效力。[5] 即时信息档案以更低的成本提供与电子邮件同等水平的法律文件。

与传统的电子沟通方法相比,即时信息大大改善了沟通效率。电子邮件是一种单向的沟通方法,在初始信息和说明动机的跟进问题之间存在严重的滞后。这可能引起沟通各方之间的混乱。电话沟通要求所有各方对正在进行的谈话立即进行处理和反应,这对使用非母语进行沟通的各方来说尤其困难。即时信息程序允许用户立即提出澄清性问题,以令人舒服的速度进行交谈,也可以有谈话的文本供回顾使用。在石油贸易早期,所有交易都是通过电话进行,这比现代贸易需要多得多的时间。[6] 即时信息允许交易商同时参加多个谈判。档案功能使交易商轻而易举地记录谈判内容。

最后,即时信息程序很容易实施,因为很多员工已经在使用这些程序。2004 年,美国空军决定在其沟通网络上增加安全的即时信息门户。美国空军之所以做出这一决定是因为军事人员已经在使用美国在线和雅虎开展日常军事事务。[7] 美国空军没有禁止这种有效的沟通方法,而是采取步骤让其正式化,从而有效管理草根阶层的即时信息沟通活动。

即时信息的缺点

必须认识即时信息的几个缺点以便尽量减少影响。有效应对这些缺点将会保护你的组织。即时信息可以构成具有法律效力的合同、分散员工注意力以及使公司陷入其他州的司法管辖中。

合同协议的法律因素包括报盘、商讨和接受。包括这些因素的电子邮件或即时信息谈话可以具有法律效力,即使交易的具体细节尚需进一步谈判。下面的谈话可以被认为是法律合同。[8]

> 买家:一切好吗?希望周五在湖区见到你和你的家人。
> 供应商:我们应该会去的。
> 买家:你能在月底前给我六个这种小部件吗?有个项目来了,老板催得很紧。
> 供应商:这些系统很贵。

买家：它们会使工作变得容易多了。
供应商：没问题。我们有很多存货，我20日给你发货。
买家：太好了。周五见。[9]

没有包括在内的任何具体细节都是可以谈判的，但供应商可能被迫在20日向买家发六个小部件的货。违约可能让公司面临法律诉讼，从而损害公司名声。一位石油商曾经违背了一桩交易，导致了两家公司之间长达25年的贸易中断。[10]必须对员工进行安全教育，让他们学会安全使用电子邮件和即时信息，从而保护组织利益。

即时信息还可能干扰工作效率。即时信息和电子邮件可用于私人沟通，因此减少员工用于工作的时间。如果管理者认为组织中有这个问题，可以对即时信息进行存档和审议。公司对于电子邮件的政策可以很容易地进行调整用来管理即时信息。无视即时信息这一可以很容易更正的缺点会降低公司生产率。

即时信息可能使公司陷入其他州的司法管辖范围中。2006年，纽约上诉法庭裁定，蒙大拿的一家公司可以在纽约法庭被起诉。这家蒙大拿公司使用即时信息缔结了合同又违反了合同。使用即时信息进行交易说明双方有足够的联系，因此纽约的法庭对这家蒙大拿公司具有管辖权。员工与外界通过即时信息开展业务时必须了解其法律含义。[11]

展望未来

显然，公司的即时信息具有很大的增长潜力。很多公司已经在日常运作中使用即时信息。我们对Mabanaft员工的调查显示，48.1%的员工同意或强烈同意他们偏好的沟通方式是即时信息。IBM员工每天平均发送600万条内部即时信息。2006年，他们每天发送400万条内部即时信息。[12]管理者不能忽视即时信息沟通的增长。

随着让雅虎、MSN和美国在线等变成家喻户晓名称的这一代消费者成为劳动力，即时信息的使用将会增加。我们在Mabanaft的研究显示，该公司年龄在20—30岁的员工中，即时信息占日常业务沟通的55%，相比之下，年龄在31—70岁的员工中，即时信息占日常业务沟通的35.3%。这种趋势可以在世界各地的组织中见到。劳动力大军中的年轻职员将即时信息程序带到了世界各地的组织中。

即时信息的最佳实践

很显然，即时信息是一种不断增长的组织沟通形式。分析师估计，目前大约有2500万员工在没有征得管理层同意的情况下使用即时信息。[13]管理者必须制定在组织内使用即时信息的政策。即使管理者不打算实施即时信息，他们也应该审核并考虑下列的最佳实践：

- 所有进出的信息都应该存档。
- 即时信息不应该用于高度敏感的沟通。
- 必须制定出即时信息的政策并在员工中传达，即使公司不打算正式使用即时信息。
- 员工必须接受教育，了解使用即时信息可能给公司带来什么潜在的法律责任。
- 不应该在没有认真考虑的情况下禁止即时信息。员工已经在并将继续在没有授权的情况下使用即时信息。

每天,数以亿计的大宗商品、股票、债券和日用商品通过即时信息技术进行交易。即时信息的国际沟通能力强大、信息归档方便、效率高、实施方便,这些将会使越来越多的公司使用即时信息。与即时信息相关的合同形成问题、员工分神问题和法律管辖问题都很容易解决。即时信息的高生产率和低成本远远比其对公司的潜在负面影响重要。

讨论问题

1. 你多久使用一次即时信息,用于什么目的?为什么喜欢即时信息而不喜欢电话或电子邮件?
2. 对跨国公司而言,即时信息的主要优点是什么?
3. 对跨国公司而言,即时信息的主要缺点是什么?

尾注

1. Jeff Tyson and Alison Cooper, "How Instant Messaging Works," *How Stuff Works*, http://communication.howstuffworks.com/instant-messaging1.htm.

2. Kim Kyoungwha and Nesa Subrahmaniyan, "An Unlikely Trading Hub in Asia," *International Herald Tribune*, www.iht.com/articles/2005/12/01/bloomberg/sxtrades.php.

3. Anthony Reuben, "What Is It Like Being an Oil Trader?" *BBC News*, http://news.bbc.co.uk/2/hi/business/7250554.stm.

4. Nancy Flynn, *Instant Messaging Rules* (New York: AMACOM, 2004), pp. 145–155.

5. Stephen Yoch, "When 'You've Got E-mail' Means 'You've Got a Deal!'" *Felhaber, Larson Fenlon & Volt*, www.felhaber.com/ARTICLES/e-mail.html.

6. Robert McGarvery, "Instant Messaging Comes to the Office," *Executive Travel*, www.executivetravelmagazine.com/page/Instant+Messaging+comes+to+the+office?t=a non.

7. William Jackson, "Air Force Abuzz over Instant Messaging App," *Government Computer News*, http://gcn.com/articles/2004/06/06/air-force-abuzz-over-instant-messaging-app.aspx.

8. Yoch, "When 'You've Got E-mail' Means 'You've Got a Deal!'"

9. *Ibid.*.

10. Personal interview, Mabanaft employee.

11. Kenneth Rashbaum, "A Single Instant Message Can Land Your Company in a New York Court: The Deutsche Bank Case," *The Privacy and Data Security Law lournal* 10, (2006), pp. 889–896.

12. McGarvery, "Instant Messaging Comes to the Office."

13. Flynn, *Instant Messaging Rules*, p. 146.

3. 美国公司中的播客

安托内特·哈维,萨姆休斯顿州立大学

播客是什么

播客可追溯到 2001 年,并由于博客的发展而达到顶峰。播客满足了消费者将可下载的视频、音频文件发送到便携式媒体装置上的愿望。"播客的主要因素包括:可在互联网存档并获取的音频或视频文件,可通过计算机自动得到、下载,并可转移到便携式媒体播放器上。"[1]

播客与一般的互联网下载文件的不同之处在于其发布/订阅模式,该模式使用了 RSS(简易信息聚合)和 Atom(原子)等来源技术(Feed Technology)来发送文件内容。RSS 是一种在互联网上指向文件的计算机代码。

2007 年,当总部设在洛杉矶新奥尔良的公共事业公司安特吉(Entergy)考虑使用播客时,它们参考了几个信息源,其中包括通信执行委员会提供的"播客入门",通信执行委员会是安特吉所属的公司执行委员会的一部分。[2]根据通信执行委员会,下面的图形显示播客的工作过程。

基本上,播客是可以从互联网下载的数字文件。免费软件让用户可以定期订阅播客节目,自动下载这些节目并转移到诸如 iPod 等装置上。"根据听众评估公司 Bridge Ratings,播客用户从 2004 年下半年的 82 万暴增至一年后的 500 万。"[4]*Bridge 预测,到 2007 年播客的用户至少达到 4500 万。如果在谷歌上搜索"播客",会返回 1.21 亿个搜索结果。[5]

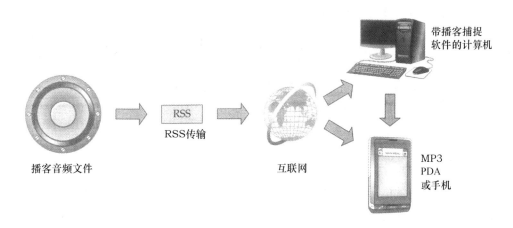

谁使用播客

人们认为,播客是仅供年轻人通过挂在脖子上的 iPod 听音乐用的,这样"你就有了立体收音机,即通过互联网发布的优质音频"[6],我们必须摒弃这种形象。到 2006 年中,美国超过 2 200 万成年人拥有一个 iPod 或 MP3 播放器。从年龄组看,19% 的年龄在 18—28 岁的人拥有 iPod 或其他

---

* 原文的标注有问题,并没有出现 3。

MP3 播放器,14% 的年龄在 29—40 岁的人拥有一个 iPod。[7]这些人当中的 29%,即大约 600 万成年人至少下载一个播客。

2008 年对安特吉员工进行的一项调查显示,超过 30% 的受访者听过播客。[8]这比一年前增加了 20%。因此,可以这样下结论,不同年代的人都可以得到和使用播客,不管是出于私人还是商业目的。

播客如何用于商业中

沟通专家将播客用于三个主要目的:营销、社区建设和员工沟通的替代形式。[9]公司利用播客推销产品和服务。而社区建设关注的是为人们提供感兴趣的信息,从而帮助一般公众。最后,播客为员工和投资者提供了额外沟通方式,从而为受众提供了便捷的工具,让他们随时跟进公司的活动。因此,播客是可以在公司内外使用的一个资源。

外部沟通

公司和公共关系专业人士通过播客提升他们在公众心目中的地位。公司可以通过开发伴随新闻发布的播客来增强新闻公告,从而对产品的表达提高到一个新的层次。如果公司有很好的发言人,公司应该利用他们与顾客、投资者和其他播客听众沟通的能力。公司可以提供播客会议,允许听众在不需要被绑在计算机旁的情况下接收信息。

另外,外部沟通可以更关注顾客。例如,惠而浦的"美国家庭"播客在 2005 年 7 月探讨了对不同背景家庭产生影响的话题,目的是与顾客建立私人关系。

内部沟通

我们已经看到,播客可以是与顾客沟通的强有力工具,但播客还可以是内部沟通的强有力工具。

播客用于内部沟通的方法包括能够提供培训和其他形式的员工互动,以减少卫星会议和员工出差的费用。低价和方便使播客对希望拓展沟通形式的公司很有吸引力。[11]管理层提供可在内部网张贴的个性化信息,让员工感觉到自己消息灵通。EarningsCast.com 甚至用播客播出它们的收益报告。[12]

播客可以用于员工每年或定期需要完成的培训模块,这对于基于事实的信息分享尤其具有成本效应。公司创造出一致的培训模块,员工可以很方便地下载并根据自己的时间完成这些培训模块。这种灵活性对员工和管理层都非常有益。

除了分享信息和培训,需要随时紧跟新闻事件的管理者可以从新闻媒体的播客节目中获益。全国公共广播电台及成员电台提供播客,美国广播公司(ABC)播放"夜线"和"早安美国"播客,NBC 公司播放没有广告的"晚间新闻"和"与媒体见面"播客。[13]管理者可以下载这些播客,在方便时收听并相应地调整其商业策略。

为什么要采用播客

我们已经知道了播客可以如何运用于工作场所,接下来我们考虑管理者为什么要采用这一技术。

2005年,英国广播公司(BBC)使用互动媒体播放器(Interactive Media Player,iMP)进行了试播。BBC允许听众将节目下载到iPod类型的播放器上,从而允许他们在任何时间播放这些内容。在试播的头四个月里,参加初始MP3下载尝试的三个节目的总下载量为27万次。[14]另外,有很多公司,包括小公司和大公司(如IBM)制作播客来联系客户、顾客甚至是提供特别活动讲座。[15]在危机时期,播客可以立即上载到反映公司首席执行官(CEO)或其他官员的网址上。[16]这样组织就可以及时向媒体传递一致而直接的信息。因此,公司的各种沟通方法中应该包括播客技术。

"作为内部沟通的管理者,拥有支持传统沟通的替代沟通渠道和在线新闻渠道已经成为接受播客的驱动因素",安特吉公司的克里斯蒂夫·史密斯说。[17]这对安特吉尤其重要,因为该公司在未来十年间将要应对成熟劳动力以及因退休导致的人员流转对公司和行业的影响。安特吉拥有近1.5万员工,播客是雇主与公司不同地域的人员沟通的方式。播客看起来是更私人、更直接、更互动的与受众沟通的媒介。[18]

史密斯表明,由沟通执行委员会(Communications Executive Council,CEC)开展的研究以及安特吉自己对员工以及与行业同事互动的现场调查都显示,诸如博客、播客和其他渠道的非传统媒介对联系不同年龄段的员工变得越来越必要。[19]沟通管理委员会2006年下半年的预测显示,在接下来的五年间播客的需求很可能会加快。[20]下一步是学习如何创作播客。

如何创作播客

安特吉公司实施播客所需的设备成本低于250美元,正因如此,他们的公司沟通部在接触播客几天后就开始制作播客。[21]自从2007年年中以来,安特吉公司已经制作了20多个播客,涉及了不同的话题。

创作和传播播客包括以下几个基本步骤:
(1)撰写打算用于播客的材料。
(2)将内容记录到数码装置上,如相机甚至是手机上。
(3)在电脑上编辑播客内容,使用编辑软件引入旁白和/或插入音乐。
(4)将音频/视频内容上载到网络服务器上,创造一个指向播客的RSS传送专线(feed)(传送专线必须包括一个ID3标签和反映文件完整地址、标题长度和内容简短描述的附件标签)。[22]

播客的终端用户点击feed按键,这样内容就可以下载到用户的软件上,比如iTunes。接着,用户可以将播客转移到便携式的移动装置上。

此外,安特吉公司沟通部(Entergy Corporate Communications)最近制定了正式的指导方针,以帮助个体沟通者及其团队通过播客复制公司的成功做法。这些指导方针可能也会帮助形成使用诸如博客、维基、推特等其他新沟通渠道的最佳做法。[23]

播客有没有缺点

管理者在考虑播客方便易用等优点的同时,必须考虑是否有理由不使用播客。本节审视三个负面因素:技术、可达性和法律问题。

技 术

虽然可以建立内容数字权利管理(Digital Rights Management,DRM)软件来限制内容的可达性,但管理者还是必须评估传播渠道、用户需求、技术的速度以及不同的内容是否应该在不同阶段可得。这可能需要大量的技术测试和监管。

因为有些播客吸引了多达五万名的听众,所以播客目录可以跟踪用户模式。[24]该信息可以成为广告收入的来源或垃圾邮件营销工具。

可达性

在大型组织中播客的缺点可能包括员工不能定期得到该技术。安特吉雇用很多户外工人,比如线路工人,他们大部分时间不在电脑旁,可能没有电脑扬声器或耳机,或者本身不常使用 iPod 或其他 MP3 播放器。[25]因此,对于有多少人可以从播客中获益有着天然的限制。其他数字媒体,如维基、博客和在线视频等,也都面临同样的技术使用限制。

法律问题

创作播客时,制作者必须确保展现的材料得到了许可,关于版权和注册等问题已经解决。管理者必须知道公司是否确实拥有所用旧材料的所有权。如果雇用第三方开发播客系列,必须有内容的明确许可证来保护版权。为了增加安全性,公司可能还需要注册他们的播客。[26]

包含在播客中的任何内容,不管是音乐还是别的,只要不是公司明确拥有的,都必须有版权许可。必须解决这些法律问题,从而确保该技术将来不会给公司造成巨大损失。

结论

安特吉公司人力资源和管理的高级副总裁特利·西蒙斯(Terry Seamons)认为播客在安特吉和其他大型公司有巨大的潜力。他最近报告称:"当我就安特吉内部播客接受采访后,我收到了公司不同部门的人的一些评论,他们说:'听到你用自己的话表达个人的想法,而不仅仅是公司关于不同问题的书面文字,真是太好了。'"西蒙斯说非正式播客的自发性和个人风格让员工关注他们相信的东西以及自己的角色,而不仅仅对公司领导层有模糊的认识。

播客为创建管理信息、员工参与沟通、培训项目和其他内容提供了低成本的内部选择。公司有能力在现有内部网上传播播客和其他数字媒体,在某些情况下可以降低出差和实体会议的成本。更重要的,新媒体帮助公司做好准备来应对不同年代的劳动力,这些人会以与各自学习和工作风格相称的方式提出自己的主张。只要努力确保公司播客的合法权利,这一沟通媒体在年轻人和年长者中的使用都可能继续增加。

消费者需求和影响越来越成为不可忽视的关键因素。Wtopnews.com 的主编史蒂夫·多尔格(Steve Dolge)说:"我们必须去人们所在的地方而不是强迫他们来我们所在的地方。"[28]播客不能代替现场互动,但由于技术变得实时可得,播客的视频音频能力可能是公司生存所必需的。

问题

1. 使用播客的优点是什么?
2. 商务中播客的缺点是什么?
3. 如何使用播客作为一个组织的内部或外部工具?

4. 描述公司如何使用播客推销产品或服务。

尾注

1. Colette Vogele and Elizabeth Gard,"PodCasting for Corporations and Universities:Look Before You Leap,"*Journal of Internet Law* 10,no.4(2006),pp.3–13.

2. Communications Executive Council(2006),www.cec.executiveboard.COrn(retrieved June 17,2009).

3. *Ibid.*

4. Deborah Potter,"iPod,You Pod,We All Pod,"*American Journalism Review* 28,no.1(2006),pp.64–66.

5. Google,www.google.com(retrieved July 24,2009).

6. Farrell Kramer,"Enhance Your Communications Program with Podcasting:Providing What Blogs and Press Releases Can't,"*Public Relations Tactics* 13,no.11(2006),p.39.

7. Vogele and Gard,"PodCasting for Corporations and Universities:Look Before You Leap."

8. Christopher Smith,Manager of Employee Communications,Entergy Services,Inc. Personal Interview,June 15,2009,Houston,Texas.

9. Communications Executive Council.

10. Vogele and Gard,"PodCasting for Corporations and Universities:Look Before You Leap."

11. Communications Executive Council.

12. Vogele and Gard,"PodCasting for Corporations and Universities:Look Before You Leap."

13. Potter.

14. Chris Forester,"People at the Top,"*Communications Engineer* 3,no.4(2005),pp.22–27.

15. Vogele and Gard,"PodCasting for Corporations and Universities:Look Before You Leap."

16. Eric N. Berkowitz,PhD,"The Evolution of Public Relations and the Use of the Internet:The Implications for Health Care Organizations,"*Health Marketing Quarterly* 24,no.3/4(2007),p.126.

17. Smith.

18. Vogele and Gard,"PodCasting for Corporations and Universities:Look Before You Leap."

19. Smith.

20. Communications Executive Council.

21. Smith.

22. Vogele and Gard,"PodCasting for Corporations and Universities:Look Before You Leap."

23. Smith.

24. Holly Beth Billington,"The Podcasting Explosion:U.S. and International Law Implications,"*Intellectual Property & Technology Law Journal* 18,no.11(2006),pp.1–5.

25. Smith.

26. Vogele and Gard,"PodCasting for Corporations and Universities:Look Before You Leap."

27. Terry Seamons,Senior Vice President of Human Resources and Administration,Entergy Serv-

ices, Inc. Personal Interview, June 17, 2009, Houston, Texas.

28. Potter.

4. 作为商务沟通工具的博客

马修·奥儒克,萨姆休斯顿州立大学

在当今网民中,使用博客作为技术沟通工具越来越成为一种趋势。据估计,美国27%的网民定期使用博客[1],在线博客的数量估计超过1.12亿[2],每天大约出现4万篇新博客。[3]然而,鲜有学术研究关注作为商务沟通工具的博客。[4]本文的目的在于让读者熟悉博客,讨论博客可以用于你的公司的各种方法,强调使用博客进行沟通的优缺点,并提供正确使用博客的一些建议。

博客是什么

博客是一种按逆时间顺序显示信息的在线日志。换言之,在同一页面上,今天的信息出现在昨天的信息上面。最早的博客是在线"对话"。[5]博客可以在任何时间任何地点上载。与绝大多数互联网页面不同的是,博客是动态的。个人可以轻松地在自己的博客中更新信息、增加信息或开始全新的思路。[6]博客写作不需要掌握诸如HTML等网络编程语言。[7]博客通过简易信息聚合(RSS)获得,这是一种让全球读者可以使用博客的技术。[8]

博客已经进化成一种在线对话形式,个体把与其他博客、网址及诸如视频和音乐等的其他媒体的连接包括在内。[9]很多博客允许读者对博主进行评论,这些评论可以被所有读者阅读。博客经常提供对新闻或特定话题的"评论"。媒体公司,无论大小,都开始将博客作为报道新闻和让读者参与对话的方式。[10]然而,很多美国公司似乎对尝试博客的诸多好处非常谨慎。

随着20世纪90年代互联网泡沫的破灭,这一现象不足为奇。尽管有这些顾虑,公司必须认识到,不会有"博客泡沫"的破灭。绝大多数的博主是普通人,他们没有商业计划、没有预算,也没有与其他博主竞争的意识。[11]博客很便宜,不需要投入大量资金开始运作。博客不是"一种做生意的新方法",而应该只是被当作沟通的额外方法。博客不会替代典型的沟通渠道,但公司可以用其增加内外部沟通的有效性。

博客在商界的使用

博客应该作为额外沟通工具应用于商界中。[12]博客开拓了新的内外部沟通渠道。尽管技术是相同的,但是博客中内外部的使用方法不同。

内部博客

当今,公司内部博客的最常见用法是作为项目协调工具。同一个项目的团队可以使用博客分享信息或提供进展更新。该信息对团队成员、希望"进行检查"的管理者或公司内部其他获准进入的人员可见。管理者不需要召集团队开会来讨论一个项目的进展情况,他仅需要看一眼团队的项目博客就够了。如果团队成员处于不同的地理位置,博客作为项目协调工具的好处将进一步扩大。

在公司内部，博客还可以作为分享信息和收集股东反馈的方法。[13]例如，如果公司希望在员工中寻求对某一新政策的反馈，他们可以就该议题开始一个内部博客。过去，可能需要一系列的会议、报告、书信、备忘录以及领导与民众的直接对话等。博客允许每个人在自己方便的时间参与讨论，而且对决策者需要审视和考虑的所有想法、评论和输入保留永久记录。

外部博客

博客可用于公司外部以完成各种不同任务。公司可以开设博客与顾客、潜在顾客或外部供应商和供应链成员进行沟通。[14]使用博客或其他技术进行沟通被认为比机械式的单调的目标宣言和新闻发布更真诚、更可信、更"真实"。博客是以对话口气写成的，外部股东更喜欢阅读。[15]使用外部博客的公司从顾客处获得对当前或未来产品的评论。公司可以使用博客应对批评或市场危机，使用博客收集它们必须考虑提供的变化或新产品的新想法。[16]以顾客为导向的博客的要点是公司可以使用博客建立和维持与公众的关系，加强品牌的影响力并提升品牌在市场中的位置。[17]

使用外部博客对公司有利的第二个方面是通过使用聚合器跟踪博客。[18]聚合器是一种持续监控博客世界（博客空间）的工具。用户可以在聚合器中输入特定的博客网站、作者、关键词或其他"搜索"标准，聚合器会持续扫描互联网寻找与搜索标准匹配的内容。聚合器不同于传统的搜索引擎，因为聚合器每天24小时、每周7天不间断地扫描网络，直到被要求停止为止。聚合器的搜索结果被编制在用户的电脑上，用户可以自由决定何时去阅读这些博客。

公司可以使用聚合器随时了解顾客对新产品的想法、说法和要求。公司可以跟踪竞争以及对竞争对手行动的顾客反馈。聚合器使公司能够收集到关于其产品和/或服务最新说法的信息。通过持续监控市场，公司将能够对出现的问题更快地做出反应。[19]

博客的第三个外部用法是广告。很多公司在缝隙市场中运作，它们一直在寻求到达目标市场的新方法。[20]有1.12亿在线博客可供选择，很有可能有关注某一行业的博客存在。公司可以通过在这些博客网站插播横幅广告（Banner Ads）来充分利用这一机会，这样就基本上保证阅读博客的人在他们的目标市场中。

博客的优点

与更传统的沟通渠道相比，博客有几个优点。第一个优点是博客不是"被时间冻结"的，而是持续变化和进化的。公司使用网站来与顾客进行沟通，但这种沟通可以比作到图书馆中找一本书。如果你今天去借一本《野性的呼唤》，然后把书还了，你下周再去借同一书名的书，很可能你会借到你原来还的那本书。同样的，如果你今天去公司的网站，然后明天再去同一网站，很可能你会看到一模一样的东西。博客则不同，今天你去看一个博客，明天再去看同一博客，你会看到与昨天一样的信息，但可能还会发现新的话题、更新和/或读者评论。这种"新的"互联网不仅跟踪公司网站上陈旧的思想和信息，还实时跟踪消费者想法的"脉搏"。[21]

使用博客的第二个优点是博客是非常用户友好的。[22]博客不需要特殊的编程知识。一般情况是如果你会发电子邮件，你就可以写博客。博客还非常便宜。博客软件可以在线免费获取，或用户可以在免费发布他们博客的网站上注册。如果公司想发布自己的博客，与维持一个大公司网站和内部网的成本相比,博客软件成本更低。博客很容易获取和更新,仅需要有网络连接。同样的,如果你能上网查阅电子邮件,你就能上网阅读博客、留下评论甚至撰写自己的博客。很多博客通过在同一页面提供反馈形式来鼓励读者进行互动。

博客还为公司提供更快了解批评、危机或仅仅分享信息的机会。反过来,博客还提供了对这些批评、危机或信息做出快速反应的通道。[23]过去,公司不得不依赖新闻发布会、行业出版物或单调乏味的网站更新来宣布新产品或服务。博客为公司提供了与顾客在新产品投入市场之前、期间和之后的沟通。

博客的最后一个优点是它们鼓励对话。博客允许个人或公司收集来自他人关于任何数量的事物的反馈。不像传统媒体,博客很少有"审查制度"。[24]例如,新产品进入市场时,一般会在行业杂志或出版物上进行评论。负责评论的团体(如《汽车与司机》评论一种新的奔驰车)对产品有"最后发言权"。原始设备制造商或其他顾客很少有机会发表他们对产品的看法或对最初评论做出反应。他们可以写信给编辑,但是,同样的,出版公司对哪些信件可以被公众阅读有最后发言权。博客完全绕过了这整个程序。每个人都有机会对任何愿意"倾听"的人做出反馈。

博客的缺点

博客空间"每个人都是出版商"的心理也可以被认为是博客的缺点之一。批评者和/或竞争者可以使用博客打击你的产品、抱怨你的服务甚至散布谣言。公司可以"买通博主的支持"或开始"自己无署名的播客推销自己的产品"。[25]虽然公司可以使用这些为自己服务,但是需要记住的是,竞争对手也有机会做一模一样的事情。

在管理外部关系时,博客也提出了一些挑战。公司博客,虽然由个体员工进行管理,但毕竟代表了"公司的声音"。如果没有恰当的监管,公司可能得到坏名声。[26]公司还必须记住,绝大多数博客帖子是永久的,所以如果公司发布了原来并不想让公众和/或竞争对手知道的博客后,几乎没有补救的余地。

博客的最后一个缺点与其说是"缺点"不如说是"威胁",因为这是可以克服的。公司已经很习惯能够对公司信息和名声进行操控,如果公司选择使用博客,并将这种能力给予读者和外部使用者,那么博客就夺走了公司的部分操控能力。[27]虽然外部博客提供了与外部股东进行沟通的额外方法,但是同时也开辟了批评的新渠道。虽然可以"审查"这些批评,但是这样做就大大丧失了可信性。[28]

在公司里使用博客

博客的使用将继续增加。如果你的公司还没有进入博客空间,那么现在也许该考虑了。必须记住,通过博客沟通很可能与你公司正在使用的其他任何沟通形式不同。详细讨论在公司中如何实施博客超出了本书的能力,但是下面几节的内容提出了你决定进入博客空间时必须考虑的要点。

制定员工使用博客的指导原则

博客被看作你公司的另一种"声音",因此,一定要确保外部博客发出的声音与目标宣言、新闻发布会、广告、网站以及其他形式的外部沟通所发出的声音是一致的。确保这种声音一致性的方法是制定员工在撰写公司博客时必须遵守的指导原则。指导原则还可以避免因博客使用不当而引起的法律纠纷。"恰当的"指导原则因公司而异，但所有公司必须遵循两个普遍原则：要求所有员工的博客帖子有免责申明；去除无关的或包含亵渎或个人攻击的读者评论。[29]

使用谈话式语言

在实施指导原则时第二件需要考虑的事情是博客的"私人"性质。博客应该是真诚的，应该避免新闻发布会、年度报告或目标宣言的乏味而世俗的语言。博客应该是寻求反应的开放而诚恳的沟通。记住，博客的关键不仅仅是与公众分享信息，更是在博主与读者之间展开对话。[30]如果读者认为语言过于"傲慢"，他们将不会对公司博客做出反应，而公司也将不能利用外部博客所展现的机会。

使用 RSS 来得到更多观众

公司还必须确保他们的博客可以通过 RSS（简易信息聚合）获取。[31]当今世界，绝大多数博客都是自动通过 RSS 获取，但公司应该采取额外步骤来确保他们的博客可以通过 RSS 播放。[32]通过在 RSS 上聚合博客，可以帮助博客到达更多的读者。事实上，通过使用聚合器，不需要做任何搜索，聚合器为你搜索并将结果带给你，让你在自己方便的时间阅读。反过来，公司还应该确保他们使用聚合器来监控关于他们公司、竞争对手、所处行业以及他们认为重要的任何其他因素的说法。[33]

为正确的原因撰写博客

最后，公司是为了正确的原因而进入博客空间，这一点很重要。本文强调了公司可以使用博客作为内外部沟通工具，还讨论了博客可以为公司带来的好处。然而，这并不是说博客适用于每个人。公司不应该仅仅因为竞争对手使用了博客而进入博客空间。博客应该用来弥补目前的沟通鸿沟或加强目前已在使用的沟通渠道。[34]

结论

博客"泡沫"不会出现。博客有能力在商务世界开创新的沟通渠道。博客的优点是实时的、容易操作的，而且是开创不同群体间沟通的极佳方法。博客可用来加强内部沟通和协调，也可用作到达外部观众和监控市场的工具。博客为公司提供了额外的宝贵沟通工具，但其实施必须有好的理由。

讨论问题

1. 用于内部沟通的博客的优点是什么？用于内部沟通的博客的缺点是什么？
2. 公司在创建博客与顾客进行沟通之前应该考虑哪些因素？
3. 哪个目标市场最有可能对公司博客做出反应？

尾注

1. S. Baker and H. Green, "Social Media Will Change Your Business," *Business Week Online*, February 20, 2008, www.businessweek.com/go/blog (retrieved February 21, 2008).

2. *Wikipedia*, "Blog," http://en.wikipedia.org/wiki/Blog (retrieved February 23, 2008).

3. Baker and Green, "Social Media Will Change Your Business."

4. C. Catalano, "Megaphones to the Internet and the World: The Role of Blogs in Corporate Communication," *International Journal of Strategic Communication* 1, no. 4 (2007), pp. 247–262.

5. *Wikipedia*, "Blog."

6. S. Baker, "The Inside Story on Company Blogs," *BusinessWeek Online*, February 14, 2006, www.businessweek.com/technology/content/feb2006/tc20060214_402499.htm (retrieved February 21, 2008).

7. *Wikipedia*, "Blog."

8. Baker and Green, "Social Media Will Change Your Business."

9. *Wikipedia*, "Blog."

10. Baker and Green, "Social Media Will Change Your Business."

11. *Ibid.*

12. L. Rosencrance, "Blogs Bubble into Business," *ComputerWorld Online*, January 26, 2004, www.computerworld.com/softwaretopics/software/story/0,10801,89283,00.html.

13. Baker, "The Inside Story on Company Blogs."

14. *Ibid.*

15. P. Blackshaw and M. Nazzaro, "Consumer-Generated Media (CGM) 101: Word-of-Mouth in the Age of the Web-Fortified Consumer," Nielsen BuzzMetrics White Papers, Spring 2006, www.artsmarketing.org/marketingresources/files/Consumer-Generated percent20Media.pdf (retrieved March 8, 2008).

16. Baker and Green, "Social Media Will Change Your Business."

17. Baker, "The Inside Story on Company Blogs."

18. Baker and Green, "Social Media Will Change Your Business."

19. *Ibid.*

20. *Ibid.*

21. *Ibid.*

22. Baker, "The Inside Story on Company Blogs."

23. Catalano, "Megaphones to the Internet and the World."

24. Baker and Green, "Social Media Will Change Your Business."

25. *Ibid.*

26. Catalano, "Megaphones to the Internet and the World."

27. Baker and Green, "Social Media Will Change Your Business."

28. Baker, "The Inside Story on Company Blogs."

29. Catalano, "Megaphones to the Internet and the World."
30. *Ibid.*
31. *Ibid.*
32. *Wikipedia*, "Blogs."
33. Baker and Green, "Social Media Will Change Your Business."
34. Catalano, "Megaphones to the Internet and the World."

5. 喂！这里是印度：离岸外包对商业的影响

安娜·图里，萨姆休斯顿州立大学

想象一下，当你在电脑旁工作时，你总是收到某个程序的错误信息，而这总是导致你的电脑关闭，你因此失去了宝贵的工作时间，所以你最终打电话给技术支持热线。接电话的人非常体贴，但是他有浓重的口音，你很难听明白。因此，你决定结束与这个人的谈话而再打一次，希望由别人接听电话。接听电话的又是一个带浓重口音的人，因此，你询问技术中心在哪里，该代表回答说，所有的电话都是在印度的一个中心接听的。印度？回答有点惊人。毕竟，你是从加利福尼亚的圣地亚哥打的电话，而且你拨的是平常的免费电话，为什么变成由印度人来接听电话呢？

答案很简单：现在很多公司将部分运作分包给其他国家的独立供应商。这一过程被称为离岸外包。[1]这种全球的外包形式是三种经济发展的结果：新的政治稳定性、强大的教育体系和更低廉的高带宽沟通。[2]最后这种发展是技术进步的结果。技术进步使得海外沟通频繁便捷地进行。"有史以来第一次，卫星通信技术使得通话双方可以跨越长距离和国界线实现直接互动。"[3]

但为什么是印度呢？印度是呼叫中心的最佳选择之一。"印度电话中心的工作包括为主要来自北美的拨打免费电话号码的客户提供语音对语音服务。"[4]印度的劳动力素质很高，成本低廉，是美国公司将部分客户服务部门进行离岸外包的理想地点。2000—2003年，外国公司在印度进行离岸外包的数量增加了1200%，而且很多美国公司继续投资该市场。例如，戴尔是在印度拥有呼叫中心的很多美国公司之一，预计到2008年员工将超过1.5万人。[5]

总而言之，离岸外包对公司有很多优点，如降低成本、重新分配内部资源、获取高素质的劳动力等。然而，离岸外包也有很多缺点，如将美国工作让给外国人、可能导致顾客不满、降低质量及安全和法律问题等。下面将具体探讨所有这些方面，同时讨论外包的一些未来趋势。

离岸外包的优点

首先，为什么每个人都赶离岸外包这个时髦呢？答案明显是节省成本。当公司可以用比在国内生产更少的钱购买产品或服务时，公司就可以节省一大笔钱。此外，随着中国和印度成为全球市场的一部分，欧美公司能够得到大量的低成本劳动力。[6]

离岸外包最开始影响的是在像印度和中国等海外国家生产实际商品的制造业的工作。现在，离岸外包也影响服务业和白领工人，因为很多中产阶级工作被转移到海外。例如，"处理保险索赔、销售股票、分析公司状况等可以在亚洲进行，成本只是在美国或欧洲生产的1/3。"[7]这些服务业可以在海外有效进行的一个原因就是过去几年互联网的迅猛发展和像印度等地方高带宽数据网络成本的降低。现在,像处理保险索赔这样的数据可以比过去更快、更有效地在本地和海外之间来回传输。另外,通过电脑的低廉沟通方式使得在几乎任何地点管理大型员工群体成为可能。[8]

但降低成本并不是离岸外包的唯一优点。事实上,绝大多数公司进行离岸外包的首要原因是它们可以将内部资源重新分配到更重要的领域。[9]例如,如果公司限制员工花在世俗任务的时间,那么这些员工就会更关注工作中更关键的方面。事实上,离岸外包可以是公司创新和扩展的一个重要方面。[10]

最后,离岸外包使得美国公司能很容易地得到高素质的劳动力。在世界的其他地区,如印度和中国,强大的教育体系培养了大批教育程度高、积极向上的人,他们愿意以低于美国或欧洲平均水平的工资工作。[11]菲律宾每年有大约38万大学毕业生,而印度每年培养了大约52万名IT工程师。[12]这些软件工程师愿意以年薪2万美元而工作,而美国的软件工程师则要求年薪15万美元。[13]因此,怪不得纽约一家主要的证券公司计划在未来三年用印度软件工程师替换原有的800名软件工程师。

离岸外包的缺点

讨论离岸外包时听到的最常见抱怨就是美国工人被外国工人抢了工作。虽然有时候确是这么回事儿,但是绝大多数公司声称,他们并没有甩掉员工,而是将劳动力重新分配到更重要、薪酬更高的岗位上。[14]无论如何,不管公司如何声称,离岸外包还是影响了美国的工作,而且随着越来越多公司利用海外廉价劳动力,"转变不会毫无痛苦,而且尤其会打击发达国家的中产阶级"。[15]任何不需要每天面对面处理工作的员工现在都有受影响的危险。[14]

离岸外包的另一个缺点是可能引起顾客不满。1-800-FLOWERS公司最近尝试用设在印度的呼叫中心来接受顾客订单。但是,在顾客抱怨服务代表的话难以听懂后,公司停止了这一尝试。如果他们没有倾听顾客的抱怨并采取行动,不满意的顾客可能转向他们的竞争对手。[17]

有些将工作外包到海外的公司发现,工作的质量与预期有差距。原因可能如下:

> 当员工不认同他们所代表的组织时,他们的业绩尤其受到影响……这是人之常情:因为他们组织的名字不是直接与承包商提供的服务相联系,他们要确保把工作做好的动机更弱。[18]

如果一个公司雇用一个相对不知名的外包公司,而且没有核实该公司的过去业绩,那么这肯定会出问题。

与离岸外包相关的最后一个问题涉及安全和法律问题。如果一个公司将诸如社会安全和信用卡号码等数据发送到海外,那么就超出了美国执法的控制,这就很难起诉在海外将信息用于非法目的的人。[19]另外,美国公司可能以其专利和版权冒险,因为这些在其他国家可能无效。[20]更有甚者,海外的"知识产权落在非员工手中,而它(公司)对他几乎无法控制……忠诚度是零,侵权和盗版非常猖獗"。[21]

居家外包作为离岸外包的替代

考虑到前面提到的所有缺点,有些美国公司已经从离岸外包转向居家外包。居家外包是指国内的居家电话工作,预计这类工作到2010年将从11.2万增加到20万。[22]捷蓝(JetBlue)航空公司是最早利用居家外包的公司之一,有1400名订票代理可以舒舒服服地在家工作。[23]

居家外包提供了很多好处。首先,居家外包使公司能够得到大量没有利用的潜在工人,即待在家里的父母。这些人喜欢工作所提供的灵活性,而且公司也喜欢居家外包所提供的廉价的及时劳动力。[24]其次,"如果离岸外包工作可能提供廉价劳动力,居家外包的一大优点是公司几乎不需要办公室、停车场、咖啡厅和其他员工设施的资本支出,更不用提员工福利了。"[25]最后,居家外包也帮助解决了顾客在与其他国家的服务代表交涉时产生的不满问题。有了居家外包,因有浓重口音而引起的误解或与文化阻隔相联系的问题减少了。

内包趋势

另一个常见的定期出现的趋势是内包。外国公司想增加其在美国市场的份额,所以将其运作内包给美国公司。内包,也称为逆向外包,发生在来自中国和印度等其他国家的公司在美国开展业务时或外国公司在世界其他国家招募员工时。[27]这些内包工作从1983年的250万增加到2000年的650万,而且还在不断增加。

逆向外包的增长应该可以帮助消减这样的恐惧:太多的美国工作被送到了海外,因为这些外国公司现在进驻美国,创造了就业就会,帮助提高了美国的生活水平。事实上,这些公司在美国雇用超过540万人,并且通过增加研发投资和实物资本增加美国经济总量。他们还"一般从国内(而不是外国)公司购买大多数的供给,总计达80美分/美元,即12.6万亿美元"[29]。

此外,有些还没有准备好在美国建立办公室的外国公司开始外包美国人为其项目工作。印度软件公司现在面临劳动力短缺问题,所以把一些工作外包给美国或世界其他地方。[30]例如,印度最大的电话公司巴蒂电信(Bharti Tele-Ventures)已经将技术任务外包给美国的IBM公司。[31]如果工人短缺问题继续下去,更多外国公司将会步巴蒂公司的后尘。

展望未来

考虑到离岸外包的各种事实,关于未来必须说几件事。第一,由于海外劳动力和生产的成本更低,全球外包将会继续,直到"全球不断上涨的工作抵消了轻易得到的成本收益"[32]。只要可以降低成本,而产品和服务的质量不受影响,美国公司将会继续使用离岸外包。然而,如果出现关于质量问题或顾客服务问题,公司将不得不权衡低成本带来的优点和失去顾客的潜在可能和名声受损之间的关系。最后,他们可能发现代价大于好处,所以不得不将离岸外包服务/产品转回国内。

第二,越来越多的公司将一些离岸呼叫中心移回美国并用居家外包进行运作。居家外包似乎还降低了美国公司的成本,在顾客满意度方面,居家外包比海外呼叫中心的业绩记录更好。

第三,随着劳动力短缺问题开始在像印度等其他国家出现,越来越多的外国公司将开始向美国内包。如果这种逆向外包继续下去,我们将会看到"一个大圆圈,在这个圆圈里,印度人雇用美国人和其他外国人,而全球的西方公司雇用印度人、中国人等"[33]。

讨论问题

1. 定义并比较这些术语:外包和内包。

2. 定义并比较这些术语：离岸外包和居家外包。

3. 一个公司外包诸如会计、人力资源和客户服务等业务功能有什么优点？

4. 一个公司外包诸如会计、人力资源和客户服务等业务功能有什么缺点？

尾注

1. W. J. Keehan and M. C. Green, *Global Marketing*, 5th ed. (Upper Saddle River, NJ: Pearson/Prentice Hall, 2008).

2. C. Schumer and C. Roberts, "Second Thoughts on Free Trade," *The New York Times*, January 6, 2004.

3. W. R. Poster, "Who's on the Line? Indian Call Center Agents Pose as Americans for U. S. -Outsourced Firms," *Industrial Relations* 46, no. 2 (2007), pp. 271 – 304.

4. M. Pal and P. Buzzanell, "The Indian Call Center Experience: A Case Study in Changing Discourses of Identity, Identification, and Career in a Global Context," *Journal of Business Communication* 45, no. 1 (2008), pp. 31 – 60.

5. *Ibid.*

6. L. Dobbs, "The Global Outlook on Outsourcing," January 31, 2005, www. cnn. com/2005/US/01/28/world. outsourcing (retrieved February 28, 2006).

7. P. Engardio, A. Bernstein, and M. Kripalani, "The New Global Job Shift," February 3, 2003, www. businessweek. com (retrieved February 28, 2006).

8. Schumer and Roberts, "Second Thoughts on Free Trade."

9. PR Newswire Europe, "Outsourcing Industry at a Crossroads: Annual DiamondCluster Survey Finds Customers Questioning Value," June 7, 2005, http://web. lexis-nexis. com. unxl. shsu. edu (retrieved March 31, 2006).

10. S. Fullmer, "Why to Support Global Outsourcing," www. informit. com (retrieved February 27, 2006).

11. Schumer and Roberts, "Second Thoughts on Free Trade."

12. Engardio, Bernstein, and Kripalani, "The New Global Job Shift."

13. Schumer and Roberts, "Second Thoughts on Free Trade."

14. D. Drezner, "The Outsourcing Bogeyman," *Foreign Affairs*, May/June 2004.

15. Dobbs, "The Global Outlook on Outsourcing."

16. Schumer and Roberts, "Second Thoughts on Free Trade."

17. M. Conlin, "Call Centers in the Rec Room: 'Homeshoring' Takes Off as Moms and Others Provide an Alternative to Offshoring," *BusinessWeek* 76 (January 23, 2006), http://web. lexis-nexis. com. unxl. shsu. edu (retrieved March 24, 2006).

18. J. Pfeffer, "The Hidden Cost of Outsourcing," March 1, 2006, www. cnnmoney. com (retrieved March 12, 2006).

19. Conlin, "Call Centers in the Rec Room."

20. A. Gore,"The Future of Outsourcing:September 11,2011," October 3,2003,www. informit. com（retrieved February 7,2006）.

21. A. Fisher,"Bringing the Jobs Home," *Fortune* 22（March 20,2006）.

22. J. Fitzgerald,"Some Workers Show Up in PJ's;'Homeshoring'Springing to Life," *The Boston Herald*, January 6,2006,p. O27,http://web. lexis-nexis. com. unxl. shsu. edu（retrieved March 24,2006）.

23. Conlin,"Call Centers in the Rec Room."

24. *Ibid*.

25. K. Hall,"New Homegrown Operations Challenge Offshoring Trend," *Knight Ridder/Tribhne News Service*, December 1,2005,http://web. lexis-nexis. com. unxl. shsu. edu（retrieved March 23,2006）.

26. Conlin,"Call Centers in the Rec Room."

27. P. Keefe,"Reverse the（Outsourcing）Curse," June 2,2006,www. informationweek. com（retrieved March 13,2007）.

28. Drezner,"The Outsourcing Bogeyman."

29. S. Swoyer,"Outsourcing in Reverse:Foreign Companies Send Jobs to the United States," October 26,2004,www. esj. com（retrieved March 13,2007）.

30. Keefe,"Reverse the（Outsourcing）Curse."

31. E. Frauenheim,"Does'Reverse Outsourcing'Mean Much？" January 18,2005,http:// news. com. com/2061-10788_3-5540692. html（retrieved March 13,2007）.

32. P. Engardio,M. Arndt,and D. Foust,"The Future of Outsourcing," January 30,2006,www. businessweek. com（retrieved February 15,2006）.

33. Keefe,"Reverse the（Outsourcing）Curse."

6. 电子商务中的实时聊天

安娜·图里,萨姆休斯顿州立大学

在线购物作为一种零售现象的出现是毫无争议的。使在线购物与传统的实体店购物很接近的一个特点是实时聊天。网站的实时聊天特点代表了可以为买家提供帮助、指引、鼓励和支持的销售人员。买家与售货员的互动是同时的并以文本为基础的。毕马威咨询公司（KPMG Consulting）的利·邓肯（Leigh Duncan）称实时聊天是"革命性的",因为它大大降低了客服成本,在顾客购物时,将零售代表"带到了"顾客的家中。[1]

实时聊天对在线零售商的好处

实时聊天是拉近网络购物体验与现实世界的距离的爆炸性技术。零售网址采用实时聊天功能,因为这是与顾客沟通的一种低成本的简单方法。美国的LivePerson公司是一家总部设在纽约市、提供软件和支持的龙头供应商,拥有超过 4 000 个客户公司,包括 EarthLink、惠普、微软、威瑞森(Verizon)、尼曼·马库斯(Neiman Marcus)、美国家庭购物网 QVC、新线影业(New Line Cinema)、嘉信理财集团(Charles Schwab)、奎斯特通讯(Qwest)和索尼等。该公司 2006 年的收入预计超过 3 200 万美元,其季度收入比上一年增加了 40% 左右。[2]

托管软件使公司能确定在线买家,并让他们参与互动,从而增加销售量。报告显示,该功能的最大优点是实时聊天增加了"转化率",或买家实际购买产品的可能性。例如,盖世威鞋业公司(K-Swiss Inc)报告称,当顾客使用实时聊天功能时,转化率翻了一番多,因为 75% 的聊天与产品知识直接相关。[3]实时聊天还允许交叉销售或升档销售。这降低了放弃购物车的可能性,增加顾客完成购买的信心。根据安盛咨询公司(Andersen Consulting)的一项调查,几乎 62% 的互联网顾客说,如果有实时的顾客支持,他们会购买更多产品。[4]

第二,实时聊天不需要大量的技术投资。供应商和分析人员称,在商业网站实施实时聊天的成本很低。通常,应用软件可以在一小时内下载到零售商的服务器上。客服代表仅需要电脑上的浏览器。

第三,实时聊天比客服电话和电邮成本更低。另一个主要供应商 ServiceReps.com 提出了三种比较:取决于等候时间长短,处理电话的成本是 15—35 美元,处理电邮的成本是 7—13 美元,影响该价格的部分原因是客服代表是逐个地而不是同时处理电邮。实时聊天的成本大约每笔交易 2 美元。部分成本分析考虑了解决顾客问题所需的时间。电邮最长需要三天,而电话或聊天可以立即解决问题。[5]

第四,文书聊天越来越受顾客接受。很多买家使用即时信息和文本信息来进行私人和专业沟通。零售网站上的实时聊天只是一个延伸,其即时结果使其优越于线下打电话给客服中心或等待对顾客问题的电邮回复。2005 年,美国 63% 的在线买家报告称他们使用实时聊天功能,比 2001 年增加了 22%。[6]

根据丘比特研究公司(Jupiter Research)的一项新报告,零售商可以通过限制顾客得到某些情境来改善实时聊天的投资收益率。第一种模式叫被动聊天(Reactive Chat),只用于复杂的问题或为了解决纷争;第二种模式叫积极聊天(Proactive Chat),仅在关键时刻,如产品已经放在购物车里很长时间后使用弹出式聊天请求或聊天按键;第三种模式叫自动聊天(Automated Chat),使用人工代理回答自动化无法处理的询问,从而减少了大约 80% 的服务成本。[7]

实时聊天对零售商的坏处

安德鲁斯和霍沃斯(Andrews & Haworth)观察到,几乎没有实验证据证明实时聊天对电子商务的价值。[8]为了评估顾客实际满意程度和购买习惯,他们对五个提供实时聊天的电子商务网站进行了可用性研究。他们的研究结果证实,积极的聊天体验增加购买率。然而,他们也发现了与实时聊天有效性相关的技术和社交问题。

技术问题包括顾客对聊天功能的可获取性,即如果有问题的买家必须寻找链接/图标,他可能变得沮丧并放弃该网址。此外,在聊天过程中,买家希望与真实的人互动,如果得到的是预录的回答或心不在焉的互动,他会很失望。[9]聊天软件可能很复杂,很难正确安装和管理[10];也可能设计得很差[11];或不能处理复杂的问题。[12]

社交问题出现在买家和客服代表间的实际互动中。安德鲁斯和霍沃斯指出五个具体的社交问题:提出买家认为无关的个人问题;缺乏隐私声明;让买家看网址而不是直接回答买家的问题;非个人的、泛泛的、隐晦的或预录的回答;缺乏礼貌和礼仪,包括拼写错误、句子不完整、使用大写字母、没有说"请"和"谢谢"。

人际沟通技巧的影响

从零售商的角度看,实时聊天的效率是至关重要的。服务代表必须能够同时进行多个聊天。呼叫中心的代表接受包括打字速度、语法和拼写技巧以及总体写作技巧等的训练。提前预制的回答经常能使聊天进展更快。

然而,从买家的角度看,这些效率因素可能影响实时聊天体验。一个措辞糟糕的回答,即使买家因此而得到了所需的信息,还是使买家对聊天产生消极印象。[13]个人化的聊天是顾客感知的服务质量、满意度和购买行为的重要决定因素。

实时聊天体验显示,人际沟通可以带来人际关系,人际关系可以带来信任,信任又会带来购买。例如,当买家被直接问及实时聊天后在某个网站购物的原因时,他们一致指出积极购买动机的五大原因:对网站的总体积极体验,包括聊天;信任零售商;对产品有信心;价格可以接受;购买风险低。[15]

信任或名声与具体的沟通方式有关。当电子商务过程出现技术问题时,信任可能让顾客保持购买而不是放弃尝试。相反,技术表现差或实时聊天体验不佳可能赶走新的在线顾客。

讨论问题

1. 在线零售网址的实时聊天的功能是什么?
2. 电话支持/帮助热线的功能是什么?
3. 比较实时聊天与电话支持,包括每种方式对在线买家的优缺点。
4. 比较这两种支持方式的特点和实体零售店提供的职员帮助。每种方式的优缺点是什么?
5. 作为商务沟通顾问,你将如何建议在线零售商改善他们的实时聊天功能?

尾注

1. A. M. Findlay, "Answering Questions the Instant the Online Shopper Asks Them," 2002, www.internetretailer.com/article.asp? id=6475 (retrieved September 5, 2006).

2. *Internet Retailer*, "LivePerson Reports Second Quarter Revenue Increase of 40% to \$7.4 Million," 2006, www.internetretailer.com/pressReleaseDetail.asp? id=19461 (retrieved September 5, 2006).

3. A. M. Findlay, "Answering Questions the Instant the Online Shopper Asks Them."

4. *Volusion*, "Live Chat Software: Online Customer Service for Online Selling, the Commodity Becomes the Necessity," message posted July 14, 2006, to http://onlinebusiness.volusion.com/articles/live-chat-software.

5. A. M. Findlay, "Answering Questions the Instant the Online Shopper Asks Them."

6. *Internet Retailer*, "LivePerson Reports Second Quarter Revenue Increase of 40% to ﹩7.4 Million."

7. Ibid.

8. D. C. Andrews and K. N. Haworth, "Online Customer Service Chat: Usability and Sociability Issues," *Journal of Internet Marketing* 2, no. 1 (2006), www.arraydev.com/commerce/jim/0203-01.htm (retrieved September 5, 2006).

9. Ibid.

10. C. Hodge, *Message Posted to the Netpreneur Ad-marketing Listserv*, message posted January 23, 2000, to www.netpreneur.org.

11. M. Puente, "Customer Service with a :-)," [Electronic version], *USA Today*, December 6, 2000, www.usatoday.com (retrieved September 5, 2006).

12. K. Bannan, "Chatting Up a Sale," [Electronic version], *The Wall Street Journal*, October 23, 2000, http://pqasb.pqarchiver.com/wsj/access/62807962.html?dids = 62807962: 62807962 (retrieved September 5, 2006).

13. D. C. Andrews and K. N. Haworth, "Online Customer Service Chat."

14. K. E. Reynolds and M. J. Arnold, "Customer Loyalty to the Salesperson and the Store: Examining Relationship Customers in an Upscale Retail Context," *The Journal of Personal Selling and Sales Management* 20, no. 2 (2000), pp. 89 – 98.

15. D. C. Andrews and K. N. Haworth, "Online Customer Service Chat."

7. 视频简历

安娜·图里，萨姆休斯顿州立大学

找工作时，手头最重要的东西就是个人简历。这一页纸的文件给潜在雇主一个机会去了解申请人的成绩并决定是否召集他来面试。在面试中，潜在雇员有机会推销自己，让自己的素质和能力真正闪光。然而，有些人会说："为什么要等到面试？为什么不从一开始就让雇主知道我能提供什么？"为了做到这一点，他们求助于视频简历，这是求职者制作的一个简短视频，说明他们的资质，并向雇主说明他们为什么觉得自己是所谋求职位的合适人选。[1]

这种简历形式似乎迅速流行起来。由于数码视频图像可以更快上传，而且绝大多数求职者都有网络摄像头，所以视频简历流行似乎是很自然的事儿。[2]事实上，2007年8月8日，CareerTV.com在纽约上线，他们的想法就是提供最大量的雇主视频，并帮助潜在雇员制作和分发视频简历。该公司认为视频简历的好处很多而且会给公司的招聘程序带来革命性变化。然而，2007年11月6日，公司关闭了视频简历服务，声称雇主缺乏足够的兴趣。[3]CareerTV.com原来似乎只关注了视频简历的好处而没能看到其缺点。

视频简历的优点

与纸质简历相比，视频简历有几个明显的优点。首先，用视频制作的简历给雇员一个更好的展示自己的机会。根据视频简历服务网站的共同所有人特拉维斯·克洛伊德(Travis Cloyd)的观点,视频简历"给求职者一个机会展示自己个性和热情以及对某一行业的激情"[4]。很多求职者认为,如果给予他们合适的机会,他们可以给潜在雇主留下深刻印象从而获得工作机会。对很多人而言,使用视频简历是让他们的最佳品质闪光的机会。

雇主也看到了视频简历的好处。2007年的一项名为"Vault雇主视频简历调查"中,31%的受访雇主认为当他们寻找未来员工时,这种简历很有用。[5]他们觉得视频简历将会使他们更容易做好下列事情:评判申请人的职业态度和表现;更好地感受申请人的过去工作经验;评价申请人的谈话方式;评估申请人的领导潜能和吸引力;确定申请人是否是目标少数团体的一分子。

总的说来,比起传统的纸质简历,视频简历使潜在雇员能够更好地表达自我,也使雇主能够收集到比传统简历更多的信息。

视频简历的缺点

尽管雇主和潜在雇员都看到了视频简历的很多优点,但视频简历还是存在一些缺点。

第一是时间问题。传统的纸质简历通常只需要扫视几秒钟就能分出好坏。然而,视频简历可能长达1—3分钟,如果一个职位有很多潜在申请人,雇主没有时间坐来下一一仔细观看。

第二是对比问题。纸质简历允许雇主对潜在候选人并排对比、做笔记或标出关键点。然而,由于目前没有标准格式,因此没有办法轻易地比较不同的视频简历,更不用说标准简历了。

第三是存储问题。作为保留记录要求的一部分,雇主必须保留收到的简历,如果一个职位就收到了几百份简历,保留这些视频显然会成为问题。[7]

第四是法律问题。根据均等就业机会委员会(EEOC),视频简历给了潜在雇主大量他们通常无法从纸质简历中获取的信息,因而会导致"不知不觉的歧视"。[8]几年前,美国禁止在简历中包含照片,但是视频简历根本无法排除照片。根据均等就业机会委员会,另一个问题是"不合比例地排除有色人种申请者,这些人可能没有装了宽带的电脑或视频摄像头"[9]。尽管很多人都有电脑,但还是有人无法制作或支付视频简历。因为绝大多数法律顾问并不确切知道在法律领域如何处理视频简历,所以他们的建议是仅将视频简历作为传统纸质简历的补充。

注意事项

如果必须制作视频简历,一定要像对待普通简历一样精心。下面列出了如何让视频简历显得很专业的一些提示。[10]

该做	不该做
穿职业装	穿着随便
自我介绍	讲述人生故事
简练	读稿件
热情	只是读自己的简历
感谢雇主付出时间	说得太快
做录制练习	包括传统简历应该排除的内容
寄出前看看视频	
消除背景噪音	

一个不该做什么的好例子来自耶鲁大学最近的一个毕业生,该生使用视频简历找工作,但是没有遵循我们这里给出的提示。他的视频没有关注他的职业努力,而是展示他在举重、跳舞和打网球。视频超过6分钟,而不是建议的1—3分钟。[11]视频没有给他带来工作,而是被放到了Youtube上供全世界观看。这个例子让我们更清楚地知道,视频简历必须简短、清晰和专业。

结论

视频简历可以让潜在雇员从其他候选人中脱颖而出,而且确实有其优点。与传统简历相比,视频简历可以帮助雇主更好地评价某些技巧。然而,使用视频简历时必须谨慎。与使用传统简历相比,使用视频简历的候选人更有可能泄漏不恰当的信息,因此,他们更有可能被歧视。雇主也必须意识到视频简历的潜在问题,因为视频简历可能占用面试官大量的时间,也可能带来很多令人头痛的法律问题。如果要制作视频简历,一定要像润色纸质简历一样投入同样的时间和精力,一定要让视频简历尽可能显得很专业,还必须与未来的雇主相关。最后,考虑到视频简历的某些缺点,视频简历最好与纸质简历一起使用,从而强化而不是取代纸上的信息。

讨论问题

1. 视频简历的好处是什么?
2. 雇主为什么更喜欢视频简历或为什么更喜欢纸质简历?
3. 如果你申请广告公司媒体协调员的工作,你会选择提交纸质简历还是视频简历?为什么?如果你申请的是一家顶级投资公司的投资银行家,你的选择会一样吗?为什么?

尾注

1. A. Doyle,"Video Resumes Tips," http://jobsearch.about.com/od/videoresumes/a/videoresume.htm? p = 1(retrieved November 13,2007).

2. R. Singh,"Time to Hit Pause on Video Resumes," *Electronic Recruiting Exchange*,February 13,2007,www.ere.net(retrieved November 13,2007).

3. "Career TV to Abandon Video Resumes," November 6,2007,www.cheezhead.com/2007/11/06/video-resumes/(retrieved November 13,2007).

4. B. Beard,"Video Resume Site Blasts Off," *The Arizona Republic*,April 20,2007,www.azcentral.com(retrieved November 13,2007).

5. K. Gurchiek,"Video Resumes Spark Curiosity,Questions," *HR Magazine*,May 2007,pp. 28-30.

6. *Ibid.*

7. J. Sullivan,"Resumes:Paper,Please," *Workforce Management* 86,no. 18(October 22,2007),p. 50.

8. B. Beard,"Video Resume Site Blasts Off."

9. K. Butler,"Too Much Can Go Wrong with Using Video Resumes in Hiring," *Employee Benefit News* 21,no. 13(October 2007),p. 7.

10. "Do's/Don'ts," 2007, www.careerbuilder.com/JobSeeker/VideoResumes/DosDonts.aspx (retrieved November 13, 2007).

11. D. Ransom, "Video Resumes Are Taking Off," *The Wall Street Journal Online*, January 1, 2007, www.careerjournal.com (retrieved November 13, 2007).

8. 21 世纪求职中的电子简历

哈瑞尼·维姆拉帕蒂,萨姆休斯顿州立大学

通常,简历是求职者与潜在雇主间的第一个接触点。雇主使用简历来评价候选人的资质和成就,并决定他/她是否适合该工作。这使得简历成为绝佳的推销工具,给了求职者一个推销自己从事某一工作的机会。随着雇主和雇员对技术使用的增加,在线或电子简历在当今的工作环境中变得越来越流行。研究管理实践的塔利欧研究公司(Taleo Research)发现,美国500强企业中94%的公司使用在线简历,这样人力资源部门就能使用软件将一大堆的候选人迅速缩减为一个可以管理的最后候选人名单。[1]

在开始进行详细讨论之前,有必要区分两种类型的在线简历。

- 在线简历:个人将简历提交到像 Monster.com 和 Careerbuilder.com 这样的在线简历数据库,这些数据库简历对不同雇主开放信息。这类简历可以设计成供人阅读或供电脑阅读。[2]
- 可扫描简历(电子简历):电子简历是专门设计来供公司的光学字符识别(OCR)硬件和软件阅读的。光学字符识别将纸质页面的字符转换成文本并储存在公司的简历数据库里。这类简历开始是打印在纸上的,然后直接扫描进公司的数据库。这是供电脑阅读的。

电子简历

在本附录中,我们将关注绝大多数毕业生在求职中使用的简历类型——可扫描简历或电子简历。提交到一个公司的所有简历都存储在由公司人力资源部监控的单一数据库中,该数据库使管理者对申请人进行评估的搜索过程变得更便利,管理者可以通过使用某一职位特有的关键词进行搜索。

电子简历的优点

电子简历对求职者和雇主都有很多优点。首先,与仅提交纸质简历相比,候选人可能被考虑的职位要多得多。因为电子简历存储在公司的数据库中,候选人可能不需要重新申请而在未来有职位空缺时被考虑。其次,电子简历可以让求职者根据申请职位的要求定制简历,也可以让他们的简历中包括与某一职位相关的所有合适的关键词。[3]最后,初步筛选是由不带偏见的电脑而不是可能带偏见的面试官进行的,这就确保了所有申请者都有获得面试的同样机会。

对招聘的雇主来说,电子简历也有其优点。第一个优点是,公司不需要人工扫描数以百计的简历,因为这些简历存储在数据库里,雇主仅需要通过使用关键词搜索最合适的候选人。招聘主管可以在数据库搜索时要求特定经验、技巧或资质。另外,电脑扫描可以比公司员工人工搜索更省钱。第二个优点是,因为电脑扫描技术大大减少了筛选候选人所需的时间,处理简历所需要的人员也更少了,从而为公司节省了费用。

电子简历的缺点

然而,使用电子简历也有其缺点。首先,有些公司没有经常更新空缺职位情况,因此,候选人向公司数据库提交了简历,希望得到某一职位,实际上这个职位已经有人顶替了,而候选人可能还在等待公司的答复,这种情况可能没有人注意到。[4] 其次,在数据库中存储了很久的简历可能已经过时了,不再反映候选人的最新资质。再次,光学扫描技术软件的任何错误可能毁坏原来的扫描简历,因此,审查该简历的管理者看到的内容可能与简历最初提交时的形式不一样,这会让简历显得不够吸引人,也可能使候选人失去工作机会。最后,因为简历搜索是用关键词进行的,申请人简历上任何特定关键词的缺失都可能使简历无法出现在搜索结果中。

最佳实践

因为在可扫描简历的转换过程中涉及的技术非常复杂,所以让简历格式简单朴素非常重要。格式不正确的简历将不会出现在关键词搜索过程中。传统简历关注的是视觉美感和动词的使用,而电子简历应该简单易读,而且使用名词来加强关键词搜索。

这里是准备可扫描简历时的一些基本格式的指导原则:

- 使用简单字体。简历的标准字体是 Times New Roman 或宋体。标准字号是 10 和 12 号。[5]
- 避免使用花哨的格式,如图表、阴影、页眉、页脚、斜体、文本框、图片或表格等。[6] 如果你必须在简历中包括这些内容,最好作为单独的附件或网页,然后链接到简历上。
- 有效使用关键词。[7] 为了增加对简历的点击率,使用你的工作和行业特定的关键词。最常见的关键词类型是:

职位:包括你正在申请职位的职位描述,一些例子如项目经理、质量保证分析员、财务分析员、信用分析员和行政助理等。

技巧和责任:这些是工作所特有的。研究你所在领域的招聘广告,看看雇主寻找什么技巧和责任。例如包括熟练掌握 Microsoft Office、QuickBooks 会计软件、领导品质、良好的沟通技巧、应收账款、每分钟打 90 个单词而且完全正确、在支持以最后期限驱动的复杂运作时高度集中并且以结果为中心等。

职位和行业新词:研究行业趋势和专业协会网站公布的当前雇主使用的新词,并把它们包含在你的简历中。例如包括全面质量管理(Total Quality Management, TQM)、客户端服务器、附加值、投资收益率(ROI)和跨文化主义(interculturalism)。

教育和证书:包括具体学位和证书,如工商管理硕士(MBA)、注册会计师(CPA)和六西格玛认证(Six Sigma Certification)等。

专业组织和所属单位:列出你是其中一分子的所有专业机构,例如包括美国管理会计师协会(Institute of Management Accounting, IMA)、美国人力资源管理协会(Society for Human Resource Management, SHRM)、美国管理协会(American Management Association, AMA)。把你在学校加入的学生分会也包括在内。

- 在简历开头职业目标之后提供关键词小结,列出与所申请职位直接相关的所有关键词。这样做可以将不适合放在简历其他地方的关键词变体包括进来。

将纸质简历转换成电子简历

前面提到,传统纸质简历与电子简历最重要的不同是纸质简历是设计给公司的招聘人员看的,而电子简历由光字符识别技术进行阅读。该技术扫描简历寻找关键词,并将一个可管理的最终人选名单呈现给招聘人员。因此,尤其需要注意的是简历必须简单易读。

将纸质简历转换成电子简历的第一步是在诸如 MS word 文档处理程序中将文档保存为文本文档。第二步是编辑该文档,去除其中的特殊格式,如粗体、线条和缩进等。另外,文档中的所有点号必须转换成星号。[8]接着,所有字体和字号必须变成标准格式,把你的名字放在简历的第一行也很重要。如果一个公司有关于简历格式的具体指导原则,请在准备简历时遵循这些原则。做了所有的必要改动后,将文档用另一个名称保存。最后一步是用黑色墨水、白色纸张在优质激光打印机上打印出简历。简历可以邮寄或扫描后直接发给公司。

结论

由于电子简历在求职过程中的重要作用,求职者必须熟悉电子简历的设计和结构。另外,随着电子技术在组织中的使用越来越多,让简历很容易地适应新环境也很重要。

讨论问题

1. 雇主公司转而使用电子简历数据库的主要原因是什么?
2. 让简历格式化以适应电子搜索的优点是什么?
3. 让简历格式化以适应电子搜索的缺点是什么?

尾注

1. "The Art of the Online Résumé," May 2007, www.businessweek.com/magazine/content/07_19/b4033099.htm(retrieved December 3, 2008).

2. "'Take Five' When Applying for Jobs Online," *Associations Now* 4, no. 7(2008), p. 90.

3. Z. K. Quible, "The Electronic Résumé: An Important New Job-Search Tool," *Journal of Education for Business* 74, no. 2(1998), p. 79.

4. L. G. Salters, "Résumé Writing for the 21st Century," *Business & Economic Review* 48, no. 3(2002), p. 18.

5. L. Schneider, "How to Make a Resume: Tips for Resume Formats," http://jobsearchtech.about.com/od/gettingthejob/a/HowToMakeResume.htm (retrieved December 4, 2008).

6. J. T. Chyna, "Crafting an Electronic Résumé," *Healthcare Executive* 18, no. 6(2003), p. 44.

7. Career Development Series, Miami University, "Online Resumes," www.units.muohio.edu/careers/cds/onlineresumes.pdf(retrieved December 2008).

8. S. D. Greene and Melanie Martel, "Converting Your Resume Electronic Format," http://apps.

byuh. edu/career/Documents/Search/Get% 20Equipped/Resume/E-Resume% 20Tip% 20Sheet. pdf（retrieved December 5,2008）.

9. 工作场所监控

安娜·图里,萨姆休斯顿州立大学

想象一下,当你正在工作时,收到了一封来自朋友的尽管可疑但很好笑的电子邮件。你知道同事们会觉得这个邮件令人捧腹,所以你将邮件转发给每个人,然后继续工作。你再没想起这件事儿,直到第二天你被老板叫进了他的办公室,看到你的电子邮件放在他的桌上,他要你自己解释。这是怎么回事儿？电子邮件不是私人的吗？

很多雇员错误地以为,如果没有人在那里监视他们,他们花在电脑上的时间是私人的。然而,没有比这更错误的了。随着技术的新进展,你的老板可能在很远的地方监控你的一举一动。事实上,新的电子监控技术使雇主可以同时监控几个员工,并能收集到这些员工的工作时间是如何度过的详细信息。[1] 必须记住的关键一点是,工作时,员工应假设他们随时处于监控之中。

公司为什么监控

公司可能出于很多原因而选择监控员工,这些原因包括:减少法律责任;减少对公司资源的滥用;保护知识产权。[2]

首先也是最重要的,公司为了避免法律诉讼而监控。这是真的,因为公司可能因使用公司电脑系统进行的任何或所有沟通而负法律责任。[3] 事实上,雪佛兰公司由于一名公司员工通过公司系统发送冒犯性邮件而受到了性骚扰指控。这个看似意外的电子邮件使该公司付出了 220 万美元的代价。[4]

其次,公司为了抓到滥用公司资源的员工而监控。例如,雇主想知道员工是否利用上班时间上网、玩电脑游戏或在网上计划假期。2002 年计算机安全协会（Computer Security Institute）的一项研究称,"78% 的被调查企业报告员工滥用员工互联网准入特权,包括下载盗版软件或色情作品、网上购物和不恰当地使用电子邮件系统等"。[5] 该数据显示,有相当多的员工花太多时间在电脑上从事与工作无关的活动。虽然在网上花些时间处理私事是不可避免的,但如果花的时间太多,从长远看将降低公司的生产率。

最后,很多公司有需要保护的知识产权和商业机密。监控员工是密切关注财产并确保没有将其泄漏给竞争对手的一种方法。员工可能只是偶然或故意把电子邮件发错了人,而结果可能超出公司的控制。例如,2005 年联邦调查局抓到了可口可乐的员工试图将商业秘密出卖给百事可乐。[6] 可幸的是,百事可乐的人得到报价信息后直接去找了可口可乐,所以联邦调查局开始调查。然而,该案件显示,员工很容易通过不恰当使用电子邮件给公司带来损失。因此,公司希望监控能帮助他们保护知识产权,抓住试图泄漏商业信息的员工。

公司如何监控

现在公司有不同的方法监控员工在工作场所的活动,这些方法包括从屏蔽某些互联网网址到电脑键盘上的每次敲击记录(甚至包括已经删除的敲击记录)等。表1列出了公司使用的一些程序以及对它们的描述。

表1 监控程序

WinWhatWhere Investigator	该程序可以在不被察觉的情况下在电脑上运行,可以监控和记录所有电脑活动。[7]
Spector Software	该程序在不同的时间间隔拍摄电脑屏幕快照。[8]
Little Brother Software	该程序有一个成本/效益计算器,可以估算员工进行互联网搜索的成本。[9]
Peek and Spy	该程序让雇主可以"偷窥"员工的电脑。使用"偷窥"功能让员工知道你正在监视他们。然而,使用"侦察"功能则让雇主秘密监视员工。[10]

注:信息来自Bupp。

雇主的秘密监控无处不在。[11]有些雇主将每封电子邮件的副本自动发送到发件人的上司处。[12]他们还可以利用员工徽章上的全球定位系统(GPS)记录员工的行动。[13]此外,32%的雇主使用视频监控员工,这些组织中有20%没有告知员工他们正被录像。[14]

很多人不明白,这种不知情的监控何以合法存在,因为这似乎极大地侵犯了隐私。实际上,只有两个州(康涅狄格州和特拉华州)要求各公司告知员工在公司内部进行的任何监控活动。[15]事实上,没有任何联邦法律要求任何形式的告知,所以雇主通常会在没有任何书面通知的情况下监控员工并记录他们的沟通活动。[16]因此,如果员工是在公司上班期间和/或正在使用公司资源,则雇主被允许以他们认为合适的方式监控员工。

《电子沟通隐私法》(ECPA)是就监控员工电子邮件提供某些保护的唯一法律。该法案"禁止尝试拦截和披露电子信息的内容,并适用于绝大多数私人雇主运行或订购的私人沟通系统"[17]。尽管该法律似乎不允许雇主使用私人电子邮件通信来针对员工,但该法律提供了对雇主有利的三种例外情况。表2列出了这些例外情况。

表2 《电子沟通隐私法》的例外情况

- 如果一方已经同意,同意例外条款允许对电子沟通进行拦截。
- 如果拦截出现在正常业务范围之内,正常业务范围例外条款赋予雇主拦截员工沟通的权利。
- 供应者例外条款说明,如果雇主提供沟通服务,他们可以查看并揭露在电子沟通中发现的信息。[18]

注:信息来自Elmuti and Davis,2006。

从第三个例外可以看出,如果雇主提供电子邮件服务,他们有权查看并揭露在电子邮件中发现的任何信息。如果对此不满的员工提起诉讼,该例外实际上让雇主占了上风。事实上,过去所有由于监控员工而起诉公司的案件中,法庭做出的裁决一直偏向雇主方。

监控的结果

对个人的监控使雇主能在问题出现前防患于未然并批评违反公司政策的员工。纽约时报报社、施乐公司和第一联合银行显然都在发现员工不恰当使用公司提供的互联网后终止雇佣关系。[20]

《首席信息官杂志》(CIO Magazine)的一项调查称,90%的首席信息官报告,如果员工利用公司邮件性骚扰别人,他们会解雇员工。[21] 84%的首席信息官称,如果有人给同事发送色情信息,他们会解雇该员工,80%的首席信息官称会解雇危害商业秘密的员工。[22]

2005年由美国管理协会(American Management Association)和电子政策协会(ePolicy Institute)联合进行的"电子监视调查"显示了一些非常有趣的结果。参与调查的526家公司中,56%的公司惩罚了误用电子邮件或用公司电子邮件处理私事的员工。[24] 这56%的公司中,25%解雇了员工,33%对员工进行了正式批评或警告,余下的42%对员工进行了非正式批评或警告。[25] 61%接受调查的公司惩罚了误用公司的互联网连接或用公司互联网连接处理私事的员工。[26] 这61%的公司中,26%的公司由于员工违反这一规定而解雇了他们,另外59%的公司对员工进行正式或非正式批评。[27] 总体上看,由于员工滥用互联网技术引起的处罚可以导致或确实导致员工丢了工作。

展望未来

总的来说,对员工的监控在未来几年会继续增加。随着技术继续进步,越来越多员工使用互联网进行工作,不可避免地,雇主需要知道员工的时间是怎么利用的。员工必须意识到,在工作时间里任何花在电脑上的时间必须与工作有关。通过工作电子邮箱地址发送或接收的任何沟通应该是适合任何人阅读的。由于雇主不需要让员工知道他们正在监控,所以员工应该好自为之,在上班期间做稍微不合适的事情时最好三思而后行。

讨论问题

1. 持续监控员工的缺点是什么?
2. 如果你被抓到用公司设备干私活,你将怎么办?
3. 由于员工在上班时间干私活,雇主何时解聘他比较合适?

尾注

1. H. J. Wen, D. Schwieger, and P. Gershuny, "Internet Usage Monitoring in the Workplace: Its Legal Challenges and Implementation Strategies," *Information Systems Management* 24, no. 2 (2007), pp. 185–196.

2. D. Elmuti and H. H. Davis, "Not Worth the Bad Will," *Industrial Management* 48, no. 6 (2006), pp. 26–30.

3. R. L. Wakefield, "Computer Monitoring and Surveillance," *The CPA Journal* 74, no. 7 (2004), pp. 52–55.

4. *Ibid.*

5. G. D. Nord, T. F. McCubbins, and J. H. Nord, "E-monitoring in the Workplace: Privacy, Legislation, and Surveillance Software," *Communications of the ACM* 49, no. 8 (2006), p. 74.

6. Associated Press, "Three Arrested for Allegedly Stealing, Plotting to Sell Coca-Cola Recipes," June 5, 2006, www.foxnews.com/printer_friendly_story/0,3566,202235,00.html (retrieved July, 2, 2007).

7. N. Bupp, "Big Brother and Big Boss Are Watching You," *Working USA* 5, no. 2 (2001), pp. 69–81.

8. *Ibid.*

9. *Ibid.*

10. *Ibid.*

11. G. S. Alder, M. L. Ambrose, and T. W. Noel, "The Effect of Formal Advance Notice and Justification on Internet Monitoring Fairness: Much about Nothing?" *Journal of Leadership and Organizational Studies* 13, no. 1 (2006), pp. 93–108.

12. J. Lloyd, "Management E-mail Monitoring Brings 'Big Brother' to Mind," *The Receivables Report for America's Health Care Financial Managers* 21, no. 1 (2006), pp. 6–7.

13. A. D. Moore, "Employee Monitoring and Computer Technology: Evaluative Surveillance vs. Privacy," *Business Ethics Quarterly* 10, no. 3 (2000), pp. 697–709.

14. American Management Association, "2005 Electronic Monitoring and Surveillance Survey: Many Companies Monitoring, Recording, Videotaping—And Firing—Employees," 2005, www.amanet.org/press/amanews/ems05.htm (retrieved July 1, 2007).

15. A. M. Everett, Y. Wong, and J. Paynter, "Balancing Employee and Employer Rights: An International Comparison of E-mail Privacy in the Workplace," *Journal of Individual Employment Rights* 11, no. 4 (2004—2005), pp. 291–310.

16. C. M. DePree and R. K. Jude, "Who's Reading Your Office E-mail? Is That Legal?" *Strategic Finance* 87, no. 10 (2006), pp. 45–47.

17. Elmuti and Davis, "Not Worth the Bad Will," p. 28.

18. *Ibid.*, p. 29.

19. R. L. Wakefield, "Computer Monitoring and Surveillance," *The CPA Journal* 74, no. 7 (2004), pp. 52–55.

20. Everett, Wong, and Paynter, "Balancing Employee and Employer Rights: An International Comparison of E-mail Privacy in the Workplace."

21. *Ibid.*

22. *Ibid.*

23. American Management Association, "2005 Electronic Monitoring and Surveillance Survey: Many Companies Monitoring, Recording, Videotaping—And Firing—Employees."

24. *Ibid.*

25. *Ibid.*

26. *Ibid.*

27. *Ibid.*

10. 在商业中使用电子感应器改善非言语沟通

马修·奥儒克,萨姆休斯顿州立大学

沟通远远不只是使用语言。人们已经确定了沟通中的一些非言语沟通因素,但是,到目前为止,还不能对它们进行客观测量。能够衡量从音调变化到肢体语言等东西的电子感应器已经发明出来并用于改善个体间沟通的有效性。本文将讨论沟通的非言语因素,解释电子感应器测量非言语沟通的方法,研究该信息可以用于商业环境中改善内外部沟通的方法。

沟通是什么

我们如何沟通?对一个信息的有效沟通的最重要部分是什么?是使用的词语吗?是沟通者说话的声调或肢体语言?或者是两者兼而有之?事实的真相是任何沟通事件中都有很多因素。使用的词语(言语沟通)很重要,说话的声调、音高变化、肢体语言、目光接触、与信息接收者的距离等(非言语沟通)也很重要。当使用更多非言语沟通渠道时,决定信息有效性的等式变得更为复杂(换言之,在面对面交谈时,你可以监视一个人的肢体语言,但是在电话上交谈时却做不到)。

> "人是理性的动物。"
>
> ——亚里士多德

很多世纪以来,哲学家一直在探索沟通的基础。亚里士多德把"人"(人类)定义为"理性的动物"。[1]亚里士多德认为,人之所以不同于动物,就在于人能推理。正是这种推理能力让我们能够用语言进行沟通。理性使我们创造了代表物体、思想、感情、行动和其他事务的"词语",并与理解这些词语的其他人进行沟通。[2]我们如果没有推理能力,你,作为读者就不能理解页面上的词语。没有理性就没有语言,没有语言,就没有沟通,对吧?亚里士多德希望你是这么认为的。

亚里士多德是最早提出沟通理论的先驱之一。他的理论主要用于劝说/公共演讲场合。亚里士多德的理论包括三个部分:演讲者、信息和观众。[3]他认为演讲者在沟通过程中是主动的,负责形成影响观众的信息。[4]演讲者在形成信息时运用了推理能力,而且,根据亚里士多德的理论,使用的词语是关键,可以形成以演讲者希望的方式影响观众的信息。换言之,亚里士多德认为词语(言语沟通)就是沟通。

人是半理性的动物吗

过去几百年间,有几位哲学家、心理学家和科学家挑战了亚里士多德的观点。与亚里士多德的信仰相反,现在我们知道词语不是沟通的全部,尽管词语是绝大多数人(包括亚里士多德)认为的任何沟通事件中的"焦点"。

首先必须记住的是,在亚里士多德时期,还没有进化的观点。在现代人存在之前,动物能够通过其他方式彼此沟通。过去,咕哝声、姿势、目光接触和其他行为是动物交往的基础,现在也还是所有非人类动物沟通的基础。这些动物(和早期人类)能够在没有"正式"语言的情况下进行沟通,这说明除了词语,沟通还有另一方面,现在我们把沟通的这另一方面称为"非言语沟通"。

关注非言语沟通的科学研究在亚里士多德去世很多年后才开始。现在,我们知道沟通存在很多方面,人类可以利用多种渠道进行沟通。最明显的渠道是语言,即用来传递信息的词语。我们中的绝大多数人大致会归功于亚里士多德的理论,认为这是与他人互动的最重要部分。

非言语信号也用于沟通中,像声调、肢体语言、目光接触等。[5-6]关注非言语沟通影响的研究在过去五十多年间变得越来越流行。

也许,在非言语沟通模式领域最著名的研究是阿尔伯特·梅拉比安(Albert Mehrabian)1971年出版的《沉默讯息》一书。梅拉比安提出了沟通的三个因素:词语(实际的词语以及我们通过推理理解词语意思和联想意义的能力);声调;肢体语言(姿势、动作、目光接触、信息发出者/接收者的距离等)。

梅拉比安使用自我报告的反应来确定在给信息接收者留下印象时各个因素发挥着更大还是更小的作用。梅拉比安得出的结论是,信息的影响力仅有7%通过实际使用的词语传达,声调占了信息解读的38%,肢体语言占了信息解读的55%。

尽管该研究没有指出这些因素在日常沟通中的作用,但却留下了实验证据,证明沟通远不仅仅局限于使用的词语。梅拉比安还得出结论,如果信息的言语和非言语部分不一致,人们在形成对一个信息的印象时,可能更看重非言语因素。[9]

得出这一结论一点也不奇怪。绝大多数人可以回想这样的例子:有人用词语告诉他们一件事,但他们对信息的总体印象却与使用的词语相反。令人惊讶的是梅拉比安的结论和亚里士多德的观点之间的对比。亚里士多德提出的沟通理论基本上取决于使用的词语,而梅拉比安的研究揭示了非言语因素占了更大的比重。

对像梅拉比安这样的研究进行跟进很复杂,因为直到最近都没办法对非言语因素进行客观测量。然而,现代技术使我们有能力客观测量一些非言语沟通因素,这可能会改变工作场所沟通的有效性。

使用电子感应器监控非言语沟通

麻省理工学院的人类动力学团队的研究者开发了好几个用于客观测量诸如声调、距离和肢体语言等非言语沟通技巧的电子感应器。[10]他们相信,收集关于非言语沟通模式的数据可用来帮助改善特定环境中(如办公室里)的个体沟通的有效性。

在一个案例中,他们与英国一个呼叫中心的外包公司、Vertex数据服务公司合作,试图改进呼叫中心话务员的有效性。麻省理工学院团队使用感应器测量话务员在与顾客电话交谈中的说话模式。该团队没有测量话务员实际使用的词语,而仅仅关注声调变化和音高,以及话务员倾听和说话的时间长短。[11]

该团队得出这样的结论:成功的话务员花更多时间倾听而不是说话,声调和音高起伏变化很大,表现出对顾客需求的兴趣和反应。绝大多数时候,该团队仅需要测量这些因素几秒钟,就能准确预测一个呼叫将会成功还是失败。[12]

麻省理工学院的团队还研发了可以测量个人行动的工具。在另一项研究中,该团队模拟面对面的薪酬谈判,在测量了身体动作和说话模式几分钟后,就能准确预测谈判的"赢家",准确率高达87%。[13]

像沟通事件中与他人的距离和肢体语言(动作)等因素也可以进行测量。研究者认为,这些因素影响社交沟通的有效性,如在小组或团队环境中。[14]有了足够的数据,麻省理工学院团队和其他人就能优化一个组织内部的沟通有效性。商业环境中这样做的能力对公司的成功或失败意义重大。

商业中的非言语沟通

有效进行内外部沟通的能力是一个企业成功的关键。然而,有效沟通在很多公司依然是个问题,比如团队工作的人们经常不能沟通,组织内部的信息流很难跟踪,而且每个公司的客户服务总有改进的余地。问题似乎是我们总是关注传递信息所使用的词语而不是考虑沟通事件的所有方面(言语和非言语因素)。[15]

随着技术的发展,客观测量非言语沟通的问题已经成为过去,现在正在进行的研究对改善商业界的沟通有效性策略产生巨大影响。

使用电子感应器改善非言语商务沟通

将有效的非言语沟通模式的知识包含进来可能大大改变商业环境中沟通的有效性,给企业带来更好的业绩。为了改善业绩,公司可以将该技术包含在运作的很多方面里。

招聘决定

一个组织中有些职位比其他职位需要更多沟通,例如顾客服务代表和销售人员比数据管理员会做更多直接影响公司成功的沟通。因此,如果公司能够确定,与顾客谈话时说话声调和音高变化很大的人比说话时声调和音高变化不大的人更成功,那么他们就可以在招聘新员工时利用这一信息寻找平素说话音调变化很大的人。或者,他们可以训练客服代表更有效地使用声音。类似地,公司中成功的团队会有一些沟通模式,管理者可以利用该信息寻找新成员或替代者。

群体或团队

"群体迷思"是很多公司在使用团队时遭遇的问题。群体迷思背后的理论是个人经常赞同感知的"群体共识",尽管他们个人有所保留。能够客观测量非言语沟通行为的感应器可能帮助防止群体迷思。[16]

测量非言语沟通的电子感应器将提高对个人非言语沟通模式的意识。也许团队中有一两个人很专横,他们没有意识到自己的非言语行为促使其他人怯懦地赞同而不是说出自己的观点。监控所有团队成员的非言语行为可以帮助防止怯懦的赞同。[17]

另外,麻省理工学院的团队相信,他们最终可以使用感应器选择有着互补的非言语沟通风格的团队成员,因此团队可以"最优化"地有效沟通信息。再者,他们相信,他们可以创造出"智能环境",能够监控团队互动、确定对实时沟通可能造成消极影响的非言语行为,从而使得公司前瞻性地确定并防止沟通崩溃。[20]

正式会议

正式会议可能是不良沟通技巧的滋生地。会议应该是关注并致力于与与会者分享相关信息,然而,主持正式会议的管理者经常感到困惑,为什么前面会议讨论过的话题依然还是问题。这可能是与会者在会议中接收到不一致的言语和非言语信息而感到困惑的结果。也许管理者没有使用足够多声调变化或肢体语言来说明信息的重要性。在会议中使用电子感应器可以给管理者展示,是什么让与会者感到迷惑,电子感应器可以使会议最终变得更有效和更高效。

非正式沟通

公司内部的大部分沟通发生在"非正式"环境中。公司内部的信息主要通过在饮水机旁、鸡尾酒时间、在门厅里等地方和时间的交谈传播的。非言语沟通是这些信息如何被解读的一部分,人们可能会认为,不良的非言语沟通产生的负面影响可能更大,因为沟通事件发生的非正式情境可能弱化信息发出者的自我意识。使用电子感应器监控同事之间在非正式环境中的非言语沟通,并利用这些数据提出改进沟通的方法可能会让更多人达成共识。诸如距离、肢体语言、声调和音高变化等因素可以进行测量和考虑。

例如,会计部的鲍勃可能习惯站得贴近与他说话的人,这使得与他说话的人很不舒服,而且根本不能专注于他说的话。可以戴在身上的电子感应器能够跟踪在沟通事件中人们彼此间的距离有多近。[19]在这个特定的例子中,可以收集数据来比较个人在非正式沟通事件中与他人的距离。鲍勃将会看到他站得离别人最近、他的信息也是最不可能被有效传递的实验证据。鲍勃会意识到在谈话中他与别人的距离,从而会给予他人更大的空间,让他们放松并专注于他想说的内容。

监控信息流

很多公司面临的另一个问题是如何监控信息在公司内部的流动。在公司传递信息时可以有很多不同的沟通渠道供选择(电子邮件、电话、正式会议、非正式"饮水机旁交谈"等),所以同一部门的人经常从不同渠道听到主要信息就不足为奇了。电子感应器可以用来监控信息在人与人之间传递的方法。[20]

例如,假设公司的行政主管每周三下午和部门经理开会,讨论重要事情和项目,然后部门经理负责把会议信息传递给其下属。使用感应器监控经理可以让公司了解信息是如何在不同部门之间传递的。也许他们会发现,营销部经理(他碰巧带领了一个在公司尽人皆知的凡事慢几步的部门)每周三开会后立即离开公司去吃午饭,然后回到营销部和几个人谈话,接着回办公室回复来电。接着,他在周四上午召开部门正式会议,会议除了讨论其他事项,还讨论周三行政会议的话题。

另外,会计部经理周三下午会议后立即回到会计部,迅速召开全体员工正式会议。财务部经理周三下午会议后回到办公室后,他向全体员工发出了一大批电子邮件讨论行政会上的重要话题。有了这些信息,行政主管能够迅速看出为什么会计部和财务部的员工通常都"知情"而营销部却不是,公司从而能够实施改善信息在营销部传播的策略。另外,公司还能够创造出一张公司"地图",显示关键信息的"热点",让员工能够更准确地利用信息资源。[21]

对顾客和客户的外部服务

非言语沟通模式的数据可以给公司带来好处的另一个领域是客服,前面给出了 Vertex 数据服务公司对呼叫中心话务员进行电子监控的例子。公司能够使用从监控中收集的信息来改进所提供的服务和公司业绩。

然而,呼叫中心不是公司可以使用电子监控改进非言语沟通的唯一方法,销售人员/团队和客服人员(如酒店接待)也可以从 Vertex 所从事的这类研究中得到宝贵信息。目标同样是提高对顾客的服务水平,从而为公司迎来更多生意或提高公司名声。例如,下面是一篇旅游和酒店业文章的节选,说明了提供优质服务的必要性,尤其是当顾客不开心时。同样,非言语沟通发挥了关键作用。

> 服务不成功后,顾客渴望他们的问题或造成不满的因素得到尽快解决,在这样做的时候,他们对服务提供者的行为有所期待。在这一焦虑过程中,顾客尤其警觉地注意非言语信号,以便辨别服务提供者在帮助他们时的意图和态度。在此种情境下,展示不当的非言语信号(如皱眉头、缺少目光接触、封闭式的身体姿势等)可能导致顾客产生更多消极情感……(p. 218)[22]

如果公司经常有上面提到的情境中的员工,那么使用电子感应器客观测量非言语沟通并用得到的信息传递最成功的非言语信息的能力,将给公司带来令人难以置信的好处。

另外,随着全球经济的出现,越来越多的公司在国际层面运作。可接受的非言语沟通因文化而异,电子感应器很可能被用来培训国际员工,用他们即将工作的国家最有效的非言语沟通模式对他们进行培训,结果可能是增加公司销售量。

最后,独立的代理公司(如广告公司)和/或公司内与其他专业人士一起参加 B2B 关系的个人也能从使用测量非言语沟通的感应器中获益。这些人与客户和其他行政主管定期会面并进行演示。学习最有效非言语沟通模式(如在信息中传递信心)的能力将对个人非常有益,因为他们能够以最有效的方式与客户沟通。这在没有好消息的会议中可能尤其有用,并可能帮助维持和改善与客户的关系。

结论

在解读得到的信息时,人类既考虑言语因素也考虑非言语因素。直到最近才开始出现测量从而优化非言语沟通因素的客观方法。在沟通事件中能够测量非言语信号的几个电子感应器的发明使人们能知道言语信息和非言语信息是否冲突、何时冲突。这些感应器有能力在商务环境中极大地影响个人的行为,并可用于改善包括从做招聘决定到改善客服和监控公司内部信息流等公司日常运作上。

讨论问题:

1. 现在人们越来越喜欢"基于理性的"沟通方法(那些几乎清除了非言语因素的方法,如电子邮件、短信和即时信息等),其影响是什么?

2. 围绕监控员工在工作场所的非言语沟通的道德问题是什么?这是否侵犯了员工的隐私权?你是否愿意参与你所在组织的类似研究/项目?

尾注

1. Aristotle,"Metaphysica"(W. D. Ross,Trans.) in R. McKeon,ed.,*The Basic Works of Aristotle*(New York:Random House,2001),pp. 681-926.

2. *Ibid*.

3. Aristotle,"Rhetorica"(w. Rhys Roberts,Trans.) in R. McKeon,ed.,*The Basic Works of Aristotle*(New York:Random House,2001),pp. 317-451.

4. *Ibid*.

5. Wikipedia,http://en. wikipedia. org/wiki/Nonverbal_and_Gestural_Communication(retrieved November 3,2008).

6. A. Mehrabian,"Nonverbal Communication,"*Nebraska Symposium on Motivation*,1971,pp. 107-161,www. kaaj. com/psych/articles/NonverbalCommunication. pdf(retrieved November 3,2008).

7. Wikipedia,http://en. wikipedia. org/wiki/Albert_Mehrabian(retrieved November 3,2008).

8. *Ibid*.

9. *Ibid*.

10. A. Pentland,*Honest Signals:How They Shape Our World*(Boston:MIT Press,2008).

11. M. Buchanan,"The Science of Subtle Signals,"Strategy + *Business Online*,www. strategy-business. com/press/article/07307? pg = all&tid = 230(retrieved June 30,2008).

12. *Ibid*.

13. *Ibid*.

14. *Ibid*.

15. *Ibid*.

16. *Ibid*.

17. *Ibid*.

18. *Ibid*.

19. *Ibid*.

20. *Ibid*.

21. *Ibid*.

22. D. S. Sundaram and C. Webster,"The Role of Nonverbal Communication in Service Encounters,"in S. Kusluvan,ed.,*Managing Employee Attitudes and Behaviors in the Tourism and Hospitality Industries*,pp. 209-221,http://books. google. com/books? hl = en&lr = &id = eQplt-lHgzwC&oi = fnd&pg = PA209&dq = non + verbal + commun ication&ots = uIS16qz41p&sig = 6gtlu31unOAjYAEipYS-8PjhYS0 #PPA218,M1(retrieved November 3,2008).

麦格劳-希尔教育教师服务表

尊敬的老师：您好！

感谢您对麦格劳-希尔教育的关注和支持！我们将尽力为您提供高效、周到的服务。与此同时，为帮助您及时了解我们的优秀图书，便捷地选择适合您课程的教材并获得相应的免费教学课件，请您协助填写此表，并欢迎您对我们工作提供宝贵的建议和意见！

麦格劳-希尔教育教师服务中心

★ 基本信息

姓		名		性别	
学校			院系		
职称			职务		
办公电话			家庭电话		
手机			电子邮箱		
省份		城市		邮编	
通信地址					

★ 课程信息

主讲课程-1		课程性质	
学生年级		学生人数	
授课语言		学时数	
开课日期		学期数	
教材决策日期		教材决策者	
教材购买方式		共同授课教师	
现用教材 书名/作者/出版社			

★ 教师需求及建议

提供配套教学课件（请注明作者/书名/版次）	
推荐教材（请注明感兴趣的领域或其他相关信息）	
其他需求	
意见和建议（图书和服务）	
是否需要最新图书信息	是/否	感兴趣领域	
是否有翻译意愿	是/否	感兴趣领域或意向图书	

填妥后请选择电邮或传真的方式将此表返回至以下地址之一，谢谢！

地址1：北京市东城区北三环东路36号环球贸易中心A座702室，教师服务中心，100013
电话：010-5799 7618/7600 传真：010-5957 5582
邮箱：instructorchina@mheducation.com
网址：www.mheducation.com, www.mhhe.com

微信公众号：MHHE0102

地址2：北京市海淀区成府路205号北京大学出版社经管事业部 100871
电话：010-62767312/010-62757146
邮箱：em@pup.cn
网址：www.pup.cn

微信公众号：pupembook